语言学及应用语言学名著译丛

语音类型

PATTERNS OF SOUNDS

〔美〕伊恩·麦迪森 著

金俊淑 郑鲜日 译

商务印书馆
创于1897 The Commercial Press

根据英国剑桥大学出版社 1984 年英文版译出

作 者 简 介

伊恩 · 麦迪森（Ian Maddieson）

国际著名语音学家，美国加州伯克利大学语言学家，加利福尼亚大学洛杉矶分校和新墨西哥大学兼职教授，国际语音协会副会长、实验音系学会秘书长；研究涉及世界语音及其发音类型，曾与著名语音学家彼得 · 赖福吉（Peter Ladefoged）合著语言学经典著作《世界语音》（*The Sounds of World's Languages*）

译者简介

金俊淑　延边大学外国语学院英语系副教授、硕士生导师，英语专业党总支书记，主要研究方向为语音学、音系学、二语习得。

郑鲜日　延边大学外国语学院英语系教授、博士生导师，曾任外国语言学及应用语言学学科主任、外国语学院院长；在国内外期刊和学术会议上发表论文三十余篇，主要研究方向为语音学、音系学、二语习得。

总　序

商务印书馆出版的“汉译世界学术名著丛书”在国内外久享盛名，其中语言学著作已有 10 种。考虑到语言学名著翻译有很大提升空间，商务印书馆英语编辑室在社领导支持下，于 2017 年 2 月 14 日召开“语言学名著译丛”研讨会，引介国外语言学名著的想法当即受到与会专家和老师的热烈支持。经过一年多的积极筹备和周密组织，在各校专家和教师的大力配合下，第一批已立项选题三十余种，且部分译稿已完成。现正式定名为“语言学及应用语言学名著译丛”，明年起将陆续出书。在此，谨向商务印书馆和各位编译专家及教师表示衷心祝贺。

从这套丛书的命名“语言学及应用语言学名著译丛”，不难看出，这是一项工程浩大的项目。这不是由出版社引进国外语言学名著、在国内进行原样翻印，而是需要译者和编辑做大量的工作。作为译丛，它要求将每部名著逐字逐句精心翻译。书中除正文外，尚有前言、鸣谢、目录、注释、图表、索引等都需要翻译。译者不仅仅承担翻译工作，而且要完成撰写译者前言、编写译者脚注，有条件者还要联系国外原作者为中文版写序。此外，为了确保同一专门译名全书译法一致，译者应另行准备一个译名对照表，并记下其在书中出现时的页码，等等。

本译丛对国内读者，特别是语言学专业的学生、教师和研究者，以及与语言学相融合的其他学科的师生，具有极高的学术价值。第一批遴选的三十余部专著已包括理论与方法、语音与音系、词法与句法、语义与语用、教育与学习、认知与大脑、话语与社会七大板块。这些都是国内外语言学科当前研究的基本内容，它涉及理论语言学、应用语言学、语音学、音系学、词汇学、句法学、语义学、语用学、教育语言学、认知语言学、心理语言学、社会语言学、话语语言学等。

尽管我本人所知有限，对丛书中的不少作者，我的第一反应还是如雷贯耳，如 Noam Chomsky、Philip Lieberman、Diane Larsen-Freeman、Otto Jespersen、Geoffrey Leech、John Lyons、Jack C. Richards、Norman Fairclough、Teun A. van Dijk、Paul Grice、Jan Blommaert、Joan Bybee 等著名语言学家。我深信，当他们的著作翻译成汉语后，将大大推进国内语言学科的研究和教学，特别是帮助国内非英语的外语专业和汉语专业的研究者、教师和学生理解和掌握国外的先进理论和研究动向，启发和促进国内语言学研究，推动和加强中外语言学界的学术交流。

第一批名著的编译者大都是国内有关学科的专家或权威。就我所知，有的已在生成语言学、布拉格学派、语义学、语音学、语用学、社会语言学、教育语言学、语言史、语言与文化等领域取得重大成就。显然，也只有他们才能挑起这一重担，胜任如此繁重任务。我谨向他们致以出自内心的敬意。

这些名著的原版出版者，在国际上素享盛誉，如 Mouton de Gruyter、Springer、Routledge、John Benjamins 等。更有不少是著名大学的出版社，如剑桥大学出版社、哈佛大学出版社、牛津大学出版社、MIT 出版社等。商务印书馆能昂首挺胸，与这些出版社策划洽谈出版此套丛书，令人钦佩。

万事开头难。我相信商务印书馆会不忘初心，坚持把“语言学及应用语言学名著译丛”的出版事业进行下去。除上述内容外，会将选题逐步扩大至比较语言学、计算语言学、机器翻译、生态语言学、语言政策和语言战略、翻译理论，以至法律语言学、商务语言学、外交语言学，等等。我也相信，该“名著译丛”的内涵，将从“英译汉”扩展至“外译汉”。我更期待，译丛将进一步包括“汉译英”“汉译外”，真正实现语言学的中外交流，相互观察和学习。商务印书馆将永远走在出版界的前列！

胡壮麟

北京大学蓝旗营寓所

2018 年 9 月

译者前言

伊恩·麦迪森（Ian Maddieson），是国际知名语言学家、语音学家，师从赖福吉教授（Peter Ladefoged），曾任国际语音协会（International Phonetic Association）副会长、实验音系学会秘书长。早年在美国加州大学洛杉矶分校和伯克利分校工作，2006 年从加州大学退休，进入新墨西哥大学任兼职教授。除了著有《语音类型》一书，他还与赖福吉教授合作完成了语音学经典著作《世界语音》（*The Sounds of World's Languages*）。

《语音类型》出版于 1984 年，这部里程碑式的著作介绍了由加州大学洛杉矶分校创建的音系音段清单数据库（UPSID），分析了其中包含的 317 种语言的音系清单，描写了大量不同类型的语音材料，系统阐述了世界语音的类型和分布特征，是研究语言学和语音学的必读书目之一。

本书共分十章。第一章简要介绍了 UPSID 的设计，并讨论了所调查语言中音系清单的整体结构和规模。第二章分析了不同语言的塞音系统结构，统计了塞音系列和调音部位的数量及频率。第三章研究了 UPSID 语言中擦音的清单结构，对其共现频率和模式提出了一系列总结概括，并探讨了清单规模与擦音类型之间的关系。第四章概述了 UPSID 包含的鼻辅音类型，针对弗格森（Ferguson）提出的“鼻音假设”分析 UPSID 数据，并对鼻音做了归纳。第五章概述了流音的总体频度、类型及系统结构，其中主要涉及边音和 r 类音两大音类。第六章探讨了近音的频率、近音与相关元音和辅音的关系，分析了不同语言中近音的分布和蕴含规则。第七章归纳了世界语言中声门辅音和“声门化”辅音分布调查结果，并探讨了内爆音和喷音调音部位的偏好层级。第八章分析了元音的系统结构，涉及常见的元音类型、不同语言中元音的数量，并简要概述了双元音。第九章分析了 UPSID 中 317 种语言的元音系统，验证了元音分散理论。第十章全面介绍了 UPSID 的设计，包含语言的选择、清单的确定、指数和变量的定义，以及 UPSID 的使用。

本书的研究有以下特点：一是语料翔实、覆盖面广，研究对象涵盖 UPSID 中的 317 种语言，远超前人研究的语料规模；二是语料的筛选标准科学，每个遗传组选择一种语言，达到了语料筛选全面性和代表性的统一；三是坚持音系描写的可靠性，选择的语音材料可用性和可信度较高，确保了语音研究和音系描写结论的有效性。在书中，作者向世界语音学界科学地展示了 UPSID 的语音材料，表现出了在语音类型总结方面的高度驾驭能力和语音学家应具备的敏锐洞察力。通过阅读本书，我们可以更加深入地了解世界语言中不同语音系统的知识。

由于译者水平有限，对相关理论观点的研究还不够深入，在翻译过程中难免出现缺点和错误，希望广大读者批评指正。

金俊淑　郑鲜日

延边大学外国语学院

2021 年 11 月

目　　录

本书献给莉莲·安·麦迪森和
亨利·雷·麦迪森，他们给了我自由，
让我能够走自己的路。

前　　言 1

发现音系清单的内容和结构规律是近期语言学研究的一个重要目标。在音系理论的形成、竞争性历史重构的评价、语言变化和习得模型的构建等方面，都不同程度地参考了这些规律，从而激发了以语言学为导向的语音研究。这本书报告了一个由加州大学洛杉矶分校创建的可通过计算机访问的数据库，该数据库包含代表世界语言样本的音系音段清单，旨在为这些规律提供可靠的基础。这个项目名称的缩写为 UPSID——UCLA 音系音段清单数据库。

对音系清单的观察有三种来源类型。历史最悠久的类型是基于语言学家对大量语言经验的主观叙述。特鲁别茨柯依（Trubetskoy 1939）、雅柯布森和哈勒（Jakobson & Halle 1956）、赖福吉（Ladefoged 1971）的论述，以及众多作者论文中的评论都属于这种类型。尽管他们是基于大量熟知语言得出的结论，但其范围和有效性仍存在疑问，因为代表这些经验的语言清单并没有列出，而且他们所做的陈述也没有量化。

第二种类型包含为单一研究而编制的明确的语言样本，例如弗格森（Ferguson 1963），格林伯格（Greenberg 1970）和海曼（Hyman 1977）分别关于鼻音、声门辅音和重音的研究。这些研究中，样本的质量（参见 Bell 1978）和结论的意义（参见 Hurford 1977）读者可以独立评估。

第三种数据来源的类型是标准的多目的调查，由斯坦福大学音系档案 2
（Stanford Phonology Archive, SPA）汇总，在格林伯格和弗格森的指导下，作为广义语言共性项目的一部分在斯坦福大学编译。最近有关音系共性的大量研究或是直接基于 SPA 进行，或是对其进行了间接参考。UPSID 就属于第三种类型。

基于研究领域的性质，第三种数据来源类型最为优越，有以下几点原因：首先，数据来源提供观察结果。例如，不同类型音段和其语音属性的频率，以及它们在音系清单中的共现频率都可以提供观察结果。其次，对有关音段频率等问题的假设与经验观察进行对比检验。这些假设可以简单，假设不同类型音段的频率存在显著差异；也可以复杂，假设不同音段的出现（集合）具有“或有关系”（contingent relationships），或者清单中语音属性的分布存在局限性。第三，也是最重要的，这些数据来源汇编的目的是为了对语言研究的其他领域提出假设，而这些假设可能将音段频率、清单规模等作为研究的出发点。这些假设可以针对产出、感知、习得、语言变化或语言接触等问题，在其他数据和有关音段与清单的观察之间建立联系。

这些关于音系共性的观察和假设，大多涉及相对问题而非绝对问题。经验表明，真正具有普遍性的音系清单，并不会引起大家的兴趣，因为这样的清单没有例外。除了“所有语言都有辅音和元音的对立”这样的观察外，大多数关于音段和清单进行实质性概括的预期形式为：“x 出现的频率比我们预期的更高（更低）”。用外行的术语来讲，它们是统计观察。因此，只有从适当的统计分析数据本体中提取或进行测试，这些观察才有
3 意义。换言之，它们在分析上应尽可能具有**代表性**、**广泛性**和**统一性**。这就需要建立一个大的、适合选择的语言样本和标准化的音系解释程序。这样的数据库一旦建立，就可以对同一数据进行大量的相关研究。

本书共有九章对 UPSID 的清单进行了全面的分析。第九章由桑德拉·F. 迪斯纳（Sandra F. Disner）撰写，其余部分由我撰写。这些章节的每一章都是独立的，如果读者对某个特定的音段类型感兴趣，也可以参考单个章节。第十章较为全面地介绍了数据库的设计：包括语言的选择

原则、描述性来源的解释标准以及描述音段的语音特征集。本书末尾的附录中也列出了完整的数据文档，包括每种语言的音位表和音段类型的完整列表。每种语言都包含一个识别号，每当文本中提到该语言时都会将其标出，从而可以很容易地找到对应的音位表。附录 I 解释了识别号的分配原则。

这本书的出版得到了很多人的协助。建立计算机数据库的主要工作由 Sandra F. Disner、Vivian Flores、J. Forrest Fordyce、Jonas N. A. Nartey、Diane G. Ridley、Vincent van Heuven 和我完成。Stephen R. Anderson、Peter Austin、Steve Franks、Bonnie Glover、Peter Ladefoged、Mona Lindau-Webb、Robert Thurman、Alan Timberlake、Anne Wingate、Andreas Wittenstein 和 Eric Zee 为数据的收集提供了帮助。UCLA 等地的其他语言学家们也提供了帮助。Mel Widawsky 在计算机无法输入数据时提供了重要帮助。Hector Javkin 和 Diane G. Ridley 协助编制了数据源，John Crothers 提供了斯坦福音位档案的最终报告，使 UCLA 项目从斯坦福积累的经验中受益。Geoffrey Lindsey 和 Karen Weiss 完成了输入音位表的烦琐工作，Karen Emmorey、Karen Weiss、Alice Anderton 和 Kristin Precoda 协助准备了本书其余部分的终稿。对所有这些人的帮助，我真诚的表示感谢！

我还要感谢那些对 UPSID 项目充满信心的人，包括 Louis Goldstein、 4
Pat Keating、Peter Ladefoged、Björn Lindblom 和 UCLA 语言学课程的学生们，正是因为大家充满信心，才能使数据库的建立顺利完成。

本书报告的大部分工作是由国家科学基金委（BNS 78-07680 和 BNS 80-21010）资助的（赖吉福为主要研究员）。国家基金委和上面提到的任何人都不对书中出现的错误负责。如果读者发现了错误，请写信告诉我。

伊恩·麦迪森

加州大学洛杉矶分校

参考文献

Bell, A. 1978. Language samples. In J. H. Greenberg et al. (eds.) Universals of Human Language, Vol 1, Method and Theory. Stanford University Press, Stanford: 123–156.

Ferguson, C. A. 1963. Some assumptions about nasals. In J. H. Greenberg (ed.) Universals of Language. MIT Press, Cambridge: 42–47.

Greenberg, J. H. 1970. Some generalizations concerning glottalic consonants, especially implosives. International Journal of American Linguistics 36: 123–145.

Hurford, J. R. 1977. The significance of linguistic generalizations. Language 53: 574–620.

Hyman, L. M. 1977. On the nature of linguistic stress. In L. M. Hyman (ed.) Studies on Stress and Accent. (Southern California Occasional Papers in Linguistics 4) University of Southern California, Los Angeles: 37–82.

Jakobson, R. and Halle, M. 1956. Phonology and phonetics. (Part 1 of) Fundamentals of Language. Mouton, The Hague: 3–51.

Ladefoged, P. 1971. Preliminaries to Linguistic Phonetics. University of Chicago Press, Chicago.

Trubetskoy, N. 1939. Grundzuge der Phonologie (Travaux du Cercle Linguistique de Prague 9). Prague.

第一章 5

音系清单的规模与结构

1.1 引言

为了提供更可靠、更容易获得的世界语言音系音段的分布，作为 UCLA 语音实验室研究计划的一部分，一个数据库应运而生。数据库的正式名称为加州大学洛杉矶分校音系音段清单数据库（UCLA Phonological Segment Inventory Database），缩写为 UPSID。UPSID 被用来研究大量关于音系共性和普遍倾向的假设，主要是关于音系清单结构和规模的构想。本章将简要介绍数据库的设计，第十章会对其进行完整的描述，本书的结尾也将列出 UPSID 文件中包含的数据。本章其余部分所讨论的问题涉及已调查音系清单的整体结构和规模。

1.2 数据库设计

根据世界现存语言的遗传基础，UPSID 包含的语言以近似完善的结构进行配额抽样。配额的规则是，每种小语支中只抽取一种语言。例如，日耳曼语族中，一种语言是从西日耳曼语支抽取的，而另外一种语言是从北日耳曼语支抽取的（东日耳曼语支由于面临消亡且缺少可靠的音系分析文件而没有包括在内）。每个语支都由其包含的一种语言为代表。音系描述的可用性和质量作为每个语支中抽取语言的决定因素，而发音人

6 数量和音系特性等因素并不在考虑范围之内。数据库包含 317 种语言的音系清单。在本章和以后的章节中每一种语言都标有一个数字，与本书结尾的语言列表和数据图表相对应。这些数字是基于语言遗传的从属关系分配的。

在数据库中，每个作为音位的音段都由它最具代表性的音位变体来表示，并由 58 个语音属性系列来指定。它们被视为变量，如果具有属性，取值为 1，缺少属性则取值为 0。因此，取值为 1 的列表提供了音段的语音描写。

在 UPSID 的 317 种语言中，有 192 种语言以斯坦福大学音系档案（SPA）为参考。我们对于音位地位和语音描写的处理并不总是与 SPA 的编译一致，同时也查阅了其他不同的来源，但 SPA 这一标准化分析来源，还是为我们节省了大量的精力。需要指出的是，UPSID 中不包含音位变体、音节结构或音系规则的信息，这几点有别于 SPA。

在建立音系清单的过程中，有两个颇有争议的问题。第一个问题是，对于塞擦音、前鼻化塞音、长（叠）辅音和元音、双元音、唇化辅音等，选择单元还是序列来解释。根据每种语言现有证据的研究，我们更倾向于将复杂的语音事件定义为序列（即作为更基本的单位的组合）。第二个问题涉及对某些特定音段或超音段的分析。重音和声调总被视为超音段特征，即声调和重音的对立并没有自主添加到语言清单的区别性音段中。但如果发现音段的不同伴随着重音或声调的不同，而这些不同并非是自然的，那么它们应被视为音段的不同。例如，一个非重读元音与它相对应的重读元音相比时长更短、更央化，那么这两个元音
7 将作为同一个音段的变体。但是，重读和非重读元音之间更大的质性差异使得我们将这套元音作为不同的音段。在所有情况下，进入元音和谐系列的元音组都分别输入，元音和谐的区分因素也没有提取为超音段特征。

1.3　清单规模的变化

不同语言中的音段数量可能相差很大。在调查的音系清单中，音段数量最少为 11 个［罗托卡特语（Rotokas, 625）；穆拉语（Mura, 802）］，最多为 141 个（! Xũ 语，918）。然而，典型的清单规模介于 20 到 37 个音段之间——本研究调查的语言中 70% 都处于这个范围之内。每种语言音段的平均数目略多于 31 个；中位数介于 28 到 29 之间。这些数值非常接近 27 ± 7，即霍基特（Hockett 1955）预测的一种语言中最有可能存在的音段数量。

音段总数的变化可以反映在一些统计量数中。其中，由语言数量与音段总数构成的曲线没有呈现正态分布。它是正偏态和低峰态的，即在曲线的最高端出现了一个较长的尾，而曲线的形状也包含一个低峰和重尾。这意味着音段的平均数并不是一种总结分布的理想方式。因此，我们不仅要关注平均数，更应该注意 20—37 这个范围。

音段数量从 20 到 37 的趋势是否为最佳范围？这个问题还没有答案。话语中可有效区分的音段数量存在一个上限，而构成包含不同语素词汇的音段最小数量也存在一个下限。但这两个界限分别位于数字 37 的上方和 20 的下方。

请考虑：包含 141 个音段的科伊桑（Khoisan）语系中的!Xũ 语（918）与具有大规模音系清单的语言相关。这些语言的比较研究（Baucom 1974; Traill 1978）表明，大规模清单是科伊桑语系长期存在的一个稳定特征。如果有效区别的音段数量大量减少，则需要存在恒定的压力来减少音段数量。似乎没有证据表明这种压力的存在。[1]

同样，事实上具有小规模音系清单（20 个音段以下）的语言在语素 8
层面上并不缺少对立的可能性，表现为不可接受的高频度出现的同音异义现象或不可控制的长语素。对于一些音系清单规模小的语言，如罗托卡特语（Rotokas, 625, Firchow, Firchow & Akoitai 1973）、夏威夷语（Hawaiian, 424, Pukui & Elbert 1965）和阿斯马特语（Asmat, 601, Voorhoeve 1965: 293−361），它们的字典和词汇并未向此类语言提供存在重音的证据。例如夏威夷语，包含 13 个音段，平均每个语素由 3.5 个音素组成（Pukui & Elbert 1965: xix），显然不是很长。同时，通过比较可以看出，小规模音系清单是一个随时间推移而持续存在的现象，波利尼西亚（Polynesian）语支中的夏威夷语就是一个例子（Grace 1959）。

因此，清单规模的限制可能不是与语言处理中信息密度和通道容量相关的理论限制。尽管这些因素已经被广泛讨论过，但它们并不是影响典型语言清单的唯一因素。语言信息必须足够多样化，才能应对不同情况。这些信息需要通过嘈杂的通道成功传达，而语言的设计也面临“非功能性”的压力。大多数语言都存在于多语的社会环境中。通过语言接触，特别是对于在童年后期习得语言的说话者，典型清单的规模可能会受到限制。这种机制类似于：在习得一种新语言时，说话者会对与他们母语中相似音段不匹配的音段，或不能通过添加熟悉特征而生成的音段进行替换（例如，如果母语中有 /p, b, t, d/ 和 /k/，那么习得 /g/ 就会变得容易）。习得语言的清单所包含的音段，既在输入语言中常见，也需在上述过程生成的少量音段中常见。母语的音系清单规模越小，生成音段的概率越大。清单的规模越大，两种语言中相似音段重合的概率就越小，因此清单简化的可能性也越大。

9 这一建议不仅预测了清单规模上限和下限的灵活性（事实上也是如此），而且还预测了与集中趋势的区域−遗传偏差。因此，科伊桑语或高加索语（Caucasian）的清单规模大于平均值，而波利尼西亚语的清单规模小于平均值，都是可以理解的结果：由于主要的语言接触伴随着同一趋向的其他语言，局部偏差持续存在。这一建议也避免了一个问题：如果将人类加工的局限性作为清单规模局限性的原因，那么它们应该始终施加压力，以符合偏差情况。而对此却缺乏证据。

1.4　规模与结构的关系

UPSID 的数据已用于分析清单规模和其成员关系的问题。清单中辅音的总数在 6 到 95 之间，平均值为 22.8。清单中元音的总数在 3 到 46 之间，平均值为 8.7。清单中辅音和元音之间的平衡通过将元音数除以辅音数计算得出。所得比率在 0.065 和 1.308 之间，平均值为 0.402。元音比率的中值约为 0.36，表明典型语言的元音数少于其辅音数的一半。有两个需要观察的重要趋势：较大规模的清单更倾向于以辅音为主，而在包含较大清单的语言中，元音的绝对数也倾向于更大。这两种趋势可以通过以下事实证明：一是元音比率与清单中的辅音数量成负相关（r = .40, p = .0001），二是元音总数与辅音总数成正相关（r = .38, p = .0001）。然而，也有语言包含辅音数量大、元音数量小的清单，例如，海达语（Haida, 700: 46C, 3V）、哈卡鲁语（Jaqaru, 820: 38C, 3V）或布鲁沙斯基语（Burushaski, 915: 38C, 5V）。尽管在新几内亚语言，如帕瓦恩语（Pawaian, 612: 10C, 12V），达里比语（Daribi, 616: 13C, 10V）和法苏语（Fasu, 617: 11C, 10V）中，存在地域或遗传趋势，但辅音数量小、元音数量大的清单似乎最不可能出现（参见 Hockett 1955 的发现）。在这些实例中，少量辅音与元音的鼻音性对立结合在一起。然而，尽管有一些异常实例，但整体的清单规模与辅音 / 元音的平衡之间存在普遍、微弱的关联：规模较大的清单倾向于包含辅音的比例更大。

这种关联表明，清单的规模和结构也可能以其他方式相关联。这个假 10
设的简单形式是，最小规模结构的音段清单包含频率最高的音段，并且随着清单规模的增大，音段按其出现的总频率降序添加。如果的确如此，所有的音段都可以出现在一个层级结构中。这样极端的形式是不正确的，因为没有一个音段在所有语言中都出现。但如果我们进而推论，更大规模的清单往往会排除一些最常见的音段，那么就会出现一些有趣的、值得研究的预测。我们可以通过以下方式更谨慎地归纳这些规则：较小规模的清单比较大规模的清单更可能包含给定的常见音段，而较大规模的清单比较小规模的清单更可能包含不常见的音段类型。

语言与预测的一致程度可以用两种简单方法进行检验。一种是考察给定规模的清单，看其包含哪些音段；另一种是考察给定音段的类型，查看它们在规模不同的清单中如何分布。我们采用了第二种方法，在 UPSID 包含相对较小和较大规模清单的语言中，对 13 个最常见辅音的分布进行了调查。对于小规模清单，我们选择了包含 20—24 个音段的语言。包含音段数量少于 20 个的语言，其辅音数量也通常少于 13 个，因此它们可能仅仅因为包含的音段数量较少而被排除。对于大规模清单，我们选择了 UPSID 中所有包含超过 40 个音段的语言。因此，两个子样本分别包含 57 种和 54 种语言。

表 1.1 列出了调查的辅音分布及百分比。第一列是 57 种包含给定音段的小规模清单的语言百分比，第二列是 UPSID 中所有包含给定音段的语言百分比，第三列是包含给定音段的大规模清单的语言百分比。值得注意的是，由于齿 / 齿龈区域辅音的调音部位经常不能确定，因此并未考虑这两类辅音。

调查的辅音分为三组。以音段的总频率作为预期值，第一组和第三
11 组辅音呈现出显著差异（ $p < .005$ ），而第二组辅音与预期值（使用卡方检验）无显著差异。有一个集合（尤其是清塞音），在小规模清单的语言中更常见，例如，/p/ 和 /k/ 在超过 90% 或更多的清单规模小的语言中出现，而在不到 80% 的清单规模大的语言中出现。还有一组常见辅音，更倾向于在清单规模大的语言中出现，尤其是浊塞音 /b/ 和 /g/ 以及擦音 /f/ 和 /ʃ/。小规模清单倾向于缺失塞音的清浊对立和除 /s/ 音之外的擦音。值得注意的是，表中根据组别对常见鼻音进行了分类：/ŋ/ 在小规模清单中更常见，/m/ 在小规模和大规模清单中同样常见，/ɲ/ 在大规模清单中更常见。

种语言的随机子样本中辅音的期望频率和 29 种语言的观测频率进行了比较。期望频率来自于 UPSID 的总频率。对于比较的 14 个音段，只有一个实例中期望频率和观测频率相差超过 3。这些频率之间的差异并不显著（$\chi^2 = 1.505$, 13 d. f.）。总的来说，我们的结论是，辅音的模态清单并没有比整体的 UPSID 的数据文件更倾向于出现较常见音段。

1.5　清单的结构与语音凸显

单一层级的概念并不能持久，而特定类型的音段之间却存在很强的蕴含层级（尽管很少有无例外的情况）。下面列出了一些通过 UPSID 数据验证的实例，后面的章节中还有更详细的讨论：

（1）一种语言如果没有 /*t/，也没有 /k/。[UPSID 中有一个例外：夏威夷语（424）。]

（2）一种语言如果没有 /k/，也没有 /p/。[UPSID 中有四个例外：吉尔吉斯语（Kirghiz, 062），包含 /p, "t", q/；比母贝语（Beembe, 123）；泽套语（Tzeltal, 712）和祖尼语（Zuni, 748）。后两种语言除了有不送气音 /p/ 和 /t/，也有送气的软腭爆破音 /kʰ/。24 种语言有 /k/ 而没有 /p/；其中 18 种语言有 /b, d, ɡ/。]

（3）一种语言中（广义上）相同调音部位的塞音（包括塞擦音）存在，该部位的鼻音才会存在。[UPSID 中有五个例外：埃维语（Ewe, 114）、埃菲克语（Efik, 119）和奥卡语（Auca, 818），有 /ɲ/ 14
而没有硬腭或腭-龈塞音；胡帕语（Hupa, 705），有 /m/ 但没有双唇塞音；伊博语（Igbo, 116），有 /m͡ŋ/，有唇化的软腭音，但没有唇-软腭塞音。很多语言在特定的调音部位有塞音，但没有对应的鼻辅音。]

（4）一种语言中对应浊音存在，清鼻音和近音才会存在。（UPSID 中没有例外。）

（5）一种语言中有高元音和低元音，才会有中元音。[UPSID 中有两个例外：所有语言都至少有一个高元音，但根据报告，切列米斯语（Cheremis, 051）和他加禄语（Tagalog, 414）缺失低元音。]

（6）一种语言有相同高度的非圆唇前元音，才会有圆唇前元音。[UPSID 中有两个例外：巴什基尔语（Bashkir, 063）和哈拉吉语（Khalaj, 064）。]

（7）一种语言有 /y/，才会有 /ø/ 和 /œ/（单独或一起）。[霍皮语（Hopi, 738）是一个明显的例外。沃洛夫语（Wolof, 107）有圆唇前元音 /ø/，但它的音位变体与 /y/ 一样高。阿干语（Akan, 115）有边缘音位 /ø:/ 和 /œ:/，但没有 /y/。]

然而，正如第 1.4 节所述，这些观察结果不能被概括为单一的复合层级结构。至少，在某些方面会有多种选择。这是因为，在清单中同样也存在一些冲突，一些音段不可能同时出现。其中的一些冲突如下：

（1）一种语言不可能同时包含同一调音部位的（浊）内爆音和喉化爆破音。（UPSID 中没有反例。）

（2）一种语言不可能同时包含清边擦音和清边近音。（UPSID 中没有反例。）

（3）一种语言不可能同时包含 /ɸ/ 和 /f/，或同时包含 /β/ 和 /v/。[UPSID 中有两个例外：塔拉斯坎语（Tarascan, 747）和埃维语（114）。]

（4）一种语言不能同时包含相同类型的两组音：齿塞音、擦音、鼻音或边音，和齿龈塞音、擦音、鼻音或边音。（根据观察，共有 22 个例外，但这一数字明显低于对音段同时出现不作限制的预期值。43 例单独出现 /t̪/ 和 /t/ 的情况是可以预测的，而基于计
15 算结果，根据爆破音已知部位的出现频率，可以将那些未指明的齿或齿龈塞音分为齿爆破音和齿龈爆破音。）

通过这些陈述，我们可以观察到一个普遍的规律：音段之间除非存在足够的语音差异，否则它们（通常）不会起到对立作用。这里所引用的

相互排除都是在语音相似的音段之间；而没有对“语音相似”进行更精确的定义。值得注意的是，提及的音段在更宽泛的定义下可能会重叠，例如，/β/ 和 /v/ 都是浊唇擦音。这些音段对之间的区别与赖福吉（Ladefoged 1978; 1980: 498−501）讨论过的类型上的非对立语音差异类似。

这里提到的假设是，在不同语言的音段之间存在可测量的语音差异，而这些音段通常是相似的。假设这些差异是作为参数，而不是语言中音位对立的基础，或它们比形成音位对立的差异更小。从这个角度来讲，齿和齿龈塞音之间的差异接近于这类区别，而这类区别在语言中通常没有意义的对立。（这一类别更典型的例子是，发喷音时口腔和喉部持阻在除阻时相对时间的差异，参见 Lindau 1982。）

这种对共现禁止（prohibitions of co-occurence）的解释引入了语音距离或语音凸显的概念，作为音系清单设计的解释因素。如果将某些类型的音段从不（或很少）在清单中同时出现，解释为它们之间的差异不够凸显，那么对某些音段的偏好就可以解释为它们最为凸显，并且对这些音段恰当的选择保持了所涉及语言中音段之间的语音距离。虽然这些观点主要与元音清单（如 Liljencrants 和 Lindblom 1972; Crothers 1978; Disner 1982）有关，但它们可以扩展到整个清单中。从这个角度来看，蕴含层级可以解释为语音凸显的逐步下降，其中最凸显的音段位于层级排列的顶部，而彼此之间差异（距离）较小的音段位于较低的下方。值得注意的是，这可能会使清单成员之间的平均语音距离几乎恒定，因为扩展的清单意味着包含 16
其他成员，这些成员与它们最近音段的距离较小，但语言的整体语音空间却扩大了。

要确定语音凸显和语音距离，并不是一件简单的事情。然而，我们可以通过对这些概念的非正式描述来回答一些问题。例如，对于“区别最大化是清单结构的原则吗？”这一问题，答案显然是否定的。㗊音是非常凸显的，但很少有语言（大约 1%）使用它们。此外，这些语言都包含多个㗊音系列，而不是在有限的塞音系列（齿㗊音和软腭爆破音）中利用这一特征形成高度显著的对立。最常见的元音清单是 /i, e, a, o, u/，而不是 /i, ẽ, a̤, o̰, uˤ/。其中每个元音不仅音质不同，而且还在常态、鼻化、气声、喉化、咽化上具有区别性。然而，与第一组元音相比，第二组元音之间的区别更显著，与对立最大化更接近。而第一组元音的差异仅限于传统公认的元音音质这一主要维度。

我们必须认识到，为了使清单结构理论更充分，在使用其他参数之前要优先使用一些对立参数，而其使用方式似乎与显著性无关。例如，如果包含在主要元音音质参数上简单对立的世界语言样本相当广泛，那么它们只会在元音中添加额外的对立参数。从某种意义上说，这些附加的元音对立方式本身就涉及蕴含的层级结构，这种层级结构的排列不能通过最显著对立的选择原则来预测。

除了上述的讨论，我们必须认识到，语音距离不能解释部分音段的共现禁止现象。有一类禁止与上述禁止不同，因为涉及的音段具有区别性。其中的一个例子适用于边音子清单的共现限制。语言中一些边音通过调音方式（浊近音、清擦音、喷塞擦音等）或调音部位（所有边音都是浊近音）呈现对立。UPSID 中只有一种语言（Diegueño, 743）明显违反
17 了这条规则，而爱尔兰语（001）也是一个有争议的例外。即使有两个例外，这个数量也远远低于预期值。因此，多边子系统几乎总是包含一个顶端或中间层级的边近音，即蕴含层级顶部或下端有两个分支，一个分支按调音部位进行分类，而另一个分支在相同的调音部位上通过调音方式进行变化。

1.6 清单结构的补偿

某些语音类型的相互排斥似乎不是基于语音距离，这表明很可能存在一种影响清单结构的“补偿”原则。例如，马蒂内（Martinet 1955）认为，一个地区音系清单的简化这一历史变化会被其他地方的补偿性细化抵

消。阿热日和奥德里古（Hagége & Haudricourt 1978）详细讨论了类似的观点。

如果历时变化通常遵循这一模式，那么在清单各方面之间应该存在着一种可测量的关系，且这种关系会呈现出负相关性。不过，我们已经看到，清单结构并没有出现补偿。元音清单倾向于随着辅音清单的扩大而逐步扩大（第 1.4 节），与补偿理论的预测相反。我们对清单的其他部分也进行了调查，以找出补偿操作的迹象。

我们检查了 UPSID 中语言的塞音清单，以确定是否存在一种通过减少塞音的调音方式对立的数量对调音部位的数量进行补偿的趋势，或相反的趋势。澳大利亚土著语的音系清单体现了这样的补偿方式。这些语言中的塞音（和鼻音）通常包含多个调音部位，但没有调音方式的对立（如清浊差异）（Wurm 1972; Dixon 1980）。这是局部偏差，还是语言中基本模式的特例？马布伊格语（Mabuiag, 365）作为一种非典型语言，是否通过增加清浊对立来补偿其塞音减少至 3 个调音部位，从而形成塞音清单 /p, "t", k; b, "d", g/？

有很多方法可以对调音部位和调音方式进行比较。在这个例子中，我 18
们将双–调音塞音（实际上是唇–软腭塞音）的调音部位与其组成成分的调音部位相区别，即唇–软腭作为一个单独的调音部位。另一方面，由于次要调音更可能与一系列主要调音部位同时出现，它们更类似于具有区别启动作用和发声态的“系列–生成”性质，也被视为不同的调音方式（第二章列出了不同的计数）。因此，在下面列出的两个清单中，（a）被视为有 4 个调音部位和 2 个调音方式，而（b）被视为有 3 个调音部位和 3 个调音方式。

（a）	p	t	k	k͡p
	b	d	g	g͡b
（b）	p	t	k	
	p^w		k^w	
	b	d	g	

我们对每种语言在 10 个调音部位中的调音部位数量与 14 个“系列–生成”调音方式成分[2]（喉塞音通常没有对立的调音方式，因此调音部位不包括喉）中的调音方式数量的相关性进行了统计。表 1.2 列出了所涉及的语言数量。我们删除了那些分布非常稀疏的行（调音部位少于 3 个和多于 5 个，或调音方式多于 4 个），在计算中删除了 29 种语言。塞音的调音部位和调音方式的数量之间基本不具有相关性，而补偿假设则预测它们之间存在很强的负相关。

我们对擦音相关的调音部位和调音方式进行了类似的计算，删除了调音部位超过 5 个或调音方式超过 4 个的实例（结果在 21 种没有擦音的语言中排除了 16 种语言）。筛选的结果见表 1.3。统计数据与预期数据（p = .0001）有显著差异，其中两个变量之间存在较大的正相关（r = .46）。这又与补偿假设的预测相反，而且比塞音的情况更明显[3]。

马蒂内（Martinet 1955）提出了补偿调整的例子，涉及通过简化塞音清单来细化擦音清单。因此，我们对擦音和塞音的数量进行了类似的比较。在这个计算中，少于 5 个或多于 13 个塞音的语言被删除，多于 8 个擦音的语言被删除，结果共删除了 92 种语言。由于表格需要大量单元格，因此并未列出这些数字。统计检验表明，擦音数量与塞音数量之间呈现弱的正相关（r = .35），但由于其显著水平低于 .05，这一相关性可能不可靠。然而，没有负相关仍值得注意。

19 **表 1.2　塞音的调音方式和调音部位**

		方式					
		1	2	3	4		总数
部位	1	19	83	35	20	|	157
	2	14	28	32	21	|	95
	3	3	16	11	6	|	36
		---	---	---	---		
	总数	36	127	78	47		

表 1.3　擦音的调音方式和调音部位

		方式			
		1	2	3	总数
	1	37	8	1	46
	2	46	35	1	82
	3	21	45	8	74
部位	4	6	32	8	46
	5	4	22	6	32
		---	---	---	
	总数	114	142	24	

1.7　音段与超音段 20

尽管在涉及音段子清单的几项测试中都未能找到补偿假设的证据，但补偿原则可能在另一层级中存在。弗乔和弗乔（Firchow & Firchow 1969）的观点可能对其进行了验证。他们在研究罗托卡特语（625）的论文中指出，罗托卡特语的音系清单包含 11 个音段，由于其音段音位简单，所以超音段特征复杂。声调历史发展的文献中似乎也隐含着音段与超音段复杂性之间的补偿关系。例如，翁贝尔、奥哈拉和尤安（Hombert, Ohala & Ewan 1979）曾提到“元音对立声调的发展是因为阻音清浊对立的消失”。如果这种现象是可以预期的、普遍存在的补偿关系的一部分，那么通常包含较大音段清单的语言往往具有更复杂的超音段特征。

为了检验这一预测，我们对 UPSID 中少于 20 个或超过 45 个音段的语言进行了检查，以确定第一组语言是否比第二组语言包含更复杂的重音和声调系统。这两组都包含 28 种语言。表 1.4 总结了这些语言中确定的超音段特征。

表 1.4　清单规模与超音段

	小规模音段清单（<20）的语言	大规模音段清单（>45）的语言
重音		
对立重音	6	8
可预测重音	7	9
音高重音（？）	2	2
没有重音	5	4
数据不足	8	5
声调		
复杂声调系统	2	6
简单声调系统	2	4
没有声调	22	15
数据不足	2	5

21 尽管解释并不充分，数据也不够完整，但可以确定的是，超音段特征在小规模音段清单的语言中，并不会更复杂，而在较大清单语言中超音段特征倾向于更精细。

与“小规模清单”语言相比，包含对立重音和复杂声调系统（超过 2 个声调）的“大规模清单”语言要更多一些。有更多的“小规模清单”语言缺失重音和声调系统。总体趋势再次显示，不同类型的复杂性是密切联系的，而不是一种类型的复杂性由其他类型的简单性来平衡。

1.8　音段清单与音节清单

另一个假设是，语言的音段清单规模与语音配列有关，从而限制了由音段和超音段特征组成的可能出现的音节总数。尽管语言包含的音段数量各异，但它们所包含的音节数量大致相同。例如，马蒂索夫（Matisoff 1973）认为，音节清单规模的维持很可能受到了循环历史过程的影响。他构拟了一种假想语言，在某个任意的起点，这种语言“由于音节首和音节尾的辅音系统很丰富，可能出现的音节数量会非常多”。在语言的后期，这些音节首和音节尾的辅音系统逐渐简化，但“元音数量和词汇上的对比声调出现了增加”，以维持对立音节的存在。如果声调和元音的对立消失，音节边缘的辅音丛数量将再次增加。[5]

我们通过计算 9 种语言中可能出现的音节数量，简要探讨了音段清单规模与音节清单规模之间的关系。这 9 种语言是：邹语（Tsou, 418）、凯楚亚语（Quechua, 819）、泰语（400）、罗托卡特语（625）、加语（Gã, 117）、夏威夷语（424）、越南语（303）、粤语、Higi 语和约鲁巴语（Yoruba）（UPSID 不包含后三种语言，但它们语音配列的详细数据很容易获得）。9 种语言包含小规模音段清单（罗托卡特语、夏威夷语）或相对的大规模音段清单（越南语，Higi 语，凯楚亚语），它们具有相对简单的超音段特征（邹语、夏威夷语、凯楚亚语）或复杂的超音段特征（约鲁 22
巴语、泰语、粤语、越南语）。在计算可能出现的音节数时，我们考虑了普遍的共现限制，但如果允许并行合并，那么特定元素组合的失败只是偶然空缺，而这种组合也被视为可能出现的音节。计算结果显示，这些语言中可能出现的音节数有很大的不同。表 1.5 列出了音节总数。

表 1.5　9 种所选语言的音节清单规模

语言	可能出现的音节总数
夏威夷语	162
罗托卡特语	350
约鲁巴语	582
邹语	968
加语	2, 331
粤语	3, 456
凯楚亚语	4, 068
越南语	14, 430
泰语	23, 638

虽然这种计算具有不确定性，但这些数字的差异足以得出这样的结论：各语言在音节清单规模上并没有惊人的相似。

在后续的研究中，我们做了几项测试，以确定在许多可能的预测因素中，哪一个因素与音节清单规模最相关。预测因素包括音段数量、元音数量、辅音数量、允许出现的音节结构数量（CV、CVC、CCVC等）、超音段对立数量（例如重音级别数乘以声调数）、代表音段差异的最大计数（元音数乘以超音段数）数量。其中，最好的预测因素为允许出现的音节类型数量（r = .69），这表明，语言中语音配列的可能性是影响音节数量最重要的因素。其次是超音段数量（r = .59），它与不同音段数量的相关性都较低。虽然所有测试的预测因素都与音节
23 数量呈现正相关，但在多元回归分析中，除了音节类型的数量，只有元音数量有助于分析（r^2 变化 = .19）。因此，音节清单规模在很大程度上并不依赖于音段清单规模。尽管如此，由于预测因素与音节清单规模存在正相关，所以又一次呈现了不同类型的复杂性同时出现的倾向。

1.9 结论

UPSID 的建立证实，就规模而言，音段清单具有明确的集中趋势。然而，它们的规模和结构发生了很大的变化。在很多细节上它们的结构都具有层级性，而不能用单一的音段类型层级进行实质性的解释。这在一定程度上是因为某些类型的音段受制于互斥规则。相互排除并不能解释为避免不充分语音对立的出现，因为有些也涉及显著的对立。在音段类别的平衡、音段和超音段对立的平衡，以及音段和语音配列条件的平衡中，我们并没有找到语言在音系层面上，通过其他方面的简单性对其复杂性进行补偿以维持平衡的证据。这些调查表明，不同类别的复杂性在语言中同时存在，语言在音系复杂性上确实存在差异。

注　　释

1. 如果具有大规模音位清单的语言在区别对立上存在某种限制，那么我们可以预期，这些语言的使用者与小规模清单语言的使用者相比，将在音位识别任务中出现更高的错误率。据我所知，并没有涉及该观点的实验数据。
2. 调音方式的成分为：常态清声、常态浊声、清送气、气声、前置送气、喉化、内爆、喷音、前鼻化、鼻-除阻、唇化、硬腭化、软腭化和咽化。
3. 当然，在未调查的音段清单中也可能存在其他补偿，未找到补偿总趋势并不影响在特定实例中构拟的历史演变的有效性。
4. 罗托卡特语的超音段特征并不十分复杂。这种语言中有部分重音可以预测，元音的长度对立也只是部分独立于重音（Firchow, Firchow & Akoitai 1973）。在 UPSID 中这些语言的长元音并没有被视为独立的音段。
5. 马蒂索夫还指出，语言形态的复杂性将随着音系变化而演变。 24

参考文献

Baucom, K. L. 1974. Proto-Central Khoisan. In E. Voeltz (ed.) Third Annual Conference on African Linguistics (Indiana University Publications, African Series, 7). Indiana University, Bloomington: 3–38.

Crothers, J. 1978. Typology and universals of vowel systems. In J. H. Greenberg et al. (eds.) Universals of Human Language, Vol. 2, Phonology. Stanford University Press, Stanford: 93–152.

Disner, S. F. 1982. Vowel Quality: the Relationship between Universal and Language-Specific Factors (UCLA Working Papers in Phonetics 58). University of California, Los Angeles.

Dixon, R. M. W. 1980. The Languages of Australia. Cambridge University Press, Cambridge.

Firchow, I. and Firchow, J. 1969. An abbreviated phoneme inventory. Anthropological Linguistics 11: 271–276.

Firchow, I., Firchow, J. and Akoitai, D. 1973. Vocabulary of Rotokas-Pidgin-English. Summer Institute of Linguistics, Papua New Guinea Branch, Ukarumpa.

Grace, G. W. 1959. The position of the Polynesian langueges within the Austronesian

(Malayo-Polynesian) language family (IJAL Memoir 16). Indiana University, Bloomington.

Hagege, C. and Haudricourt, A. 1978. La Phonologie Panchronique. Presses Universitaires de France, Paris.

Hockett, C. F. 1955. A Manual of Phonology (IJAL Memoir 11). Indiana University, Bloomington.

Hombert, J-M., Ohala, J. J. and Ewan, W. G. 1979. Phonetic explanations for the development of tones. Language 55: 37–58.

Ladefoged, P. 1978. Phonetic differences within and between languages. UCLA Working Papers in Phonetics 41: 32–40.

Ladefoged, P. 1980. What are linguistic sounds made of? Language 56: 485–502.

Liljencrants, J. and Lindblom, B. 1972. Numerical simulation of vowel quality contrasts: the role of perceptual contrast. Language 48: 839–862.

Lindau, M. 1982. Phonetic differences in glottalic consonants. UCLA Working Papers in Phonetics 54: 66–77.

Martinet, A. 1955. Economie des changements phonétiques (2nd ed.). Franke, Berne.

Matisoff, J. M. 1973. Tonogenesis in Southeast Asia. In L. M. Hyman (ed.) Consonant Types and Tone (Southern California Occasional Papers in Linguisticsl). University of Southern California, Los Angeles.

Pukui, M. K. and Elbert, S. H. 1965. Hawaiian-English Dictionary (3rd ed.). University of Hawaii Press, Honolulu.

Sheldon, S. N. 1974. Some morphophonemic and tone perturbation rules in Mura-Pirahã. International Journal of American Linguistics 40: 279–282.

Snyman, J. W. 1975. Zul'hõasi Fonologie en Woordeboek. Balkema, Cape Town.

Traill, A. 1978. Research on the Non-Bantu African languages. In L. W. Lanham and K. P. Prinsloo (eds.) Language and Communication Studies in South Africa. Oxford University Press, Cape Town.

Voorhoeve, C. L. 1965. The Flamingo Bay Dialect of the Asmat Language (Verhandelingen van het Koninklijk Instituut voor Taal-, Land-en Volkenkunde 46). Nijhoff, The Hague.

Wurm, S. A. 1972. Languages of Australia and Tasmania (Janua Linguarum, Series Critica 1). Mouton, The Hague.

第二章 25

塞音与塞擦音

2.1 引言

塞音在所有已知语言的清单中都有出现，被视为最佳辅音（例如，Jakobson & Halle 1956: 42）。最常见的塞音类型为爆破音，即由外呼的肺气流所形成。除了调音部位不同，它们还根据喉部结构、嗓音起振和止振的相对时间以及软腭闭合和打开的相对时间的变化而呈现不同的变化。此外，还有由喉头气流和软腭气流形成的塞音，如喷音、内爆音和㗊音。塞音系统的主要结构可以从调音方式和调音部位两个维度进行讨论。因此，在本章中我们将分析 UPSID 中不同语言的塞音系统结构，包括系列的数量和调音部位的数量。我们还将更详细地统计塞音的频率，特别是不同调音部位爆破音的频率。在关于声门辅音的单独一章（第七章）中将更详尽地讨论声门和喉化塞音。这些分析的主题中不包含㗊音，主要因为 UPSID 中的语言几乎没有这个音类，而且它们也没有包含在本章的内容中。然而，本章的分析包含非边塞擦音（塞擦化的㗊音除外），因为塞擦音与擦音有着密切的联系。第五章将进一步探讨边塞擦音的情况。

2.2 塞音系列

一个系列是指一套塞音（或包含塞擦音）的集合，这些塞音具有广义 26

上相同的“方式”，即发声类型相同（清、浊、气嗓或喉化），气流相同（肺气流、软腭气流、声门内进气流或声门外出气流），嗓音起始的相对时间相同（不送气、送气、前置送气），和软腭闭合的相对时间相同（非鼻化、鼻冠化、鼻化除阻）。在本章中，对于伴随塞音产生的次要发音，包括硬腭化、软腭化和咽化等都没有建立单独的塞音系列。而第一章中表 1.2 统计的目的恰恰与之相反。

我们将根据上述提到的塞音或塞擦音中每个不同的“方式”来建立语言的系列。因此，对于一种语言而言，没有必要在给定的调音部位上呈现系列的对立，作为这些系列的不同之处。例如，如果一种语言只有两个塞音 /k/ 和 /b/，那么这种语言有两个塞音系列：清音系列和浊音系列，尽管事实上两个系列都有缺欠，而且清浊也可以通过部位来预测。这种方法意味着系列的对立在计数中被最大化地表征。在一些语言中，可能由于音系的原因某些部分的系列会被整合在一起。我们通常不会这样做，因为更重要的目标是体现语音的异质性。一般来讲，包含塞擦音的语言会将它们放在塞音系列，或是塞音的子系列中。但是仅有塞擦音系列的语言会被视作增添了一个附加的系列。

所有的语言都至少包含一个塞音系列，包含两个塞音系列最为常见，超过了 50%。包含 4 个以上塞音系列的语言非常少见，在我们的调查中没有超过 6 个塞音系列的语言（搭音除外）。表 2.1 列出了在 UPSID 中包含不同塞音系列的语言数量及百分比。

表 2.1 UPSID 语言中塞音系列的数量

	塞音系列的数量					
	1	2	3	4	5	6
语言数量	50	162	76	25	2	2
语言百分比	15.8%	51.1%	24.0%	7.9%	0.6%	0.6%

27 表 2.2 列出了系列的特定类型和这些系列出现的频率。

表 2.2　塞音系列的频率

	语言的数量	百分比
常态清音	291	91.8%
常态浊音	212	66.9%
送气清音	91	28.7%
清喷音	52	16.4%
浊内爆音	35	11.0%
前鼻化浊音	18	5.6%
气嗓音	7	2.2%
喉化浊音	6	1.9%
喉化清音	3	0.9%
前置送气清音	2	0.6%
气流除阻（breathy release）清音	2	0.6%
后鼻化浊音	1	0.3%
前浊喷音	1	0.3%
清内爆音	1	0.3%

常态清爆破音系列是最常见的，包含这种系列的语言占比将近 92%。基廷、林克和赫夫曼（Keating, Linker & Huffman 1983）认为，语音上这种类型的爆破音在语言中最为普遍，而且从空气动力学和发声学的角度来看（至少在初始位置），它们是最经济的。只包含一种塞音系列的语言几乎总是包含常态清爆破音（50 种语言中的 49 种），只有一个例外，即澳大利亚土著语（Australian language）中的班加朗语（Bandjalang, 368），可能被错误地报告为有浊爆破音（澳大利亚土著语更典型的是包含不送气的清塞音系列）。没有一种只有一个系列的语言包含送气清音系列，也没有一种这类的语言包含声门塞音或喉塞音。事实上，这些塞音系列的类型并不总是频繁出现，除非包含至少 3 个塞音系列它们才算常见。表 2.3 列出了包含特定类型的系列数量的语言百分比。该表仅列出了可能出现的部分情况。

28 **表 2.3　根据系列数分类的塞音系列的频率**

	系列数			
	1	2	3	4
常态清音	98.0%	90.1%	89.5%	96.0%
常态浊音	2.0%	81.5%	69.7%	88.0%
送气清音	0.0%	16.0%	63.2%	52.0%
清喷音或清喉化音	0.0%	3.7%	42.1%	56.0%
浊内爆或浊喉化音	0.0%	1.2%	27.6%	48.0%

包含 2 个塞音系列的语言

仅有 2 个对立塞音系列的语言通常包含常态清 / 浊的对立。162 种语言中有 117 种语言都是如此（72.2%）。另外 27 种语言的爆破音系列存在对立，通常被认为是噪音起始时间（VOT）的连续体（Lislcer & Abramson 1964）。也就是说，它们包含常态清音和送气清音，或常态浊音和送气清音的对立。因此，如果以 VOT 来区别，共有 88.9% 的语言包含 2 个塞音系列。剩余的少数语言包括：(i) 鼻音起振（onset）或止振（offset）的浊音系列——有 9 种，其中 6 种包含常态清爆破音和前鼻化浊爆破音的对立；(ii) 发声类型或气流不太常见的浊音系列——9 种语言中有 6 种包含常态清爆破音和清喷音或清喉化爆破音的对立。这组之中只有 2 种语言包含浊内爆音：尼昂吉语（Nyangi, 207）和马萨依语（Maasai, 204）。

包含 3 个塞音系列的语言

在包含 3 个塞音系列的语言中，有一个系列通常为常态清音（约占 90%），但除此之外，这些语言还有很多变化。最常见的模式是 VOT 连续体的三向对立：送气清爆破音、常态清爆破音和浊爆破音。在 76 种语言中，只有 19 种语言具有这种模式（25.0%）。另外常见的 3 种模式包含常态清、浊爆破音和喷音的系列（13 种语言，17.1%）；常态清爆破音、送
29 气爆破音和喷音的系列（12 种语言，15.8%）；和常态清、浊爆破音和浊

内爆音的系列（12 种语言，15.8%）。然而值得注意的是，这 3 种模式和这些模式中的其他类型，都可以归结为包含 VOT 对立的 2 个系列和具有“喉”特征的系列：声门气流或喉化。共有 50 种语言符合这个基本框架，其中 31 种包含清、喉特征系列，19 种包含浊、喉特征系列。换言之，几乎三分之二包含 3 个系列塞音的语言通过这种方式来区分，“两向 VOT+喉特征”模式比三向 VOT 对立模式更常见。只有包含 3 个系列的两种语言［麦都语（Maidu, 708）和凯克奇语（K’ekchi, 714）］包含两种“喉特征”系列（将凯克奇语分析为具有三个而不是两个塞音系列可能会受到挑战，因为任何调音部位都没有三向对立；参见第七章）。有 4 种语言包含前鼻化浊爆破音和 VOT 连续体对立的 2 个系列。

包含 4 个塞音系列的语言

UPSID 示例中的 25 种语言包含 4 个塞音系列，它们的结构比包含 3 个系列的语言更复杂。下面的（a）—（d）是四种常见的模式，它们彼此都同样常见：

a）常态清音 / 常态浊音 / 浊内爆音 / 清喷音

b）常态清音 / 送气清音 / 浊音 / 浊喷音

c）常态清音 / 常态浊音 / 前鼻化浊音 / 浊内爆音或浊喉化音

d）常态清音 / 送气清音 / 常态浊音 / 气嗓音

有 6 种语言具有（a）模式，5 种语言具有其他模式。另外 2 种语言，祖鲁语（Zulu, 126）和南部南比夸拉语（S. Nambiquara, 816）与（a）组非常相似，因为它们包含常态清爆破音和送气爆破音、喷音和内爆音。这意味着“两向 VOT 对立 + 两个喉特征”系列的模式是最广泛的，尽管它只占有关语言的三分之一。在这些系统中需要考虑地区的因素。所有具有（a）模式的语言和具有（b）模式的语言［只有一个例外：澳亚语系的塞当语（Sedang, 304）］均来自非洲。（a）组包括来自非洲的尼罗–撒哈拉语系和亚非语系，而（b）组包含尼日尔–科尔多凡语系［格巴亚语

30（Gbeya, 129）]，尼罗–撒哈拉语系［玉鲁语（Yulu, 216），萨拉语（Sara, 217）］和亚非语系［恩吉津语（Ngizim, 269）］。（d）组包括印欧语系、达罗毗荼语系和澳亚语系。值得注意的是，（d）组包含了最完全的 4 系列模式，如在喀里亚语（Kharia, 301）中，爆破音由 4 个调音部位（每个部位包含 4 个爆破音系列）以及一组腭龈塞擦音组成。

喀里亚语的塞音清单：

常态清爆破音 / 塞擦音	p	t	tʃ	ṭ	k
送气爆破音 / 塞擦音	pʰ	tʰ	tʃʰ	ṭʰ	kʰ
常态浊爆破音 / 塞擦音	b	d	dʒ	ḍ	g
气嗓爆破音 / 塞擦音	b̤	d̤	d̤ʒ̤	ḍ̤	g̤

豪萨语（Hausa, 266）属于（a）组语言，包含每个调音部位的部分对立。在豪萨语中，每个调音部位的系列不超过 3 个（包含次发音的软腭音除外）。

豪萨语的塞音清单：

常态清爆破音 / 塞擦音		t	tʃ	k
常态浊爆破音 / 塞擦音	b	d	dʒ	g
清喷塞音				k′
浊内爆音	ɓ	ɗ		

在库洛语（Kullo, 262）中，只有齿 / 齿龈两个调音部位上 4 个系列都存在。其他的调音部位包含 1、2 或 3 个系列。

库洛语的塞音清单：

常态清爆破音 / 塞擦音		"t"	"ts"	tʃ	k
常态浊爆破音 / 塞擦音	b	"d"		dʒ	g
清喷塞音 / 塞擦音		"t′"	"ts′"		k′
浊内爆音		"ɗ"			

随着系列数的增加，这样的系统在一些方面存在缺欠也很常见。

包含 5 或 6 个塞音系列的语言

只有少数语言有超过 4 个系列的塞音。奥托米语（Otomi, 716）和马萨瓦语（Mazahua, 717）有 5 个系列，在 3 个 VOT 类型和两个喉特征系列上呈现对立。伊博语（116）和 !Xũ 语（918），包含 6 个系列和一个气嗓音系列。有趣的是，这两种语言都包含一个特别的喉特征系列：伊博语除了有常见的浊内爆音外，还有清内爆音；!Xũ 语除了包含常见的清喷音外，还包含前浊喷音。由于语言数量太少，无法确定这种类型是否代表一般的模式。

2.3　塞音系统分析概述 31

因此，各种语言一般总是包含一个常态清塞音系列。如果一种语言只包含一个系列，它就是常态清塞音系列。随着系列数量的增加，先增加 VOT 维度上的对立（通常以清 / 浊区分）。第三个系列很可能是喉特征系列，而不是沿着 VOT 连续体作进一步区分。包含系列数目多的系统似乎同样可能增加第二个喉特征系列或 VOT 对立的数量。

2.4　塞音系统的调音部位

另一个塞音变化的主要维度是调音部位。由于塞擦音经常出现在塞音不会出现的部位，数据会进行两个单独的分析：第一个仅为塞音分析，第二个包含塞擦音的分析。表 2.4 总结了 UPSID 中包含塞音的语言的调音部位数量。这个表格没有包含喉塞音，因为其类型与其他塞音区别较大（例如，喉塞音不能以不同的调音方式变化）。基于相同的原因，咽塞音

（Iraqw 语，260）也没有包括进来。

表 2.4　根据调音部位分类的塞音系统规模的频率

	塞音调音部位的数量				
	2	3	4	5	6
语言数量	2	171	103	35	6
样本百分比	0.3%	53.9%	32.5%	11.0%	1.9%

绝大多数语言的塞音至少存在 3 个调音部位。调查中包含 2 个调音部位塞音的语言仅有 2 种：一种是夏威夷语（424），没有齿龈塞音和齿塞音；另一种是威奇托语（755），没有齿塞音。只有 2 种语言没有唇塞音：胡帕语（705）和阿留申语（Aleut, 901）。胡帕语同吉尔吉斯语（Kirghiz, 062）一样，也没有软腭塞音。所有其他语言都有双唇塞音、齿塞音、齿龈塞音和软腭塞音。表 2.5 列出了在每个主要调音部位存在的一个或多个塞音的语言数量。在这个表中，齿和齿龈部位的塞音列在了一栏，一方面由于它们在来源上的区别常常不可靠，另一方面由于这些部
32 位的对立不寻常。在这个塞音表中，硬腭和腭龈部位也列在一栏，因为调查中的语言没有两个部位的对立，而且两个标签之间的选择似乎部分来自于不同的术语传统。

表 2.5　包含不同调音部位塞音的语言数量

	双唇	齿 / 齿龈	硬腭 / 腭龈	卷舌	软腭	小舌	唇–软腭
语言数量	314	316	59	36	315	47	20
百分比	99.1%	99.7%	18.6%	11.4%	99.4%	14.8%	6.3%

值得注意的是，有 24 种语言同时包含齿和齿龈部位的塞音，但它们并不总是相互独立的，因为在一些语言中这些部位可以从调音方式的区别中预测出来。例如，根据调查，瓜希沃语（Guahibo, 830）包含送气的齿塞音 /t̪ʰ/ 和齿龈塞音 /t, d/；巽他语（Sundanese, 408）包含塞音 /t̪/ 和

/d/；玉鲁语（216）包含齿音 /t̪, d̪/，但它的内爆塞音和前鼻化塞音的发音很可能更靠后而形成“ɗ”和“^{n}d”。它符合双唇和软腭部位的普遍性，即包含三个调音部位塞音的语言不可能在齿和齿龈部位相对立。事实上，没有一种既有齿塞音又有齿龈塞音的语言包含少于 4 个调音部位的塞音，而更典型的是包含 5 或 6 个部位（24 个例子中的 17 个，占 70.8%）。因此齿和齿龈部位的对立与这些语言的塞音系统中较多的调音部位尤其相关。包含硬腭部位塞音的典型语言，或包含卷舌、小舌或唇–软腭塞音的语言也包含 4 个或超过 4 个调音部位，在硬腭调音部位的例子中，59 种语言中有 58 种都是这样的情况（98.3%）。47 种语言中有 44 种有小舌部位的塞音（93.6%），所有的语言都有卷舌或唇–软腭塞音（100%）。

值得注意的是，最常见的调音部位系统包含三个非常重要的发音器官–嘴唇（双唇）、舌尖或舌叶（齿或齿龈）和舌体（软腭）。其他部位很可能是舌–体发音器官（硬腭或小舌），而不是舌尖 / 舌叶发音器官（如卷舌）。唯一一种增加使用部位数量的常见模式是将两个基本部位与唇–软腭部位结合在一起。除了茂语（Maung, 350）的“齿–硬腭”双部 33
位发音以外，没有其他的报告说明发音器官具有非常广泛的单向接触性而不是真正的双部位发音。除了这个边缘的例外，缺少舌尖 / 舌叶和舌体的双部位发音是可以理解的。这两种发音器官在嘴唇和舌头的调音方式上并不完全独立，因为它们都是舌头的一部分。缺失唇–齿龈（或唇–齿）音，即缺失唇与舌尖或舌叶的联合发音，并不存在类似的原因。然而，这样的发音却没有出现；尽管霍夫曼（Hoffmann 1963）认为马尔吉语（Margi, 268）包含唇–齿龈塞音（以及其他类型的唇–齿龈音），但他的描述是不准确的，因为这些发音属于唇和齿龈音段的序列（参见 Maddieson 1983）。

通过细致分析对立部位的增加方式，发现在包含 4 个调音部位的系统中，硬腭（或腭–龈）部位比小舌部位的出现（36—29 例）略为频繁。这两个舌体部位的出现频率很容易超过舌尖或舌叶（卷舌 17，齿 7）。增加软腭前部位的语言（60）比增加软腭后部位的语言（30）多两倍。12 种语言包含唇–软腭部位。因此，103 种语言中有 72 种包含 4 个调音部位的塞音（69.9%），其中没有比软腭更靠后的调音部位。

包含 5 个塞音调音部位的语言最可能在三个基本部位的基础上添加一个舌叶 / 舌尖部位和一个舌体部位（35 种语言中有 18 种语言，占 51.4%）。其次最有可能增加的部位是硬腭和小舌（7，20.0%）。它们与两个舌尖 / 舌叶调音部位（齿，卷舌），或与舌尖 / 舌叶、唇–软腭部位其中的一个部位都不受青睐（每种情况仅三四例）。

6 种包含 6 个调音部位的语言中，有 5 种在调音部位上是一致的。它们有双唇、齿、齿龈、卷舌和软腭塞音，但没有小舌塞音。小舌塞音的缺失可能是语言的遗传特征，而不是包含 6 个调音部位语言的音系清单的典型特点。这 5 种语言都是澳大利亚土著语。高于调音部位的平均数量是这个语族的显著特征：UPSID 的 19 种澳大利亚土著语言中，有 10 种语言包含 5 或 6 个调音部位，另外 6 种语言包含 4 个调音部位。因此，UPSID 的澳大利亚土著语中有 84.2% 的语言包含的塞音调音部位数量高于普遍数量。根据报告它们都没有小舌塞音。

34 2.5　塞音和塞擦音的调音部位

上文曾提到，语言中塞擦音经常出现在塞音不会出现的部位。如果用表列出同时包含塞音和塞擦音的调音部位，与单独列出塞音的调音部位会有很大差异。表 2.6 列出了 UPSID 中出现塞音和塞擦音调音部位的语言数量和百分比。

表 2.6　根据语言数量分类的塞音和塞擦音的调音部位的数量

	塞音和 / 或塞擦音的调音部位的数量					
	2	3	4	5	6	7
语言数量	2	62	139	87	25	2
百分比	0.6%	19.6%	43.8%	27.4%	7.9%	0.6%

如果包括塞擦音的调音部位，少数语言的发音部位会被计为 7 个，存在 4、5 和 6 个调音部位的语言比例会增加。通过这样的计算，最常见的对立调音部位数量会是 4 而不是 3（参见表 2.4）。最常见的模式是将腭龈塞擦音添加到常见的双唇、齿 / 齿龈和软腭塞音中。符合这种模式的共有 86 种语言，超过了总样本的四分之一。

表 2.6 中包含 5 个调音部位的语言最可能在 3 个基本调音部位和小舌（19 种语言）、硬腭（12 种语言）或卷舌（11 种语言）塞音调音部位的基础上加入腭龈塞擦音。然而，这些语言中有 10 种语言包含 2 个其他的调音部位，这些部位存在塞擦音但不存在塞音。在包含 6 个调音部位的 25 种语言中，有 17 种语言将腭龈塞擦音加入到调音部位数量较少的塞音系统中。包含 6 个调音部位塞音的语言并非在每个调音部位上都有一个塞擦音，这很可能是澳大利亚土著语的特性，而不是一般规则。回想一下，这些语言大多是澳大利亚土著语。值得注意的是，澳大利亚土著语通常没有擦音，也没有塞擦音（见第三章）。

2.6　爆破音的清浊与调音部位

在这一节中，我们将讨论在爆破音（肺气流呼出的塞音）单个类型中
出现的清浊和调音部位的相互作用。第七章将全面讨论声门塞音，并对其 35
结果进行比较。爆破音最常见的调音类型是 3 个主要调音部位上的常态清音和浊音类型。表 2.7 列出了它们的频率。齿塞音和齿龈塞音，以及“未

指定的齿或齿龈”塞音的总数被单独列出。下面列出了这3个类别的总数。在文本中，对齿和齿龈的种类进行了合并，且在音标前添加了星号，即 *t、*d。

表 2.7　按照调音部位分类的爆破音的频率

	双唇	齿	“齿 / 齿龈”	齿龈	软腭
常态清音	263	72	135	102	283
常态浊音	199	53	77	65	175
	常态清音		309		
	常态浊音		195		

/*t/ 表示的音段类别是最常见的，但它的总数 309 应该“更正”，因为有 19 种语言既包含 /t̪/ 也包含 /t/。因此只有 290 种语言包含音段 /*t/。然而，所有包含常态清爆破音系列的语言，除夏威夷语之外，都包含音段 /*t/。值得注意的是，与 /p/ 相比 /k/ 的数量多了约 20 个。与 /b/ 或 /*d/ 相比，/g/ 的数量也少了约 20 个。这些塞音之间类似的关系不仅体现在原始数据的统计中，也体现在单个语言的清单结构中。因此，有 24 种语言包含 /k/ 而缺少 /p/。值得注意的是，这些语言通常没有避免使用双唇的调音部位——它们中大多数语言（24 种语言中的 18 种）的浊塞音系列都包含 /b/。这些语言的音系清单也都包含 /*t/。另一方面，只有 4 种语言有 /p/ 但没有 /k/。因此，/p/ 比 /k/ 更有可能“缺失”。我们可建立的蕴含层级结构为：/p/ 的存在较强地蕴含 /k/ 的存在，也同样蕴含 /*t/ 的存在。对于常态浊音系列，调音部位的首选项并不相同。21 种语言包含的浊塞音系列缺少 /g/，其中有 6 种缺失 /*d/，使“系列”仅由 /b/ 组成。两种语言［加德苏语（Gadsup, 608）和卡什纳瓦语（Cashinahua, 813）］包含一个由 /*d/ 单
36 独组成的浊音系列。所有这些语言都包含由对应清音 /k/ 所表征的软腭调音部位。只有 3 种语言有 /g/ 但没有 /b/，其中两种也缺失 /*d/。虽然许多语言都没有浊塞音，但其中 /g/ 比 /b/ 和 /*d/ 更可能“丢失”。因此，常态浊爆破音的蕴含层级为：/g/ 的存在蕴含着 /*d/ 的存在，也蕴含着 /b/ 的存在。

因此，这里出现了一个不对称的分布。这种不对称可以解释为清爆破音不喜欢双唇调音部位，而软腭部位在浊爆破音中不受欢迎。但是，如果考虑在这三个调音部位浊与清爆破音的比率，那么这种方法是否能够恰当地描述这些模式就变得不清楚了。在齿 / 齿龈爆破音中，浊 / 清的比值为 .63；由于这个调音部位的爆破音在清音和浊音系列中都比较常见，所以我们可以认为这是最典型的比率。而软腭调音部位的比率是 .62，这是非常具有可比性的。如果浊音在软腭调音部位不受欢迎，那么比率会更低。双唇调音部位的比率为 .76，明显高于齿 / 齿龈或软腭部位。也就是说，有一些因素使浊音在双唇调音部位的数量增加，或使清音在双唇调音部位的数量减少，或者两者都有。值得注意的是，软腭和齿 / 齿龈部位在两个层级上保持了相对的位置，而双唇部位却位于清音的底部或是浊音的顶部。如果我们假设这只涉及影响双唇调音部位的两个过程，或清双唇音倾向变成浊双唇音，那么两个层级就都可以得到解释了。

有理由相信，在一种倾向于浊音清化的语言中，双唇部位的爆破音可能比其他部位的爆破音更不容易清化。这是因为如果双唇持阻，在口腔气压与声门下压持平之前，发浊塞音的过程中空气也可以持续流入口腔较长时间。因此，浊声在双唇爆破音中比在任何其他爆破音中更容易保持[1]。但是，没有特别的理由相信，在双唇持阻过程中浊声相对更容易的保持会使清双唇塞音变成浊音。因此，“丢失 /p/”的频率可能或多或少是一些趋势偶然汇合的结果，可能包含浊化，也可能包含其他过程，如在豪萨语（266; Greenberg 1958; Newman 1977）中零星的 /p/ 到 /ɸ/ 的变化等。史蒂文斯（Stevens，引自 Ohala 1983: 195）认为，与其他清塞音相比，/p/ 较弱的除阻爆破有助于解释其（相对的）罕见的出现。“丢失”/g/ 的语内现 37
象可以部分归因于通常情况下使用软腭调音部位的频率较低（与齿 / 齿龈部位相比），也有部分原因是包含 /b/ 的语言数量的增加，形成了只包含 /b/ 的浊音系列。

虽然上述的过程可以解释出现的模式，但是还应注意到，/p/、/g/ 的缺失和语言的特定区域或演化分类的“空缺”出现之间存在很强的关联。大多数缺失 /p/ 的语言来自非洲毗邻的亚非语系和尼罗–撒哈拉语系，或是来自新几内亚的语言。UPSID 中几个主要语系（例如，印欧语系、乌拉尔–阿尔泰语系、汉藏语系）的语言都不缺失 /p/。缺失 /g/ 的语言也主要只来自某些特定地区：东南亚的澳亚语系和澳泰语系，来自美洲的语言占 21 例中的 19 例。因此，尽管在塞音的清单中继续寻找这些特别区域出现空缺的原因以及在评估历史重构时考虑这些模式是合适的（Gamkrelidze & Ivanov 1973; Hopper 1973），但也应牢记这些也只是局部偏差。在爆破音清单和喉塞音系统中这些模式的相似性在第七章将进一步讨论。

作为主要发音部位以外的爆破音，小舌爆破音主要为清音——有 38 种语言包含 /q/，但只有 8 种语言包含 /ɢ/，浊清比只有 .21。另一方面，因为还有一种语言的 /g͡b/ 多于 /k͡p/，双唇–软腭的浊清比为 1.05。Iai 语（422），作为数据库中惟一种有双唇–软腭的非洲语言，和泰姆奈语（Temne, 109）都有 /g͡b/ 而没有 /k͡p/，而埃菲克语（119）只有 /k͡p/。在所有其他情况下，/k͡p/ 和 /g͡b/ 同时出现。硬腭爆破音的浊清比是 .76，而卷舌爆破音的浊清比为 .82，都说明了浊音的趋势较强。

2.7　爆破音的次发音

在 UPSID 所采用的语音框架中，音段的次发音可以包含以下类型：
38 圆唇化、腭化和咽化。其中，虽然圆唇化主要发生在软腭和小舌部位的爆破音中，但它仍然是爆破音最常见的次发音类型。有 38 种语言有 /k^{w}/，占音段 /k/ 总数的 13.4%。14 种语言有 /g^{w}/，占音段 /g/ 总数的 8%。9 种语言有 /q^{w}/，占音段 /q/ 的 23.7%。还有 3 种语言包含 /q^{wh}/，4 种语言包含 /ɢ^{w}/。在整个数据库中，94 个唇化的爆破音中只有 8 个爆破音的调音部位不是软腭或小舌。

腭化在唇（数据库中17例）、齿或齿龈（19例）塞音中比在软腭（14例）塞音中更为常见。当然，历史上软腭音在“腭化”环境中往往会改变其调音部位，变成硬腭或腭龈音。腭化在齿、齿龈爆破音中最为频繁——也只达到了非腭化音总数的4.5%。软腭化的爆破音是非常罕见的，仅在阿拉伯语（250）、图阿雷格语（Tuareg, 257）和石拉语（Shilha, 256）中出现。石拉语有软腭音 /kˁ/ 和咽化的清、浊齿音 / 齿龈音。另外两种语言包含的咽化塞音中只有齿音。

UPSID 中的卷舌、硬腭、腭龈或唇–软腭爆破音没有包含次发音。这可能是由于在这些调音部位的爆破音相对比较少见。由于塞音的次发音与它们对应的音相比更少见，因此我们的调查可能会偶然忽略它们。

2.8　塞擦音

最常见的非边塞擦音、非喷塞擦音是腭龈部位的咝音。其次常见的是齿或齿龈咝化塞擦音。表 2.8 列出了数据库中主要类型的频率。

表 2.8　UPSID 中最常见塞擦音的频率

	齿 / 齿龈		腭–龈	
常态清音	/*ts/	95	/tʃ/	141
送气清音	/*ts^{h}/	33	/tʃ^{h}/	42
常态浊音	/*dz/	30	/dʒ/	80

值得注意的是，浊齿音和齿龈音 /*dz/ 的例子与一般情况（浊清比为 .32）和基于腭龈音（浊清比为 .57）的比较可能比预期要少很多。然而，浊清比为三分之一对于塞擦音并不罕见（参见第三章），它具有 *z/*s 39
的特点，即齿 / 齿龈塞擦音明显具有声学和发音的相似性。另一方面，腭龈塞擦音的清浊比更接近于爆破音的值。这可能与腭龈擦音从软腭或硬腭塞音而来的历史演化有关。

在其他调音部位的塞擦音相对少见：最常见的是硬腭的非咝音和卷舌的清塞擦音，但有这样音段的语言不到 10 种。很明显，绝大多数塞擦音都是咝音，而且塞擦音很少缺失咝化出现。这里共调查了 522 个塞擦音，其中 485 个是咝音，占 92.9%。

2.9 塞音和塞擦音的共性概述

本章详细描述了塞音和塞擦音的音系模式。下面概括了最重要的部分，还列出了少数音段符合一般性规律的实例数量以及相关实例的数量和符合实例的百分比。

（1）所有的语言都有塞音。 317/317 100%

（2）一种语言最可能有两个塞音系列。 162/317 51.1%

（3）一种语言非常可能有常态清塞音系列。 291/317 91.8%

（4）如果一种语言只有一个塞音系列，这个系列是常态清塞音系列。 49/50 98.0%

（5）如果一种语言有两个塞音系列，那么它们以嗓音起始时间（VOT）相对立。 144/162 88.9%

（6）如果一种语言有三个塞音系列，很可能两个系列以嗓音起始时间（VOT）相对立，而另一个系列为喉特征系列。 50/76 65.8%

（7）一种语言最可能有三个塞音调音部位。 171/317 53.9%

（8）一种语言最典型的塞音调音部位在双唇、齿或齿龈和软腭。 312/317 98.4%

（9）只有一种语言的塞音在 4 个或 4 个以上的调音部位相对立，它们才会在第（8）条中所提到的部位以外的调音部位出现。 206/210 98.1%

40 （10）一种语言最有可能在 4 个调音部位有塞音或塞擦音。 139/317 43.8%

（11）塞擦音是最典型的咝音。　485/522　92.9%

（12）双调音的塞音是唇-软腭塞音。　38/39　97.4%

（13）如果一种语言有 /p/，那么它也有 /k/；如果有 /k/，那么它也有 /*t/（UPSID 样本中有 4 个反例）。

（14）如果一个语言有 /g/，那么它也有 /*d/；如果有 /*d/，那么它也有 /b/（UPSID 样本中有 3 个反例）。

注　释

1. 这是通过直接的实验（如 Ohala 1983）和模拟不同调音部位的塞音产出的空气动力学特性（如 Keating 1983）得到的证实。然而，如果在持阻过程中声门上腔的扩展如某些产出的数据（Westbury 1983）一样大，那么对于包含典型非双爆破音（nongeminate）持阻过程的塞音所预期的调音部位也不会有所区别。

参考文献

Gamkrelidze, T. and Ivanov, V. 1973. Sprachtypologie und die Rekonstruktion der gemeinindogermanischen Verschlusse. Phonetica 27: 150−156.

Greenberg, J. H. 1958. The labial-consonants of Proto-Afro-Asiatic. Word 14: 295−302.

Hoffmann, C. 1963. A Grammar of Margi. Oxford University Press for the International African Institute, London.

Hopper, P. 1973. Glottalized and murmured occlusives in Indo-European. Glossa 7: 141−166.

Jakobson, R. and Halle, M. 1956. Fundamentals of Language. Mouton, The Hague.

Keating, P. 1983. Physiological effects on stop consonant voicing. Papet presented at 105th Meeting of the Acoustical Society of America, Cincinnati.

Keating, P., Linker, W. and Huffman, M. 1983. Patterns in allophone distribution for voiced and voiceless stops. Journal of Phonetics 11: 277−290.

Lindblom, B. 1983. Economy of speech gestures. In P. F. McNeilage (ed.), The Production of Speech. Springer, New York: 217−245.

Lisker, L. and Abramson, A. 1964. A cross-language study of voicing in initial stops:

acoustical measurement. Word 20: 384–422.

Maddieson, I. 1983. The analysis of complex elements in Bura and the syllable. Studies in African Linguistics 14: 285–310.

Newman, P. 1977. Chadic classification and reconstruction (Afro-Asiatic Linguistics 5. 1). Undena, Malibu.

Ohala, J. J. 1983. The origin of sound patterns in vocal tract constraints. In P. F. McNeilage (ed.), The Production of Speech. Springer, New York: 189–216.

Westbury, J. 1983. Enlargement of the supraglottal cavity and its relation to stop consonant voicing. Journal of the Acoustical Society of America 73: 1322–1336.

第三章

41

擦　　音

3.1　引言

虽然世界上几乎所有的语言都有擦音，但关于擦音的精确分布以及出现类型的研究却相对较少。尽管如此，许多语言学家还是认为擦音具有普遍倾向：例如，弗罗姆金和罗德曼（Fromkin & Rodman 1978: 331）认为，“如果一种语言有擦音（大多数语言都是如此），那么这个语言的擦音包含 /s/”。而布莱特（Bright 1978: 39）则认为：

> 一种语言至少包含一个咝音，即清齿龈咝音［s］。像夏威夷语这样缺少这个咝音的情况很少见（参见 Hockett 1955: 108）。

这些假设的提出建立在个人经验的基础上，并没有基于量化研究，而基于音段出现频率的量化研究才是获得结论的可靠依据。

在本章中，我们将探讨 UPSID 语言清单中的擦音，描述它们的共现频率和类型，并提出一些适用的概括。可能的话，我们还将探讨这些规律的产生原因。

根据传统定义，擦音是指由两个调音器官相互靠近形成窄缝而产生湍流的音（Ladefoged 1971: 46）。值得注意的是，该定义不包括由符号 /h/ 表征的大多数音。转写为 /h/ 的音通常被标记为“喉擦音”，但派克（Pike 1943）和其他人指出，/h/ 通常是一个毗邻浊音段（通常是一个元音）的清音。3.9 节将简要讨论 /h/ 的分布，但在其余的讨论中，不同语言的擦音并不包含 /h/ 音。

42 在 UPSID 的语言中，擦音出现在 10 个调音部位。齿 / 齿龈区域的擦音没有具体描述来源，被视为特别变量。擦音在清浊和发声类型的其他方面（送气、吸气等）也呈现了对立。它们可能作为喷音或喉化音出现，也可能除主要发音之外，还包含次发音。央擦音和边擦音也存在对立。这些语音属性也是其他辅音类别的特征。然而，有一个分类特征仅限于擦音和塞擦音，即咝音性。咝音性是一种声学特性，表现为在较高频率中能量相对较强的噪声频谱。很多情况下，咝化擦音和非咝化擦音可以在相同的调音部位出现。调音器官的差异可能涉及舌的轮廓，而不涉及最窄的收紧位置。咝音性被视为一个独立的擦音对立特征，而所有擦音和塞擦音音段都被赋予“咝音”的变量值。当然，咝音 / 非咝音的区别实际上只是舌前部发音音段的对立。

3.2 擦音的出现

世界上大多数语言都至少包含一个擦音，其表征的音位变体被收录在 UPSID 中。在样本的 317 种语言中，296 种语言包含一个或多个擦音，所占比例达到 93.4%。因此，我们可以说，擦音是人类语言的一个典型音类。

这个概括有一个重要的例外。仍有 21 种语言没有擦音，它们大多数属于澳大利亚土著语。UPSID 收录了 19 种澳大利亚土著语，其中 15 种没有擦音。最近狄克逊（Dixon 1980）对澳大利亚土著语的研究表明，没有理由为原澳大利亚土著语（Proto-Australian）重建擦音。继黑尔（Hale 1976）之后，狄克逊也指出，那些澳大利亚土著语包含的擦音在相对较近的时间里从塞音松化（有时伴随着元音长度对立的消失，而长度是条件环境的一部分）发展而来。需要认识到，这类语言的特点是其中的擦音非常罕见。此外，擦音的其他音位变体并不典型。

除了这个观察之外，我们还注意到，与世界上其他已知语言有着截然 43
不同特征的语族的存在，使人们对人类语言的一些普遍相似性的真实性产生了怀疑。同时，也提出了一个问题，即共性在何种程度上是语言存在和传播的反映，而不是人类交际系统的基本属性。要回答这个问题，一个可能的方法就是寻找现存语言更远的遗传关系。如果所有“正常”语言彼此之间的关系比它们与“偏离”语言更密切，那么明显的普遍性很可能由遗传的相似性形成。由于我们对公认的语系的偏远关系还知之甚少，因此目前还无法进一步探讨该问题。

3.3　不同语言中的擦音数量

表 3.1 总结了 UPSID 中每种语言包含的所有类型的擦音数量。

表 3.1　UPSID 中不同语言的擦音数量

擦音数量	语言数量	调查的 %
0	21	6.6%
1	37	11.7%
2	62	19.6%
3	47	14.8%
4	37	11.7%
5	26	8.2%
6	28	8.8%
7	19	6.0%
8	20	6.3%
9	5	1.6%
10	4	1.3%
11	5	1.6%
12	2	0.6%
超过 12	4	1.3%

在所调查的语言中，擦音的总数介于 0 和 23 之间，众数仅为 2，大
44 约 20% 的语言符合该数量。平均值略高于 4。只有相对少数语言（6.3%）的擦音数量超过 8 个。3.8 节将讨论不同数量擦音的系统结构。但这里首先要讨论 UPSID 数据文件中不同类型擦音的总频率。

最常见的擦音类型是舌前部发出的清咝音。大约 83% 的语言都有“s–音”。它的调音部位可能在齿或齿龈，但出于很多目的，这种区别很容易被忽略。这种处理方式似乎合理，不仅因为齿和齿龈咝音具有语音相似性，还因为 /s̪/ 与 /s/ 之间的对立非常罕见。有 262 种语言包含 s–音，但其中只有 4 种语言［泽套语（Tzeltal, 712）、卡罗克语（Karok, 741）、迪埃格诺语（Diegueño, 743）和瓜拉尼语（Guarani, 828）］同时包含 /s̪/ 和 /s/。值得注意的是，调查中没有语言同时包含 /z̪/ 和 /z/。本章的其余部分将使用下面的符号：/s̪/ 表示清咝化齿擦音，/s/ 表示清咝化齿龈擦音，/"s"/ 表示未指定齿或齿龈部位的咝音，而 /*s/ 代表所有类型的 s–音。我们用同样的惯例来讨论其他有类似区别的擦音类型。

除了上述包含 /s̪/ 和 /s/ 的 4 种语言外，根据调查有 29 种语言有齿音 /s̪/，98 种语言有齿龈音 /s/。然而，131 种语言包含 s–音，但没有确定为齿音还是齿龈音。根据总的概率来看，齿龈咝音比齿咝音更常见，但我们的样本并不能确定这一点，因为在我们的数据来源中缺少调音部位的具体信息的情况有很多。

因此，我们可以说，/*s/ 是最常见的擦音，而 /s/ 是 /*s/ 类音中较常见的类型。包含 /*s/ 音的语言数量占有擦音的语言数量的 88.5%。因此，弗罗姆金和罗德曼认为，有擦音的语言都有 s–音，很少有例外。布莱特认为语言通常都有一个齿龈咝音，这个观点似乎并不是那么有根据，除非解释为 /*s/ 类音而不是严格的齿龈 /s/ 音。

其次最常见的两个擦音是清硬腭–齿龈咝音 /ʃ/（146 种语言），和清唇–
45 齿擦音 /f/（135 种语言）。它们的分布与清擦音的偏好有一定关系，这将在下文进一步讨论。第三常见的擦音是 /*s/ 的浊音 /*z/，它也是最常见的

浊擦音。有 96 种语言包含 /*z/ 和 /*z/ 类的音。接下来常见的擦音分别是：/x/ 音（75 例），/v/ 音（67 例）和 /ʒ/ 音（51 例）。

只有略高于三分之一的语言有 /*z/ 和 /*s/。这个比例与清擦音和浊擦音，或相同类型擦音之间的比例很接近。清擦音的优势可以很方便地用浊和清的比例来表示，我们称之为“浊清比”（voicing ratio）。根据数据中的擦音总数，浊清比为 0.43。我们会检查那些与总比率偏离的数值，以确定擦音中哪些调音部位的浊音更受青睐或更倾向于避免出现。表 3.2 列出了 11 对浊、清擦音的出现频率和浊清比，这些擦音根据清音的频率降序排列。

表 3.2　清、浊擦音的相对频率

	清				浊			“浊清比”	
	/s̪/	33			/z̪/	11		0.33	
*s	/"s"/	131	266	*z	/"z"/	49	96	0.37	0.36
	/s/	102			/z/	36		0.35	
	/ʃ/		146		/ʒ/		51		0.34
	/f/		135		/v/		67		0.50
	/x/		75		/ɣ/		40		0.53
	/χ/		29		/ʁ/		13		0.45
	/ɸ/		21		/β/		32		1.52
	/ɬ̪/	0			/l̪ʒ/	0		— —	
*ɬ	/"ɬ"/	17	30	*lʒ	/"lʒ"/	2	7	0.11	0.23
	/ɬ/	13			/lʒ/	5		0.38	
	/θ/		18		/ð/		21		1.16
	/ṣ/		17		/ẓ/		3		0.17
	/ç/		16		/ǰ/		7		0.43
	/ħ/		13		/ʕ/		9		0.69

清浊频率之间有很高的相关性（r = .912，显著性低于 .0001）。换言之，一个给定的浊擦音是否比另一个更常见，很大程度上可以通过两个对 46
应清音中哪一个更常见来预测，反之亦然。然而，某些调音部位比擦音其他部位更有利于浊音的存在。最显著的是，双唇和齿部位的非咝化擦音更

倾向于为浊音，以至于与 /ɸ/ 相比有更多的 /β/，与 /θ/ 相比有更多的 /ð/。还应该注意到，咽音通常更倾向于为浊音，而卷舌咝音和边擦音通常更倾向于为清音。

在很多语言中，/β/ 和 /ð/ 的起源并不久远，这可能与它们出人意料的频繁出现有关。历史上，它们由浊爆破音松化（laxing）和弱化（weakening）演变而来，如西班牙语（011）、泰雅语（Atayal, 407）或卡里阿伊语（Kaliai, 421）、加德苏语（Gadsup, 608）和迪埃格诺语（743）等语言。很多情况下，它们由借词音系产生，如凯楚亚语（819）和蒙古语（066）。弗格森在研究 /d/ → /ð/ 的演化过程时总结到，这是一个“对环境高度敏感的同化过程，通常是一个较大的（浊塞音或所有塞音）擦音化模式的一部分，这种模式较容易在语言之间传播”（Ferguson 1978: 437）。由于对应清音不太常见，这个过程要么生成较少的对应清音（/ɸ/ 和 /θ/），要么清音一旦生成就很快变成其他的音。我们进而假设，/ɸ/ 和 /θ/ 会变成常见的清擦音 /f/ 和 /*s/。如果这个假设正确，我们可以预期，与浊音对 /β、v/ 和 /ð、*z/ 相比，包含清音对 /ɸ、f/ 和 /θ、*s/ 的语言会更少。然而，有清音对的语言比有浊音对的语言更多。有 13 种语言有 /θ、*s/，6 种语言有 /ð、*z/，而这 6 种语言中有 5 种也包含 /θ、*s/。清音更倾向于在“双唇”部位出现，尽管只有 4 种语言同时包含 /ɸ, f/。然而，在 UPSID 中**没有**语言同时包含 /β, v/。因此，我们可以从不同的角度对此进行正确的解释，即缺失竞争的浊擦音是促进 /β/（和不太清楚的 /ð/）进
47 入一种语言音系清单的重要因素。加姆克雷利泽（Gamkrelidze 1978）将这种类型的擦音化过程与塞音系统中产生的空缺相联系，却没有讨论已有擦音音位对擦音化过程的阻碍。他的一些观点将在 3.5 节进一步讨论。

3.4 擦音的清浊蕴含关系

一般来讲，语言清单中浊擦音的存在意味着对应清音的存在（相反

的情况并非如此，如表 3.2 显示的浊清比）。这种蕴含关系也存在许多例外。

表 3.3 列出了表 3.2 中每个浊擦音的例外情况。在 331 个例子中共有 78 例擦音对是浊音而不是清音，异常率为 23.6%。换言之，音系清单中这些擦音对在 76% 的情况下与清音同时出现。注意这不是所涉及的语言数量，因为语言可能不止有一个浊擦音。

表 3.3　没有清擦音伴随出现的浊擦音

擦音对	单独出现的浊擦音 / 浊擦音总数	异常率：%
*s, *z	0/96	0.0%
ħ, ʕ	0/9	0.0%
ʃ, ʒ	2/51	3.9%
*ɬ, *lʒ	1/8	12.5%
f, v	11/51	21.5%
ṣ, ẓ	1/3	33.3%
χ, ʁ	5/14	35.7%
x, ɣ	15/40	37.5%
θ, ð	12/21	57.1%
ç, ǰ	5/7	71.4%
ɸ, β	24/32	75.0%

如表 3.3 所示，各种擦音对之间存在较大差异。相对多数的语言包含
/*z/，而没有一种语言缺失对应的清音 /*s/。另一个常见的浊咝音 /ʒ/，在
/ʃ/ 不出现的情况下出现的概率也很小。除了这些咝音，浊齿或齿龈边擦 48
音、浊唇–齿擦音和咽擦音很少或从不会在缺失对应的清音时出现。另一
方面，双唇、齿和硬腭非咝化擦音单独出现比它们与对应的清音同时出现
更为常见。卷舌咝音、软腭和小舌（非咝音）擦音属于中间组，通常不与
对应的清音同时出现。

对于双唇和齿部位的非咝化浊擦音特别高的出现频率（与对应的清擦音的频率有关）已经在上文中进行了评论。然而，不成对的双唇和齿擦音

并没有简单地依据频率而出现。/β/ 和 /ɸ/ 的出现频率之差只有 11，但 24 种语言有 /β/ 而没有 /ɸ/。同样，/ð/ 和 /θ/ 的频率之差只有 3，但 12 种语言有 /ð/ 但没有 /θ/。这些数字比简单从频率差异预测的数量大得多。同时，这些数据也强化了对 /β/ 和 /ð/ 加入音系清单过程的本质的论述。需要注意的是，所讨论的蕴含强度不一定与清浊频率相关。咽音的浊清比为 .69，但 /ʕ/ 的存在却通常蕴含着 /ħ/ 的存在。

表 3.3 中间部分的一组擦音中，浊软腭擦音的演化过程很可能与浊双唇和齿擦音从塞音演化而来的过程类型相同。然而，/x/ 的对应清音有更多的独立来源，或者在更多情况下 /x/ 与 /ɣ/ 并行演化，因此，对于浊擦音蕴含着对应清音的存在这一规律，只存在较少的例外。

浊小舌擦音会相对频繁地单独出现，因为它与流音的种类有关。例如，/ʁ/ 是希伯来语（253）和水语（Sui, 403）中唯一一个非边音性“流音”的候选项，尽管在后一种情况中，从历史起源方面来看，它可能来自软腭塞音（Li 1965）。

浊硬腭擦音 /j/ 可能由近音 /j/ 演化而来，而与清擦音 /c/ 的出现无关。对于浊唇–齿擦音 /v/，在某些情况下会单独出现，因为它是由普通的近音 /w/ 而不是 /f/ 的浊音演化而来。

3.5 加姆克雷利泽的蕴含关系

49 加姆克雷利泽（Gamkreidze 1978）并不赞同浊擦音的存在蕴含对应清音的存在这一规律，他对软腭和唇擦音关系的概括恰恰相反。他写道：

> 系统中清唇擦音音位 /f/ 的存在预设浊唇擦音音位 /w-v/ 的存在，……而系统中浊软腭擦音音位 /ɣ/ 的存在预设清软腭擦音 /x/ 的存在。

他定义的音位 /f/ 包含 /ɸ/ 和 /f/，它“对应的浊音”是 /w-v/，包括 /w/、/v/ 和 /β/。软腭擦音则是传统的定义。他认为，有 /ɣ/ 而没有 /x/ 的语言是“罕见的例外”（p. 30）。而我们发现超过三分之一的语言包含 /ɣ/ 而缺失 /x/。UPSID 中 75 种语言有 /x/，占 23.7%。40 种语言有 /ɣ/，占 12.6%。如果它们的分布是随机的，那么同时出现这两个音的语言百分比为 3%，大约 10 种，而不是 25 种。因此，我们可以理所当然地认为，/ɣ/ 的存在通常蕴含 /x/ 的存在，尽管这种蕴含不像某些浊擦音和它们的对应清音之间的蕴含那么明显。

另一方面，139 种语言包含 /f/ 或 /ɸ/，或同时包含这两个音段，所占比例为 43.8%。288 种语言包含 /w/ 或 /v/ 或 /β/，或双唇近音，或唇齿近音，这些音段也包含在加姆克雷利泽的 /w-v/ 音位中，意味着 90.9% 的语言都包含一个 /w-v/ 音位。缺失 /w-v/ 的语言只占 9.1%。因此，如果这些音位是随机分布的，那么只有 4.0%（43.8% 中的 9.1%）的语言（大约 12 或 13 种）有 /f/ 而没有 /w-v/。而事实上，UPSID 中有 10 种语言有 /f/ 而没有 /w-v/，所占比例约为 3.2%。因为这个数字接近预期值，所以我们的结论是：/f/ 的存在不会显著影响 /w-v/ 的存在。

3.6　根据强度预测频度

在语言清单中，出现频率较高的音通常具有最大的声能，这被认为是合理的。如果语言具有良好的传输性，那么最理想的状态是语言中包含 50
这些音。我们知道，咝音 /*s/ 是最常见、强度最大的擦音。鉴于这种相关性，对音系清单结构理论最合适的测试方法似乎与擦音有关。当然，这里也要考虑摩擦噪声的强度，清擦音要大于浊擦音。

令人惊讶的是，关于擦音相对强度的信息很少，只能在个别语言中找到一些关于擦音的信息。其中，斯特雷文斯（Strevens 1960）进行的非语言研究仍最有影响力。他研究了一组擦音，“包含多种不同的调音部位和开口（orifice）形状”。这些擦音分别是 [ɸ, f, θ, s, ʃ, ç, x, χ]（也包括 [h]，但这里不做考虑）。两位受试者运用不同的肌肉力量发出了大量的擦音。

这项研究不仅获得了强度值，也通过将鼻导管插入食管，得到了同一擦音的喉下气压值。同时，他还通过这种方法获得了每单位气压强度的等级排序。

表 3.4 对这 8 个擦音的强度等级与 UPSID 中擦音的频率等级进行了比较。

表 3.4 擦音的强度和频度等级

	强度等级	频率等级
1	ç	"s"
2	ʃ	ʃ
3	x	f
4	s	x
5	χ	χ
6	f	ɸ
7	θ	θ
8	ɸ	ç

这些等级排列之间没有显著的相关关系（斯皮尔曼相关系数为 .1429），也没有发现根据强度预测频度的有力例子。但是，我们还是要强调斯特雷文斯得出的等级排列的实验性本质。[s] 的等级排列较低，而 [ç] 的等级排列较高，这与大多数音系学家的直觉相反。

51 ## 3.7 擦音的感知显著性评估

关于不同类型擦音的相对感知显著性（perceptnal salience），几项研究已经得出了结论。感知显著性可能涉及除整体强度以外的其他因素。通常通过在听力任务中识别音段的成功程度来对其进行衡量。这些研究往往只涉及比较有限的单一语言的擦音清单。例如，王和比尔格（Wang & Bilger 1973）研究了受试者对英语中 4 个调音部位擦音的反应。他们发现，在 4 个擦音 /f, θ, s, ʃ/ 中，/s/ 最不可能被误认为其他辅音。根据递减的被正确识别的可能性，这 4 个擦音的整体排序为 /f, θ, s, ʃ/。然而，正如戈德斯坦（Goldstein 1977）所指出的，这里很难区分是受感知显著性的影响还是由数据和受试者自身语言习惯的反应偏好而形成的结果。而在这 4 个擦音中，/s/ 音在英语文本中最常见（Roberts 1965; Carterette & Jones 1974），而其他三个擦音在英语文本中的出现频率相对较低。鉴于这些事实，我们需要注意的是，/ʃ/ 比 /f/ 的感知更可靠，/f/ 比 /θ/ 的感知更可靠，而 /s/ 的显著性最低。这个结果很可能反映了听者的期望，或受到了英语中与 /s/ 的高频率相关的其他因素的影响。回想一下，在 UPSID 中，/ʃ/ 比 /f/ 的出现频率略高，而两者又都比 /θ/ 的出现频率更高。

辛格和布莱克（Singh & Black 1966）进行了一项涉及更多辅音的实验，包含擦音 /f, v, θ, ð, s, z, ʃ, ʒ, ʒ^{h}/。研究发现所有 4 组受试者对擦音 /θ/ 的识别比较可靠，在大多数情况下都能够正确识别擦音 /f, v, s, z, ʃ/，而对擦音 /ð, ʒ, ʒ^{h}/ 的识别却相对较差。除了 /ʒ/ 比 /θ/ 更常见之外，这些结果与“越显著的擦音越常见”这个假设并不矛盾。然而，实验并没有提供区分相对频率较高的擦音类型的方法。此外，这项研究的结果在解释方面也存在问题。实验所使用的语音刺激是英语、印地语、日语和阿拉伯语母语者的发音。他们首先对发音人进行了简短的训练，以发出那些不熟悉音的近似音。然后给母语为这 4 种语言的受试者播放了这些录音。受试者也接受 52
了简短的训练，学习他们在记录反应时所使用的转写方法。辛格和布莱克并没有说明受试者在参与研究之前是否达到了发音人或受试者的标准，而且他们的实验设计也没有对音段产出中具体语言变体的影响进行区分，因为同一语音符号既可能是基于受试者的语言偏好，也可能是基于音段的固有属性而转写的。

到目前为止，似乎还没有实验可以为擦音显著性的排序提供更好的基础。文献中有少数学者认为，世界语言中擦音显著性与总体频率可能存在关联。

3.8 擦音的系统结构

包含单个擦音的语言

37 种只包含一个擦音的语言中，有 31 种语言有 /*s/ 音（3 种有 /s̪/，14 种有 /"s"/，4 种有 /s/）。因此，我们可以得出结论，如果一种语言包含一个擦音，那么这个擦音很可能是清齿或齿龈咝音。对此结论进行定量评估可以采用多种方式：一种方式是将比率 31/37 与 265/1123（只包含单一主要调音部位和发声态为常态清声或浊声的擦音）——/*s/ 的总数除以擦音的总数——进行比较。在包含单个擦音的语言中，/*s/ 的百分比是 83.8%；而 UPSID 的所有擦音中，/*s/ 的百分比是 23.6%。从某种意义上讲，/*s/ 在这些语言中非常常见。然而，在这些语言中，/*s/ 的频率仅仅体现了其整体的常见性，并不是 /*s/ 与小规模音系清单特殊关联的结果。有 261 种语言的清单包含某种类型的 /*s/ 音，所以从 UPSID 的 317 种语言中随机抽取 37 种语言将预期产生 261/317 × 37 的语言数量，即子样本中包含 /*s/ 音段的语言数量为 30.4。由于 37 种包含单个擦音的语言中有 31 种包含 /*s/，我们可以得出结论，/*s/ 在包含单个擦音的语言中很常见，而 /*s/ 也是最常见的擦音。

53

包含 2 个擦音的语言

正如我们所预期的，在 62 种包含 2 个擦音的语言中，有 56 种语言包含 /*s/ 音。最常见的擦音对是 /*s, f/；有 16 种语言包含这个擦音对，所占比例为 25.8%。这个百分比实际上小于所预期的这两个擦音总体频率的百分比（35.1%）。下一个最常见的擦音对是 /*s, ʃ/，有 11 种语言包含这个擦音对。这个擦音对比预期的出现频率（37.9%）更低（17.7%）。由于它们在语音上具有相似性，人们可能倾向于认为这 2 个清咝音在包含擦音数量较少的语言中不会出现。然而，除了这 11 种语言，这组语言中还有另外 4 种包含清咝音对，6 种语言包含浊的或其他对立发声态的咝音对。总而言之，有 21 种语言的擦音只包含 2 个咝音。对于咝音对的论证这些数据还不够充分，因为它们过于相似。

这些擦音清单的结构有一个明显的倾向，即它们倾向于包含清音段，而避免出现相同调音部位的清、浊擦音对。只有 16 种语言包含浊擦音，3 种语言包含清浊对立的擦音对（/*s, *z/）。在 UPSID 中大约 32% 的擦音是浊音，所以我们可以根据随机分布预测，包含 2 个擦音的语言共有 124 个擦音，其中大约 39 个是浊音。事实上，只有 17 个擦音是浊音，远远低于所预测数字的一半。对于不包含浊 / 清擦音对的语言，我们可以将包含成对的清音数和浊音数语言的分离概率相乘来预测实例的数量。对于擦音出现的 3 个最常见的部位（齿 / 齿龈，唇–齿和硬腭–齿龈），它们在语言中出现的概率分别为 .249、.090 和 .074。

通过这些概率我们可以预期，在 62 种语言中，大约 15 种语言包含 /*s, *z/，5 或 6 种语言包含 /f, v/，4 或 5 种语言包含 /ʃ, ʒ/。在包含 2 个擦音的语言中，只有 3 种语言包含 /*s, *z/，而没有语言包含 /f, v/ 或 /ʃ, ʒ/。因此，我们可以认为，在仅包含 2 个擦音的系统中通常会避免出现清浊的对立。

包含 3 个擦音的语言 54

UPSID 中有 47 种语言包含 3 个擦音，由于最常见的擦音集合为 /f, *s, ʃ/，因此它们包含 3 个最常见的擦音组合。值得注意的是，16 种包含 3 个擦音的语言包含擦音对 /f, *s/，22 种语言包含擦音对 /*s, ʃ/。当然，这些擦音对在包含 2 个擦音的语言中最常见。在 47 种语言中，29 种语言只包含清擦音：清擦音的数量比预期的要少，并不像在 2–擦音系统中那么多。有 8 种语言包含清浊对立的擦音对（6 种包含 /*s, *z/；1 种包含 /f, v/；1 种包含 /ʃ, ʒ/）。这个数字大约是预期数字的五分之二，相比之下，包含 2 个擦音的语言只有预期数字的八分之一。

包含 4 个擦音的语言

当擦音清单的规模达到 4 项时，与小规模的擦音清单相比，清浊对立的程度会有显著变化。在相关的 37 种语言中，24 种语言包含至少一个清浊对立的擦音对，最常见的系统包含 2 个擦音对，即 /f, v, *s, *z/。有 10 种语言包含这样的清单，还有 7 种语言包含 /f, v/，6 种语言包含 /*s, *z/。在包含 4 个擦音的语言中，如果擦音根据其整体频率而随机出现，那么清浊擦音对的出现并没有比预期的更少，反而更多。预期包含擦音对 /*s, *z/ 的语言数量约为 9 种，而不是实际的 16 种，预期包含 /f, v/ 的语言数量约为 3 种，而不是实际的 17 种。这 4 个擦音在语言中同时出现的概率大约是 .022，即在 37 种语言的随机选择中，预期只有 1 种语言包含这 4 个擦音，而不是 10 种。

这种情况可以概括如下。一般来讲，清擦音更为普遍，所以只有少数擦音的语言很可能包含清擦音。然而，如果擦音系统出现清浊对立，那么这种对立很可能扩展到擦音的多个调音部位中。换言之，常见的擦音系统 /f, *s/ 转变成 /f, v, *s, *z/，语言的擦音数量也变为 4 个。这可以表达为语言过程的条件：擦音浊化的（历史的或其他的）过程，更适用于一类擦音而不是单个擦音。

55 然而值得注意的是，在这些小规模的擦音清单中，很少出现对立的硬腭–齿龈擦音。在包含 4 个擦音的语言中，/ʃ, ʒ/ 擦音对出现 2 次，而在包含 3 个擦音的语言中只出现 1 次。但是，/ʃ/ 在包含 2 到 4 个擦音的语言中却很常见，146 种语言中有 54 种（37.0%）都存在擦音 /ʃ/。由于包含 2 个擦音的清单中 /*s, ʃ/ 很常见，那么包含 4 个擦音的清单中 /*s, *z, ʃ, ʒ/ 也可能会经常出现，但是，正如下文所述，/ʃ, ʒ/ 擦音对更倾向于出现在包含多于 4 个擦音的语言中。现在还不清楚其中的原因。

包含 5 个擦音的语言

在包含 5 个擦音的 26 种语言中，15 种语言在同一调音部位的一对或多对擦音之间出现清浊对立。其中，11 种语言包含 /*s, *z/，6 种语言包含 /f, v/，3 种语言包含 /ʃ, ʒ/。这些数字都高于随机分布条件下（分别为 6、2 和 2）所预期的实例数量。五种语言都来自尼日尔–科尔多凡语系，都包含擦音对 /*s, *z, f, v/。尽管如此，在包含 5 个擦音的语言中仍有 7 种语言没有浊擦音。

包含 6 个擦音的语言

对于包含 6 个擦音的语言，最常见的擦音清单是 3 个清浊对立的擦音对，即 /f, v, *s, *z, ʃ, ʒ/。在 29 种语言中，只有 5 种语言具有这类清单，它们来自 3 个不同的语系，即印欧语系、乌拉尔–阿尔泰语系和尼日尔–科尔多凡尼亚语系，所以这不仅仅是受到了遗传限制而产生的现象。包含 6 个擦音的语言中有 5 种语言的清单没有浊擦音，而其余 23 种语言却包含至少一个清浊对立的擦音对。在这种规模的清单中，包含 /ʃ, ʒ/ 的例子比预期的更多——实际上是 9 例，而不是预测的 2 例。其他清浊对立的擦音对也呈现更大的多样性。在这些语言中，一种或多种语言包含 8 个不同调音部位的擦音对。

包含 7 个擦音的语言

典型的具有 7 个擦音的清单包括 4 个清擦音和 3 个浊擦音，3 个浊擦音与 3 个对应清擦音成对出现。19 种语言中有 6 种语言的擦音都包含 3 56
个擦音对 /f, v, *s, *z, ʃ, ʒ/。奎鲁特语（Quileute, 732）例外地包含这 7 个清擦音，分别为 /s, ʃ, x, x^{w}, χ, $χ^{w}$, ɬ/。该清单展示了美洲语言常见的几种地域 / 遗传趋势，即与其他具有可比性擦音清单的语言相比，它们包含更少的浊擦音，避免出现唇擦音（双唇或唇齿擦音），并包含几个后擦音（软腭和 / 或小舌擦音）。值得注意的是，浊小舌擦音除了在包含至少 7 个擦音的清单中出现外，一般不会出现。UPSID 的语言中共有 14 个浊小舌擦音，而这些包含浊小舌擦音的语言中，3 种语言有 7 个擦音，6 种语言有

8 个擦音，3 种语言有 8 个以上的擦音。

包含 8 个擦音的语言

在 20 种语言中，有 12 种语言包含 8 个擦音，分别为 4 个清擦音和 4 个浊擦音，其中 4 个擦音作为 4 对清浊对立擦音的简单例子。尽管如此，20 种语言中有 13 种语言在同一调音部位至少出现 3 对清浊对立的擦音。因此，清浊对立通常是这个规模擦音清单的主要内容。然而，具有 8 个擦音系统的语言不包含浊擦音，如伊拉库语（Iraqw, 260）和努特卡语（Nootka, 730）。优奇语（Yuchi, 757）有 4 对擦音，分别为清音和喷音，但没有浊音。值得注意的是，这些语言中有 2 种是美洲印第安语。

包含 9 个或更多擦音的语言

最大的擦音清单是不同类型的擦音集合，而且经常包含不同的成分，如广泛分布的次发音，一组喷音或对立的长擦音。在 UPSID 语言中，马尔吉语（Margi, 268）具有最大的擦音系统，却不包含上述成分。这种语言包含 12 个擦音，由 6 对清浊对立的边擦音组成。卡巴尔德语（Kabardian, 911）共有 22 个擦音，包含 7 个调音部位、3 种发声类型（清音、喷音、浊音）和 2 类次发音（硬腭化和唇化）。然而，这里并未列出
57 这些不同因素组合的所有可能性。例如，正如与其他很多语言一样，卡巴尔德语中擦音的唇化仅限于软腭和小舌部位。（在所有类型的唇化擦音中，33 个在软腭或小舌部位；6 个在其他部位，还有 4 例出现了擦音 $/h^w/$）。

3.9 音位 /h/

大量的语言有音位 /h/。超过 63% 的语言包含这种类型的音段，而少数的 13 种语言包含“浊音 h”。其中，只有 2 种语言包含对立的 /h/ 和 /ɦ/。显然这里有一个很强的趋势，即 /h/ 和 /ɦ/ 不会同时出现。值得注

意的是：/ɦ/（语音上通常表现为包含一个气声的、浊的起振或止振的浊音段）不局限在包含其他气声浊音段的语言［如克什米尔语（Kashmiri, 018）、旁遮普语（Punjabi, 019）、克伦语（Karen, 516）、威奇托语（755）、卡巴尔德语（911）］中出现。对于 /h/ 和 /ɦ/ 音的分类，一直存在很大的争议。虽然它们经常被视为擦音，但一些语言学家们还是倾向于将它们与音段 /ʔ/ 一起归为“喉音”的特殊类别，而其他的语言学家们则强调它们与元音和近音之间的相似性。默林根（Merlingen 1977）调查了大约 600 种语言的数据，并对该问题进行了最广泛的讨论。他的结论是，/h/ 音有不同的类型，这与预期的结论并不一致。这一结论在很大程度上是基于对类型整合和形态音位交替的分析，认为 /h/ 可能与不同类型的辅音相关。虽然 /h/ 通常与擦音（如 /x, *s, ɬ/）相关而形成这样的类型，但它也常与塞音（如 /k, p, ʔ/）以及鼻音和其他类型的音相关。对 /h/ 音的语音特征进行相对一致的概括仍是可能的，但最好将其与邻接音段特征的相似性作为根据。

3.10 结论

本章提供了 UPSID 语言中擦音出现的数据，表明频率模式与已知擦音的相对强度和显著性存在一定的关系。这些数据更广泛地记录了不同类型擦音之间的关系，例如对应清音存在时浊擦音出现的一般趋势。然而在涉及某些调音部位时，这种关系又会受到很大的限制。本章研究了不同规 58
模的擦音清单结构，并探讨了清单规模与擦音类型之间的关系。

参考文献

Bright, W. 1978. Sibilants and naturalness in aboriginal California. Journal of California Anthropology, Papers in Linguistics 1: 39–63.

Carterette, E. C. and Jones, M. H. 1974. Informal Speech: Alphabetic and Phonemic

Texts with Statistical Analyses and Tables. University of California Press, Berkeley.

Dixon, R. M. W. 1980. The Languages of Australia. Cambridge University Press, Cambridge.

Ferguson, C. A. 1978. Phonological processes. In J. H. Greenberg et al. (eds.), Universals of Human Language, Vol. 2, Phonology. Stanford University Press, Stanford: 403–442.

Fromkin, V. A. and Rodman, R. 1978. An Introduction to Language, 2nd ed. Holt, Rinehart and Winston, New York.

Gamkrelidze, T. V. 1978. On the correlation of stops and fricatives in a phonological system. In J. H. Greenberg et al. (eds.), Universals of Human Language, Vol. 2, Phonology. Stanford University Press, Stanford: 9–46.

Goldstein, L. 1977. Three Studies in Speech Perception: Features, Relative Salience and Bias (UCLA Working Papers in Phonetics 39). University of California, Los Angeles.

Hale, K. L. 1976. Phonological developments in Northern Paman languages. In P. Sutton (ed.), Languages of Cape York. Australian Institute of Aboriginal Studies, Canberra: 7–49.

Hockett, C. F. 1955. A Manual of Phonology (IJAL Monographs 11). Indiana University, Bloomington.

Ladefoged, P. 1971. Preliminaries to Linguistic Phonetics. University of Chicago Press, Chicago.

Li, F-K. 1965. The Tai and the Kam-Sui languages. Lingua 14: 148–179.

Merlingen, W. 1977. Artikulation und Phonematik des H. Verband der wissenschaftlichen Gesellschaften Österreichs, Vienna.

Pike, K. L. 1943. Phonetics. University of Michigan Press, Ann Arbor.

Roberts, A. H. 1965. A Statistical Linguistic Analysis of American English. Mouton, The Hague.

Singh, S. and Black, J. W. 1966. A study of twenty-six intervocalic consonants as spoken and recognized by four language groups. Journal of the Acoustical Society of America 39: 372–387.

Strevens, P. 1960. Spectra of fricative noise in human speech. Language and Speech 3: 32–49.

Wang, M. D. and Bilger, R. C. 1973. Consonant confusions in noise: a study of perceptual features. Journal of the Acoustical Society of America 54: 1248–1266.

第四章

鼻　音

4.1　引言

与本书论及的多数音段类型不同，鼻音的调查很早就开始了。事实上，弗格森（Ferguson 1963）对于鼻音的研究在很多方面都被视为音段类型普遍性的模型。弗格森的文章在推动鼻音和鼻化研讨会的组织方面起到了重要作用（Ferguson, Hyman & Ohala 1975）。因此，本章将主要讨论弗格森提出的“鼻音假设”，并对照 UPSID 数据，来分析克罗瑟斯（Crothers 1975）建立的早期斯坦福大学音系档案（Stanford Phonology Archive）中的部分量化数据，这些是弗格森的文章中所缺少的内容。但在讨论之前，本章将概述一些 UPSID 包含的鼻辅音类型。

4.2　鼻音的分类

数据库文件中有 1057 个鼻音，其中大多数是常态清鼻音，共计 934 个，占 88.4%。有 50 个鼻音是常态浊音，但在长度或次发音上存在区别。只有 36 个鼻音是清音，占 3.4%，与喉化鼻音（34 个，3.2%）的数量基本持平。还有 3 个气声浊鼻音［来自印地–乌尔都语（Hindi-Urdu, 016）和!Xũ 语（918）］。表 4.1 列出了根据调音部位分类的鼻音的分布。［与其他章节表示齿 / 齿龈部位鼻音的符号类似，/"n"/ 表示在来源中未指定调音部位（齿或齿龈）的鼻音，而 /*n/ 表示齿和齿龈鼻音的总类别。]

60 **表 4.1　UPSID 中的鼻音音段**

	部位	浊鼻音的数量		其他鼻音的数量		总数	
齿	n̪	55	316	10	40	65	356
“齿 / 齿龈”	"n"	155		23		178	
齿龈	n	106		7		113	
双唇	m		299		47		346
软腭	ŋ		167		23		190
硬腭	ɲ		107		11		108
卷舌	ɳ		20		1		21
硬腭–齿龈	n̠		17		0		17
唇–软腭	m͡ŋ		6		1		7
唇–齿	ɱ		1		0		1
齿–硬腭	n̪͡ɲ		1		0		1

显然，齿 / 齿龈部位的鼻音最常见，而双唇鼻音也经常出现。虽然软腭鼻音并不罕见，但它比软腭塞音要少得多：例如，UPSID 中有 283 种语言有 /k/，但只有 167 种语言有 /ŋ/。另一方面，与硬腭塞音相比，硬腭鼻音比预期的更常见：有 107 种语言有 /ɲ/，但只有 41 种语言有 /c/。值得注意的是，在 UPSID 的语言中没有出现成音位的小舌鼻音（38 种语言有 /q/）。当然，由于发音的限制，鼻音的调音部位也没有包含咽和喉。

在相对数量较少的非常态浊鼻音中，似乎有三种模式。第一种模式倾向在双唇部位和清浊之间建立联系：在 36 个清鼻音中，11 个是双唇鼻音。这个比例要比其他调音部位的比例大很多。例如，包含双唇清鼻音的语言与包含双唇常态浊鼻音的语言的数量比为 11/299（.037），而与齿 / 齿龈鼻音的可比比率为 8/305（.026）。另外两个与次发音相关的现象是：与其他调音部位相比，腭化与双唇部位发音更相关，而双唇化与软腭部位发音联系更密切。在腭化的 10 个浊鼻音中，有 6 个是双唇鼻音；在 10 个双唇化的浊鼻音中，7 个是软腭鼻音。在常态浊鼻音的数量比例中，这些鼻音的出现比次调音部位为齿和齿龈的鼻音更频繁。腭化双唇鼻音与常态浊双唇鼻音的数量之比为 .020，而腭化齿 / 齿龈鼻音与常态齿 / 齿龈鼻音的数 61 量之比为 .003。唇化软腭鼻音与常态软腭鼻音的数量之比为 .042，但唇化齿 / 齿龈鼻音与常态齿 / 齿龈鼻音的数量之比为 .003。唇化也经常发生在软腭部位其他类型的音段中，如塞音和擦音，但腭化在其他音段类型中并没有特别地与双唇部位相关。

4.3　弗格森的“鼻音假设”：主要鼻辅音

现在我们来讨论一下弗格森提出的关于鼻音普遍性的假设，他认为，“每种语言的音系清单中至少有一个主要鼻辅音（PNC）”。PNC 是一个音位，其最具代表性的音位变体是浊鼻音连续体。他还认为，没有这类辅音的语言也存在，但数量很少。霍基特（Hockett 1955）也注意到其中的一些规律，其他学者也在文献中有所提及（Thompson & Thompson 1972; Le Saout 1973; Bentick 1975）。在 UPSID 中，有 10 种语言没有主要鼻辅音，其中 4 种语言没有任何类型的音位鼻音或鼻化音段。这 4 种语言是：罗托卡特语（625）、奎鲁特语（732）、皮吉特湾语（Puget Sound, 734）和穆拉语（802）。其中，两种语言的清单规模非常小，而另外两种语言来自北美的西北海岸地区——据调查，这个假设的第一个例外语言就产生于此。其余没有鼻音的 6 种语言包含鼻冠塞音或鼻化元音：克佩勒语（Kpelle, 103）、巴拉萨诺语（Barasano, 832）和图卡努语（Tucano, 834）各有一个包含 6 个鼻化元音的系列，客家话（Hakka, 502）有鼻冠塞音 /ᵐb, "ⁿd", ᵑg/，阿皮纳耶语（Apinaye, 809）和西里奥诺语（Siriono, 829）都有鼻冠塞音系列和鼻化元音系列。鼻辅音音素不仅出现在后一组语言中，也出现在没有主要鼻音音位的其他语言中。

尽管有例外，“大多数语言都有一个或多个鼻音”这一假设还是成立的——UPSID 中几乎 97% 的语言都是如此。UPSID 语言中 PNC 的数量最多为 6 个，这个数字与塞音的调音部位对立的最大数量相同（参见第二章）。表 4.2 列出了包含不同 PNC 数量的语言数量。由于只包含常态浊鼻音，所以这基本上相当于鼻音调音部位对立的数量表。

62 **表 4.2　UPSID 的语言中 PNC 的数量**

PNC 数量	语言数量	样本的百分比
0	10	3.2%
1	7	2.2%
2	101	31.9%
3	95	30.0%
4	83	26.2%
5	14	4.4%
6	7	2.2%

弗格森的第二个假设是，如果一种语言只有一个 PNC，那么它将是一个舌尖鼻音，即齿或齿龈调音部位的鼻音。这类音段由 /*n/ 表示。UPSID 列出的 7 种语言中，5 种语言包含音段 /*n/，分别为特林吉特语（Tlingit, 701）、奇佩维安语（Chipewyan, 703）、威奇托语（755）、优奇语（757）和南部南比夸拉语（816）。例外的是，陶里皮语（Taoripi, 623）包含 /m/，米斯特克语（Mixtec, 728）包含 /ŋ/（虽然这个音段被认为是表层的派生形式，但米斯特克语却没有基本鼻音）。尽管弗格森关于“语言只包含一个鼻音”的假设符合 UPSID 中大多数语言的情况，但更重要的是这是一种异常模式。只有一个鼻音的语言是罕见的，甚至比没有鼻音的语言更罕见（7 比 10）。此外，大多数（17 种语言中的 13 种）只有一个鼻音或没有鼻音的语言是美洲语言。在这些美洲语言中，高频出现的鼻音缺乏现象似乎在某种程度上表现出地域和 / 或遗传特征，而使这组语言与其他语言差异明显。然而，也不应过度地将其视为美洲语言的一个特点，因为 UPSID 中还有 76 种语言的音系清单包含 2 个或更多的鼻音。与 UPSID 中约 98% 的非美洲语言相比，这大约占这组语言的 85%——虽然

比例稍小，但仍占绝大多数。

对于弗格森的假设，我们也可以给出稍微不同的解释：即任何包含鼻音的语言都包含 /*n/。这个假设的例外很罕见。它们包括上述的陶里皮语，米斯特克语，以及瓦皮萨纳语（Wapishana, 822），这些语言包含双唇和硬腭–齿龈鼻音 /m, n̠ /。UPSID 中所有其他有鼻音的语言都包含 /*n/，13 种语言同时包含齿鼻音和齿龈鼻音；具体而言，样本中包含 /*n/ 的语言有 302 种，占 96%。

弗格森的第三个假设是：一种语言包含 2 个主要鼻辅音，那么这种语 63
言包含鼻音 /m/。除了瓦皮萨纳语，所有包含 2 个主要鼻辅音的语言都包含一个双唇鼻音和一个 /*n/ 类音。具体而言，21 种语言包含 /m, n̪/，31 种语言包含 /m, n/，8 种语言包含 /m，"n"/。在 101 种包含 2 个主要鼻辅音的语言中，28 种语言包含一个或多个鼻元音，15 种语言包含在发声类型、长度或次要发音方面存在差异的鼻音。除了常态清鼻音，还有 8 种语言包含喉化鼻音，其中 2 种包含清鼻音，一种包含气声浊鼻音。6 个实例存在鼻音的长度对立。芬兰语（Finnish, 053）包含长软腭鼻音，以及长、短鼻音 /m, n̪/。其中，长软腭鼻音在辅音等级中被作为 /ŋk/ 的“弱”交替形式（Austerlitz 1967: 24），并处在音位清单相当边缘的位置；因此我们可以认为，芬兰语中主要鼻辅音为双唇鼻音和齿鼻音。主要鼻音和次要鼻音的关系将在下文继续讨论。

如果弗格森的第三个假设是每一种包含 2 个主要鼻辅音的语言都包含鼻音 /m/，那么在 UPSID 中只有一个边缘的例外。除了爱尔兰语（001），所有包含 2 到 6 个主要鼻辅音的语言都包含鼻音 /m/，而这个例外更多地是由定义的标准而产生的。爱尔兰语中有一对对立的双唇鼻音，它们的次要调音部位不同——硬腭化鼻音与唇化、软腭化鼻音。这种语言没有常态双唇鼻音，因此它违反了弗格森的假设。

克罗瑟斯（Crothers 1975）将弗格森的前三个假设归纳为一个普遍规则，即“几乎所有语言都有对立的唇鼻音和齿鼻音”［预期为齿或齿龈部位］，UPSID 中将近 94% 的语言（317 种语言中的 297 种）同时包含 /m/ 和 /*n/，都符合这个规则。

弗格森并没有将这些假设扩展到包含 2 个主要鼻辅音以外的语言。很显然，第三个最常见的鼻音是软腭鼻音，95 种语言中有 65 种包含 3 个主要鼻辅音，分别为鼻音 /m, *n, ŋ/，占该组的 68.4%。还有一种很明显的次要模式，包含硬腭或腭龈鼻音，而没有软腭鼻音，有 27 种语言具有这种模式，占 28.4%。UPSID 样本中 /ŋ/ 的出现频率比克罗瑟斯的样本更高，而 /ŋ/ 和 /ɲ/ 的出现频率几乎相同。在其他语言中，有 2 种语言［普什图
64 语（Pashto, 014）和泰卢固语（Telugu, 902）］包含卷舌鼻音，而爱尔兰语（001）虽然没有双唇部位的主要鼻辅音，却同时包含硬腭和软腭鼻音。然而，出于上述原因，这种语言最好被视为包含 4 个主要鼻辅音，其中也包含鼻音 /m/。

根据弗格森的观察，我们可以补充为：包含 4 个主要鼻辅音的语言包含一个硬腭鼻音。在大多数实例（83 种语言）中，有 75 种语言包含 4 个主要鼻辅音，分别为 /m, *n, *ɲ, ŋ/（腭龈和“硬腭前”鼻音都归为 /ɲ/ 类，用 /*ɲ/ 表示），占 90%。唯一合理并常见的交替形式是 /m, *n, ṇ, ŋ/，也包含硬腭部位的卷舌音。有 5 种语言具有这种模式。

14 种包含 5 个主要鼻辅音的语言都包含 /m, ŋ/。包含五对对立的齿和齿龈鼻音的语言没有共同的模式，其中第五个鼻音是卷舌鼻音（3 例）或硬腭鼻音（2 例）。四种语言都来自于尼日尔-科尔多凡语系，其中唇-软腭鼻音都在 /m, *n, ɲ, ŋ, m͡ŋ/ 的范围之内。四种语言包含 /m, *n, ṇ, *ɲ, ŋ/，也包含卷舌鼻音。根据报告，Teke 语（127）出现了双唇和唇齿鼻音的对立，分别为 /m, ɱ/ 和 /n, ɲ, ŋ/。它是 UPSID 中唯一包含唇齿鼻音的语言。

Iai 语（422）是一个例外，它包含鼻音 /m͡ŋ/，但缺少齿和齿龈鼻音的对立。其余包含 6 个主要鼻辅音语言的鼻音系统基本一致，都包含 /m, n̪, n, ṇ, ɲ, ŋ/。值得注意的是，在样本的 13 种语言中，11 种同时包含齿和齿龈鼻音的语言都包含 5 或 6 个主要鼻辅音，其中有 10 种语言是澳

大利亚土著语。值得注意的是，只有包含大量鼻音的语言才存在齿和齿龈部位的对立，同时它们在分布上的遗传特征也非常明显。澳大利亚土著语通常比其他语系的语言包含更多鼻音；在 UPSID 的 19 种澳洲土著语中，11 种语言包含 5 个或 6 个鼻音。在 UPSID 中，不到 3% 的语言包含 4 个以上的鼻音，而对于澳洲土著语而言，包含相同数量鼻音的语言所占百分比为 57.9%。

4.4　主要鼻音和阻音

弗格森的其他讨论还涉及主要鼻辅音和其他音段类型，特别是阻音和次要鼻辅音之间的关系。他认为，任何语言中主要鼻辅音的数量永远不会超过阻音。这个假设在 UPSID 中没有反例。在大多数语言中，常态浊鼻音的调音部位包含在阻音调音部位的范围之内。换言之，在某一特定调音部位鼻音的存在通常意味着同一个调音部位阻音的存在（特别是爆破音或 65
塞擦音）。一个常见的差异是阻音在硬腭–齿龈部位出现，但最接近的鼻音在硬腭部位出现。这两个调音部位很接近，可以认为是相匹配的。

6 种语言，包括埃维语（114）、埃菲克语（119）、桑海语（Songhai, 200）、爪哇语（Javanese, 409）、查莫罗语（Chamorro, 416）和奥卡语（Auca, 818）都有鼻音 /ɲ/，而没有硬腭或腭–龈阻音。对于假设“如果在相同或相近的调音部位有至少一个阻音，那么这个调音部位很可能出现主要鼻辅音”而言，这 6 种语言是唯一的例外。所有例外都与腭鼻音有关，这表明，可能存在一些对腭鼻音有利的因素，使它们不需要同一调音部位阻音的支持。因此，浊鼻音仅次于腭近音 /j/，是最常见的严格意义上的腭辅音。

4.5　次鼻辅音

弗格森将常态浊鼻音以外的鼻辅音归为一类，即次鼻辅音（SNC's）。

这一类别是指包含次要发音或不常见发音类型的鼻音，以及鼻冠或后鼻化阻音。他认为，只有包含一个或更多主要鼻辅音的语言才会包含次鼻辅音，而且任何语言中次鼻辅音的数量永远不会超过主要鼻辅音。在包含不同类型次鼻音的语言中，违反弗格森假设的语言占据相对较大的比例，但这种情况之所以经常出现，是因为它们可能包含一种类型以上的次鼻音。拉伽语（Lakkia, 401）是其中的一个例子，它包含 3 个主要鼻辅音 /m, "n", ŋ/，也包含 5 个次鼻辅音，分别为 3 个清鼻音、腭化和唇化的浊软腭鼻音。由于这个假设对不同类型的次鼻音分别进行解释看起来更为有效，因此在下文将分别讨论不同类型的次鼻音。

其他发声类型

发声类型不常见的鼻音，即清化、喉化或气化浊鼻音，只有在语言中出现对应的常态浊鼻音时才会出现。如果语言中出现了一系列上述类型的
66 次要鼻辅音，那么这种语言将包含一个与常态浊音系列鼻音（PNC's）对应的成员，很少有例外。因此，在任何一个系列中，这类次要鼻辅音的数量永远不会超过主要鼻辅音，它们的数量常常相等。包含这两个系列的语言中次要鼻辅音的数量通常比主要鼻辅音更多。UPSID 中的例子有塞当语（304）、水语（Sui, 403）、克拉马斯语（Klamath, 707）和奥托米语（Otomi, 716）。这些语言同时包含清和喉化鼻音系列，它们的数量相加超过了主要鼻辅音。!Xũ 语（918）包含喉化、气声双唇鼻音，却在双唇、齿龈和软腭部位有常态浊鼻音。UPSID 中的语言包含不常见发声态的鼻音数量并没有比常态浊鼻音更多。

包含次要发音的鼻音

4.2 节简要讨论了包含次要发音的鼻音的一般频率。在给定的语言中，这类鼻音的出现存在两个普遍的制约条件：只有同一调音部位的简单鼻音（simple nasal）出现，包含次要发音的鼻音才会出现；只有次要发音相同或

调音部位相同的其他类型辅音出现，鼻音才会出现。例如，只有 /m/ 出现时 /m^j/ 才会出现，再如音段 /p^j/ 或 /b^j/ 也会出现。样本中有 16 种语言与这些规律有关，其中 14 种语言同时符合这两个制约条件。另外 2 种语言都违反其中的一个。!Xũ 语（918）虽然有一系列咽化元音和咽化软腭鼻音，但没有其他咽化辅音；爱尔兰语（001）包含其他次要发音的辅音，有鼻音 /m^j/ 和 /m̶^{w}/，但没有鼻音 /m/。对爱尔兰语的系统解释很复杂，因为辅音的“硬腭”和“软腭”变体在形态音位上的区别是普遍存在的，这与音段的语音特征不太一致。只有双唇部位的发音是两个不同次发音产生的变体。

长鼻音

类似的条件适用于特殊长鼻音，也适用于具有次发音的鼻音。在 13 种包含长鼻音的语言中，每一个长鼻音都有一个与之匹配的短鼻音，而芬兰语（053）的 /0:/ 是一个例外，这在 4.3 节已作讨论。然而，有 3 种语言包含一个或多个长鼻音，但缺少相匹配的其他类型的长辅音，它们是楚瓦什语（Chuvash, 060）、奥凯纳语（Ocaina, 805）和 !Xũ 语（918）（楚瓦什语有明显的长近音，但除 /m:/ 音之外没有长双唇辅音）。尽管有例外，鼻音系统的长短与其他辅音子清单的长短之间还是存在非常显著的关联。例 67
如，有 11 种语言包含 /m:/，9 种语言包含 /p:/ 或 /b:/，或同时包含这两个音。在这两组音段中，有 8 种语言的长短鼻音的分布情况相同，即同时包含 /m:/ 和一个长双唇爆破音。如果这种类型的音段随机分布，那么它们同时出现的概率大约是 .0001。将这个概率应用于我们的样本，则意味着预期 900 种语言中约有一种语言同时包含这两个音，而不是约四十分之一的观察频率。

因为所有类型的长辅音都非常罕见，所以实际上并不可能指明其与长鼻音之间的联系。我们所能观察到的只是语音和分布的事实，来尝试对“长度在任何语言中都作为常见的单一音位特征”进行解释。

对于上述不同类型的次鼻辅音来讲，语言中主要鼻辅音的数量与任何系列的次鼻辅音的数量相等或与其相比更多。这一观点存在的条件是，任何次鼻辅音的存在都预示着相同调音部位上与之匹配的简单浊鼻音的存在。

鼻冠阻音

UPSID 中有 19 种语言包含鼻冠音段。这些音段都是浊阻音。有 66 个鼻冠爆破音，7 个塞擦音和 3 个擦音。[有一种语言，阿兰达语（Aranda, 362），包含一系列鼻腔除阻的塞音。] 对于“语言中主要鼻辅音的数量比次要鼻辅音更多”这一观点，包含鼻冠阻音的语言呈现了很大比例的例外，其中有 10 种语言包含鼻冠阻音的数量比主要鼻辅音更多。然而，与其和鼻音相联系，将鼻冠阻音与其他阻音系列相联系似乎更为合适。这有几个方面的原因。首先，有些语言没有主要鼻辅音，但包含鼻冠爆破音系列，如客家话（Hakka, 502）、阿皮那耶语（809）和西里奥诺语（Siriono, 829）。这三种语言也缺少常态浊爆破音系列；在某种意义上，鼻冠塞音代替了它们的位置。其次，有些语言中简单浊塞音系列的调音部位同时包含主要鼻辅音系列和鼻冠塞音系列。除了缺少简单浊阻音系列之外，这些语言还包含鼻冠阻音，它们的调音部位通常不存在简单鼻音，而存在清阻
68 音。例如瓦什库克语（Washkuk, 602），在双唇、齿龈和硬腭部位都有主要鼻辅音，但没有软腭鼻音。这种语言有包括软腭音 /ŋ, ŋ^{w}/ 在内的鼻冠浊爆破音和包括 /k, k^{w}/ 在内的清爆破音，但没有常态浊爆破音。与之类似，恩吉津语（269）包含 3 个鼻音，5 个鼻冠爆破音，以及软腭和唇化软腭鼻冠爆破音，但没有软腭鼻音。帕埃斯语（Paez, 804）也包含 3 个主要鼻辅音，其中没有软腭鼻音，而鼻冠爆破音系列却包含软腭爆破音。恩吉津语和帕埃斯语都没有常态浊塞音，但它们在与之匹配的鼻冠阻音的部位却存在清塞音。第三种类型的例子是萨拉语（Sara, 217），它包含主要鼻辅音，浊爆破音和鼻冠爆破音，但不包含软腭部位的主要鼻辅音，其中爆破音系列包含软腭爆破音。

基于弗格森关于次鼻辅音假设的例外情况，即使在这里提出修正，鼻

冠阻音也应被排除在次鼻辅音的定义之外。相反，它们符合这样的规律：除非在同一（或相似）调音部位出现同一类别的阻音（爆破音、塞擦音、擦音），而且没有鼻冠化，鼻冠阻音才会出现。也就是说，除非一种语言中有 /p/，/^{m}b/ 才会出现。只有 2 种语言违反了这一规律。瓦什库克语（602）的鼻冠塞音包含 /^{m}b/ 和 /^{m}b^{w}/，没有其他双唇塞音，却有双唇擦音 /ɸ/ 和 /ɸ^{w}/。萨拉语（Sara, 217）有一个鼻冠硬腭塞音，没有简单硬腭塞音，却有腭–龈擦音 /dʒ/。所有其它情况也都符合这一规律，事实上，更典型的语言包含鼻冠塞音或塞擦音，它们在另一类别的塞音或塞擦音出现的部位包含鼻冠阻音。我们发现，包含完全匹配的浊爆破音系列、鼻冠阻音和主要鼻辅音的语言并不罕见，如格巴亚语（129）、玉鲁语（216）和阿拉瓦语（Alawa, 354），而包含完全匹配的主要鼻辅音系列和鼻冠塞音，但没有浊塞音的语言也是一样，如南巴坎戈语（Nambakaengo, 626）和卡里阿伊语（Kaliai, 421）。

鼻化嗍音

弗格森定义的次鼻辅音包含鼻化嗍音。任何嗍音的产生都会伴随鼻腔气流的流出，鼻音成分可以是清或浊。鼻化嗍音是嗍音系列的一部分，看起来与鼻音系统的数量或本质无关。在清单中包含嗍音的语言都包含 69
鼻化嗍音；UPSID 中所有 3 种包含嗍音的语言，祖鲁语（126）、那马语（Nama, 913）和 !Xũ 语（918），都有 1 个或多个鼻化嗍音系列。

4.6　鼻音归纳重述

以上对鼻音的观察可以重新作以下几点概括。在每条概括之后、斜线之前列出了符合概括的实例数量，斜线之后列出了相关的实例数量。这些数字可以指音段或语言，取决于语句的形式。最后还列出了符合每条概括的实例百分比。

（1）如果一个音段是鼻音，那么它是浊音。 984/1057 93.1%

（2）腭化鼻音很可能是双唇鼻音。 6/12 50.0%

（3）唇化鼻音很可能是软腭鼻音。 7/11 63.6%

（4）与其他部位相比，一个清鼻音的调音部位更可能是双唇部位。 11/36 30.6%

（5）大多数语言至少包含一个鼻音。 307/317 96.8%

（6）包含鼻音的语言都包含鼻音 /*n/。 304/307 99.0%

（7）一种语言中鼻音 /m/ 的存在意味着鼻音 /*n/ 的存在。 297/299 99.3%

（8）一种语言中 /ŋ/ 或 /*ɲ/ 的存在意味着 /m/ 和 /*n/ 的同时存在。 197/200 98.5%

（9）一种语言中 /n̪/ 和 /n/ 的同时存在意味着 /m/ 和 /ŋ/ 的同时存在。 12/13 92.3%

（10）在任何给定调音部位鼻音的存在意味着在相近部位阻音的存在。（反例未计数）

（11）清化、喉化或气化浊鼻音的存在意味着相同调音部位常态浊鼻音的存在。 73/73 100%

（12）包含次要发音的鼻音的存在意味着相同调音部位简单鼻音的存在。 24/26 92.3%

（13）包含次要发音的鼻音的存在意味着相同调音部位至少一个包含相同次要发音的其他类型辅音的存在。 25/26 96.2%

70 （14）鼻冠阻音的存在意味着相似调音部位相同类别的简单阻音的存在。 73/76 96.1%

4.7 鼻音类型解释

语言学家们对上述（1）—（14）所代表的语音事实的观察通常比对

其解释更为成功，但显然解释是更重要的目标。奥哈拉（Ohala 1975）为鼻音类型解释的发展创立了良好的开端，虽然这些解释具有语音基础，但仍有很多工作要做。下面我们将对其研究现状进行简要的回顾。

我们常常认为，在世界语言中越是具有区别性的语音，越会被频繁使用，因为这些语音会实现最成功的信息传递。我们可以根据这种观点对一些鼻音类型的出现进行解释。

首先，许多包含鼻音的语言都符合一个事实，即它们包含的鼻音都具有高度的区别性。也就是说，它们很少与其他类型的辅音混淆，而且被可靠地识别为鼻音（相关的研究有 Miller & Nicely 1955; Singh & Black 1966; Shepard 1972; Goldstein 1977）。将鼻音的区别性作为一个类别，意味着语言中这类音是具有价值的，它们很可能随着时间的推移而得到保留。历史音系学也提供了大量的证据：历时上鼻音是最稳定的音类之一。

由于语言中存在不同类型的鼻音，基于其区别性进行争辩并不容易。虽然鼻音作为一个类别具有其区别性，但它们往往在同一类别内相混淆。马尔科特（Malécot 1956）和诺德（Nord 1976）认为，不同调音部位的鼻音在发音方面（相对于相邻元音的变化）差别很小。尽管如此，在一种语言中出现多达 4 个鼻音也是常见的现象。只要元音过渡清晰，这也不足为奇，但在大多数语言中，缺乏区别性和发音便利性共同限制了辅音丛中鼻音的对立。对于大多数语言而言，它们需要的是同一器官发出的音类（Greenberg 1978: 253）。

因此，基于感知基础对鼻音首选调音部位的层级进行了划分，按其受欢迎程度降序排列为：齿 / 齿龈、双唇、软腭、硬腭。尽管语音和感知研究通常将硬腭鼻音排除在语言清单之外，但有证据表明，人们对鼻音 /m, n, ɲ/ 的识别相对可靠。徐云扬（Zee 1981）的研究发现，/n/ 最有可能被正确识别，而豪斯（House 1957）的研究发现 /ɲ/ 更容易被误认为是其他鼻音。具体地讲，徐云扬的研究发现 /ɲ/ 在元音 /i/ 后很可能被识别为 /n/，而马尔科特赞同豪斯的观点，认为 /m/ 在元音 /i/ 前最有可能被识别为 /n/。

徐云扬还发现，/m/ 在元音 /i/ 或 /e/ 后更容易被识别为 /n/。这些不同的研究表明，在实际的言语中受到协同发音的影响，受试者会出现错误的感知，更倾向于用 /n/ 来替代其他鼻音，而 /ɲ/ 也没有 /m/ 或 /n/ 更容易被感知。这些数据应当谨慎使用，因为它们可能反映了受试者的母语习惯，而不是更普遍的人类感知倾向。然而，它们确实证明了“最广泛出现的鼻音是最可靠的能够被识别的鼻音”这一假设。

奥哈拉（Ohala 1975）指出，鼻音很少是清音，而清鼻音也很难根据其噪音频谱进行区分。在包含清鼻音的语言中，清鼻音在元音开始之前也包含浊声部分，而这一部分能够使其得以辨认。如果清鼻音在一种语言中要得到发展，那么它们要么因为缺少区别性而消失，要么及时恢复浊声。

鼻音的其他类型（如包含次要发音）或鼻音与阻音之间的关系等问题，与更广泛的语音对立相关，而这些问题超出了单独考虑鼻辅音的范围。

参考文献

Austerlitz, R. 1967. The distributional identification of Finnish morphophonemes. Language 43: 20–33.

Bentick, J. 1975. Le niaboua, langue sans consonnes nasales. Annales de l'Université d'Abidjan, Série H, Linguistique 8: 5–14.

Crothers, J. 1975. Nasal consonant systems. In C. A. Ferguson, L. M. Hyman, and J. J. Hyman (eds.), Nasálfest. Stanford University, Stanford: 153–156.

Ferguson, C. A. 1963. Assumptions about nasals: a sample study in phonological universals. In J. H. Greenberg (ed.) Universals of Language. M. I. T. Press, Cambridge: 53–60.

Ferguson, C. A., Hyman, L. M. and Ohala, J. J. (eds.) 1975. Nasálfest (Papers from a symposium on nasals and nasalization). Stanford University, Stanford.

Goldstein, L. 1977. Bias and asymmetry in speech perception. UCLA Working Papers in Phonetics 39: 62–87.

Greenberg, J. H. 1978. Some generalizations concerning initial and final consonant clusters. In J. H. Greenberg et al. (eds.), Universals of Human Language, Vol. 2, Phonology. Stanford University Press, Stanford: 243–279.

Hockett, C. F. 1955. A Manual of Phonology (IJAL. Monographs 11). Indiana University, Bloomington.

House, A. S. 1957. Analog studies of nasal consonamts. Journal of Speech and Hearing Disorders 22: 190–204.

Le Saout, J. 1973. Langues sans consonnes nasales. Annales de 1'Université d'Abidjan, Série H, Linguistique 6: 179–205.

Malécot, A. 1956. Acoustic cues for nasal consonants: an experimental study involving tape-splicing techniques. Language 32: 274–284.

Miller, G. and Nicely, P. 1955. An analysis of perceptual confusions among English consonants. Journal of the Acoustical Society of America 27: 338–352.

Nord, L. 1976. Perceptual experiments with nasals. Speech Transmission Laboratory, Quarterly Status and Progress Report (Royal Institute of Technology, Stockholm) 2–3: 5–8.

Ohala, J. J. 1975. Phonetic explanations for nasal sound patterns. In C. A. Ferguson, L. M. Hyman, and J. J. Hyman (eds.), Nasálfest. Stanford University, Stanford: 289–316.

Shepard, R. N. 1972. Psychological representation of speech sounds. In E. E. David and P. B. Denes (eds.) Human Communication: A Unified View. McGraw-Hill, New York: 67–113.

Singh, S. and Black, J. W. 1966. A study of twenty-six intervocalic consonants as spoken and recognized by four language groups. Journal of the Acoustical Society of America 39: 372–387.

Thompson, L. C. and Thompson, M. T. 1972. Language universals, nasals and the Northwest Coast. In M. E. Smith (ed.), Studies in Linguistics in Honor of George Trager. Mouton, The Hague: 441–456.

Zee, E. 1981. Effect of vowel quality on perception of post-vocalic nasal consonants in noise. Journal of Phonetics 9: 35–48.

第五章
流　　音

5.1　引言

根据声学相似性和常见语音模式，在语音学的传统中，边音和 r 类音被归类为“流音”（liquids）。虽然相似之处主要涉及浊非擦音音段（Goschel 1972; Bhat 1974），但本书中的“流音”包括除边阙音之外的所有边音以及各种类别的 r 类音。后一类别的核心成员有舌尖和小舌颤音、拍音和闪音[1]。其核心成员还包括各种擦音和近音，它们或是在声学或发音上相似，或与历时过程相关（Lindau-Webb 1980）。

5.2　流音的总体频度

按照上述的定义，在 UPSID 的 317 种语言中，绝大多数语言包含至少一个流音，占 95.9%。大多数语言包含一个以上流音，占 72.6%。表 5.1 列出了流音分布的细节。第 5.5 节分析了每个清单规模的系统模式，并统计了特定流音类型的出现情况。就两大流音类别而言，约 81.4% 的语言包含一个或多个边音，而 76.0% 的语言包含一个或多个 r 类音。在调查的语言中，边音的总数远超过这些百分比之间的差异，因为有更多的语言包含更多的边音。事实上，根据报告，大约 57% 的流音是边音。

表 5.1　UPSID 中语言的流音数量 74

流音数量	语言数量	调查的百分比
0	13	4.1%
1	74	23.3%
2	130	41.0%
3	46	14.5%
4	29	9.1%
5	14	4.4%
6	8	2.5%
7	2	0.6%
10	1	0.3%

5.3　边音

边音的类型

语言中出现的边音分属于四个宽泛的类型：边近音、拍音 / 闪音、擦音和塞擦音。表 5.2—5.5 概括了这些边音的类型，其出现的频率用调查（418）中边音总数的百分比表示。表 5.2 列出了近边音（approximate lateral）的类型。常态浊近边音是迄今为止最常见的边音类型。其他类型的近边音很罕见，它们只出现在包含常态类型的清单中。

表 5.2　近边音的类型

	数量	边音的百分比
常态浊音	313	74.7%
常态清音	11	2.6%
喉化浊音	8	1.9%
气化浊音	1	0.2%
	---	----------
	333	79.7%

关于语言学家对清近边音和清擦边音之间区别的报告是否具有一致性，可能还存在一些疑问，但这种区别是需要保留的重要区别。据调 75

查，与清近音不同，清边擦音在不包含浊边近音的清单中出现［特林吉特语（701）、努特卡语（730）、皮吉特湾语（734）、楚科奇语（Chukchi, 908）、卡巴尔德语（911）］，因此这两种类型的音段之间可能存在重要的分布差异。此外，边擦音很可能也存在塞擦音变体，如祖鲁语（126）、托洛瓦语（Tolowa, 704）、胡帕语（705）、内兹佩尔塞语（Nez Perce, 706）、托托纳克语（Totonac, 713）和亚拉巴马语（Alabama, 759）。清边近音似乎并不是这样变化。

关于边拍音和边闪音的报告很少。表 5.3 列出了它们的数量。有理由相信这种类型的音段可能比报告统计的出现频率更高。很少有语音手册提到它们的出现，还有一些（轶事性质的）证据表明田野语言学家们常常难以识别它们的音类。在这种情况下，边拍音 / 闪音很可能被报告为 r 类音［如蒂瓦语（Tiwa, 740）］或近边音［如佐基语（Zoque, 711）］。

表 5.3　边拍音和边闪音

	数量	边音的百分比
常态浊音	9	2.2%
喉化浊音	1	0.2%
	---	------
	10	2.4%

报告中很少有闪音为浊音。另一方面，边擦音更可能是清音，如表 5.4 所示。

表 5.4　边擦音类型

	数量	边音的百分比
常态清音	34	8.1%
常态浊音	9	2.2%
清喷音	2	0.5%
	---	---
	45	10.8%

调查的两种语言都有浊边擦音而没有对应的清边擦音。在卡纳库鲁语（Kanakuru, 270）中，/lʒ/ 只在“几个单词”中出现，这种语言也包含近音 76
/l/。在普什图语（014）中，“腭前”擦边音是唯一的边音。这些例子表明，“浊擦边音只出现在包含清擦边音的清单中”这一推测并不准确。尽管如此，浊边擦音也非常少见。如第三章所述，边擦音比其他类型的擦音更有可能是清音。

所报告的喷边擦音［特林吉特语（701）、优奇语（757）］仅限于在包含其他类型声门辅音的语言中出现，在这两个实例中，清非喷音性边擦音也有出现。与擦音相比，喷边音更有可能是塞擦音。但在调查的语言中，特林吉特语（701）的清单同时包含 /"ɬ’"/ 和 /"tɬ’"/，而缺失“正常的”浊边近音。表 5.5 列出了调查的边塞擦音的类型。

表 5.5　边塞擦音

	数量	边音的百分比
清喷音	14	3.3%
常态清音	9	2.2%
常态浊音	4	1.0%
送气清音	2	0.5%
	---	------
	29	6.9%

边塞擦音总是清音。它很可能是喷音，事实上，它也很有可能是目前为止报告的喷音的唯一类型。喷音性边塞擦音只出现在包含非喷音性边擦音或塞擦音（或两者都有）的语言中。

边音的调音部位

边音几乎都是舌尖或舌叶音，对其部位的描述也不可能更具体。由于数据不足，在 UPSID 中并没有对舌尖和舌叶音进行区分，而且在很多情况下，也很难确定一个音段的调音部位是齿还是齿龈。因此大量边音被归类为“未指定的齿或齿龈音”。表 5.6 列出了调音部位的数据（百分比由于舍入而超过了 100）。

77 **表 5.6　边音的主要和次要调音部位**

主要调音部位								
	齿	“齿 / 齿龈”	齿龈	腭龈	卷舌	硬腭	软腭	齿龈–软腭?
无次发音	31	178	132	8	28	15	1	3
硬腭化	3	1	5	0	0	0	0	0
软腭化	0	7	3	0	0	1	0	0
咽化	0	1	1	0	0	0	0	0
	---	---	---	---	---	---	---	---
总数	34	187	141	8	28	16	1	3
边音的百分比	8.1%	44.7%	33.7%	1.9%	6.7%	3.8%	0.2%	0.7%

大约 87% 的边音在齿 / 齿龈部位产生。这可能由于齿龈边音比齿边音更常见，但还不能通过数据来确定。卷舌边音最常见，它们也是用舌尖或舌叶发音。用舌体部位发音的边音比较少见。其中，硬腭部位最为常见，软腭边音极其罕见——在调查中只出现了一例，即亚加里亚语（Yagaria, 609）。其他语言中的另外一些例子，包括新几内亚语言的梅尔帕语（Melpa）、中瓦几语（Mid-Waghi）和 Kanite 语（Ladefoged, Cochran & Disner 1977），乍得语族的 Kotoko 语（Paul Newman，个人通信）。报告的 3 个复杂边音均包含软腭和齿 / 齿龈部位，但对其描述有些模糊。这 3 个音段都是清音和擦音或摩擦音，被记为 /xɬ/、/kɬ/（阿什乌莱语，814）和 /kɬ’/（祖鲁语，126）。除了这个非常可疑的例子之外，边音的调音方式和调音部位之间没有明显的相互作用。所有类型的边音的调音部位主要为齿或齿龈，而在所有调音部位中，最常见的边音类型是常态浊边近音。

如果调音部位中没有包含舌体，那么对边音舌尖或舌叶部位的偏好可能是为其在前部阻塞之后提供自由的气流通道。舌体边音更容易在历时发展过程中消失，例如西班牙语的 yeismo 现象，而在很多方言中腭边音 /ʎ/ 也已经变为腭近音 /j/（Guitarte 1971）。

边音音段的概述 78

根据以上对边音的观察，我们可以进行以下概括。在每条概括之后，列出了清单中符合的实例数量，相关的实例数量及符合实例的百分比。

（1）边音最可能是舌尖或舌叶音。　392/418　93.8%

（2）边音最可能是浊音。　347/418　83.0%

（3）边音最可能是近音。　333/418　79.7%

（4）擦边音最可能是清音。　36/45　80.0%

（5）清边音很可能是擦音。　36/72　50.0%

（6）喷边音最可能是塞擦音。　14/16　87.5%

（7）边塞擦音很可能是喷音。　14/29　48.3%

需要指出的是，第（4）和第（5）条概括都是独立的观察。对第（4）条概括的解释，与其对应的浊音相比，可能与清擦音的显著性较高有关（Goldstein 1977）。对第（5）条概括的解释，与清近音相比，可能与清擦音的显著性较高有关。此外，一般来讲只有硬腭和腭龈部位有利于塞擦音的发音，不利于边音的发音。然而，为什么在历时过程中几乎没有保留浊边擦音或清边近音，可能有其特殊的原因：即这些音很难与非边音性的对应音类相区别（如 [lʒ]—>[ʒ]；[l̥]—>[h]）。

5.4　r 类音

r 类音的类型

在 34 个实例（占 316 个 r 类音的 10.8%）中，编制 UPSID 的数据源无法指定 /r/ 所代表音段的调音方式。这些并没有包含在下文对 r 类音类型的分析中。应当注意的是，由于不清楚这组音在以下类别中的分布情况，本节所得出结论的不确定性可能会增加。

根据报告，在其余的 282 个 r 类音中，数量最多的是颤音。表 5.7 列出了数据。

79 **表 5.7　根据发声态分类的颤音**

	数量	r 类音的百分比
常态浊音	130	46.1%
常态清音	3	1.1%
喉化浊音	1	0.4%
	---	---
	134	47.5%

显然，绝大多数颤音都是浊音。拍音和闪音作为下一个最常见的 r 类音类别也是如此。除了 3 个例外的清音，所有记录的拍音 / 闪音都是浊音。表 5.8 列出了这些数据。虽然报告的拍音 / 闪音数量比颤音要少，但是差异数量却小于以未指定的方式出现的 r 类音数量，因此我们不能归结出世界语言中哪种类型的 r 类音最为常见。在任何情况下，颤音和拍音 / 闪音都与语音的类型密切相关（通常都表现为同一音位的音位变体），它们都涉及口腔气流通路的中断（interruption）。可以观察到，大约 86% 包含具体调音方式的 r 类音是“中断的”。[3]

表 5.8　根据部位分类的拍音 / 闪音

	数量	r 类音的百分比
常态浊音	104	36.9%
常态清音	2	0.7%
喉化浊音	1	0.4%
浊擦音	1	0.4%
	---	---
	108	38.3%

表 5.9 列出了持续性 r 类音的数量。与其他类型的 r 类音一样，浊音显然是主流。值得注意的是，r 类音类别中的擦音是由舌尖或舌叶产生的非咝音（除了 /θ/ 和 /ð/）。尽管转写的传统建议将小舌浊擦音 /ʁ/ 归于 r 类

音，但这里并没有这样归类。小舌清擦音 /χ/ 从未被视为 r 类音，一般而 80
言，小舌擦音似乎与软腭擦音的联系更密切。基于以上的分类，UPSID 的语言中有 16 个小舌浊擦音。

表 5.9　持续性 r 类音

	数量	r 类音的百分比
浊近音	28	9.9%
浊擦音	8	2.8%
清擦音	2	0.7%
	---	---
	38	13.5%

报告的近音数量远多于擦音。然而，对于擦音 r 报告的有效性还有很大的讨论空间。将音段归为“某种 r 类音”，而不是浊卷舌咝音 /ẓ/ 的标准是模糊的，而且也不能反映出 /ẓ/ 和 /ǰ/ 之间的语音差异，而这种归类是基于其音位配列或非语音特点的考虑（包括正字法）。

r 类音的调音部位

r 类音与边音一样，大多数情况下我们只知道它的调音部位在齿 / 齿龈区域。因此，表 5.10 列出了 UPSID 中所有的 316 个 r 类音的调音部位，包括未指定齿 / 齿龈部位的 r 类音。在 34 个未指定调音方式的 r 类音中，有 27 个也属于未指定调音部位的范畴。然而，与边音不同，我们认为 r 类音最常见的调音部位是齿龈。齿龈 r 类音（141）的数量比其他任何类型都多。

值得注意的是，报告的齿部位 r 类音只是少数，为齿龈部位的十四分
之一，所以即使所有未指定部位的音段都在齿部位，齿 r 类音的数量仍少 81
于齿龈 r 类音。然而，未指定的类型更可能会被正确地划分，它们与齿或齿龈调音部位的音段比率接近，约为 1:14。

表 5.10　所有 r 类音的调音部位

	主要调音部位					
	齿	“齿 / 齿龈”	齿龈	腭–龈	卷舌	小舌
不包含次发音	9	118	135	2	38	3
硬腭化	1	3	4	0	0	0
软腭化	0	1	1	0	0	0
咽化	0	0	1	0	0	0
	---	---	---	---	---	---
总数	10	122	141	2	38	3
百分比	3.2%	38.6%	44.6%	0.6%	12.0%	0.9%

r 类音另一个比较常见的调音部位是卷舌。小舌音非常罕见（主要出现在西欧语言的权威方言中）。法语（010）、德语（004）和巴塔克语（Batak, 413）的调查都包含小舌颤音，而东亚美尼亚语（Eastern Armenian, 022）也包含小舌近音。根据定义，其他调音部位的 r 类音基本都被排除在外。

调音部位和调音方式的互动关系

从表 5.11 可以看出，调音部位和调音方式之间存在重要的互动关系，表 5.11 也列出了根据调音方式分类的齿龈和卷舌 r 类音的并列频率。（未指定的齿 / 齿龈 r 类音与齿龈 r 类音调音方式的分布类似。）

表 5.11　r 类音调音部位和调音方式的互动关系

		齿龈		卷舌	
		数量	百分比	数量	百分比
间断的	颤音	62	44.9%	5	13.9%
	拍音 / 闪音	62	44.9%	11	30.6%
持续的	近音	11	8.0%	15	41.7%
	擦音	3	2.2%	5	13.9%

在近 90% 的实例中，齿龈部位的 r 类音都是中断型音（颤音 / 闪音 /

拍音）。在调查的语言中，卷舌 r 类音作为近音最常见。与齿龈音相比，其作为颤音很罕见，作为擦音更常见。在近音类别中，28 个实例中有 15 例被报告为卷舌音。[4]

r 类音的归纳

通过上述的分析，可以对 r 类音进行以下概括：

（1）r 类音最有可能是浊音。　308/316　97.5%

（2）r 类音最有可能是齿音或齿龈音。　273/316　86.4%

（3）r 类音最有可能是中断音。　244/282　86.5%

（4）卷舌 r 类音很可能是持续音。　20/38　52.6%

（5）近音性 r 类音很可能是卷舌音。　15/28　53.6%

（6）擦音性 r 类音很可能是卷舌音。　5/10　50%

对于不同类型的 r 类音，第（1）条概括的解释可能不同。拍音 / 闪音的持续时间很短，连接的音大部分为浊音：拍音 / 闪音的浊化可能是由浊到清的过程中向后和向前的切换不够快而形成。近音主要是浊音（参见第六章），可能是因为清近音彼此很难区别，并且趋向于被认作没有区分的清元音 /h/。然而，似乎没有类似的原因使清颤音如此罕见。颤音通常具有两个或三个接触点，其振动频率约为 28Hz（Ladefoged, Cochran & Disner 1977），需要相当长的时间（大约 100 毫秒）。颤音与阻音的产生有相似之处，两者都优先为清音（大约 60% 的塞音是清音）。然而，在颤音所需的空气动力学条件中可能存在一些因素使其优先为浊音，如相关气流的减少。

5.5　流音系统的结构

在所调查的语言中，流音系统最多包含 6 个边音和 4 个 r 类音，而最典型的结构是每种语言中只包含一个边音和一个 r 类音。表 5.12 列出了包含不同流音数量的语言数量。大约有 31% 的语言包含 2 个或更多的边音，但只有 19% 的语言包含 2 个或更多的 r 类音。在 230 种包
83 含 2 个或更多流音的语言中，96 种语言包含的边音多于 r 类音，而只有 23 种语言包含的 r 类音多于边音。其他语言包含这 2 类主要流音的数量相同。

表 5.12　每种语言边音和 r 类音的数量

边音数量	0	1	2	3	4	5	6
语言数量	58	157	63	23	9	3	3
百分比	18.3%	49.5%	19.9%	7.3%	2.8%	0.9%	0.9%

r 类音数量	0	1	2	3	4
语言数量	74	183	51	8	1
百分比	23.3%	57.7%	16.1%	2.5%	0.3%

包含 1 个流音的语言（74, 23.3%）

虽然边音的总体出现频率较高，但令人惊讶的是，包含一个流音的语言更可能包含 r 类音（42）而不是边音（32）。在这些语言中，最常见的 r 类音类型是浊闪音（28 例）。然而，很多情况下，边音和非边音的音位变体同时出现。例如，在纳西奥语（Nasioi, 624）中，闪音 /ɾ/ 作为边音在元音 /u/ 或 /o/ 前出现；在巴拉萨诺语（832）中，齿龈闪音 /ɾ/ 包含闪鼻音和边音的音位变体，其中，边闪音在央元音和后元音前出现，/ɾ/ 在前元音前和词尾的环境中出现。在图卡努语（834）中也发现类似的音位变体，它在央元音或后元音前出现，而这些元音也会影响边音音位变体的出现。其他包含闪音性 r 类音的边音音位变体的语言有阿皮纳耶语（809）、日语（071），!Xũ 语（918）和布里布里语（Bribri, 801）。而韩语（070）、丹语（Dan, 106）和赞德语（Zande, 130）也都包含闪音性 r 类音，将其作为边音的音位变体。由于对边音性和非边音性流音之间变

化的描述并不详尽，这些变化通常在包含一个流音的语言中难以预料且较为频繁地出现。

最常见的被报告为流音的边音是齿或齿龈浊边近音（32 例中的 28 例）。唯一的例外是卢瓦勒语（Luvale, 125）和赞德语（130）的齿龈边闪音、波普阿戈语（Papago, 736）的卷舌边闪音和亚加里亚语（609）的软腭边近音。唯一被报告为流音的近音是边音；作为唯一流音的 r 类音通常被报告为闪音。

包含 2 个流音的语言（130, 41.0%） 84

最典型的语言有 2 个流音，通常是一个边音和一个 r 类音。表 5.13 列出了 2 个流音系统的语言数量及百分比。

表 5.13　2 个流音的系统

	语言数量	包含 2 个流音的语言百分比	样本语言的百分比
1 个流音，1 个 r 类音	108	83.1%	34.1%
2 个边音	18	13.8%	5.7%
2 个 r 类音	3	2.3%	0.9%

流音系统通常由颤音或拍音 / 闪音和边近音组成，它们是最常见的流音类型。包含 2 个边音或 2 个 r 类音的系统中，构成对立的通常是调音方式、清浊、次发音或它们的组合，而不是调音部位。最常见的 2 个边音系统包含一个常态浊近音和一个清边音（28 例中有 13 例）。南部南比夸拉语（816）包含常态和喉化卷舌浊边闪音，其非边音性音位变体被报告为 /ɹ/。格陵兰语（Greenlandic, 900）是将闪音性 r 类音作为 /l/ 的音位变体（Mase & Rischel 1971）的语言之一；它还包含一个长清边擦音。

包含 3 个流音的语言（46, 14.5%）

表 5.14 列出了包含 3 个流音的系统结构。

表 5.14　包含 3 个流音的系统

	语言数量	包含 3 个流音的语言百分比	样本中语言的百分比
2 个边音，1 个 r 类音	23	50.0%	7.3%
1 个边音 2 个 r 类音	17	37.0%	5.4%
3 个边音	6	13.0%	1.9%

85 包含 2 个边音的系统比包含 2 个非边音的系统更常见。2 个边音在调音部位（齿 / 齿龈与硬腭或卷舌）上的对立和清浊调音方式或次发音上的对立大致均匀。据报告，没有实例显示边音在调音部位与其他特征上同时形成对立。而包含 2 个 r 类音的语言（17 种语言中有 12 种）比其他维度（如颤音与拍音 / 闪音）更有可能通过调音方式形成对立。7 个实例中，主要调音部位（通常为齿龈与卷舌）存在差异，其中 5 例还包括调音方式的差异。包含 3 个边音的系统通常具有清浊的对立（6 个实例中有 5 例），它们包含一个或两个清擦音或塞擦音（包括喷音）。根据报告，只有美洲语言包含这类系统，主要来自北美大陆的西北沿海地区（6 个实例中有 5 例）。努特卡语（730）包含 3 个清边音 /ɬ, tɬ, tɬ'/。值得注意的是，调查中的 3 流音系统不包括所有流音都是 r 类音的情况。

包含 4 个流音的语言（29, 9.1%）

表 5.15 列出了包含 4 个流音的系统结构。多数的流音系统（29 个中有 19 个）都由相同数量的边音性流音和非边音性流音组成。

表 5.15　包含 4 个流音的系统

	语言数量	包含 4 个流音的语言百分比	样本中语言的百分比
2 个边音，2 个 r 类音	19	65.5%	6.0%
3 个边音，1 个 r 类音	6	20.7%	1.9%

续表

	语言数量	包含 4 个流音的语言百分比	样本中语言的百分比
1 个边音，3 个 r 类音	2	6.9%	0.6%
4 个边音	2	6.9%	0.6%

在这些语言中，7 种语言包含只在调音部位上对立的边音；而其余的语言包含在调音方式、清浊或次发音上对立的边音。5 种语言包含 2 个在调音部位上对立的 r 类音，但有 4 个实例在调音方式上也形成了对立。总的来说，19 种语言中有 12 种语言的 r 类音通过调音方式形成对立。

在包含 3 个边音的语言中，在 3 个不同的调音部位出现了 2 个对立 86
的常态浊边近音。其余的 5 种语言包含通过清浊和 / 或调音方式对立的边音，并且包含至少 2 个擦边音或塞擦边音。这 2 种包含 3 个 r 类音的语言都不常见。根据报告，东亚美尼亚语（022）除了包含一个齿边音以外，还包含一个齿龈颤音、一个卷舌擦音和一个小舌擦音，分别为 /r, ɹ̣̆, ʁ, l̪/。马尔加什语（Malagasy, 410）包含 /r, l/ 和浊、清“颤卷舌塞擦音”（trilled retroflex affricative）。4 边音系统包含在调音方式和清浊上对立的边音，而没有调音部位对立的边音。再次值得注意的是，没有一个系统的所有流音都是非边音。

包含 5 个流音的语言（14, 4.4%）

表 5.16 列出了包含 5 个流音的系统结构。其中最典型的系统包含 3 个在调音部位上对立的边音和 2 个在调音方式上区别的 r 类音。这类系统主要来自澳洲土著语（6 例中的 5 例）；阿拉瓦语（Alawa, 354）是一个具有代表性的例子，它包含齿龈、腭龈和卷舌浊边近音，还包含一个齿龈颤音和一个卷舌近音，分别为 /l, l̠, ḷ, r, ɹ/。

表 5.16　包含 5 个流音的系统

	语言数量	包含 5 个流音的语言百分比	样本中语言的百分比
3 个边音，2 个 r 类音	9	64.3%	2.8%
2 个边音，3 个 r 类音	1	7.1%	0.3%
4 个边音，1 个 r 类音	2	14.3%	0.6%
5 个边音	2	14.3%	0.6%

另一方面，恩吉津语（269）是包含 3 个边音和 2 个 r 类音的语言之一，在包含 4 个或 5 个边音的 5 流音系统中，边音通常在清浊和调音方式上对立。

包含 6 个或更多流音的系统（11, 3.5%）

表 5.17 列出了包含 6 个或更多流音的系统结构。

87 表 5.17　包含 6 个或更多流音的系统

	语言的数量	样本中语言的百分比
4 个边音，2 个 r 类音	3	0.9%
3 个边音，3 个 r 类音	2	0.6%
5 个边音，1 个 r 类音	1	0.3%
6 个边音	2	0.6%
4 个边音，3 个 r 类音	2	0.6%
6 个边音，4 个 r 类音	1	0.3%

与包含 5 个流音的系统一样，边音趋向于通过调音部位［迪亚里

语（Diyari, 367）、阿兰达语（362）］或调音方式、清浊相区别［塞当语（304）、奇佩维安语（703）、海达语（700）、夸扣特尔语（Kwakw'ala, 731）］。然而，迪埃格诺语（743）却包含同时在调音部位和清浊 / 调音方式上对立的 4 个边音：分别为 /l, l̠, ɬ, ɬ̠/。调查研究中，边音的数量最多为 6 个。7 流音系统的语言是 2 种澳大利亚土著语（卡列拉-纳格鲁马语，363；Arabana-Wanganura 语，366），它们包含 4 个在不同调音部位上对立的边音，在 2 个调音部位上对立的颤音和一个卷舌近音。爱尔兰语（001）包含 10 个流音，其中浊齿龈流音不仅具有形态音位上的具体功能，也有对应的清音。由于包含清 r 类音，爱尔兰语是样本中唯一包含 4 个 r 类音的语言。

5.6　流音系统结构归纳

UPSID 的语言中，在调音部位对立的边音数量最多为 4 个，调音方式和清浊对立的边音数量最多为 6 个。其中 r 类音在调音部位和调音方式上的对立多达 3 个。这可能是这些对立的最大值。虽然报告的边音有 6 个主要调音部位，但没有一种语言包含对立的腭-龈和硬腭边音。由于软腭边音非常罕见，它们几乎没有可能在另外 3 个调音部位与边音同时出现[5]（根据 Ladefoged，Cochran & Disner 1977 的报告，梅尔帕语中同时出现了齿、齿龈和软腭边近音）。对于边音的语音差异的研究相对较少（参见 Bladon 1979; Davey, Maddieson & Moshi 1982），因此我们还不清楚一种语言未能利用所有调音部位是否可以归因为语言差异的缺乏。据报告，没有语言包含超过 6 个边音或超过 3 个 r 类音（爱尔兰语除外），因此这里自动设定了上述关于其他对立的最大值。

表 5.18 综述了最常见的包含 1 至 6 个流音的系统。这些类型显示，流音的清单通常在增加更多 r 类音之前先增加更多边音来对其进行扩展。

表 5.18　流音清单的常见结构

流音数量	最常见结构	数量 / 总数	案例百分比
1	1 个 r 类音	42/74	56.8%
2	1 个边音，1 个 r 类音	109/130	83.8%
3	2 个边音，1 个 r 类音	23/46	50.0%
4	2 个边音，2 个 r 类音	19/29	65.5%
5	3 个边音，2 个 r 类音	9/14	64.3%
6	4 个边音，2 个 r 类音	3/8	37.5%

关于流音系统结构的其他概括如下：

（1）包含两个或更多流音的语言最有可能至少包含一个边音。227/230　98.7%

（2）包含两个或更多流音的语言最有可能存在边音和非边音之间的对立。　198/230　86.1%

（3）包含两个或更多流音的语言最有可能包含一个浊边近音。225/258　98.8%

（4）包含两个或更多流音的语言包含在调音部位或调音方式、清浊上对立的边音，但两类不会同时出现。　97/101　96.0%

（5）包含两个或多个 r 类音的语言不大可能将对立限制于调音部位。55/60　91.7%

（6）包含边音和 r 类音音位变体的流音最有可能是语言中唯一的流音。　8/10

89 （7）一种语言通常包含两个流音（一个边音和一个 r 类音）。　109/317　34.4%

虽然近音性边音是最常见的边音类型，但第（3）条概括为真的概率显著高于总频率，（在所有边音中所占百分比：79.7%）。从第（4）和第（5）条概括可以看出，在系统的阐述方式上，边音和 r 类音之间存在非常明显的差异。第（6）条概括的数据并不完整，因此没有计算百分比。然而，调查的语言中只有 2 个反例。

5.7　结论

UPSID中对流音的调查揭示了不同类型流音的出现模式，我们认为它们是可靠的。这些模式既涉及特定音类的总频率，也涉及它们与其出现的清单之间的关系。尽管这些观察本身具有内在的影响，但它们的主要价值在于为历时音系学、发音语音学或言语感知的研究提供方法，并对这些模式进行解释。在这些领域中，流音的研究似乎一直被忽视。

注　释

1. UPSID使用的变量规定了拍音和闪音的区别，但所使用的数据源并没有对它们进行明确的区分。因此，它们被视为一个单独的组别。要进一步讨论这些术语的使用，请参见Ladefoged（1971）和Elugbe（1978）。
2. Ladefoged，Cochran & Disner（1977）认为“很少有语言包含颤音”。UPSID收集的数据表明，颤音实际上并不是十分罕见，而且文献中很多关于颤音的报告是错误的。
3. 包含马尔加什语（410）的清、浊“颤卷舌塞擦音”，但不包含在表5.7和5.8列出的总数中。
4. 这一发现可能反映了一些报告的倾向。在一些对英语进行的分析中（如Kenyon, 1926），近音 /r/ 的收舌发音被标记为“卷舌”。这可能会使英语语言学家倾向于将近音“r”都标记为卷舌。
5. 在UPSID中，如果将4个调音部位上的一个软腭边音和4个边音的例子作为这种出现频率的标志，那么它们在同一语言中同时出现的概率可以估算为小于0.00004（即少于四十万分之一）。

参考文献 90

Bhat, D. N. S. 1974. The phonology of liquid consonants. Working. Papers in Language Universale (Stanford University) 16: 73–104.

Bladon, R. A. W. 1979. The production of laterals: some acoustic properties and their physiological implications. In H. and P. Hollien (eds.), Current Issues in the Phonetic Sciences (Amsterdam Studies in the Theory and History of Linguistic Science, Series 4, Current Issues in Linguistic Theory 9). John Benjamins, Amsterdam: 501–508.

Davey, A., Maddieson, I. and Moshi, L. 1982. Liquids in Chaga. UCLA Working Papers in Phonetics 54: 93–108.

Elugbe, B. O. 1978. On the wider application of the term "tap" . Journal of Phonetics 6: 133–139.

Goldstein, L. 1977. Perceptual salience of stressed syllables. UCLA Working Papers in Phonetics 39: 37–60.

Goschel, J. 1972. Artikulation und Distribution der sogennanten Liquida r in den europäischen Sprachen. Indogermanische Forschungen 76: 84–126.

Guitarte, G. L. 1971. Notas para la historia del yeismo. Sprache und Geschichte: Festschrift für Harri Meier zum 65 Geburtstag. Fink, Munich: 179–198.

Kenyon, J. S. 1926. Some notes on American r. American Speech 1: 329–339.

Ladefoged, P. 1971. Preliminaries to Linguistic Phonetics. University of Chicago Press, Chicago.

Ladefoged, P., Cochran, A. and Disner, S. 1977. Laterals and trills. Journal of the International Phonetic Association 7: 46–54.

Lindau-Webb, M. 1980. The story of r. UCLA Working Papers in Phonetics 51: 114–119.

Mase, H. and Rischel, J. 1971. A study of consonant quantity in West Greenlandic. Annual Report of the Institute of Phonetics, University of Copenhagen 5: 175–247.

第六章 91

近　　音

6.1 引言

近音是由相对无阻碍的气流通过口腔产生的辅音。虽然近音发音时收缩部位不够狭窄，不足以产生局部湍流，但发清近音时仍可以听到腔体的摩擦（Catford 1977）。除了具有边音特征或属于 r 类音的近音外，世界语言中唯一经常出现的近音具有元音特征（Pike 1943），通常被称为“半元音”。本章将统计 UPSID 样本中作为音位的这类音段的频率，并探讨在音位清单中与它们作用相关的某些共现限制。

在 UPSID 的数据文件中，如果近音没有与音节化的元音发音交替并与其他辅音的分布特征一致，那么它们将被编码为辅音。超过 90% 的被调查语言包含一个或多个这样的音段。

6.2 近音的频率

绝大多数语言（占 86.1%）包含硬腭浊近音 /j/ 或非常相近的音，如卡西语（Khasi, 302）中的 /ɩ̯/。相对少的语言（占 75.7%）包含唇–软腭浊近音 /w/ 或非常相近的音段。表 6.1 列出了这些音段及其共现频率。/w/ 的出现与 /j/ 的出现相关。通过对 /w/ 和 /j/ 的频率进行独立计算，我们预期，它们只会在 65.2% 的语言中同时出现，而不是表 6.1 所示的 71.3%。如果这两个音段是独立分布的，那么在调查中应该有 31 或 32 种语言包含 /w/ 但不包含 /j/，而不是实际发现的 14 种语言。

92 **表 6.1　UPSID 中 /j/ 和 /w/ 的分布**

	包含 /j/	不包含 /j/
包含 /w/	226（71.3%）	14（4.4%）
不包含 /w/	47（14.8%）	30（9.5%）

因此，在 UPSID 的数据中，同一语言中 /w/ 的出现通常蕴含着 /j/ 的出现。然而，UPSID 中 /w/ 和 /j/ 的联系并不像斯蒂芬斯和朱斯特森（Stephens & Justeson 1979）在为斯坦福大学音系档案收集材料时所发现的那么紧密。在这些材料中，/w/ 出现而 /j/ 没有出现的情况仅占调查语言的 1%，而在 UPSID 的语言中则超过 4%。斯蒂芬斯和朱斯特森还认为，/w/ 和 /j/ 的总频率都显著偏低。在每个实例中，包含这些音段的语言百分比都降低了大约 15%。目前尚不清楚这些差异是源于两次调查中对语言的不同选择，还是对近音音位地位的不同标准的应用。尽管如此，他们提出的“只有当 /j/ 出现时 /w/ 才会出现”的观点在统计学上仍具有显著的趋势，这一观点得到了我们数据的证实（χ^2 的显著性高于 .001）。

其他近音比较罕见，可以分为两组——一组是 /j/ 和 /w/ 的修饰（modified）变体，一组包含不同的调音部位。第二组包含唇–硬腭近音 /ɥ/（4 例）和软腭近音 /ɣ̞/（5 例）。包含这些近音的语言数量在被调查语言中所占比例不到 2%。它们在 UPSID 的语言中都没有以修饰形式出现。硬腭近音以清音、喉化和鼻化的形式出现。唇–软腭近音以清音和喉化的形式出现。表 6.2 列出了这些类型的修饰音段的频率。喉化近音 /j̰/ 和 /w̰/ 的出现频率大致相等，并限于在清单中包含其他声门或声门化音段和包含常态浊音 /j/ 或 /w/ 的语言中。格林伯格（Greenberg 1970）认为，在包含内爆音系列和硬腭调音部位的语言中，/j̰/ 填补了预期的硬腭内爆音的调音部位。这个问题将在第七章详细讨论，得出的结论是现有的数据似乎并没有对此提供支持。通过分析这类 /j̰/ 音的历时数据，我们可以预测它的出现比

/w̰/ 更频繁，对此没有平行的数据源。在 13 个关于 /j̰/ 的调查实例中，只 93
有 5 例在格林伯格提出的音系清单类型中出现。从 /w̰/ 和 /j̰/ 同时出现的 12 个实例来看，/j̰/ 和 /w̰/ 的出现之间有着较强的关联。换句话说，对于“/w̰/ 的出现蕴含 /j̰/ 的出现”这一观点，只有一个例外。

表 6.2　修饰的 /j/ 和 /w/ 的频率

音段	数量	语言的百分比
/j̥/	7	2.2%
/j̰/	13	4.1%
/j̃/	3	0.9%
/ʍ/	11	3.5%
/w̰/	12	3.8%

清近音 /j̥/ 和 /ʍ/ 的频率相差很大，/ʍ/ 的频率比 /j̥/ 的频率高 1.7 倍。当考虑它们对应浊音的相对频率时，这个数字很令人惊讶。这些清音段的历时来源表现为相似的两种情况：记录的实例主要来自清阻音和浊近音的音丛，或者来自唇化或硬腭化的清阻音（等同于音丛的来源）。因此，胡帕语（705）中 /ʍ/（的来源之一）是原始阿萨巴斯卡语（Proto-Athabaskan）的 */ʃʷ/（Huld 1980），中古英语的 /ʍ/ 来自古英语的 /xʷ/，而早期北部泰语的 */ʍ/ 来自原始泰语（Proto-Tai）的 /xʷ/（Li 1977）。它们可能以多种方式从清单中消失，包括发声（如现代英语的很多变体中 */ʍ/ 与 /w/ 的广泛合并），形成没有分化的清元音音位 /h/（如在单词 who、whoop[1]、whole 中，元音 /u/ 和 /o/ 之前的 */ʍ/ 在英语中的特殊发展），或擦音化（如在英语单词 huge、human 中，对于 /hj/= [j̥j] 的音段首的个人语型 /ç/ 等；与早期德语 /w/ 到 /v/ 的变化比较）。

/j̥/ 和 /ʍ/ 的相对频率表明，可能存在一些因素更有利于 /ʍ/ 的发展，或更有利于 /j̥/ 的消失。这可能是真实的情况，因为硬腭清近音很难与 /h/ 区分，而 /h/ 又在大多数语言中出现，所以它很容易随之消失。另一方面，
如果人们发 /j̥/ 音时更用力以保持这两个音的区别，那么这个音又将会变 94

成硬腭擦音。唇-软腭清近音能够更好地得以保留，是因为它的两个收紧点产生了两个共鸣腔；它们的频率非常接近，彼此得到了加强（Ohala & Lorentz 1977）。

6.3 近音与相关元音

近音 /j/ 和 /w/ 分别与高元音 /i/ 和 /u/ 密切相关。大多数语言都包含这些元音，但缺少 /u/ 的语言比缺少 /i/ 的语言更多——事实上，在主要的外围元音中 /u/ 是最常缺失的音（见第八章和第九章）。/i/ 的频率越大，/j/ 的频率就越高。然而，有一些语言包含近音 /j/ 和 /w/，却缺少对应的元音。表 6.3 列出了这些数字。

表 6.3　与同源元音（cognate vowels）不同时出现的常见近音

	语言数量	样本的百分比
有 /j/ 而没有 /i/	8	2.5%
有 /w/ 而没有 /u/	23	7.3%

有 /w/ 而没有 /u/ 的语言数量是有 /j/ 而没有 /i/ 的语言的 3 倍。在第九章中迪斯纳（Disner）认为，不包含 /u/ 的系统可以分为两个主要类别：一类是包含“补偿”元音的系统，即包含高、后、或圆唇的元音，但不会同时包含这三种元音（如 /ɨ/、/ɯ/、/ʉ/ 等）；一类是具有空缺（gap）的系统（其最高的后元音通常为 /o/）。这里提供了音段 /w/ 的各种可能来源，并预测语言中 /w/ 音在语音上比 /j/ 音呈现更大的变化范围。

此外，我们也对较少出现的近音 /ɥ/、/ɣ̞/ 和其对应的元音进行了研究，在本例中分别为 /y/ 和 /ɯ/。表 6.4 列出了具体的数字。这些数据表明，/ɥ/ 最可能出现在包含 /y/ 的音系清单中，但 /ɣ/ 的出现并不依赖于 /ɯ/ 的出现。然而由于数据太少，我们不应对这些趋势过于依赖。

95

表 6.4 其他近音和元音

	语言的数量
包含 /ɥ/ 和 /y/	3
包含 /ɥ/ 但不包含 /y/	1
包含 /ɣ/ 和 /ɯ/	1
包含 /ɣ/ 但不包含 /ɯ/	4

6.4 近音与相关辅音

/j/ 与腭化辅音

真正的腭化辅音，包含类似 /j/ 音后流的可感知的硬腭次发音，它们在调查语言中的比例约为 10%。由于高元音去音节化是产生 /j/ 音和腭化辅音的主要过程，所以我们可以预测，腭化辅音只出现在包含 /j/ 音的语言中（参见 Bhat 1978）。然而，在调查中有 3 种语言包含腭化辅音，但不包含 /j/ 音。如果这 2 类音之间没有关联，那么预测的语言数量为 3 种。在这 3 种语言中，奥凯纳语（805）看起来很简单，穆伊纳内语（Muinane, 806）包含硬腭浊擦音 /ʝ/ 和音位变体［j］，凯特语（Ket, 906）也包含 /ʝ/，但它的位置主要局限在元音之间。因此，对于“硬腭辅音在包含 /j/ 或 /ʝ/ 的音系清单中出现”这一归纳只有一个例外。

/w/、唇–软腭塞音和唇化软腭音

由于 /w/ 音有两个相同等级的收紧点，它与其他唇–软腭辅音被归为一类。尤其 /k͡p/ 和 /ɡ͡b/，是在 /w/ 音后出现的最常见的唇–软腭辅音。这些唇–软腭塞音可能在起始阶段差别很大（Ladefoged 1968），但由于它们有着共同的调音部位而被归为一类。表 6.5 列出了 /w/ 与 /k͡p/，/ɡ͡b/ 之间的共现：

表 6.5 /w/ 与唇–软腭塞音的共现

	语言数量	样本的百分比
/w/、/k͡p/ 和 /g͡b/	19	5.9%
/w/ 和 /k͡p/	1	0.3%
/w/ 和 /g͡b/	2	0.6%
不包含 /w/，但包含 /k͡p/ 和 /g͡b/	1	0.3%

96 假设 /w/ 与 /k͡p/ 或 /g͡b/ 的出现没有关联，我们可以预测，有 16 种语言包含 /w/ 和 /k͡p/（实际有 20 例），16 或 17 种语言包含 /w/ 和 /g͡b/（实际有 21 例）。观察到的数据呈现出一个趋势：即与缺失 /w/ 的系统相比，/k͡p/ 和 /g͡b/ 更倾向于出现在包含 /w/ 的系统中。克佩勒语（103）是一个例外，它在下面描述的另一种方式中也不寻常。

唇化辅音与 /w/ 之间存在明显的相似性，而且在很多关于 /u/ 的去音节化的实例中，两种类型的音段有着相似的历史来源。因此我们可以预测，唇化辅音优先在包含 /w/ 的语言中出现。目前为止，出现频率最高的唇化辅音类型是唇化软腭塞音（参见 Ohala & Lorentz 1977）。因此我们将它们作为唇化辅音的原型。表 6.6 列出了 /w/ 和 /k^w/ 的共现情况（/g^w/ 仅在 /k^w/ 出现时才会出现，因此没有单独列出）。

表 6.6 /w/ 和唇化软腭塞音

	语言数量	样本的百分比
/w/ 和 /k^w/	35	11.0%
不包含 /w/ 但包含 /k^w/	5	1.6%

根据 /w/ 和 /k^w/ 的随机共现频率，我们可以预测，样本中有 30 种语言包含这两个音段。调查的数据（35）呈现出一个弱的趋势，即 /k^w/ 更可能出现在包含 /w/ 的语言中。UPSID 中这个趋势的例外是：米斯特克语（728）、瓜拉尼语（828）、瓦恩托阿特语（Wantoat, 615）、奇佩维安语（703）和克佩勒语（103）。在奇佩维安语中，唇化软腭音的对立地位较微弱，因为它们主要局限在后圆唇元音前出现，而常态软腭音则不会出现

在这个位置上。克佩勒语是被调查语言中唯一同时包含唇–软腭音和唇化软腭塞音的语言，而这种语言也缺失 /w/。

6.5 其他近音

值得注意的是，除了上面讨论的 4 种最常见的近音 /j, w, ɥ, ɣ̞/ 之外，有 6 种语言（占 1.9%）包含双唇近音 /β̞/，6 种语言包含唇齿近音 /ʋ/。UPSID 中其余的近音被归类为流音，并已在第五章中讨论。

6.6 小结 97

大多数语言都包含 /j/ 和 /w/，其中 /j/ 的出现更频繁。在同一语言中，存在着一个很强的倾向：/w/ 的出现蕴含着 /j/ 的出现。相对于元音 /u/，/j/ 的较高频率与元音 /i/ 的较高频率是平行的，但这些事实并不直接相关，因为 /j/ 可能在不包含 /i/ 的情况下出现，/w/ 可能在不包含 /u/ 的情况下出现。/j/ 和 /w/ 的修饰变体只出现在包含对应常态浊音的语言中。腭化辅音与 /j/ 音，唇–软腭塞音、唇化软腭音（其他唇化辅音）与 /w/ 音之间存在一定的关联。

注　释

1. 现在这个词经常会有这样的拼写发音，最初的 /w/ 或 /ʍ/ 取代了历史衍生的 /h/。

参考文献

Bhat, D. N. S. 1978. A general study of palatalization. In J. H. Greenberg et al. (eds.), Universals of Human Language, Vol. 2, Phonology. Stanford University Press,

Stanford: 47−92.

Catford, J. C. 1977. Fundamental Issues in Phonetics. Indiana University Press, Bloomington.

Greenberg, J. H. 1970. Some generalizations concerning glottalic consonants, especially implosives. International Journal of American Linguistics 36: 123−145.

Huld, M. 1980. Tone in Proto-Athabaskan. Unpublished paper. Dept. of Classics, UCLA.

Ladefoged, P. 1968. A Phonetic Study of West African Languages. Cambridge University Press, London.

Li, F-K. 1977. A Handbook of Comparative Tai. University of Hawaii Press, Honolulu.

Ohala, J. J. and Lorentz, J. 1977. The story of [w]: an exercise in the phonetic explanation for sound patterns. Proceedings of the Third Annual Meeting, Berkeley Linguistic Society: 577−599.

Pike, K. L. 1943. Phonetics. University of Michigan Press, Ann Arbot.

Stephens, L. D. and Justeson, J. S. 1979. Some generalizations concerning glides. In D. I. Malsch et al. (eds.), Proceedings of the Eighth Annual Meeting of the Western Conference on Linguistics. Linguistic Research Inc, Carbondale and Edmonton: 151−164.

第七章 98

声门辅音和喉化辅音

7.1 引言

本章介绍了我们对世界语言样本中声门辅音和其他“声门化”辅音出现情况的调查结果，并将它们的出现与语言音系清单的其余部分联系起来。本章充分借鉴了福代斯（Fordyce 1980）之前对同一数据的调查结果。

在一项重要的早期研究中，格林伯格（Greenberg 1970）讨论了声门辅音在跨语言和语言内的分布情况。尽管后来有大量研究也致力于探讨格林伯格的主张，但其中很多研究都提出了具体的反例（例如 Campbell 1973；Pinkerton 1980），也有研究几乎没有提供更多能证明其结论的数据（例如 Hamp 1970；Javkin 1977）。格林伯格的主要观点可以概括为：“内爆音倾向前部发音，而喷音倾向后部发音。”他承认奥德里库尔（Haudricourt 1950）对部分结论的预测，而这些结论也是王士元（Wang 1968）独立发现的。

我们的目标是为了确认这些内爆音和喷音调音部位的偏好层级是否可以被证实，找出 UPSID 中其他与声门辅音和声门化辅音相关的分布模式，并探讨这些模式的语音动机。格林伯格的概括不是基于严谨的、结构性的样本，而是基于对可获得数据的语言的调查。他的发现可能反映了调查语言的偶然性。在使用 UPSID 样本时，我们希望尽可能避免这种偶然性的出现。

99 7.2 声门音和喉化音

对一些音类进行定义是有必要的，这也是本章的主题。声门音和喉化音包含由声门气流机制产生的音（即喷音和内爆音）以及“声门化”音。对于“声门化”音，声门收紧不引发气流的产生（即喉冠和喉化辅音）。只有由声门气流机制发音的音段才被称为声门音。肺部或软腭的“声门化”音通常被称为喉化音。喷音是由声门关闭、喉头上抬而产生的音段，发音时其收紧点在口腔内，口腔收紧点和声门成阻点之间的空气被压缩，口腔闭塞或收缩，随后与外出气流一起释放。另一方面，内爆音是通过喉头的下降而产生的。在理想状态下，口腔收紧点和喉部收紧点之间的空气是稀薄的，当口腔除阻时，空气流入口腔。然而，声门通常并不是闭合的，肺部气流渗入口腔使声带产生振动（参见 Catford, 1939），因此喷音倾向于清音，而内爆音倾向于浊音。

此外，正如赖福吉（Ladefoged 1968）和平克顿（Pinkerton 1980）等人指出的，“内爆音”并不总是在除阻时存在内进的口腔气流，在喉头下降时也是如此。在 UPSID 中，真正的内爆辅音和包含最小或零内爆的喉冠或喉化辅音很难区别。这些音在文献中常常未被区分，由于其中最典型的音位变体的气流动力可能不是声门，它们在 UPSID 中被归类为喉化音。正如赖福吉（Ladefoged 1968）和格林伯格（Greenberg 1970）所得出的结论，在他们所知晓的语言或文献（不包括 UPSID 中的已知语言）中，这些潜在的不同类型的音系对立并没有直接出现。

值得注意的是，UPSID 中对声门音和喉化音进行编码的变量限制了语音上对音段的合理描述。因此，我们必须指定喷音的类型：喷塞音（声门外流塞音）、喷塞擦音（声门外流塞擦音）或喷擦音（声门外流擦音）。
100 至于预先假设的语音上不可能存在的音类（如喷近音），则由编码机制优先排除。同样，内爆音只能被编码为内爆塞音，而语音上不大可能出现的内爆塞擦音、擦音或近音也没有包括在内。[1]另一方面，UPSID 中的“喉化”变量并不是相互排斥的调音方式的一部分。相反，它反映了喉冠或声门塞音、塞擦音、擦音、近音和元音的可能和实际的出现。因此，正如格林伯格（Greenberg 1970: 2）所说，“在个别语言中，喷音和内爆音之间的音位对立只适用于阻音；其他类型的音段可能被喉化，但并没有表现出喷音 / 内爆音的对立。

从遗传学和地理学的角度来看，喷音在本章所涉及各种类型的音段中最普遍。尽管在世界上几个主要语系中都发现了喷音系统，但目前，包含喷音的语言主要来自美洲。UPSID 中包含喷音的语言有三分之二（52 种语言中的 35 种）属于美洲印第安语系，其中大多数（30 种）来自北美。UPSID 的 51 种北美印第安语中，几乎 60% 包含喷音系统。这些语言中只有 4 种出现了内爆音或喉化浊爆破音。在这组语言中，对于喷音的频繁出现有学者已做出了评论（例如 Sherzer, 1973），但是 UPSID 的综合性允许适当忽略这个事实。这些语言有一个重要特点，使它们与世界上其他语系有所不同。其余 9 种包含喷音的语言来自亚非语系，3 种属于尼罗-撒哈拉语系，3 种属于高加索语系，3 种分别属于印欧语系、尼日尔-科尔多凡语系和科伊桑语系。除这些主要语系外，我们并不清楚喷音是否在其他语系中存在，而它们很可能在澳亚语系和 / 或澳泰语系中出现，因为在这些语系中可以找到“喉化”浊塞音（内爆、喉冠或喉化）（例如：越南语，303；塞当语，304；水语，403）。

正如格林伯格（Greenberg 1970: 2）所指出的，“典型的喷阻音是清音”。在所调查的语言中，我们没有发现例外，尽管卡特福德和派克等语音学家认为浊喷音也可能存在。然而在调查中我们发现一种语言，即
!Xũ 语（918）包含浊前喷音。在 UPSID 的所有语言中，这种语言的辅音 101
系统最复杂，它包含 48 个嗍音，还包含 6 个塞音系列。斯尼曼（Snyman 1969）认为其中的一个塞音系列包含浊喷音，他将其描述为一个浊-喷顺序的语音序列。他说：

> 实际情况是，声带被肺部气流激活，它们产生了未发出的浊音，用［ʖ］来表示。（鼻腔和口腔都关闭。）未发出的［ʖ］音后面紧接着喷音的发音……在近序列［ʖ］和……［喷音］被认为是发声的音。

因此，众所周知的浊喷音，即辅音收紧过程中持续带声的喷音，实际上并没有在人类语言中出现。现有证据表明，在“正常”的喷音中，声门闭合解除后带声会非常迅速地开始。林道（Lindau 1982）在豪萨语和纳瓦霍语的喷塞音中找到了证据。

内爆音及其近亲喉化浊爆破音在主要语系中较少见，与喷音相比在地理上更受限。大多数这类系统（41 个系统中的 29 个）在非洲大陆的语言中出现。内爆音的分布也具有很强的区域集中性。但这类音跨越了 3 个主要语系：尼日尔–科尔多凡语系（10 种语言）、尼罗–撒哈拉语系（10 种语言）和亚非语系（9 种语言）。其余语言中最多的是美洲印第安语系（6），但也有一些语言来自南亚语系（3）、澳泰语系（3）和汉藏语系（1）。

上面提到的大多数语系都包含了喉化响音（鼻音、流音和央近音），但没有发现它们在其他语系中出现。它们在北美印第安语中也是最常见的。

7.3　喷音

在 UPSID 的 317 种语言中，52 种语言包含喷音，在声门或喉化音中最常见。这些语言中有 12 种还包含内爆塞音，15 种还包含喉化塞音、擦音、响音和 / 或元音。

最常见的喷音类型是喷塞音。数据显示，它们的数量是喷塞擦音的两倍，二者数量分别为 188 与 94。喷擦音的数量非常稀少，在 UPSID 中只记录了 20 种。当然，与其他类型的喷音相比，喷塞音一直是讨论更多的主题。

102 **喷塞音**

奥德里库尔（Haudricourt 1950）认为喷塞音倾向在后部的调音部

位出现。格林伯格（Greenberg 1970）支持这一观点，因为他发现"在世界上很多地区的语言中，喷音在双唇调音部位存在差异。"贾夫金（Javkin 1977）提出了喷塞音的蕴含层级，表述如下："……［一种语言］有唇喷音一定有齿龈和软腭喷音，有齿龈喷音一定有软腭喷音。"（其中，"齿龈"指齿或齿龈，与其他章节相同，我们在语音符号前加星号来表示齿和齿龈的共同类别。）贾夫金（Javkin 1977）统计了斯坦福音系档案中喷塞音的数量，并认为这些数字已得到了普遍证实。统计的数据如表 7.1 所示。

表 7.1　斯坦福音系档案中的喷塞音

唇	齿 / 齿龈	硬腭	软腭	小舌
26	29	7	31	15

根据报告，在 3 个主要调音部位中，喷音的数量相差不大。但贾夫金指出，在有些语言中这个蕴含层级仍然存在。他还进一步指出，硬腭和小舌的后部发音并不倾向多于前部发音，因为这些调音部位往往不适合塞音的发音。如他所指出的，相对而言不仅声门辅音不倾向于在硬腭和小舌部位发音，还有其他音类。（有关非声门塞音的分布细节，请参阅本书第二章和 Gamkrelidze 1978）。

表 7.2 列出了 UPSID 中喷塞音的频率。软腭喷塞音的出现频率并没有高于齿或齿龈喷塞音，每类中包含 49 例。然而，有些语言［内兹佩尔塞语（Nez Perce, 706）；波莫语（Pomo, 742）；瓦波语（Wappo, 760）］同时包含齿和齿龈喷塞音，一种语言（夸扣特尔语，731）没有常态软腭音，但有唇化软腭音。因此包含软腭部位喷塞音的语言比包含齿和齿龈部位喷塞音的语言多 4 种（50 vs 46）。胡帕语（705）有 /*t'/ 而没有 /k'/（它包含 /q'/）。喷塞音倾向于软腭部位，体现了 /*t'/ 的存在蕴含 /k'/ 的存在这一蕴含层级。重要的是，只包含一个调音部位喷塞音的语言都包含软腭音。

103 **表 7.2 UPSID 中的喷塞音**

	唇	齿 / 齿龈	硬腭	软腭	小舌
常态	33	49	7	49	19
唇化	--	--	--	18	8
腭化	--	--	*	2	--
前浊化	1	1	--	1	--
	---	---	---	---	---
总数	34	50	7	70	27

更重要的是，与双唇部位相比，软腭和齿 / 齿龈部位更受欢迎。/p'/ 的出现频率显著低于 /k'/ 或 /*t'/。没有一种语言有 /p'/ 而没有软腭音，17 种语言有 /k'/ 而没有 /p'/。11 种语言包含的喷塞音只有两个调音部位，其中 10 种有 /*t',k'/［伯尔塔语（Berta, 218）是一个例外，它包含 /p',k'/）］。因此，UPSID 的样本显示双唇部位并不适合喷塞音。这让人想起了关于清爆破音的发现，尽管有证据表明避免 /p'/ 出现的倾向比避免 /p/ 的更强，但清爆破音在双唇部位并不受欢迎。因此，我们是否应该以相同的方式解释这两种音类，这个问题将在下文重新讨论。

小舌喷音比较常见。通过对小舌喷塞音与软腭喷塞音的比率（.39）和清小舌爆破音与清软腭爆破音的比率（仅 .13）进行比较，我们可以证明这一点。小舌喷音出现频率较高，很大程度上是因为北美语言中两种区域倾向的存在和小舌调音部位的使用。这两者与喷音的出现相一致。当然，小舌喷音也符合“喷音倾向于后部的调音部位”这一假设。另一方面，硬腭喷塞音的频率并没有不成比例，它与硬腭部位爆破音的比例相当。

对于喷塞音，只有软腭或小舌喷音的唇化这一次要调音类型非常频繁地出现。下文将介绍更多的次要调音。

表 7.3 详细列出了被调查语言中喷塞音的系统结构。其中齿和齿龈塞音被列在一起，且没有包含两者同时出现的语言。除非出现在常态喷塞音

缺失的部位，其余情况下唇化喷塞音均用括号注释来表示。 104

表 7.3　喷塞音调音部位的数量

	喷塞音清单	语言数量
1 个喷塞音	k’	5（2 种语言也有 k^{w}’, 1 种语言也有 k^{j}’）
2 个喷塞音	*t’ k’	10（3 种语言也有 k^{w}’）
	p’ k’	1
3 个喷塞音	p’ *t’ k’	15（4 种语言也有 k^{w}’）
	t’ k’ q’	1
	t’ c’ q’	1
4 个喷塞音	p’ *t’ k’ q’	10（7 种语言有 k^{w}’，q^{w}’）
	p’ *t’ c’ k’	2
	*t’ c’ k’ q’	1（也有 k^{w}’，k^{w}’）
	p’ t’ t’ k’	1
5 个喷塞音	p’ t’ c’ k’ q’	2
	p’ t’ c’ k^{w}’ q’	1（有 q^{w}’ 但没有 k’）
	p’ t’ t’ k’ q’	2

表 7.3 列出了一组最常见的喷塞音，它们在塞音出现的最常见调音部位（双唇、齿或齿龈、软腭）出现。这些部位通常与语言中其他类型塞音的调音部位相同（这里不考虑声门部位）。这种类型的例子是东亚美尼亚语（022），其塞音系统为：

p	t	k
p^{h}	t^{h}	k^{h}
p’	t’	k’

或泽套语（712），其塞音系统如下：

p	t	
		k^{h}
b	d	g
p’	t’	k’

其他常见的喷塞音系统，只包含 2 个喷塞音（齿或齿龈和软腭部位），或 4 个喷塞音（唇、齿或齿龈、软腭和小舌部位）。塞音系统包含 2 个调音部位的典型语言为伊托纳马语（Itonama, 800），其塞音清单如下：

105

p	t	k
	t^j	
b	d	
	t’	k’

这种语言没有双唇喷音，但在双唇部位有其他类型的塞音。对于避免双唇喷塞音这一倾向而言，这些语言至关重要（参见海达语，700）。另一个主要系统类型中唇音存在其他缺陷——闪语和阿萨巴斯卡语缺少其他系列双唇塞音，也缺少双唇喷音。

如果一种语言包含 4 或 5 个喷塞音，它们通常有一个在小舌部位（19 种语言中有 16 种都是如此）。在其他系列中，相同的调音部位通常也存在塞音。奎鲁特语（732）是具有包含 4 个喷塞音的塞音系统的语言代表：

p	t	k	q
		k^w	q^w
b	d	（g）	
p’	t’	k’	q’
		k^{w}’	q^{w}’

所有包含 5 个调音部位喷塞音的语言都包含常见的 4-部位清单中的塞音。哈卡鲁语（820）就是其中的一个例子：

p	t	c	k	q
p^h	t^h	c^h	k^h	q^h
p’	t’	c’	k’	q’

因此，喷塞音清单通常这样建立：如果有一个喷塞音，那么它在软腭部位；第二个喷塞音在齿或齿龈部位；第三个在双唇部位；第四个在小舌部位。有少数语言偏离这种模式，但大多数语言都符合。

少数语言偏离这种模式，这表明有时将“声门”塞音作为一个单独系列是合适的，其成员在语音上并不相同。例如凯克奇语（714）包含 3 个喷塞音，其调音部位分别为齿龈、软腭和小舌。这种语言没有双唇喷音，但有喉化双唇浊塞音。喉化浊音系列中没有其他成员。因此，这种语言中每个常态清爆破音的调音部位都有对应的“声门”辅音。凯克奇语的塞音清单如下：

p	t	k	q
	t’	k’	q’
ɓ			

平克顿（Pinkerton 1980）研究了凯克奇语中这种模式的对比背景，并分析了凯克奇语和其他 4 种玛雅语系基切语族中对应音段的语音属性。在这 5 种语言中，喷音、浊 / 清内爆音、喉化浊塞音可以互换（仅对双唇部位而言，也包括浊塞音）。它们的对应关系如表 7.4 所示。

表 7.4　5 种基切语族的对应关系

凯克奇语	ɓ̰/b	t’	k’	q’（随 q˂ 变化）
波孔奇语（Pocomchi）	p˂	t˂	k’	q˂
卡克奇克尔语（Cakchiquel）	ɓ̰/b	t’	k’	q˂
基切语	ɓ	t’	k’	q˂
楚图希尔语（Tzutujil）	ɓ	ɗ	k’	q˂

另一种特殊的语言是伯尔塔语（218），包含 2 个喷塞音，一个是双唇音，另一个是软腭音：

b	"d"	ɡ
p’		k’
	"ɗ"	

根据一般类型我们会预测这种语言包含齿 / 齿龈喷音。在齿 / 齿龈部位本应出现声门辅音，却出现了浊内爆音。在伯尔塔语中这个内爆音是独立的。因此“缺陷”的喷音系列与孤立的齿龈内爆音构成了完整的声门塞

音系列，与语言中每一个调音部位的浊塞音相对应。在其他语言中，伊克语（Ik, 208）和豪萨语（266）被认为包含单独的声门塞音系列，但它们在语音上种类各异。卡诺坎（Carnochan 1951）关于豪萨语的研究指出，语音配列的限制对所有包含声门成分的辅音（包含 /ʔ/）都适用。

第二类例外的代表是胡帕语（705）。初看起来，它似乎尤其偏离正常模式，包含 3 个喷塞音，既不是软腭音，也不是双唇音。胡帕语是唯一一种在音系清单中包含 /c'/ 和 /q'/，但不包含 /p'/ 和 /*t'/ 的语言。

107 胡帕语的塞音系统如下：

t	c	q
t^h	c^h	q^h
t'	c'	q'

在这种语言中，喷塞音系统与常态清塞音和清送气塞音系列有着相同的调音部位，但这些调音部位并不常见。如果胡帕语包含“正常”的双唇、齿龈和软腭喷音，那么它将是“语言在相同调音部位上包含不同系列的塞音”（见第二章）这一规则的例外。具体来讲，这意味着喷音应该只出现在非声门塞音出现的位置。因此，尽管喷音的调音部位存在偏好层级，但它并没有包含在常态塞音和喷音部位关系的规则中。换言之，正如福代斯（Fordyce 1980）所强调的，音系层次本身是按层级排列的。因为胡帕语遵从了更重要的规则，所以它违反了从自身考虑的喷音的部位层级规则。

这些规则之间联系的重要性也可以从海达语（700）的研究中得以体现。海达语包含喷塞音，但这些音的调音部位很特别——齿、硬腭、软腭和小舌。这种语言没有双唇喷音，但有双唇部位的常态清塞音和送气塞音。然而，认为硬腭喷塞音取代更常见的双唇喷塞音也没有意义。硬腭喷塞音的出现并不意外，因为海达语符合“喷塞音在常态塞音出现的部位出现”这一规则。硬腭喷音不常见，主要因为喷塞音也不常见。如上所述，这种语言为我们的结论提供了证据，即双唇喷塞音与齿 / 齿龈或软腭喷塞音相比，更不受欢迎。

海达语的塞音清单如下：

p	"t"	c	k	q
			k^w	q^w
p^h	"t^h"	c^h	k^h	q^h
			k^{wh}	q^{wh}
	"t’"	c’	k’	q’
			k^{w}’	q^{w}’

瓦波语（760）的系统包含 4 个喷塞音，缺失小舌部位的喷塞音，但它并不是喷音调音部位层级的例外。在这种语言中，喷塞音包含不常见的齿和齿龈部位的对立，而同一部位的对立也出现在常态清塞音中。这里，特殊喷音系列的出现可以归因于语言中建立的常态塞音系列的优先等级。

内兹佩尔塞语（706）和波莫语（742）都包含 5 个喷塞音，也包含齿和齿龈塞音。但它们并没有违反喷塞音的调音部位偏好层级，而该层级也没有指定其第五个成员应该是哪个音类。这两种语言的喷音与清爆破音的 108
调音部位相匹配，而内兹佩尔塞语中的 /q’/ 是一个例外，它在 /q/ 没有出现的情况下也会出现。内兹佩尔塞语的系统在小舌部位以塞擦音 /qχ/ 为代表，却没有任何类型的硬腭或腭龈阻音。内兹佩尔塞语系统中，小舌部位的喷音很自然，例如比硬腭部位的喷音更自然。

另一方面，克法语（Kefa, 264）和麦都语（708）都包含 4–喷塞音系统，没有包含更常见的小舌喷音。然而，这些语言也在小舌部位缺失塞音：

克法语的塞音清单：

p	t	c	k
b	d	ɟ	g
p’	t’	c’	k’

麦都语的塞音清单：

p^h	t^h	c^h	k^h
p’	t’	c’	k’
ɓ	ɗ		

麦都语的实例很有意思，因为与调音部位匹配的爆破音是送气音，而不是在其他语言中发现的非送气清音。因此，我们可以概括：喷音通常只在爆破音出现的部位出现。这条概括不限于特定类型的爆破音。

喷塞擦音和擦音

喷塞擦音和擦音比喷塞音的出现更为有限。UPSID 中有 40 种语言（12.6%）包含喷塞擦音。除伊拉库语（260）外，这些语言都包含喷塞
109 音。而伊拉库语却例外的包含内爆音。因此，喷塞擦音只在包含声门塞音（几乎都是喷音）的系统中出现。最常见的喷塞擦音是咝音 /*ts’/、/tʃ’/ 和边塞擦音 /*tɬ’/。表 7.5 列出了它们的数量。

表 7.5　UPSID 中的喷塞擦音

	tθ’	*tɬ’	*ts’	tʃ’	tʂ’	cç’	kx’	kɬ’
简单喷塞擦音	1	13	34	35	3	1	1	1
唇化喷塞擦音	0	0	1	1	0	0	1	0
前浊化喷塞擦音	0	0	1	1	0	0	0	0
	---	---	---	---	---	---	---	---
总数	1	13	36	37	3	1	2	1

每种包含喷塞擦音的语言都至少包含一种常见的咝音类型：/*ts’/ 和 /tʃ’/。7 种语言只包含 /tʃ’/，5 种语言只包含 /*ts’/，11 种语言同时包含 /*ts’/ 和 /tʃ’/，但没有其他的喷塞擦音。其余的语言包含一个或两个这样的咝化喷塞擦音和另外一个最常见的边音 /*tɬ’/。格林伯格（Greenberg 1970: 17）对 /tʃ’/ 的评论是：“尤其在硬腭部位，最佳的喷音是齿龈［塞擦音］而不是塞音。”他还观察到，在这个调音部位的非声门阻音中塞擦音比爆破音更受欢迎。而在喷阻音中，塞擦音更受欢迎。事实上，格林伯

格并没有在他的样本中发现“喷塞音在硬腭部位出现”。但它们不仅出现了，而且出现在对立的塞擦音中。在 UPSID 的 7 种语言中，5 种语言有腭–龈或硬腭部位的喷塞擦音。尽管如此，格林伯格的观察仍具有一定的效度。虽然包含 /tʃ’/ 的语言数量是包含 /c’/ 的 5 倍，但在纯肺气流阻音中 /tʃ/ 的出现频率只是 /c/ 的 3.4 倍。

关于喷擦音，格林伯格指出：它们“相对少见，并且经常蕴含着带有陡峭首音的喷音的出现”。在 UPSID 的语言中，喷擦音毫无例外地蕴含喷塞音。它们也蕴含喷塞擦音，但确有例外。UPSID 中有 10 种语言包含喷擦音（3.2%），其中只有 3 种不包含喷塞擦音。表 7.6 列出了调查中报告的喷塞擦音。

表 7.6　UPSID 中的喷擦音 110

	ɸ’	f’	*s’	ʃ’	ʂ’	ç’	x’	χ’	ɬ’
简单喷塞擦音	1	1	8	4	1	1	1	2	2
唇化喷塞擦音	0	0	0	0	0	0	1	1	0
	---	---	---	---	---	---	---	---	---
总数	1	1	8	4	1	1	2	3	2

只有 /s’/ 和 /ʃ’/ 在不包含喷塞擦音的系统中出现。它们也是同一语言中唯一不与其他喷擦音同时出现的喷擦音。值得注意的是，在肺部气流的擦音中 /f/ 的出现几乎和 /ʃ/ 一样频繁，但喷音 /f’/ 的出现却非常罕见。同样喷音在唇部位似乎也不受欢迎。

喷音的次要发音

唇化是喷音唯一的次要发音。它经常在喷塞音中出现：调查的语言中有 18 种包含唇化喷塞音。在塞音中，唇化只在软腭和小舌部位出现（参见表 7.2 和 7.3）。同一语言中，唇化小舌音只在唇化软腭音出现的情况下才会出现，但这两种类型都不常见。在包含常态软腭或小舌喷塞音的语言中，超过三分之一的语言包含对应的唇化音段。相比之下，只有约 13%

包含爆破音 /k/ 的语言包含对应的唇化音段 /k^{w}/。软腭和小舌部位唇化的明显增加可能是由于地域因素。大多数唇化喷塞音在北美语言中出现，而在同一语言中，具有区别性的软腭和小舌部位的唇化经常适用于辅音的调音方式。夸扣特尔语（731）是一个例外，它有 /k^{w}'/ 而没有 /k'/。除非其对应音段出现，这些唇化喷音才会出现。除了 /k^{w}'/，豪萨语（266）还包含唇化软腭喷塞音。唇化偶尔也会与某些喷塞擦音和擦音同时出现。唯一出现唇化喷塞擦音的语言是拉克语（Lak, 912），这种语言包含 /ts^{w}'/ 和 /$tʃ^{w}$'/。唯一的唇化喷擦音在特林吉特语（701）中出现，分别为：/x^{w}'/ 和 /$χ^{w}$'/。

7.4 喉化清音

喉化清音与喷音存在着一定的联系。它们的发音同时包含口腔收紧
111 和喉部收紧，但这并不作为气流的动力。调查的语言中有三种包含清喉化音段集，分别为韩语（070）、阿什乌莱语（Ashuslay, 814）和西奥那语（Siona, 833）。前两种语言包含常见音段 /p̰, t̰, k̰, tʃ̰/。豪萨语（266）有喉化清擦音 /s̰/，这个音在韩语和西奥那语中也有出现。韩语中的这组音段通常被称为“强”或“紧”阻音，针对它们的研究很广泛。一些学者认为，它们在狭窄的声门间隙中产生（例如 Kim 1970），也有证据表明这个过程还伴随着声门上结构的张力（Kim 1965; Dart 1984）。讲豪萨语的人在发 /s/ 音时存在很大的不同。这个音有时被发成喷擦音，有时以喷塞擦音［ts'］，或以伴有声门收紧的肺气流的擦音形式出现。根据报告，只有南部南比夸拉语（816）包含一个很不明显的、被描述为喉化 /h/ 的音段。调查的语言中没有其他的喉化清擦音出现。

7.5 内爆音和喉化浊音

如前文所述，唯一被报告的声门内进气流音段的类型是塞音，即内爆

音。UPSID 中有 32 种语言（10.1%）包含内爆音。除伊博语（116）中的两个音段 /$p^{<}$/ 和 /$t^{<}$/ 之外，它们均为浊音。还有 10 种语言包含喉化浊爆破音，共计 42 种（13.2%）。由于浊内爆音和喉化浊爆破音经常被一起讨论，不作区分，它们之间也不存在对立，因此本节将两者放在一起讨论。我们使用符号 /ʔb/ 表示 /ɓ/ 和 /b̰/ 等音段，包含对其他材料的引用。格林伯格（Greenberg 1970）用术语“声门吸气音”（injective）来表示这两种音段类型。继奥德里库尔（Haudricourt 1950）和王士元（Wang 1968）之后，他指出“声门吸气音倾向于前部的调音部位”。他还认为：

> 如果一种语言有一个声门吸气音，那么它是 /ʔb/。如果有两个，那么它们是 /ʔb/ 和 /ʔd/（最常见的类型）；如果有三个，那么它们是 /ʔb/、/ʔd/ 和 /ʔɟ/（后者是硬腭塞音，但通常被［咽化近音］/j̰/）替代；如果有四个，那么它们是 /ʔb/、/ʔd/、/ʔɟ/、/ʔg/。

贾夫金（Javkin 1977）在斯坦福音系档案的一次统计中证实了这种音类对前部调音部位的普遍偏好。表 7.7 列出了 UPSID 语言中浊内爆音和喉化浊爆破音的数量，呈现了不同发音部位上这些塞音的类似模式。

表 7.7　UPSID 中的浊内爆音和喉化浊爆破音 112

	唇	齿 / 齿龈	卷舌	硬腭	软腭	小舌
浊内爆音	30	29	0	7	5	1
喉化浊音	9	7	1	0	0	0
	---	---	---	---	---	---
	39	36	1	7	5	1

这些统计表明，格林伯格所提出的蕴含层级可能需要修正。他认为，“一些语言包含的唯一声门吸气音是 /ʔd/”。/ʔb/ 和 /ʔd/ 的出现频率基本相同，它们在清单中以单独内爆音形式出现，表明蕴含层级并没有对唇和齿龈内爆音进行区别。

表 7.8 列出了内爆音和喉化爆破音的系统结构。

表 7.8　UPSID 中的内爆音和喉化浊爆破音

音段数量	内爆 / 喉化爆破音清单	语言的数量
1	ʔb	5（1 还有 p˂，t˂）
	ʔd	2
	ʔḍ	1
2	ʔb　ʔd	25
3	ʔb　ʔd　ʔɟ	4
	ʔb　ʔd　ʔg	1
4	ʔb　ʔd　ʔɟ　ʔg	3
	ʔb　ʔd　ʔɟ　ʔɢ	1

在只包含一项这类音段的语言中，5 种语言包含 /ʔb/［克佩勒语（103）、伊博语（116）和祖鲁语（126）包含 /ɓ/；拉伽语（401）和凯克奇语（714）包含 /ɓ̰/］。只有伯尔塔语（218）和库洛语（262）包含 /ɗ/，而索马里语（Somali, 258）包含 /ḍ̰/。由于实例数量很少，所以任何对结果的解释都应谨慎。然而包含单个音段的系统并不一致，它们与喷塞音系统中单个音段总是 /k'/ 的情况有所不同。在这个实例中，建议对部位的层级关系修改如下：/ʔb/ 的存在蕴含着 /ʔd/ 的存在或其它内爆音的缺失，/ʔd/ 的存在蕴含着 /ʔb/ 的存在或其他内爆音的缺失，而 /ʔɟ/ 的存在蕴含着 /ʔb/ 和 /ʔd/ 的存在，/ʔg/ 的存在蕴含着 /ʔb/、/ʔd/ 和 /ʔɟ/ 的存在。

113 正如格林伯格所观察到的，包含两项这类音段的系统最常见：它们分别为双唇音和齿 / 齿龈音。事实上，这是唯一一种常见的系统。所有 25 种具有这类音系清单的语言都在其他塞音系列中包含软腭塞音。这是相当有力的证据，表明软腭部位在浊内爆音和喉化浊爆破音中并不受欢迎。杜约语（Doayo, 128）是包含这种系统的语言的一个例子：

p	t	k	k͡p
b	d	g	g͡b
ɓ	ɗ		

包含 3 项这类音段的系统也通常避免软腭部位，而包含双唇、齿 / 齿龈和硬腭部位。玉鲁语（216）是其中的一个例子，它包含此类系统：

p	t	c	k	k͡p
b	d		g	g͡b
ɓ	ɗ	ʄ		

与玉鲁语一样，其他 3 种相关语言［卡杜格利语（Kadugli, 102）、安加斯语（Angas, 267）、恩吉津语（Nigzim, 269）］的音系清单也至少包含一个硬腭部位的爆破音。而哈莫语（Hamer, 265）与其他语言不同，包含 3 个内爆音：分别在双唇、齿龈和软腭部位。这种语言虽然有硬腭爆破音，却没有硬腭内爆音。下面将进一步讨论这种语言。

包含 4 项这类音段系统的语言中，有三种语言包含 /ʔb, *ʔd, ʔɟ, ʔg/。尼昂吉语（Nyangi, 207）是其中的一个例子：

p	t	c	k
ɓ	ɗ	ʄ	ɠ

其他两种语言，斯瓦希里语（Swahili, 124）和马萨依语（204）的音系清单中没有硬腭爆破音，但有硬腭–齿龈塞擦音。不常见的包含 4 项音段的语言有伊克语（208），分别为 /ɓ, ɗ, ʄ, ɢ˂/。也就是说，它们包含的第 4 个音是小舌音而不是软腭音。事实上这些语言中并没有其他的小舌爆破音，但有软腭爆破音。

在 UPSID 中，9 种包含两个以上内爆音或喉化浊爆破音的语言都来自非洲，它们分属于 3 个不同的语系：尼日尔–科尔多凡语系、尼罗–撒哈拉语系和亚非语系。由此可见，只有非洲语言包含硬腭和软腭部位的这类音段。尽管实例很少，但这似乎是一个重要的地域趋势。

我们没有找到证据来支持格林伯格的观点，即语言中通常用 /j̰/ 114
（喉化硬腭近音）来代替 /ʔɟ/。我们样本中最明显的候选语言是哈莫语

（265），因为它同时包含硬腭爆破音，缺失硬腭内爆音系列。哈莫语的塞音清单为：

p	t	c	k
b	d	ɟ	g
		k'	
ɓ	ɗ		ɠ

然而哈莫语中没有 /j̰/，其内爆音系列的对应音段在硬腭部位有明显的“空缺”。在 25 种包含 /ʔb, ʔd/ 2 项音段系统的语言中，5 种语言包含音段 /j̰/，但在所有这些语言中有一个例外，即 /j̰/ 作为喉化延续音系列的一部分出现，而这个系列至少包含 /w̰/。只有豪萨语（266）一个实例，将 /j̰/ 作为塞音系统空缺的补充。此外，在历史上豪萨语的 /j̰/ 是由“硬腭化”的 /ɗ/ 演化而来。但豪萨语是一个特例。以下的事实更为重要：大多数（33 种语言中的 28 种）包含内爆音或喉化浊塞音系列，但没有硬腭部位系列的语言都缺失 /j̰/，或者大多数语言（13 种语言中的 8 种）包含 /j̰/，但缺少内爆音或喉化浊爆破音。被调查的语言没有同时包含 /ʔɟ/ 和 /j̰/，这可能是 /j̰/ 对 /ʔɟ/ 补充的证据。鉴于这些音段类型的出现频率较低，在 UPSID 三倍大小的样本中我们才可以预期 /ʔɟ/ 和 /j̰/ 的共现，尽管这两种音类的出现并不受限制。因此，我们得出的结论是：/j̰/ 代替 /ʔɟ/ 是没有根据的。有关其他近音的讨论参见第六章。

齿 / 齿龈内爆音的缩舌

格林伯格（Greenberg 1970）和奥德里库尔（Haudricourt 1950）都指出，与非内爆齿 / 齿龈音相对应的内爆音通常为卷舌音，或至少调音部位比非内爆音更靠后。在 UPSID 中，仅有一种语言——即索马里语（258）包含卷舌内爆音或喉化浊爆破音，其中爆破音为齿龈音。另外两种语言塔马语（Tama, 210）和玉鲁语（Yulu, 216）包含齿爆破音 /t̪, d̪/，也包含齿

龈内爆音 /ɗ/。对于典型的内爆音与其他舌尖和舌叶部位的塞音相比是否出现在更靠后的调音部位，除上述实例外，在 UPSID 的大多数来源中没 115
有足够的语音数据。通过使用动态腭位图（Hardcastle & Brasington 1978）对绍纳语（Shona）的浊齿龈爆破音和内爆音的研究发现：与爆破音相比，发音人发出的内爆音有更多的缩舌接触（面积更小）。

清内爆音

绝大多数的内爆音是浊音。然而清内爆音确实也有出现。在 UPSID 中，只有一种语言——即伊博语（116）包含清内爆音。赖吉福等人（Ladefoged *et al*. 1976）证实了在伊博语的奥韦里（Owerri）方言中同时包含浊、清双唇内爆音，因此 /$p^{<}$/ 与 /ɓ/ 形成对立。伊博语还包含清齿龈内爆音 /$t^{<}$/。平克顿（Pinkerton 1980）的研究发现，在凯克奇语（714）中小舌喷塞音与小舌清内爆音以音位变体形式出现。在相关的基切语中，出现了小舌清内爆音（参见表 7.4）。坎贝尔（Campbell 1973）还提到了有关清内爆音的其他例子。

7.6 包含喷塞音和内爆音的语言

UPSID 中有 13 种语言同时包含喷音和内爆音或喉化浊爆破音。关于包含这两类音段的语言数量，如果他们的出现是不相关的，我们预计在样本中只有 6 种或 7 种。大量的数据表明，在一种语言中这两类音段存在共现的趋势。我们还可以预测，由于喷音和内爆音的调音部位偏好不同，它们很少会在同一调音部位出现。然而，在一些实例中它们却这样分布：祖鲁语（126）、科马语（Koma, 220）、麦都语（708）和奥托米语（716）都包含 /p'/ 和 /ʔb/；科马语、库洛语（262）、麦都语、奥托米语、马萨瓦语（717）和南部南比夸拉语（816）都包含 /*t'/ 和 /*ʔd/；而哈莫语（265）包含 /k'/ 和 /ɠ/。

7.7 喉化响音

声门气流机制并不作用于响音音段的产出，但响音确实出现喉化。格林伯格（Greenberg 1970）指出，“在个别语言中，喷音和声门吸气音之间
116 的音系对立只适用于阻音，而对于响音和半元音它们的对立呈现中和。”换言之，他将喉化响音作为声门阻音的对应音段，并伴随着气流对立的中和。有证据表明，至少在某些语言中声门阻音和喉化响音属于同一音系类别。例如在豪萨语中，单词中的声门化或喉化音段都不可能与不同的声门化或喉化辅音同时出现（Carnochan 1951）。与之相关的是，这个规则不允许喉化响音 /j̰/ 与声门阻音 /k'/、/s̰/ 同时出现。

格林伯格还指出，“喉化鼻音和流音之间明显不存在清浊的音系对立”。我们可以补充为，这一概括也适用于喉化近音和元音。UPSID 中所有这些音段都被报告为浊音。此外，在所有实例中，如果一种语言的音系清单中包含喉化响音，那么它也包含其对应的浊音。

一般而言，喉化响音只在包含声门塞音的语言中出现。在 UPSID 中，有 20 种语言包含喉化响音，其中 19 种语言的音系清单中有喷塞音、内爆音或喉化浊爆破音。迪登钦语（Tiddim Chin, 513）是一个例外，它同时包含 /l̰/ 和 /w̰/，但不包含其他“声门”成分的音段。这一组音中，喉化鼻音和简单元音性近音的出现比喉化流音更频繁，如表 7.9 所示。

表 7.9 UPSID 中的喉化鼻音，流音，和近音

m̰	*n̪̰	ɲ̰	ŋ̰	“*r̪̰”	*l̪̰	j̰	w̰
14	14	3	3	5	8	13	14

喉化鼻音的分布与“喉化”浊音的分布平行，它们在双唇和齿 / 齿龈部位的出现都比后部的调音部位更常见，但它们之间没有等级关系。在大多数实例（17 种语言中的 13 种）中，与 /ʔb/ 和 /*ʔd/ 的共现类似，/m̰/

和 /*n̰/ 也同时出现。值得注意的是，在常态浊鼻音中双唇和齿 / 齿龈部位最常见，而软腭部位不常见（见第四章）。因此，尚不能确定 /m̰/ 和 /n̰/ 在喉化鼻音中的常见应该归因于它们的喉化特征还是仅仅因为鼻音的属性。

喉化近音 /j̰/ 和 /w̰/ 经常同时出现（16 种语言中的 12 种）。有 5 种语言包含喉化颤音、拍音或闪音（表格中用符号 /"*r̰"/ 表示）。而瓦皮萨纳 117
语（Wapishanai, 822）包含喉化浊卷舌擦音 /ẓ̰/。

7.8　历时含义

格林伯格（Greenberg 1970: 23）认为，“我们可以提出一个普遍历时性假设，即至少声门吸气音的一个来源是浊塞音到浊内爆塞音的转变。”根据他的观察，包含内爆音的语言倾向于缺失相对应的非内爆浊塞音。格林伯格还建议，内爆音的增加或缺失应该遵循上述内爆音调音部位的偏好层级。这个历时性假设可以用一个合理的预测来解释，即在相同的调音部位上，内爆音作为浊爆破音出现相当罕见。然而这并不符合我们的调查结果。如上所述，最常见的包含内爆音的语言也包含与每个内爆音相对应的浊爆破音。在极少数实例中，如斯瓦希里语（124）没有浊爆破音系列，表明内爆音的来源可能是较早的浊爆破音系列（Guthrie 1967−1970）。但即使这样我们也并不清楚，因为斯瓦希里语中浊爆破音系列与内爆音系列很可能进行了合并。斯图尔特（Stewart 1972）则假设用原始班图语（Proto-Bantu）的内爆音和浊爆破音来对其进行解释。虽然格林伯格的假设未得到证实，但也不能完全驳斥。因为这个预测之所以未得到证实，很可能是由于其他塞音系列代替前面的浊音系列，或是原始的浊爆破音系列分裂为爆破音和内爆音系列。然而，它还是削弱了将浊爆破音作为内爆音直接来源的证据。

7.9 声门音系统结构的语音解释

一些语言学家，包括格林伯格本人都对他提出的喷音和内爆音的调音部位层级（Greenberg 1970）进行了语音解释。人们也指出了格林伯格偏好层级的不足。虽然软腭部位的喷音很常见，比齿 / 齿龈部位稍常见些；
118 但这两个调音部位都比双唇部位更受欢迎。双唇和齿 / 齿龈部位的内爆音同样常见，而这两个部位都比软腭部位更优选。

贾夫金（Javkin 1977）分析了波义耳定律在解释内爆音和喷音分布中的作用，纠正了格林伯格的误解。根据贾夫金（Javkin 1977），“后部的调音部位在喉上腔压缩空气（对于喷音）方面具有优势，而前部的调音部位在稀释空气（对于内爆音）方面具有优势”的说法不完全正确。这是因为，在给定大小的腔体中使空气产生压缩或稀释需要同样的努力。而腔体大小的比例变化尤其重要。贾夫金的模型表明，与双唇、齿或齿龈持阻相比，软腭持阻在改变腔体容积方面的能力更强。也就是说，与口腔持阻更靠前相比，喉头等量的抬高或降低对软腭和喉部之间空气容积的变化影响更大。如果发音效率可以解释喷音和内爆音调音部位的偏好差异，而不需要考虑其他因素，那么这两种音类都会表现出对后部调音部位的偏好。如果能找到内爆音不倾向在后部调音部位的主要原因，那么就有可能对软腭喷音的部位偏好做出解释。贾夫金认为其原因是浊声（voicing）。

如上所述，内爆音几乎总是浊音。如果我们暂时承认浊音是其本质的重要组成部分，那么任何有利于浊音的因素都会受到青睐。在浊音音段中，会有一定量的肺部空气流入口腔。口腔扩大的绝对体积必须大于肺部空气的体积，否则空气就不会发生稀释，内爆也不会发生。由后部的口腔持阻所形成的腔体不允许所要求的绝对体积扩大，而更靠前的调音部位可以通过调整舌位和口腔壁来实现更大的绝对体积。在几项关于英语的研究中（例如 Kent & Moll 1969; Smith 1971; Bell-Berti 1975; Westbury 1983），这样的口腔扩张在浊爆破音中很正常。林道（Lindau 1982）明确指出，在整个持阻过程中，浊音的振幅呈均匀或增大是内爆音产出“对象”的重要组成部分。林道比较了尼日尔–科尔多凡语系和代盖马语（Degema） 119
中的双唇内爆音和爆破音，发现虽然在内爆音持阻过程中，浊音的振幅实际上增大，但在爆破音持阻过程中，浊音的振幅趋于衰减，而且周期变得不规则。当然，有些空气在没有腔体扩张的情况下也可以通过声门。再次，对于给定的跨声门气流量，口腔持阻越靠前，口腔内气压的增加越少。

哈德卡斯尔和布拉辛顿（Hardcastle & Brasington 1978）提出了在绍纳语中齿龈内爆音的咬合模式，这与通过降低舌位来形成口腔扩张相一致。在内爆音的产出中，是否通过舌的运动、下颌的降低或脸颊的使用而形成口腔扩张，还没有进行测量及确认。尽管如此，这种扩张形成的理论似乎是可信的，也是有吸引力的。除了对双唇内爆音的偏爱进行解释外，它还说明了喉化浊爆破音模型与真正内爆音相似的原因。因为，正如格林伯格（Greenberg 1970）和赖福吉（Ladefoged 1968）所指出的，“内爆音”除阻时并不总是需要内进气流。在一些语言（例如豪萨语，266）中，一些说话者使用内爆音，而另一些使用喉化塞音。如果内爆主要作为一种机制，它通过喉头下降使口腔形成扩张，促进气流通过声门，那么这种机制更一般的目的，是在塞音的产出时实现显著的浊声，而内进口腔气流的产生则成为次要目标。这意味着口腔的扩张只需要等于而不是超过跨声门气流的体积。

值得注意的是，我们并没有暗示，当说话者努力在口腔持阻期间保持浊声时，常态浊爆破音会变为内爆音（与格林伯格一致）。相反，对于一种语言中两种不同类型的浊塞音之间的对立，通过内爆或浊声的加强更可能是使其增强的策略。从这个角度来看，内爆和喉化浊爆破音会与常态浊爆破音同时出现。因为对于前部的调音口腔扩张的可能性最大，所以不仅以发出更强的浊音为目标，而且以发出“普通”程度的浊音为目标时，前部的调音更受欢迎。这是因为如果口腔没有扩展，当口腔气
120 压与喉上气压相等时，浊声会停止。因此浊内爆音和浊爆破音的偏好很相似（参见第二章）。如果不受欢迎的软腭内爆音出现，那么它们将倾向于与浊软腭爆破音结合，因为基于浊声特点的差异来维持它们之间的区别很困难。

另一方面，由于清爆破音的产出与封闭腔体中空气的稀释无关，我们同样可以预期喷塞音和清爆破音部位偏好的差异。小的腔体在产出清爆破音方面没有优势，因此它并不倾向于软腭部位。相反，齿或齿龈爆破音最常见，也许是因为在所有的调音器官中舌尖 / 舌叶部位最灵活。值得注意的是，这个观点预测了清内爆音与喷音一样倾向后部的调音部位，而不是与浊内爆音的偏好一致，因为对于浊内爆音的前部调音部位的偏好是为了发出浊音。UPSID 的数据不足以解决这个问题。伊博语（116）似乎是一个反例，它包含清内爆音，分布在双唇和齿龈部位而不是软腭部位，但值得注意的是，表 7.4 中引用的一些玛雅语言包含清小舌内爆音。

7.10 归纳小结

在这一节中，我们将概括本章所讨论的关于声门和喉化辅音最重要的观察结果。在每个概括后都列出了相关数字，表示符合概括的实例数量和相关实例的数量。同时也列出了符合概括实例的百分比。需要注意的是，有些概括关于音段，有些概括关于语言。

（i）　喷音是清音。　309/312　99%

（ii）　喷音很可能是塞音。　188/312　60.3%

（iii）　如果一种语言有 /p’/，那么它也有 /*t’/。　33/34　97.1%

（iv）　如果一种语言有 /*t’/，那么它也有 /k’/。　45/46　97.8%

（v）　如果一种语言只有一个喷塞音，那么它是 /k’/。　5/5　100%

（vi） 如果一种语言有 /c'/ 或 /q'/，那么它也有 /p'/、/*t'/ 和 /k'/。 15/19 78.9%

（vii） 如果一种语言有 /qʷ'/，那么它也有 /q'/ 和 /kʷ'/。 8/8 100%

（viii） 如果一种语言有 /kʷ'/，那么它也有 /k'/。 17/18 94.4%

（ix） 如果一种语言有喷塞擦音，那么它也有喷塞音。 39/40 97.5%

（x） 喷塞擦音通常是咝音。 70/88 79.5% 121

（xi） 如果一种语言有喷擦音，那么其中至少有一个是咝音。 10/10 100%

（xii） 内爆音是浊音。 72/74 97.3%

（xiii） 如果一种语言有内爆音或喉化浊塞音，那么它有 /ʔb/ 和 /ʔd/。 36/42 85.7%

（xiv） 如果一种语言有 /ʔg/，那么它有 /ʔj/。 3/4 75.0%

（xv） 喉化响音是浊音。 74/74 100%

（xvi） 如果一种语言有喉化响音，那么它有对应的常态浊音。 74/74 100%

（xvii） 如果一种语言有喉化响音，那么它也有声门或喉化塞音。 19/20 95.0%

注　　释

1. 霍尔德（Hoard 1978）认为，在蒂姆西亚语言（Tsimshian）的基特卡汕语（Gitksan）（不包含在 UPSID 数据中）中，作为喷塞擦音 /ts'/ 和 /tɬ'/ 的次音位变体，浊内爆的对应音段为［d͡z］和［d͡lʒ］。根据所提供的描述，我们并不清楚这些清喷塞擦音的浊音交替形式是否为内爆音。然而，由于在某些环境中它们在语音上与相对应的常态浊塞擦音形成对立，因此如果它们的发音不是内爆的，很可能至少伴有喉部收紧。尽管如此，对于这些音段（即 UPSID 编码的音段），音位变体作为“最典型”特征在清喷塞擦音的两个实例中都有出现，因此“没有成音位的浊内爆塞擦音的出现”这一假设还是正确的。弗拉语（Fula）和塞雷尔语（Serer）（也不在 UPSID 中）中浊硬腭内爆音的类似分析也支持这个观点，它们呈现出轻微的擦化（Ladefoged，个人通信）。

参考文献

Bell-Berti, F. 1975. Control of pharyngeal cavity size for English voiced and voiceless stops. Journal of the Accoustical Society of America 57: 456−464.

Campbell, L. 1973. On glottalic consonants. International Journal of American Linguistics 39: 44−46.

Carnochan, J. 1951. Glottalization in Hausa. Transactions of the Philological Society 1951: 78−109.

Catford, J. 1939. On the classification of stop consonants. Le Maître Phonétique, 3rd scries, 65: 2−5.

Dart, S. 1984. Testing an aerodynamic model with measured data from Korean. UCLA Working Papers in Phonetics 59: 1−17.

Fordyce, J. F. 1980. On the nature of glottalic and laryngealized consonant and vowel systems. UCLA Working Papers in Phonetics 50: 120−154.

122 Gamkrelidze, T. V. 1978. On the correlation of stops and fricatives in a phonological system. In J. H. Greenberg et al. (eds.), Universals of Human Language, Vol. 2, Phonology. Stanford: Stanford University Press.

Greenberg, J. H. 1970. Some generalizations concerning glottalic consonants, especially implosives. International Journal of American Linguistics 36: 123−145.

Guthrie, M. 1967−1970. Comparative Bantu. Gregg, Farnborough.

Hamp, E. 1970. Maya-Chipaya and the typology of labials. Papers from the Sixth Regional Meeting, Chicago Linguistic Society: 20−22.

Hardcastle, W. J. and Brasington, R. W. P. 1978. Experimental study of implosive and voiced egressive stops in Shona: an interim report. Work in Progress (Phonetics Laboratory, University of Reading) 2: 66−97.

Haudricourt, A-G. 1950. Les consonnes préglottalisées en Indochine. Bulletin de la Société Linguistique de Paris 46: 172−182.

Hoard, J. E. 1978. Obstruent voicing in Gitksan: some implications for distinctive feature theory. In E-D. Cook and J. Kaye (eds.), Linguistic Studies of Native Canada. University of British Columbia Press, Vancouver.

Javkin, H. 1977. Towards a phonetic explanation for universal preferences in implosives and ejectives. Proceedings of the Berkeley Linguistics Society 3: 559–565.

Kent, R. D. and Moll, K. L. 1969. Vocal tract characteristics of the stop cognates. Journal of the Acoustical Society of America 46: 1549–1555.

Kim, C-W. 1965. On the autonomy of the tensity feature in stop classification (with special reference to Korean stops). Word 21: 339–359.

Kim, C-W. 1970. A theory of aspiration. Phonetica 21: 107–116.

Ladefoged, P. 1968. A Phonetic Study of West African Languages. Cambridge University Press, Cambridge.

Ladefoged, P., Williamson, K., Elugbe, B. and Uwalaka, A. A. 1976. The stops of Owerri Igbo. Studies in African Linguistics, Supplement 6: 147–164.

Lindau, M. 1982. Phonetic differences in glottalic consonants. UCLA Working Papers in Phonetics 54: 66–77.

Pinkerton, S. 1980. Quichean (Mayan) glottalized and non-glottalized stops: a phonetic study with implications for phonological universals. Report of the Phonology Laboratory (University of California, Berkeley) 5: 106–113.

Sherzer, J. 1973. Areal linguistics in North America. In T. A. Sebeok (ed.) Current Trends in Linguistics, Vol. 10, Linguistics in North America. Mouton, The Hague: 749–795.

Smith, T. S. 1971. A Phonetic Study of the Function of the Extrinsic Tongue Muscles (UCLA Working Papers in Phonetics 18). University of California, Los Angeles.

Snyman, J. W. 1969. An Introduction to the !Xũ (!Kung) Language. A. A. Balkema, Cape Town.

Stewart, J. M. 1972. "Implosives" in Proto-Bantu. Paper presented at the Tenth West African Languages Congress, Legon, Ghana.

Wang, W. S-Y. 1968. The basis of speech. Project on Linguistic Analysis Reports, second series, No. 4. University of California, Berkeley.

Westbury, J. 1983. Enlargement of the supraglottal cavity and its relation to stop consonant voicing. Journal of the Acoustical Society of America 73: 1322–1336.

123 # 第八章

元　　音

8.1　引言

本书中共有两章探讨了元音问题。在本章中，我们将讨论世界语言中哪些元音最常见，以及这些语言通常包含的元音数量，并简要分析双元音。在以下章节中，我们将基于桑德拉·F. 迪斯纳（Sandra F. Disner）的研究，重点探讨元音的系统结构。

8.2　元音的种类

UPSID 中包含 2549 个单元音，平均每种语言中元音的数量略多于 8 个。此外，数据库还包含 83 个双元音，共计 2632 个元音。在下文中，我们将对最常见的元音类型进行描述，并对其启示进行探讨。

描述元音的三个常规参数是舌位高低、舌位前后和唇形圆展。在 UPSID 的数据文件中，元音的高低分为五类：高、中高、中、中低和低。事实上，中元音位于中高元音和中低元音的位置之间，或者它们只是被转写或标记为中元音，在所有语言的参考源中没有进一步的说明。无论哪种情况，这些元音都通过添加双引号，在符号上与中高元音相区别。例如，/e/、/ø/ 和 /o/ 代表中高元音，而 /"e"/、/"ø"/ 和 /"o"/ 代表中元音。

我们还将使用术语“中段”（in the mid range）将三个高度——中高、

中和中低作为一组。在每个高度类别中，使用“非外围”（nonperipheral）124
变量对其进一步分类；例如 /ɩ/ 不同于 /i/，因为它是非外围元音。UPSID 中的变量允许元音在前 / 后维度上分为前、央或后元音。同样，也可以通过定义元音的非外围变量来反映其更细微的区别。UPSID 中只提供了两种唇形类型，即圆唇或非圆唇。

关于元音音质的这三个基本参数，我们的调查并没有新发现。它在很大程度上支持前人对元音的研究结果，如霍基特（Hockett 1955）、塞德拉克（Sedlak 1969）和克罗瑟斯（Crothers 1978）。然而，我们的调查范围更广，而且进行了更可靠的量化。表 8.1 中，UPSID 中的 2549 个单元音根据这些参数进行了分类。

表 8.1　UPSID 中元音类型的广义分类

	前		央		后		
	非圆唇	圆唇	非圆唇	圆唇	非圆唇	圆唇	总计
高	452	29	55	10	31	417	994
中段	425	32	100	8	19	448	1032
低	81	0	392	1	13	36	523
	---	---	---	---	---	---	---
总计	958	61	547	19	63	901	2549
	1019		566		964		

我们的观察如下：中段元音比高元音更常见，两者的数量分别为 1032 和 994，占样本量的 40.5% 和 39.0%。低元音不太常见，仅占 20.5%。前元音略多于后元音，两者的数量分别为 1019 和 964，占总数的 40.0% 与 37.8%。央元音很不常见，仅占 22.2%。非圆唇元音的出现比圆唇元音更频繁，数量分别为 1569 和 981，占比 61.5% 和 38.5%。

当研究三个基本参数之间的相互作用时，出现了有趣的非对称性。前元音通常为非圆唇（94%），后元音通常圆唇（93.5%）。低元音通常在中央位置（75.1%），央元音的位置通常很低（69.4%）。前高元音的

125 出现比后高元音更频繁。在中段，如果唇形没有标记（即前元音非圆唇，后元音圆唇），元音通常更靠后，但圆唇前元音的出现比非圆唇后元音的出现更频繁。非后低元音几乎不可能为圆唇（在 474 种语言中只有一例）。

表 8.2 列出了最常见的单元音。该表还列出了调查中至少 30% 的语言中出现的元音。这里显示的语言数量是包含长 / 短音质的元音数量，如 290 为 UPSID 的 317 个样本中包含元音 /i/ 和 /iː/ 中的一个或两个的语言数。回想一下，/"o"/ 和 /"e"/ 在中段与其他元音的区别可能并不可靠。

表 8.2　最常见的元音音质

元音	语言数量	百分比
高和低元音		
/i/	290	91.5%
/a/	279	88.0%
/u/	266	83.9%
中段元音		
/"o"/	139	43.8%
/"e"/	118	37.2%
/ɛ/	118	37.2%
/o/	109	34.4%
/e/	100	31.5%
/ɔ/	99	31.2%

位于传统的元音三角形顶点的 3 个元音 /i、a、u/ 最常见，但值得注意的是，包含元音 /u/ 的语言比包含元音 /i/ 的语言少 24 种。这三个元音可能同样受到青睐，因为它们每个都处于声学的极端。低元音 /a/ 的第一共振峰最高，/i/ 和 /u/ 的第一共振峰最低，但 /i/ 的第二（和第三）共振峰最高，而 /u/ 的第二共振峰最低。然而，元音 /u/ 相对不受欢迎的原因可能是典型 /u/ 音的振幅较小。值得注意的是，在中段的较高部分，包含后元音 /o/ 和 /"o"/ 的实例比前元音 /e/ 和 /"e"/ 要多很多，但对于中低元音，

/ɛ/ 比 /ɔ/ 更常见。形成这些差异的原因是语言内部的不对称性，第九章将 126
对其进一步分析。

8.3　各语言中的元音数量

UPSID 的语言中，成音位的元音数量最小是3，最大是24。众数为5，这不足为奇。表 8.3 列出了包含给定数量样本元音的语言数量。

表 8.3　包含给定元音数量的语言数量

元音数量	语言数量	百分比
3	18	5.7%
4	15	4.7%
5	68	21.5%
6	43	13.6%
7	34	10.7%
8	24	7.6%
9	28	8.8%
10	16	5.0%
11	11	3.4%
12	18	5.7%
13	4	1.3%
14	7	2.2%
15	8	2.5%
16	10	3.2%
大于等于 17	13	4.1%

在语言学文献中一些语言包含的音位元音少于三个。最著名的是卡巴尔德语（911）和阿巴扎语（Abaza）（Allen 1965; Anderson 1978）。然而，对这些语言更保守的分析表明，辅音不是音节之间对立的主要原因。这种方法的分析结果显示，它们只有三个元音——很显然，在任何分析中，这些语言的元音对立数量都较少。正如在第一章中指出的，我们发现小数量

的元音通常预示着大数量的辅音对立，这也是卡巴尔德语音系清单的一个特点，对这一点的评论也有很多。值得注意的是，包含 3 个元音的语言还
127 有穆拉语（Mura, 802），只有 8 个辅音；Gugu-Yalanji 语（364），只有 13 个辅音；以及亚拉巴马语（759），只有 14 个辅音。

8.4　元音的区别性音质

许多语言都包含一系列元音，例如短元音和长元音、口元音和鼻化元音、常态浊元音和喉化元音。如果一种语言包含的元音数量较多，那么一个系列的元音可以与其他系列音质相似的元音相匹配。因此，语言中元音音位的数量大于元音音质的数量。马萨特克语（Mazatec）是其中一个简单的例子，它包含口元音 /i, ɛ, a, o/ 和鼻化元音 /ĩ, ɛ̃, ã, õ/。这种语言有 8 个元音音位，而只有 4 个元音音质。在其他语言中，一个系列中的元音音质可能不会在该系列之外出现。例如，赞德语（130）有 /ẽ，õ/，但没有 /e, o/。在这种语言中，元音音质的总数大于给定系列中元音音质的数量。表 8.4 列出了 UPSID 语言中元音音质的数量。

表 8.4　元音音质的数量

元音音质的数量	语言的数量	语言的百分比
3	17	5.4%
4	27	8.5%
5	98	30.9%
6	60	18.9%
7	47	14.8%
8	17	5.4%
9	25	7.9%
10	15	4.7%
11	2	0.6%
12	5	1.6%
13	2	0.6%

续表

元音音质的数量	语言的数量	语言的百分比
14	0	0.0%
15	2	0.6%

在某些方面，为了对一种语言的元音系统进行比较，研究元音的区别性音质的数量比元音音位的数量更合适。这是因为元音音质的数量体现了 128
元音对立的最基本参数（高低、前后、圆展）的使用程度。在 UPSID 中，没有一种语言的元音音质少于 3 项。在几乎三分之一的语言中，最常见的元音音质数量为 5。几乎三分之二的语言有 5 到 7 个元音音质，包含 10 个元音音质的语言也相对常见。UPSID 中元音音质数量最多的语言是两种日耳曼语：德语（004）和挪威语（006），这两种语言有 15 个元音音质。相比之下，在印欧语系的语言中大数量的元音音质似乎很常见，但都不成比例。在 11 种包含多于 10 个元音音质的语言中，有 5 种语言来自印欧语系。UPSID 所包含的印欧语系的语言中，几乎 24% 的语言包含 10 个以上的元音音质，而总样本中只有 3.5% 的语言包含的元音音质达到了这个数量。

8.5　元音系列的特征

表 8.4 列出了一种语言包含的一个或多个元音系列中元音音质的数量。在本节中，我们将讨论元音系列相互区别的特征。其中最重要的是长度和鼻化。

长度

元音长度对立（短与长，或短与超短）只有在与元音音质的区别相关时才被记录为 UPSID 中的音位。换句话说，如果在语言中所有元音音质都具有长度对立，那么长度会被视为超音段特征，或与单元音并列而不是作为单个音位的特征。在三种情况下，元音长度在音位清单中表征。在一些语言中，长、短元音组在音质上不重叠；库尔德语（Kurdish, 015）就是一个例子，其 9-元音清单的组成如下：

	短			长	
ɩ	ɨ	ɷ	i:		u:
	"ə"		"e:"		"o:"
				a:	

在这个实例中，长度被视为可预测的元音音质。更常见的是，每组元音中某些元音具有相同的音质，如通卡瓦语（Tonkawa, 752）有
129 /u, u:/ 和 /a, a:/ 元音对，也有长短对立的短元音 /ɩ, ɛ, ɔ/ 和长元音 /i:, e:, o:/。因此，通卡瓦语被认为包含 8 个元音音质和 10 个元音音位。对这种语言的另一种分析认为，音质的差异可以从长度上预测，而基于这种分析，通卡瓦语被认为具有 5-元音系统。但与其他领域一样，UPSID 更倾向在数据中保留可能冗余的语音信息。

第三种表征长度的情况是，较长元音音质是较短元音音质的子集，反之亦然。例如，泰雅语（Atayal, 407）包含 5 个短元音 /i, ɛ, a, ɔ, u/ 和 2 个长元音 /i:, u:/，而尤拉克语（Yurak, 056）包含 5 个短元音 /i, e, a, o, u/ 和 3 个超短元音 /ĭ, ă, ŭ/。这两种语言都包含 5 个元音音质，分别包含 7 个和 8 个元音音位。在这里概述的三种情况中，长度特征仅适用于清单中具有某些音质的元音，因此它是音位所固有的。如果用这种方式定义长度对立，那么样本中有 62 种语言具有长短对立，所占比例为 19.6%。

长度成为元音系统一部分的概率随着元音音质的对立数量而增加。没有一种包含 3 个元音音质的语言有长短对立；包含 4 ～ 6 个元音音质的语言中只有 14.1% 具有内在的长短差异；包含 7 ～ 9 个元音音质的语言中有 24.7% 具有长短对立；包含 10 个或更多元音音质的语言中有 53.8% 具有长短对立。

我们可以推测，这种趋势的形成包含两个历时因素：原本具有超音

段长度对立的元音开始在量性差异的基础上增加了质性差异［例如通卡瓦语、纳瓦霍语（Navaho, 702）、阿拉伯语（Arabic, 250）、泰卢固语（Telugu, 902），等］；以及包含大量质性区别的元音开始通过增加长度差异来相互区别（UPSID 中没有明显的这类实例，但比较英语中 /æ/ 音的持续加长，也许是为了与 /ɛ/ 音相区分）。对于任何一种情况，结果都是一样——通过时长差异和音质差异的结合来加强元音对立的显著性。

在这些主要元音音质中，元音长度具有明显的不对称性。我们总结其中最重要的一点是：中高元音比中低元音更长，前低元音或后低元音比央低元音更长，圆唇前元音比非圆唇前元音更长。表 8.5 列出了所选元音音 130
质的“长度比率”，通过长元音数量与包含长 / 短元音的语言数量之间的比例计算得出（如表 8.1）。

表 8.5　元音音质的长度比

	前		后	
中元音				
	e:/e	.280	o:/o	.284
	"e:"/"e"	.088	"o:"/"o"	.098
	ɛ:/ɛ	.103	ɔ:/ɔ	.090
低元音				
	æ:/æ	.256	ɑ:/ɑ	.318
		a:/a	.129	
选择的其他元音				
	i:/i	.151	u:/u	.146
	y:/y	.238		
	œ:/œ	.400		

长中高元音 /e:/ 和 /o:/ 在缺少对应短元音的语言中出现的概率远高于其他元音。在 18% 包含元音 /e(:)/ 的语言和 19.6% 包含元音 /o:/ 的语言中，元音只以长音形式出现。相比之下，元音 /i:/ 的比例为 6.6%，/u:/ 的比例为 4.9%，而 /a(:)/ 的比例为 2.9%。这表明，中元音在长度加长时有

升高的趋势，在长度缩短时有降低的趋势，高度和长度之间存在着联系。一个众所周知的历时性例子发生在晚期拉丁语时期（Griffiths 1966），随着长度对立的消失，意大利语的 4 个中元音 /e, ɛ, o, ɔ/ 取代了古拉丁语的 /e:, e, o:, o/。这体现了上文所提及的质性差异强化量性差异的一个具体方向。

鼻化

在 UPSID 的语言中，元音的鼻化比元音固有的长度更常见。样本中有 71 种语言（占 22.4%），包含口元音和鼻化元音的对立。在包含元音音
131 质对立较多的语言中，这种特征更可能出现，但这种趋势并不像长度那么明显：包含 4 ～ 6 个元音音质的语言中有 21.2% 的语言有对立的鼻化元音；包含 7 ～ 9 个元音音质的语言中有 22.5% 的语言有对立的鼻化元音；但包含 10 个或更多元音音质的语言中有 53.8% 的语言有对立的鼻化元音。这种分布的出现，部分因为鼻化元音有时与最接近的对应口元音的音质相区别，例如缅甸语（509）的 3 个鼻化元音为 /ĩ, æ̃, õ/，8 个元音中最接近的对应元音为 /i, a, u/。因此缅甸语共有 11 个元音音质。然而，这样的实例相对少见；14 种语言包含鼻化元音在内的 10 个或更多的元音音质，其中只有 4 种语言包含只在鼻化组出现的元音音质。它们是丹语（106）、赞德语（130）、萨拉语（217）以及缅甸语。在包含 10 个或更多元音音质的语言中，这 4 种语言只占 15.4%。

到目前为止，最常见的鼻化元音有三个，它们对应的口元音也最常见。59 种语言有元音 /ĩ/ 或其对应的长元音，58 种语言有元音 /ã(:)/，55 种语言有元音 /ũ(:)/。这些频率代表了一种普遍的模式：即鼻化元音的频率通常与对应口元音的频率相关。给定的鼻化元音的出现频率大约是对应口元音出现频率的五分之一。然而，在更为常见的元音音质中，这种模式有一个明显的例外，即中高元音 /ẽ/。只有 11 种语言有元音 /ẽ(:)/，而 22

种语言有元音 /ɛ̃(:)/。中高后元音和中低后元音之间没有类似的差异，但事实上有 21 种语言有元音 /õ(:)/，只有 19 种语言有元音 /ɔ̃(:)/。学者们经常对中（高）元音在历时性和音位变体上的下降进行评论（如 Foley 1975; Wright 1980），但他们之前似乎并没有提及前后元音之间的非对称性。对于前、后中元音之间的区别，一种可能的解释是，在鼻化过程中，处于中段的前元音下降幅度大于后元音。这可能会使 /ẽ/ 和 /ɛ/ 合并为 /ɛ̃/。赖特（Wright 1980）研究了鼻化中元音的声学效果如何被感知为元音高度的下降，但对于口元音和对应鼻元音之间的感知距离，他的分析并不能解释 UPSID 数据中出现的不对称性。他们认为，在鼻化过程中，感知的后元音下降幅度比前元音更大。

如果元音音质的出现频率较低，普遍模式也可能会有显著的例外。根 132
据口元音与鼻化元音的常见比率，调查中预计会有 4 个或 5 个鼻化圆唇前高元音。但元音 /ỹ/（或元音 /ʏ̃/）并未出现。由于其他圆唇前元音和不圆唇前高元音的出现频率与预期一致，所以我们并不清楚在前高位置圆唇与鼻化结合的原因。

元音组的其他特征

UPSID 的一些语言中，建立元音组的其他特征有咽化、喉化和气声。5 种语言包含咽化对立的元音组：埃文基语（Evenki, 067）、新阿拉米语（Neo-Aramaic, 255）、哈莫语（265）、拉克语（912）和 ! Xũ 语（918）。! Xũ 语还包含鼻化和长度对立的元音组。这些特征与咽化对立的交叉产生了 8 组元音。有两种语言包含对立的喉化元音，分别为塞当语（304）和南部南比夸拉语（816）。在后一种语言中，鼻化与喉化的交叉产生了 4 组元音。有两种语言包含对立的清元音，分别为伊克语（208）和达夫拉语（Dafla, 508），而塔芒语（Tamang, 507）包含气声元音。这种语言的参考来源将气声作为对立声调的固有成分，而不是将它局限于元音。但是，这两种“气声调”（breathy tone）的音高形状与平声调的音高形状相同。因此，塔芒语被认为是一种只包含两个声调和在音段上存在气声对立的语言。

这些不同特征的实例太少，不能进行全面概括。但应该指出的是，没有语言包含这样的一组“标记”元音——它们包含更多的对立，而这种对立并没有在常态浊元音中发现。从这个层面上看，这些特征看起来更像鼻化而不是长度。

在包含喉化、清元音或气声元音的语言中，这些元音组的元音与常态浊元音组的元音具有相同的性质。但在很多实例中，咽化元音比最接近的非咽化元音更集中。例如，埃文基语有 /u/，也有 /oˤ/；哈莫语有 /i, e, ɑ, o, u/，也有 /ɩˤ, "eˤ", eˤ, ɔˤ, oˤ/，拉克语有 /i, a, u/，也有 /"eˤ", æˤ, "oˤ"/。这些元
133 音音质的变化使人想起包含元音和谐的语言中元音组之间的质性差异，而元音和谐的产生则是基于变化的咽腔宽度（舌根前移）。UPSID 数据中这种类型的语言包括阿干语（Akan, 115，参见 Lindau 1979）、伊博语（116）和卢奥语（Luo, 205，参见 Jacobson 1978）。[2] 在包含元音和谐的语言中，对于咽腔狭窄而产生的元音，似乎并没有强烈的咽腔收紧感。相反，这两组元音在听感上通常能够很好地通过元音音质的基本参数来进行区分，并在此基础上在 UPSID 中进行表征。由于在这些语言中咽化不是一种和谐特征，那么包含咽化对立的语言可能会有助于揭示元音和谐的起源。但观察到的元音变化的本质表明，咽腔宽度的差异可能与元音和谐中音质差异的产生有关，而不是仅仅与它们共存。有人提出，元音和谐的起源在于辅音清浊的差异，而浊辅音（至少其中的阻音）通常在较宽的咽腔中产生（例如参见 Perkell 1969）。

8.6 双元音

根据 UPSID 的使用标准，很少有语言包含单一音位的双元音（关于

这些的更多细节见第十章)。显然大量语言允许并列音段序列的出现，这些音段在语音上可以被认为是双元音，或包含呈现音位变体的双元音。由于双元音并不是作为底层音段，而是频繁地以这种方式产生，因此UPSID并不能为分析双元音的语音模式提供良好的基础。尽管如此，我们还是对出现的双元音进行了简要评论。UPSID 共记录了 23 种不同语言的 83 个双元音。其中有 22 个双元音来自同一种语言：!Xũ 语（918）。这种语言有 4 组双元音：常态口元音、常态鼻元音、咽化口元音和咽化鼻元音（参见它包含的 8 组单元音）。在其他包含双元音的语言中，2 种语言［库尔德语（015）和阿科马语（Acoma, 749）］都有 8 个双元音，1 种语言［达尼语（Dani, 613）］有 5 个双元音，2 种语言［印地–乌尔都语（016）和亚加里亚语（609）］有 4 个双元音。另外还有 5 种语言有 3 个双元音，3 种语言有 2 个双元音，8 种语言有 1 个双元音。

所报告的双元音异构性明显，并没有呈现出非常清晰的类型。表 8.6 列出了所记录的仅有的常见双元音，即在超过两种语言中出现的双元音。134
虽然数量很少，但这个表格表明，与不是高元音开头或结尾的双元音相比，以高元音开头或结尾的双元音更受欢迎。这不能解释为试图将双元音的区别性最大化，因为与元音空间中轨迹较长的双元音（如 /ai/、/au/ 和 /ui/）相比，元音空间中轨迹较短的双元音（如 /ei/、/ie/ 和 /ou/）是更常见的类型。

表 8.6　常见的双元音

/ei/	6	（也包含缅甸语，509，有 /ẽĩ/ 但没有 /ei/）
/ai/	5	（加 2 种有 /ae/ 的语言）
/au/	5	（加 2 种有 /ao/ 的语言）
/ou/	4	（也包含缅甸语，509，有 /õũ/ 但没有 /ou/）
/ui/	4	
/io/	4	（包括埃文基语，有 /io:/）
/ie/	3	
/oi/	3	

8.7 小结

本章得出的主要结论如下：前元音通常非圆唇，后元音通常圆唇，低元音通常位于中央，央元音通常很低。所有的语言都至少包含 3 个音位元音。几乎所有的语言都有元音 /i、a、u/，但在这些语言中，元音 /u/ 比元音 /i/ 或 /a/ 的出现频率更高。语言中最常见的元音音位的数量是 5 个，而语言中最常见的具有区别性的元音音位的数量也是 5 个。元音的长短对立与音系清单中具有区别性的元音音质数量的增加有关。中高元音 /e/ 和 /o/ 在没有对应短元音的情况下比中低元音更长。在鼻化元音中，元音 /ɛ̃/ 比较罕见。没有语言的次要元音比主要元音更多，次要元音包括鼻化元音、咽化元音或不常见的发声类型，而主要元音包括正常的带声元音。没有次要发音的元音数量最多（在一些语言中，这是一组长元音）。双元音倾向于包含高元音成分。

135

注　释

1. 值得注意的是，如果所有语言都包含 5–元音系统，用罗马字母表示为 /i, e, a, o, u/，那么这些百分比就几乎准确了。这个系统中，高元音占 40%，中元音占 40%，低元音占 20%；前元音占 40%，后元音占 40%，央元音占 20%；非圆唇元音占 60%，圆唇元音占 40%。
2. 针对某些南亚语系的语言，人们提出了以“语域”命名的元音和谐（Gregerson 1976）。

参考文献

Allen, W. S. 1965. On one-vowel systems. Lingua 13: 111–124.
Anderson, S. R. 1978. Syllables, segments and the Northwest Caucasian languages. In A.

Bell and J. B. Hooper (eds.), Syllables and Segments. North-Holland, Amsterdam: 47–58.

Crothers, J. 1978. Typology and universals of vowel systems. In J. H. Greenberg et al. (eds.), Universals of Human Language, Vol. 2, Phonology. Stanford University Press, Stanford: 93–152.

Foley, J. 1975. Nasalization as a universal phonological process. In C. A. Ferguson, L. M. Hyman and J. J. Ohala (eds.), Nasálfest. Stanford University, Stanford: 197–212.

Gregerson, K. J. 1976. Tongue-root and register in Mon-Khmer. In P. Jenner, L. Thompson and S. Starosta (eds.), Austro-Asiatic Studies, Vol. 1. University of Hawaii Press, Honolulu.

Griffiths, T. G. 1966. The Italian Language. Faber, London.

Hockett, C. F. 1955. A Manual of Phonology (IJAL Memoir 11). Indiana University, Bloomington.

Jacobson, L. C. 1978. DhoLuo Vowel Harmony (UCLA Working Papers in Phonetics 43). University of California, Los Angeles.

Lindau, M. 1979. The feature expanded. Journal of Phonetics 7: 163–176.

Perkell, J. S. 1969. Physiology of Speech Production: Results and Implications of a Quantitative Cineradiographic Study. M. I. T. Press, Cambridge, Massachusetts.

Sedlak, P. 1969. Typological considerations of vowel quality systens. Working Papers in Language Universals (Stanford University) 1: 1–40.

Wright, J. 1980. The behavior of nasalized vowels in the perceptual vowel space. Report of the Phonology Laboratory (University of California, Berkeley) 5: 127–163.

136

第九章

元音空间[1]

9.1 引言

本章介绍了 UPSID 中 317 种语言元音系统的分析结果。结果表明，理论所预测的模式出现了偏离，即元音分散在语音空间的情况相对较少，在大多数情况下它们局限在小范围内，属于可定义的类别。在大多数偏离预测模式的情况下，仍有证据表明元音在语音空间中倾向于平衡且广泛的分散。

9.2 前期准备

自然语言大多包含基本的元音清单和结构，但也存在其他更复杂的元音模式。最普遍的模式是所谓的“三角形”系统，特别是大小平均的 5-元音系统。例如，在斯坦福音系档案的 209 种语言中，超过四分之一的语言具有上述的 5-元音系统，即元音 /i, e, a, o, u/，少于 5% 的语言具有其他的 5-元音结构。呈现“方形”的 4-元音系统和 6-元音系统的语言总数低于 10%（Crothers 1978）。

解释这些模式的若干尝试都引用了利延克兰茨和林德布洛姆（Liljencrants & Lindblom 1972）、林德布洛姆（Lindblom 1975）、特尔贝克（Terbeek 1977）和麦迪森（Maddieson 1977）[2] 提出的元音分散原则（principle

of vowel dispersion）。这一原则认为，元音趋向于均匀地分布在语音空间
中，也可广泛地分布在局限的特定系统中。基于这些元音系统，元音分散 137
模型可以预测给定数量元音的最佳排列，也可将这些理论系统与自然语言
的元音系统进行比较。

这种比较正是本研究的出发点。通过对 317 种语言元音系统的对称性和分散性进行调查，我们注意到，在这些系统中元音并没有均匀或广泛地分布于元音空间。同时我们也试图通过构拟原则的方法对这些元音结构进行解释。例如对于“缺陷”元音系统，可以直接从历史或语音层面进行解释。然而，如果仍有大量元音系统没有明显符合规则，我们会重新考虑分散的概念。元音空间可能根本不是原则的问题，而利延克兰茨和林德布洛姆的模型在预测元音系统的平衡方面取得的成功可能仅仅是巧合。[3]

值得注意的是，自然语言中缺陷元音系统的存在并没有直接否认分散理论。分散理论的观点基本正确，但是语言也可能经历产生缺陷元音系统的过程，例如元音合并、推移等。如果是这种情况，那么我们应该期待找到“修正”元音空间的动力，而这种“修正”是以补偿推移为依据的。对于这种元音分散和其他过程的相互作用预示着：虽然元音呈现了良好的空间分布，但元音系统的共时研究还应包括元音的补偿或旋转。缺陷元音系统采用与分散理论基本一致的方法对元音模式进行假设，这将在下文说明。

图 9.1 列出了三种可能性。第一种是 9.1（a）所呈现的元音系统，在
后高元音区域出现了空缺（gap），用 [ ] 来表示，但在语音空间中后中元
音要高于对应的前中元音。这个系统看起来“偏斜”，因为一个元音被吸
引到更高的位置来补偿空缺。第二种可能性如 9.1（b）所示，与典型的、
非标记性的特定规模（这里指 5-元音系统）的元音系统相比，整个系统
进行了旋转，从而在略微不同的方向实现了最大的分散。第三种可能性如
9.1（c）所示，它呈现了一个缺陷的系统，由非预期音质的元音对空缺进 138
行了补偿，这也在一定程度上起到了平衡系统的作用。

（a）	（b）	（c）
i　　[ ]	ɨ　　[ ]	u
o　ɩ	o	[ ] ø　o
ɛ	ɛ	
a	a	a

图 9.1 “缺陷”的元音系统

然而，并非所有可设想的缺陷系统都可以被解释为在语音空间上与分散理论相一致。如图 9.2（a）所示，在偏斜的系统中，临近空缺位置的元音与成对的元音相比更远离空缺位置。或者如 9.2（b）所示，可能存在这样的系统，其中非预期音质的元音位于远离空缺的位置，从而更加不平衡。同时，也可能存在如 9.2（c）这类的系统，它们没有对系统中的不平衡作出补偿，这些“固定的”系统只包含了空缺。

（a）	（b）	（c）
i　　[ ]	i　y　　u	i　　[ ]
e	e　[ ]	e　o
ɔ		
a	a	a

图 9.2 不平衡的元音系统

这些系统似乎是最大分散理论的反例。然而，9.2（c）的情况是模糊的，因为在 9.1（a）或（c）的系统中，元音在语音上未充分赋值。UPSID 中特定语言的元音是否能够在语音上充分表征，很大程度上取决于语言学家在田野调查时的语音判断和转写方法。有些语言学家从听觉上对元音音质作了最详尽的描述，而另一些语言学家则仅仅依靠打字机上都有的、最常见的元音符号来进行必要的区分[4]。不幸的是，虽然被报告为包含 /i, e, a, o, u/ 的元音系统可能如实地被表征为一个完美平衡的系统，但它也可能隐藏了大量未报告的语音细节。

139 上述关于偏离的类型学视角基本确定了元音分散假设的正确性，它可以分析明显例外的不同类型频率。下一节将讨论如何针对这一问题进行研究。

9.3　方法

数据

我们首先对 UPSID 的 317 种语言样本进行了元音的分散度测试，并对其描述性来源进行了仔细检查，以找出所研究的元音音质在语音上体现的所有细节，也保留了编码方案中可表征的最大可用细节。

UPSID 中的元音音位以高度为维度，具有 5 个基本值（高、中高、中、中低、低）。在本章中，中元音和中高元音通常转写为相同的符号，但在需要区分的地方，中元音用引号来表示，例如 /"e"/ 与 /e/。对于另外两个不同高度的“次高元音”（lowered high）和“次低元音”（raised-low）也进行了区分。元音根据前后维度，具有 3 个值（前、央、后）；根据圆唇维度，具有 2 个值（圆唇、非圆唇）。档案中记录的其他维度还包括长度、鼻化、发声特征（喉化、气声），和其他特征（r 音色、唇压缩），但是为了简明清晰，本章不讨论这些区别。

元音将根据“外围”（peripheral）和“内部”（interior）区别进行讨论（请注意，这种区别与 UPSID 中的“外围”变量所表征的区别不同；请参阅第十章）。“外围”元音是非圆唇前元音、圆唇后元音和低元音，它们都位于语音空间的边缘。然而，应该注意到央高元音虽然占据了语音空间的边缘位置，但它不属于外围范畴；这种对外围元音更严格的定义在音系上是合理的。央高元音在自然语言中往往不与真正的外围元音形成模式，它们也不像其他外围元音那样常见。因此，央高元音 /ɨ/ 和 /ʉ/ 以及其余央化的元音，构成了一组“内部”元音。

识别“缺陷”元音系统 140

所有具有最大分散程度的元音系统都包含一个基本特征，即在主（外围）元音系统中没有不平衡的空缺。有空缺的语言被定义为：在对一个或多个元音进行区域匹配时，不能利用元音空间中特定区域的语言。为确定那些在外围元音系统中包含空缺的语言，我们对 317 种语言进行了测试。

该测试检查了沿元音空间周边的 5 个主要区域（前高、后高、前中、后中和央低），是否都至少存在一个元音。但是，如果系统中没有其他外围元音在高度上具有类似的值，那么即使高或中区域可能是空的，也不应视为空缺。该条件确保了平衡的 3-元音系统 /i, a, u/ 和 /e, a, o/ 不会被归类为缺陷系统。更正式地讲，这个测试要求在元音空间的高、中区域，任何一个［α 高，β 后］的元音都必须至少与一个［α 高，-β 后］的元音匹配。系统中还必须至少包含一个［+ 低］的元音。

需要强调的是，这是一个非常弱的分散度测试。其目的只是为了找出元音系统的框架，即元音空间的主要外围分支，是否满足在可用空间内广泛均匀分布的要求。还有许多其他违反分散理论的情况，如内部元音分布不均匀，元音空间的主要分支包含多个元音等等，这些都没有被这个特定的测试程序检测到。今后的调查将探讨这些更微妙的违反情况。然而就目前而言，我们的测试将呈现样本语言是否满足元音分散的基本要求。

分散模型的各种方法在预测可用语音空间中元音的大致间距方面有所不同。尽管我们还不清楚最大程度分散或仅充分分散是否为这一原则的正确方法，但我们的结果是具有启发性的。有的元音系统因缺少一个或多个“点元音”（/i/、/a/ 或 /ɑ/、/u/），即那些在高度和前后维度上具有最极端值的元音，而没有最大限度的利用元音空间。因此，这类系统用充分而不是最大程度的分散来解释更为合适。在任何情况下，我们都不应允许测试程序通过将这些系统归类为缺陷系统，来期望它们是最大程度的分散。
141 但有一个例外：即那些缺少所有高元音或所有低元音但在其他方面平衡的系统，不应被归类为缺陷系统。这个例外只对少数语言有影响。317 种语言中只有 2 种语言没有低元音。切列米斯语（051）的系统集中在元音空间较高的区域，而在 8 个非低元音中也包含内部的中低元音 /ʌ/。另一方面，他加禄语（414）具有压缩的3–元音系统（/ɩ, ə, ɷ/）：它的最低位置不低于中元音 /ə/，其余的两个点略低于最高位置的 /i/ 和 /u/[5]。这种压缩意味着切列米斯语的元音系统实际上只在元音空间中充分分散。其他3种语言，斯阔米什语（Squamish, 733）、亚拉巴马语（759）和阿穆萨语（Amuesha, 824）都缺少高元音。上述所有语言都具有3–元音系统，包含基本元音 /e, a, o/，它们和另外两个中高元音集中在元音空间中较低的区域，但没有高元音或次高元音。斯阔米什语在元音空间的中心位置也有元音 /ə/。对于这些语言，包括仅沿元音空间的一个边缘压缩的切列米斯语，需要通过声学测量来确定其接近最大程度分散还是仅充分分散。

9.4　缺陷系统分析

只有43种语言（样本的13.6%）的元音系统至少包含一个主要空缺。这些将在下文进行讨论。

4–元音系统

测试程序并不像分散模型那样对元音系统进行分类。根据我们的标准，特殊的元音结构被视为“有缺陷”，事实上完全符合利延克兰茨和林德布洛姆的模型以及林德布洛姆后来对其的改进。这种4–元音系统包含元音 /i, ɛ, a, u/。在这种情况下，基本的 /i, a, u/ 系统加入一个元音进而扩展，加入的元音首选为前元音 /ɛ/。（预计清单中元音至少达到5个之前，不会出现相对应的后元音 /ɔ/。）

按照我们的程序，所有包含中元音的4–元音系统都被视为有缺陷。这种分类似乎合理，因为这些系统在任何情况下都很罕见。这类实例有6个。其中沙斯塔语（Shasta, 746）、帕埃斯语（804）和莫克索语（Moxo, 827）都具有利延克兰茨和林德布洛姆所预测的元音清单，即元音 /i, ɛ, a, u/。巴 142
尔迪语（Bardi, 357）具有4–元音系统，其中唯一的中元音是圆唇后元音

/o/，与该预测相反。另外两种语言的系统与预测类似，但在四个元音的分布上更对称。威奇托语（755）用后元音 /ɒ/ 代替 /a/，形成了包含两个后元音和两个前元音的系统。卡亚帕语（Cayapa, 803）是一种与帕埃斯语关系非常密切的派赞（Paezan）语言，包含元音 /i, ε, ɑ, ɷ/。两个后元音并没有占据元音空间的预期位置，而是更接近中低区域的空缺，这个位置是元音 /ɔ/ 预期出现的位置。这样元音的间距就相当均匀了。其他一些具有 4–元音系统的语言被分析为在其外围的元音系统中包含两个空缺。这些将在后面的章节中讨论。

元音缺失的频率

克罗瑟斯（Crothers 1978: 106）在斯坦福大学音系档案的报告中，曾注意到缺失的元音“通常为 /e/、/u/ 和 /o/，而从不是 /i/”。虽然他提出了接近普遍的规律——“所有语言都有元音 /i, a, u/（p. 115）”，但他所报告的反例和边界实例都与预期的圆唇后高元音的偏差有关。他指出，这反映了格林伯格（Greenberg 1966）和雅柯布森（Jakobson 1941）观察到的 /a/>/i/>/u/ 的层级结构（> 可以理解为“是……的前提”）。

我们对 UPSID 中元音缺失频率的统计证实，前高元音和央低元音比圆唇后高元音更不容易缺失（即 /a/ 和 /i/>/u/）。它进一步表明，在自然语言中后高元音比前中元音或后中元音（即 /e/ 和 /o/>/u/）更容易缺失。35 种语言中几乎有一半缺失元音 /u/，9 种缺失元音 /e/，7 种缺失元音 /o/，2 种缺失元音 /a/。因此，蕴含层级为：

$$\left\{\begin{matrix} \mathrm{i} \\ \mathrm{a} \end{matrix}\right\} > \left\{\begin{matrix} \mathrm{e} \\ \mathrm{o} \end{matrix}\right\} > \mathrm{u}$$

而不是通常假定的 /a/>/i/>/u/>/e/>/o/。这一事实似乎在文献中没有被评论过，它可能对标记性或最大分散和充分分散之间的选择等观点产生影响。

除了缺失单个元音的语言外，6 种语言还缺失多个元音。最常见的模式（5 种语言）有三种：第一种模式如 9.3（a）所示，它缺失后高元音和前中元音，形成了一个正斜率的双空缺。第二种模式如 9.3（b）所示，由 143
于缺少前高元音和后中元音，所有语言都没有显示出负斜率的空缺。第三种模式如 9.3（c）所示，包含罕见的垂直空缺：只有一种语言缺少后高元音和后中元音。（回想一下，同时缺少前高元音和后高元音，或同时缺少前中元音和后中元音的语言都不属于“缺陷”类别。）

（a）			（b）			（c）		
i		[ ]	[ ]		u	i		[ ]
[ ]		o	e		[ ]	e		[ ]
	a			a			a	

图 9.3　包含 2 个主要空缺的语言

缺陷的语言表明，元音系统的确会偶尔避开某些空间区域。这些系统将根据上文第 9.2 节中提及的类型学视角进行讨论。

固定系统

不考虑转写的模糊性问题，我们的研究显示 9 种或 10 种语言属于“固定”系统的范畴。也就是说，这些系统包含一个似乎无法以任何方式补偿的空缺。虽然更大的系统也可以是固定的，但所有这些语言都具有 3-元音或 4-元音系统。在这些系统中，所有元音都是最常见的外围元音，而且系统在其他方面也是平衡的，没有证据表明其从前向后倾斜。具有这种固定系统的明显例子是克拉马斯语（707），它的元音系统包含 /i, "e", a, "o"/。此外，巴尔迪语（357）、沙斯塔语（746）、帕埃斯语（804）和莫克索语（827）都缺失中元音。坎帕语（Campa, 825）的元音系统与克拉马斯语相似，只是中元音被报告为“接近中元音”，即中高元音。UPSID 记录的塔卡纳语（Tacana, 812）与克拉马斯语的系统相同（尽管后元音在来源中被记录为 /u/ 而不是 /o/）。胡帕语（705）中，基本系统包含不完全的外围元音 /e, o, a/，而元音 /ɩ/ 只作为一个表层音段出现。根据这个不规则音段的情况，这种语言被视为在元音空间的后高区域存在一个空缺。穆拉语（802）具有 3–元音系统，包含元音 /i, a, o/。通过我们的测试，这类语言被归类为双重缺陷，其中 /i/ 蕴含 /u/ 的缺失，/o/ 蕴含 /e/ 的缺失。然而，在资料来源中并没有证据表明转写反映的是语音的真实还是拼写的惯例。该系统可能是一个旋转的系统（例如包含元音 /i˃, o, æ/），它们最大程度地分散在元音空间中。塞内卡语（Seneca, 754）很可能会添加到这组
144 语言中，它包含很少出现的元音 /u/。如果这是一个空缺，那么并没有证据表明它在元音系统中得到了补偿。下面将进一步讨论这种语言。

正如我们所提到的，真正的固定系统成为了最大分散理论的反例。然而在上述的例子中，我们不能排除某些重要的语音细节由于宽泛的语音转写而被掩盖的可能性。因此，分散理论不能用这组潜在的反例来反驳。反对这种理论的确凿证据必须从元音间距不均的系统（旋转为不对称模式的系统）中寻找，而不是关注看起来根本没有补偿空缺的系统。

互补元音

在我们的清单中，一些语言的元音系统存在缺陷。它们由一个非预期元音音质的单元音补充，而该单元音与缺失元音的一些特征相同。这种元音系统分为三大类，即互补元音是（i）央元音（9 种语言）、（ii）圆唇前元音或不圆唇后元音（13 种语言）、（iii）与缺失元音类似的外围元音，但它在元音系统的其他区域没有高度相等、圆唇特征相反的对应元音（6 种语言）。更正式地讲，如果缺失的元音是［α 高，β 后，γ 低，δ 圆唇］，那么互补的元音是：

（i）	（ii）	（iii）
［ α 高 ］,	［α 高］	［–α 高或–低］
［ + 央 ］	［β 后］	或［ β 后 ］
	［–β 圆唇］	

我们将依次讨论这些类型。

非预期后位性的元音（[α 高，+ 央]）

这种类型元音的两种主要模式是：/ə/ 作为预期缺失的中元音或低元音［例如，他加禄语（414）、漳州话（Changchow, 503）和阿科马语（749）］，和 /ɨ/ 作为预期缺失的高元音［例如，阿比庞语（Abipon, 815）中缺失的 /ɯ/ ］。除此之外，还有一些缺失中元音或低元音的语言。马尔吉语（268）的 /ɛ/ 主要在借词中出现，/ə/ 和 /o/ 是唯一真正固有的中元音。巴什基尔语（063）没有 /"e"/，但其元音系统通过不同的方式进行了补充。除元音 /ə/ 和 /ø/ 外，外围系统中也找到了补偿的证据。在切列米斯 145
语（051）中，元音 /ə/ 弥补了缺失的低元音，但也有补偿的证据。在缺失高元音的语言中，科芬语（Cofan, 836）与阿比庞语非常相似，也有补偿的证据。下面将进一步讨论这三种语言。查科沃语（Chacobo, 811）除了缺失后高元音外，也缺失前中元音。由于没有央元音来补偿后者，这个双空缺用整个系统的旋转来解释更为合适。

非预期唇位的元音（[α 高，β 后，−β 圆唇]）

这种类型的元音系统比前一种类型更适合“缺陷”类别。在以 F1 和 F2 为轴的共振峰图上，圆唇前元音和不圆唇后元音比它们对应的不圆唇前元音和圆唇后元音更为央化，但对比真正的央元音 /ə/ 和 /ɨ/ 则央化的程度较小。然而，克罗瑟斯将这些央化元音与真正的央元音归为一类，并不认为这类“内部”元音满足系统最大分散的要求。利延克兰茨和林德布洛姆不支持圆唇前元音和不圆唇后元音，他们的模型不是为了生成这组特定的元音而设计的。[6]

在我们的样本中，13 个缺陷系统包含与缺失的外围元音高度和后位性相同的元音，但它们的圆唇特征相反。只有巴什基尔语（063）和哈拉吉语（064）中的互补元音（每个实例中的 /ø/ 音）嵌入到了一个系列中（巴什基尔语的 /y, ø, ɤ/ ；哈拉吉语的 /y, ø/ ）。其余的 11 个实例中，补偿外围系统的元音**只有**圆唇前元音或不圆唇后元音。这一事实表明，圆唇前元音和不圆唇后元音在元音系统中不会随意出现。此外，在吉利亚克语（Gilyak, 909）中 /ø/ 补偿了缺失的元音 /e/；在加勒比海岛语（Island Carib, 823）中 /ɤ/ 补偿了缺失的元音 /o/。内部元音中，中元音的互补作用由于系统中高元音（如 /y/ 或 /ɯ/）的缺失而凸显。在大多数有圆唇前元音或不圆唇后元音的语言中，元音系统从 /y/–/ø/–/ɤ/，或从 /ɯ/–/ɤ/–/ʌ/ “降低”，较低元音蕴含较高元音的存在。因此，吉利亚克语和加勒比海岛语中元音 /ø/ 和元音 /ɤ/ 的独立出现很少见。这种独立出现表明：它们并不在初始的内部元音系统中，很可能与外围中部区域的元音空缺密切相关。

146 在 10 种语言中，所有空缺都由一个圆唇前元音或不圆唇后元音来补充。有 3 种语言用 /ɯ/ 来补偿缺失的圆唇后高元音，分别为日语（071）、Nunggubuyu 语（353）和阿拉瓦语（354）。宁博朗语（Nimboran, 604）用 /ɯ/、/ɤ/ 来补偿缺失的圆唇后高和后中元音。上一段提到了加勒比海岛语和吉利亚克语的补偿。在上面提到的巴什基尔语和哈拉吉语中，互补元音构成了圆唇前元音系统的一部分，都用元音 /ø/ 来补偿缺失的不圆唇前中元音。在哈卡鲁语（820）中，尽管在数量有限的借词中出现了额外的元音 /ɛ/（该元音不包括在 UPSID 的清单中），但其固有的元音系统为 /i, a, ɯ/。在奥凯纳语（805）中，除了用 /ɯ/ 进行补偿外，外围元音系统也有补偿的证据（见下文）。

在另外 3 种语言中外围元音系统的两个空缺有一个被补偿，分别为阿德泽拉语（Adzera, 419）、内兹佩尔塞语（706）和阿马华卡语（Amahuaca, 810）。所有这些例子都涉及正斜率的双空缺（/e, u/ 的缺失），而不是另一种可能，即负斜率的空缺（/i, o/ 的缺失）。在每一个实例中，/u/ 预期出现的空缺由 /ɯ/ 补充，而 /e/ 预期出现的空缺没有被补偿。令人惊讶的是，这些双空缺系统中的补偿元音总是后高元音 /ɯ/ 而不是前中元音 /ø/。考虑到在缺陷元音系统中后高元音比前中元音更容易缺失，那么补偿元音对元音空间后高区域的这种偏好就相当出人意料。由于元音 /u/ 的频繁缺失，我们预期总体上会出现更多的元音 /ɯ/；而在缺失 /u/ 和 /e/ 的系统中，元音 /u/ 而非元音 /e/ 的补偿性令人惊讶。在阿马华卡语和内兹佩尔塞语中，/e/ 预期出现的空缺在一定程度上被前高区域的补偿抵消了。此外，内兹佩尔塞语在前低区域存在一个非预期高度的外围元音。阿德泽拉语并没有显示出这种补偿的证据，它只是在前中区域存在一个空缺。

令人惊讶的是，/ɯ/ 与其他互补的内部元音（/y, ø, e, ɤ, ʌ/）相比更具优势。虽然这一事实显然与 /u/ 的频繁缺失有关，但后者可能是未补偿的，也可能由其他一些元音或整个系统的旋转来补偿。此外，我们可以预测 /ɯ/ 的存在以 /u/ 的存在为前提，正如一般情况下 /y/ 的存在以 /i/ 的存在为 147
前提。但在相对大量 /ɯ/ 单独出现的元音系统中并非如此（没有一个缺陷元音系统用 /y/ 补偿缺失的 /i/）。

对元音 /ɯ/ 的声学、感知和听觉质量的研究表明，事实上元音 /ɯ/ 是非常央化的，其音质接近于央元音 /ɨ/。例如，沃德（Ward 1938）对巴蒙语（Bamum）元音 /ɯ/ 出现位置的听觉分析表明，这个元音远离标杆元音 /u/，介于元音图的中心和后部区域之间。洪贝特（Hombert，个人通信）对 3 种巴米累克（Bamileke）语言（Banjoun 语、Fe?Fe? 语和 Bangangte 语）的发音人进行了感知测试，他将合成的元音呈现给受试者，并分析了在他们的语言中“可接受”元音对应的共振峰频率。对于这些语言中的元音 /ɯ/，平均可接受的 F1 为 260 Hz，F2 为 1391 Hz；这相当于高央元音。帕普森（Papçun 1976）在归一化的声学空间中绘制了西班牙语和日语的元音图。西班牙语有圆唇元音 /u/，日语有不圆唇元音 /ɯ/。他发现，这些后高元音之间的区别主要体现在 F2 上，对应于声学空间中相对央化的位置，西班牙语 /u/ 的 F2 值约为 725Hz，日语 /ɯ/ 的 F2 值约 1275Hz。因此，元音 /ɯ/ 似乎与元音 /ɨ/ 相似。如果将 /ɯ/ 音补偿的 9 元音系统与 3 个 /ɨ/ 音补偿的系统归为单独的一类，我们发现这 12 个实例构成了样本中补偿实例的主体，而剩余的内部元音 /y, ø, ɤ, ɵ/ 的补偿只在 10 种语言中出现。内部元音的高部区域对于互补元音来讲是一个有利区域。

这一事实的意义并不明确，值得进行进一步感知和声学的研究。从感知的角度来看，后高元音 /u/ 占据的元音空间比我们想象的更小，因此元音 /ɨ/、/ʉ/ 和 /ɯ/ 在感知上比声学上更为接近。

非预期高度的元音（[−α 高或−γ 低，β 后]）

这一类别是为包含两个外围元音的元音系统保留的，它们不是系统中垂直靠近空缺的元音。在这里，互补元音以其非预期的音质与其他外围元音相区别。在非低元音中，我们将互补元音定义为在元音系统的其他区
148 域缺失相同高度且圆唇特征相反的对应元音的元音（例如，在 /i, ɛ, a, ɔ, o/ 系统中的元音 /o/）。在低元音的实例中，互补元音通常为非央元音，即低元音中互补元音并不是 /a/。系统中空缺的精确位置可以从后位性和圆唇特征相反的匹配元音的高度推断出来。因此，从与 /ι/ 匹配的后高元音的缺失可以推断出 /ω/ 的缺失。

虽然有多种不同的互补模式，但我们的样本中只出现了 3 种。库尼迈帕语（Kunimaipa, 620）用后高元音 /ω/ 来补偿缺失的后中元音。纳瓦霍语（702）和努特卡语（730）用后中高元音 /o/ 来补偿缺失的后高元音。努特卡语的实例将在下文进一步讨论。台山话（Taishan, 501）、内兹佩尔塞语（706）和凯特语（906）都用前次低元音 /æ/ 来补偿缺失的前中元音。对于远离补偿空缺的不同高度的外围元音，这里并没有这类元音的例子。除一种语言之外，这些语言中的其他元音都出现在元音空间邻近垂直的位置。库尼迈帕语用 /ω/ 补偿 /o/ 的空缺（它有前元音 /e/）；台山话、内兹佩尔塞语和凯特语都用 /æ/ 补偿 /ɛ/ 的空缺（每种语言都有后元音 /ɔ/）；努特卡语和纳瓦霍语都用 /o(:)/ 补偿 /ω/ 或 /u/ 的空缺（参见努特卡语的 /ι/ 和纳瓦霍语的 /i:/）。只有在纳瓦霍语的长元音集中，互补元音 /o:/ 进一步从空缺中移除（根据我们的标准，特别标识为缺失的 /u:/ 音），也就是说互补元音并不是 /ω:/。值得注意的是，纳瓦霍语的短元音系统呈现为固定“系统”，其中前元音 /ɛ/ 与后元音 /ɔ/ 相匹配。

在我们的样本中，非预期音质的单个元音补偿了外围系统的空缺，构成了缺陷元音系统的主要部分（43 个中的 28 个，约占 65%）。例如，缺少后高元音的系统会用高央元音 /ɨ/、后中高元音 /o/ 或非圆唇后高元音 /ɯ/ 进行补偿。同样，缺失前中元音的系统由 /ə/、/æ/ 或 /ø/ 补偿，而没有采用距离更远的音段。在我们的样本中，几乎所有 31 个互补元音的共同特征都是它们在语音上与预期的元音非常相似。因此，包含这些互补元音的系统与预测的、完全分散的元音系统“没有太大的偏差”。我们可以推断，它们遵循某种分散规则，而它们与最大程度的分散相比明显较弱。

附加调整的互补元音 149

我们已经看到，一些包含互补元音的系统在元音空间中呈现出更大程度的分散。不仅在预期元音的位置附近有互补元音，而且根据匹配元音的高度，系统的倾斜也使一个或多个剩余元音比预期更接近这个空缺。例如，吉利亚克语（909）的元音系统缺失前中元音，它由非外围元音 /ø/ 补偿。另外，前高元音 /ɪ/ 和低元音 /æ/ 都出人意料的接近空缺。也就是说，它的元音系统出现了次高元音的 /ɪ/（而不是 /i/）和上移的前高元音 /æ/（而不是元音 /a/）。科芬语（836）的元音系统缺失后高元音，空缺两侧由元音 /ɨ/ 和比预期更高的元音 /o/ 补偿（例如中元音的不平衡可以证明，中低元音 /ɛ/ vs. 中元音 /o/）。这些元音的位置更接近空缺，而不是占据它们的预期位置。奥凯纳语（805）缺失圆唇后高元音，但有补偿元音 /ɯ/，也有邻近的元音 /o/。巴什基尔语（063）缺失非圆唇前中元音，但有补偿元音 /ø/ 和 /ə/，也有邻近的上移元音 /æ/。

我们需要再次考虑语音上元音音质未赋值的可能性。一些作者选择了比其他人更宽泛的语音转写系统，可能会掩盖元音系统旋转的证据。因此我们不排除这种可能性，即在我们的样本中，其他元音系统的补偿也伴随着外围元音系统的补偿。

外围元音系统中元音的补偿

到目前为止，我们所研究的大多数缺陷元音系统可分为两类：一类是系统中没有任何补偿空缺的证据（固定系统），另一类是系统中有一个非预期音质的元音，要么是非外围元音，要么是非预期高度的外围元音，它被认为是互补元音（互补系统）。然而，一些互补元音系统存在这样的情况：其余的外围元音也朝着空缺移动，从而获得了更大程度的补偿。在我们的样本中，许多其他语言都缺少互补元音，但仍显示出这种移位的迹象，甚至还呈现了整个系统的旋转。

150 **涉及单个元音的补偿**

这种元音系统与包含非预期高度的互补外围元音的元音系统非常类似。这两类系统都包含一个元音，在其后位性的另一端根据最近的对应元音高度，该元音比我们的预期更靠近空缺。当然，它们最关键的区别是：在后一个系统中，这个元音与另一个外围元音共享其区域；而在前一个系统中，它独自出现在其元音空间的区域中。前一节讨论的奥凯纳语（805）和科芬语（836）中都有元音 /o/，它比对应的前元音 /ɛ/ 更高，从而在一定程度上补偿了缺失的后高元音。巴什基尔语（063）缺失前中元音，也提供了补偿的证据。在这些例子中，元音系统还被非预期唇位的元音补偿。另外五个系统缺少互补元音，但在其他方面却遵循奥凯纳模式（Ocaina pattern）。马拉加什语（410）缺失后高元音，在邻近空缺处有元音 /o/，可以通过元音 /"e"/ 和 /o/ 之间的不平衡证明。马萨特克语（727）缺失后高元音，在邻近处有元音 /o/，可以通过元音 /ɛ/ 和 /o/ 之间的不平衡证明。切列米斯语（051）缺失央低元音，在邻近处有元音 /ɛ/，可以通过 /ɛ/ 和 /o/ 之间的不平衡来证明。阿马华卡语（810）缺失前中元音，在邻近处有元音 /ɪ/，可以通过高元音 /ɪ/ 和 /ɯ/ 之间的不平衡证明。威奇托语（755）缺失后中元音，但在邻近处有元音 /ɒ/（而不是 /a/）。

涉及多个元音的补偿

在外围系统中，位移超过一个点的元音系统在元音空间中呈现更大的分散趋势。在极端的例子中，语言中大多数或所有元音都显示与预期值（高元音为 /i, u/，中元音为 /e, o/，低元音为 /a/）在空缺方向上的位移；这可以被视为整个系统的旋转。这样的系统位移很可能导致元音系统最大程度的分散，其轴线方向与大多数其他元音系统的轴线方向略有不同。

在上述的吉利亚克语（909）中，两个外围元音 /ɩ/ 和 /æ/ 呈现了向系统前中区域的空缺位移的证据。其他多重位移的实例相当罕见，但在卡亚帕语（803）中元音系统作为一个整体对后中部区域的空缺进行了补偿。
后高元音 /ɷ/ 比其对应的前元音 /i/ 更低，低元音 /ɑ/ 比预期的元音 /a/ 更 151
靠后。前中元音报告为 /ɛ/，尽管没有测试其高度的后中元音，但我们可以推断（使用符号 /ɛ/，而不是未标记的 /e/）它比预期的元音更低，从而支持了低元音的位移。根据图 9.4 中的模式，/i/ 作为一个固定点，卡亚帕语的元音从其预期值中位移。

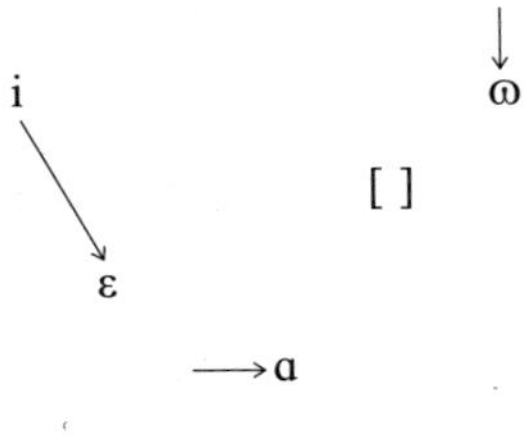

尽管没有音系的分类，但由此产生的分散程度几乎是最大的。

当外围元音系统出现空缺时，通常会发现其余的一些或所有外围元音都朝着空缺方向位移，无论空缺是否被系统中其他位置的非预期音质的元音补偿。位移可以被解释为一种方法，虽然存在空缺，但外围元音可以更广泛、更均匀地分散。我们的样本中有 10 种语言（缺陷系统的 23%）在外围元音系统中存在这样的补偿。然而，这些语言中只有 2 种或 3 种将补偿扩展到单个元音之外。这在很大程度上是因为，我们的样本中大多数缺陷元音系统都缺失后高元音。这些系统只有一个外围元音，即接近空缺的圆唇后中元音。现在我们很自然地推断，邻近空缺的元音音质的变化要比远距离的元音更大。如果出现其他情况，只需要对之前的调整再进行细微的修正。我们希望从大多数空缺中找到位移的证据。然而，在缺失后高元音的系统中，空缺远侧的外围元音（前高元音）受到跨越元音空间边界距离影响的可能性很小。因此，单个元音的位移使这些语言呈现出合适的分散成为可能。

152 **空间不均的元音系统**

到目前为止讨论的语言并没有详尽地列出我们样本中的缺陷元音系统。与分散理论的预测相反，其余系统中的元音在语音空间中的分布并不均匀。正如上文所提到的，这种元音系统是唯一能有效反驳分散理论的系统，因为固定系统虽然与这种理论的预测相反，但与只缺乏充分语音细节的分散系统并无区别。

霍皮语（Hopi, 738）和奥卡语（818）这两种语言，是我们样本中最清晰的空间不均元音系统的例子。它们有很多共同特点，特别是在后高区域有一个空缺，其余元音的位移明显偏离了这个空缺。在努特卡语（730）中也发现了类似的现象，但对数据的语音解释还存在疑问。塞内卡语（754）是本类别中需要考虑的另一种语言。

沃格林（Voegelin 1956: 24）对霍皮语进行了评论："就元音位置而言，霍皮语的元音位置是非常不对称的。" UPSID 中对霍皮语进行了分析，并假设其元音清单为单元音 /i, ø, æ, a, ɤ/ 加双元音 /ou/。双元音 /ou/ 被视为外围后元音，朝着元音 /u/ 处的空缺移位。类似地，在前中区域邻近空缺的非预期高度的前元音 /æ/，接近于央低元音 /a/，并没有与后部的音同化。然而有迹象表明，外围系统实际上比这一令人信服的分析更分散。尽管沃格林将它归为央元音，但根据沃尔夫的说法，霍皮语 Mesa 方言中的元音 /a/ 是"稳定的"（in clam）。这意味着，对于后元音或至少央后元音来讲，如果需要两个低元音之间保持适当的分离，也需要最靠后的低元音与后中元音保持分离，那么元音的变化不会太大。另一种分析方法是将所有这些位移都视为对缺失的后高元音进行补偿，即外围系统完全旋转的结果。据此分析，霍皮语缺陷系统中外围元音被系统地从预期的 /i, e, a, o/ 移位到现有的 /i, æ, ɑ, ou/ 上，因为空缺（在元音 /u/ 处）的存在，使得元音按逆时针方向依次被拉向空缺。

如果上面描述的位移确实准确，那么最终结果是，霍皮语的元音系统 153
通过由外围元音和两个内部中元音（/ø, ɤ/）构成的接近“正方形”的模式实现了相当程度的分散。这种“沙漏”模式在某种意义上比由分散模型预测的具有 6 个外围元音的系统更为分散。

奥卡语的元音系统包含 /i, e, æ, a, o/。元音 /e/ 介于元音［ɩ］和元音［ɛ］的范围之间，元音 /o/ 介于元音［o］和元音［u］之间，接近元音 /ɯ/。对于元音 /i/、/æ/、/a/ 并没有更具体的语音细节描述。中元音 /o/ 非预期的高范围预示着对缺失后元音的补偿，但元音 /i, e, æ, a/ 的并置远离元音 /u/ 的空缺，这在样本的系统中是令人惊讶和独特的。对于努特卡语（Tseshaht）的系统是否有缺陷还存在争议。关于这种语言的来源，萨丕尔和斯沃德什（Sapir & Swadesh 1939）认为，努特卡语在元音空间的后高区域存在一个空缺。对其的一种解释是，该语言的低元音 /ɑ/ 被移向而不是远离非预期的元音 /o/。他们还指出，元音 /o/ 的位置相对较高，/o/ 和 /o:/ “有 coat 元音的舌位和 hoot 元音的唇位”（P. 13）。由此，努特卡语的元音系统包含元音 /i, ɛ, ɑ, ɔ, o/。然而，就像对 /i/ 与 pit 中的元音音质和 /i:/ 与 feed 中元音的音质进行比较一样，语料也对努特卡语元音 /o/ 与 put 中元音的音质，长元音 /o:/ 与 food 中元音的音质进行了比较。根据这些语音描述，努特卡语的元音系统可能根本没有缺陷，因为这个系统还包含一个后高元音。

如果认为塞内卡语在元音 /u/（/u/ 很少见）的位置存在空缺，那么我们会惊讶地发现，后元音 /"o"/ 似乎比前元音 /e/ 低。然而也可能是这样一种情况，即在后元音区域没有空缺去吸引元音，相反在前元音区域却存在

一个使元音 /e/ 上移的压力。这是因为在前元音集有元音 /æ/，构成了由元音 /i, e, æ, a, "o", (u)/ 组成的元音清单。

9.5 结论

在我们的样本中，绝大多数的元音系统都可以通过元音分散理论来预
154 测结构。我们可以根据一些基本实例来探讨元音的总数、分散程度等问题。表面上看，似乎有 43 种语言是元音分散理论的例外，因为在元音空间的 5 个主要区域中，它们有一个或多个区域仍未填充。然而，即使在这些“缺陷”系统中也存在一定程度的分散。因此，尽管存在明显的空缺，这些系统仍保持一定程度的平衡。

缺陷的系统可分为 3 大类。在这 43 种语言中，有 9 种语言只允许系统有空缺，但没有补偿性的变化（实际上这种变化可能存在，只是在宽泛的音系描写中被忽略了）。在一些包含较大空缺的语言中，有 2 到 4 种出现了剩余元音远离空缺的位移，导致元音的分布更不均匀。大多数有缺陷的系统，至少涉及 30 种语言倾向于在可用空间内平衡分布元音，要么与非预期音质的元音互补，要么向系统中某些或所有元音的空缺移动。

因此，在整个 UPSID 中，元音分散假设的明显例外数量是非常少的。大约 86% 的语言的元音系统建立在均匀分布的外围元音的基本框架上。还有约为 10% 的语言与这个框架接近。这有力地表明，元音分散理论正确归纳了自然语言中元音分布的原则。

注 释

1. 本章由桑德拉・费拉里・迪斯纳（Sandra Ferrari Disner）撰写。
2. 这些公式从他们提出的分散程度上看有些区别，但本文并不尝试在它们之间做出选择。除了在元音空间的极端角落缺失元音外，该数据并不适合这项工作。在大多数情况下，我们只能查看语音元音空间内的区域，并根据填充的区域标

记总体排列。为了调查空间中的特定点是否被填充，我们需要从大量不同语言发音人的数据中提取声学测量结果（见 Disner 1980）。

3. 例如，这种模型的明显成功可能是因为，利延克兰茨和林德布洛姆（Liljencrants & Lindblom）在使用的样本中对一些语言领域强调过多，或在缺乏足够语音细节的情况下，资料来源偏向于报告明显平衡的元音系统。

4. 不考虑作者的转写，我们花费了大量精力去寻找资料来源中的语音细节。我们对交叉引用和脚注进行了检查，并逐行阅读了大量材料，希望在报告元音音质上增加一些细节。倾斜的元音系统在元音音质方面为我们提供了特别有价值的信息。语言学家很少关心语音细节，或在打字机上完成所有的转写工作，很 155
可能会将元音对（如 [e, ɔ]）简单地表示为 /e, o/。然而，一对倾斜的元音（如 /e, ɔ/）实际上不太可能是平衡的（/e, o/）。毫无疑问，前元音比后元音高，即前元音与元音 /i/ 的距离比后元音与元音 /u/ 的距离更近。因此，从这些倾斜的系统中，我们可以根据元音在语音空间的分散程度得出更确切的结论。另一方面，我们应该避免从平衡的元音对中归纳过于绝对的结论。

5. 斯坦福音系档案指出，在受过教育的马尼拉说话者的方言中，/e/ 和 /o/ 在许多外来词中出现。这些元音在 UPSID 的清单中被排除，因为我们选择了更保守的语言方言。

6. 我们不清楚在何种程度上可以认为包含这些元音的系统存在缺陷。事实上，某些外围元音和非外围元音的结构比相对应的外围系统在元音空间中更分散。

参考文献

Crothers, J. 1978. Typology and universals of vowel systemes. In J. H. Greenberg et al. (eds.), Universals of Human Language, Vol. 1: Theory and Methodology. Stanford University Press, Stanford: 93−152.

Disner, S. F. 1980. Evaluation of vowel normalization procedures. Journal of the Acoustical Society of America 67: 253−261.

Greenberg, J. H. 1966. Language Universals, with Special Reference to Feature Hierarchies. Mouton, The Hague.

Jakobson, R. 1941. Kindersprache, Aphasie, und allgemeine Lautgesetze. Reprinted in Selected Writings I. Mouton, The Hague: 328−401.

Liljencrants, J. and Lindblom, B. 1972. Numerical similation of vowel quality systems: the role of perceptual contrast. Language 48: 839−862.

Lindblom, B. 1975. Experiments in sound structure. Paper read at the Eighth

International Congress of Phonetic Sciences, Leeds.

Maddieson, I. 1977. Tone loans: a question concerning tone spacing and a method of answering it. UCLA Working Papers in Phonetics 36: 49−83.

Papçun, G. 1976. How may vowel systems differ? UCLA Working Papers in Phonetics 31: 38−46.

Sapir, E. and Swadesh, M. 1939. Nootka Texts. Linguistic Society of America, Philadelphia.

Terbeek, D. 1977. Some constraints on the principle of maximun perceptual contrast between vowels. Proceedings of the Thirteenth Regional Meeting of the Chicago Linguistic Society: 640−650.

Voegelin, C. F. 1956. Phonemicizing for dialect study, with reference to Hopi. Language 32: 116−135.

Ward, I. C. 1938. The phonetic structure of Bamum. Bulletin of the School of Oriental and African Studies 9: 423−438.

第十章 156

UCLA 音系音段清单数据库的设计

10.1　引言

正如本书的序言所述，发现音系清单内容和结构的规律是近年来语言学研究的一个重要目标。UPSID 作为研究这些问题的工具，通过数量充足、平衡的语言样本提供了统一的数据，以便在统计上得出可靠的结论。由斯坦福大学编写的斯坦福音系学档案（SPA）是我们工作的一个模型，但在一些主要方面 UPSID 还是与其有所不同。SPA 的计划比 UPSID 更雄心勃勃，但随着工作的进展，斯坦福的研究团队发现他们必须限制语言样本的规模。最后的报告包含 196 种语言的音系信息。排除其他语言的一个主要原因是它们缺乏足够详细的音系描述。所使用资料来源的细节变化也必然会产生完整性不同的条目，这些条目或仅有一个音位列表或涵盖大量音位变体的细节和信息。因此，对某些信息的检索，真正的样本量小于 196 种语言。每一次样本数量的减少，样本失去代表性和平衡性的可能性就会增加。基于斯坦福大学的经验，UPSID 的设计使每种语言的输入信息范围更具体，涵盖的语言数量也更全面。SPA 的用户还评论说，数据输入格式的选择缺少一定的灵活性。这基本上是一个面向文本的系统（相关描述请参见 Vihman 1974）。例如，每个音段都以字母字符（p, b, m 等） 157
或字符串（1-retroflex, epsilon, o-open-long-nasalized 等）的形式输入，后接一组开放性的该音段特征（如阻音、双唇、清音等），以及来源的注释等。使用这种格式，数据的操作复杂而烦琐，因为检索基本的数值数据并不是最容易实现的操作。斯坦福大学的目标是最大限度地“可解释性”（accountability），即将其信息限制在源语法中可用的范围之内。这有时会导致相同音段在不同语言中的描述不同。在设计 UPSID 时，我们的目标是最大限度地提高数值数据操作的易用性和灵活性。编译器有时在解释来源时需要起到更积极的作用，以确保对类似声音的处理一致。我们的数据库与 SPA 在语言选择的原则上也有差别，例如，没有将发音人数作为选择（或排除）一种语言的标准。尽管如此，我们还是参考了 SPA 的实例，从出色的 SPA 编写工作中获益匪浅，并将其作为第二数据来源。以下各节将对 UPSID 的计划进行介绍。

10.2 UPSID 的语言选择

用于统计评估的理想样本是从研究的总人口中抽取随机样本。就语言数据而言，“总体”是世界上现存的所有语言。从这个总体中随机抽取样本是不可能的，有两个原因：首先，对于世界上有些地区的语言，我们没有获得数据或数据完全不够。第二，“语言”不是一个可以明确界定的对象。作为常见标准用来定义语言相似性的“相互可理解性”会产生一个梯度，而其特征往往不能自反。（参见 Ladefoged 等人 1972: 65−68）。因而它与注册选民的总体不同，无法对总体中的成员进行列举或个体化，所以不具备随机抽样的基础。

然而，一个合适的语言样本必须通过其他抽样程序来构建。选择的样本应该是各种配额样本（事实上，常见的语言抽样程序是根据类型、起
158 源或区域分组抽取的配额样本）。UPSID 所依据的原则是：从每一个距离适度的遗传组中选择一种且仅有一种语言，以便所选语言以适当的比例代表不同组别内部的遗传多样性。这种方案的困难在于，在某些地区（如南美、新几内亚）缺乏语音的起源分类，很难比较不同语系的遗传距

离，也缺乏已知组别的必要数据。这一程序的优点在于，原则上它排除了代表同一语言不同变体的数据选择（与 SPA 不同的是，SPA 包括摩洛哥语以及阿拉伯语的埃及方言和马耳他语）；它还通过对数据的原则性搜索来实现配额设计，避免了对手头材料描述的过度依赖（Bell, 1978 提到的“书目便利性”因素）。样本的遗传基础优先选择，因为它是唯一分类，原则上不是由选择的分类标准决定，而是以反映真实的历史关系为目的。此外，它还恰好独立于统计频率的音系特征。值得注意的是，语言的音系独特性并不是样本收入的基础。样本包含的每一种语言在遗传上都与其他语言相对不同，而每种语言也体现了其独立经历历史过程的结果。因此，样本中语言之间的相似性并不仅仅受到共享历史来源的影响。如前所述，将使用人数作为选择（排除）一种语言的基础并不合适。语言使用者的现存数量是政治和社会历史的偶然，与人类语言结构的问题无关。

关于确定语言所需的遗传分离程度的统一标准，目前还没有进行全面的尝试。该程序是将现有最全面和最准确的遗传分类进行汇总，并在必要时通过综合不同的分类，为 11 个主要语系每一种语言和几个较小语系生成一个总体分类。然后对中间层级的分类进行抽样，以选择 UPSID 包 159
含的语言。这种抽样的密度可去除 1000 ～ 1500 年来在各自独立的语言群体中没有发展起来的语言对，并包含每一个语系中的一种语言，这些语言的历史更近。表 10.1 列出了 11 个语系和“其他”类别，以及每个语系中 UPSID 包含的语言数量和每个语系的识别号范围。

表 10.1　UPSID 中的语系

语系	识别号	包含的语言数量
印欧语系	000–049	21
乌拉尔–阿尔泰语系	050–099	22
尼日尔–科尔多凡语系	100–199	31
尼罗–撒哈拉语系	200–249	21

续表

语系	识别号	包含的语言数量
亚非语系	250–299	21
南亚语系	300–349	6
澳大利亚语系	350–399	19
澳泰语系	400–499	25
汉藏语系	500–599	18
印度–太平洋语系	600–699	27
美洲印第安语系	700–899	89
其他（达罗毗荼语系、高加索语系、科伊桑语系、爱斯基摩–阿留申语系等）	900–999	18

我们可以通过一个例子来阐明这个过程。格林伯格（Greenberg 1996）提出了尼罗–撒哈拉语系的存在。参考格林伯格（Greenburg 1996, 1997）、塔克和布赖恩（Tucker & Bryan 1956, 1966）、本德（Bender 1976）的论著及其他资料，我们提出了一种复合分类法。这种分类法包括 10 大语族，它们之间的关系显然相对较远。其中七个语族（桑海语族、撒哈拉语族、马巴语族、富尔语族、伯尔塔语支、库那马语支和科马语族）内部的差异性较小，每组由一种语言作为代表（撒哈拉语族由 4 种语言组成，其多样性应由一种以上的语言代表）。第八个是 Gumuz 语族，它不太为人所知，也没有可用的音系数据。东苏丹语族和中苏丹语族分别由 11 个和 7 个子
160 类组成，它们的内部差异性很大。在东苏丹语族的尼罗语支中，内部遗传多样性的程度证实了样本收入西支、东支和南支语言的合理性。我们调查的对象是 13 种东苏丹语。由于其中两组语言的数据不足，实际只获得了 11 组数据。在 7 种中苏丹语族的语言中，只有 3 种被包括在内；部分原因是我们无法获得已知的资料。因此，代表尼罗–撒哈拉语系所有语言的数量是 28，而实际抽样语言的数量为 21，即 75% 的应答率，这反映了数据库不完善的地方。

在某些情况下，特别是对于南美洲印第安语系和印度–太平洋语系，

我们很难获得完整的分类并解决相互冲突的分组问题。在这些情况下，我们无法真正评估整个语系抽样的充分程度。然而，为了满足其设计规范，据推测目前总体样本包含了 70% ～ 80% 的语言。附录 A 列出了语言的分类列表（仅包含基本分类）和按字母顺序排列的语言列表。在这些列表中，SPA 包含的语言用（S）表示。本附录也列出了音系数据的来源。在一些实例中，数据是通过间接查询斯坦福报告得到的。

10.3 确定清单

对于每种语言我们都会编制音系对立的音段列表。这一步骤的前提是，这样的分析代表了一种语言既重要又有趣的事实。我们不打算在这里争论这个命题——只想指出，几乎所有语言学家在实践中都使用这种分析方法。我们的观点比其他人更进一步，我们认为音系音段可能（并且应该）具有某些语音属性。语言学家认为，音系学必然与纯粹的抽象结构相关，他们与我们在这一点上持不同观点。（然而，由于这种抽象无法比较，他们对于用这个档案来研究语言的普遍特征的设计并不感兴趣。）

每种语言音系清单的确定主要涉及两个方面，确定对立单位的数量
和确定每个单位的语音特征。第一个方面涉及界定对立，解决统一性或 161
“可疑”的复杂语音事件等问题。这些语音事件包含塞擦音、双辅音、鼻冠塞音、双元音等。它们都可以被视为语言中的单一音段或简单的音段序列。

根据研究目的，“对立”指能够区分语言中词位或语素的语音差异，主要涉及音系特征自身因素的数据，如重音位置、音节化、边界（单词、语素等）。它们可用于预测变体，却不能预测附加特征、任意规则类型、语素类等。这些原则适用于对来源信息进行批判性评估，因此结果分析可能与来源中假设的音系清单有所不同。

根据现有资料，我们对尚不明确的辅音单位 / 辅音丛进行了仔细

的检查，以确定它们是作为单位还是序列而存在。例如，如果它们可以被语素边界分割，或作为更大的辅音丛的一部分，包括非同构（non-homorganic）辅音丛等，那么它们将被视为序列。另一方面，如果它们与序列解释的辅音丛并不类似，那么它们将更倾向于被视为单元。

对于**语音**双元音（phonetic diphthongs）的分析是最有争议的问题之一。关于语音双元音有三种音系解释：（1）作为一个音系单位；（2）作为一个元音和一个辅音的序列（按任意顺序）；或（3）作为两个元音的序列。第一种解释以科伊桑语言中的!Xũ 语（918）为代表，经分析这种语言的音位包含较多的双元音。这些双元音的音系统一性表现在，它们在音节和声调上与单元音具有相同的分布模式。在这种语言中，如果将［au］分析为 /aw/，［oa］分析为 /wa/ 等，那么就要将音节尾辅音和音节首辅音丛引入到缺失它们的语言中。第二种解释以标准泰语（400）为代表。泰语包含一组音节尾辅音（鼻音），在其之前，长 / 短元音可以与 5 种声调模式中的任何一种同时出现。如果将以［i］或［u］类元音结尾的语音双元音分析为元音 + 近音，那么它们也符合其他音节尾响辅音建立的模式
162（Gandour 1975）。第三种解释以夏威夷语（424）为代表，传统上认为该语言的语音双元音是由单独的元音并置而成。所有元音都可以按顺序出现，带有 /w/ 的序列与元音加 /u/ 的序列不同，与双元音序列中的元音也不同，这个序列与一个类似元音合并的元音相邻（例如 /ia/+/a/ → [ia]）。所有这些观点都将双元音分析为由两个独立的元音组成。总的来讲，很少有语言包含成独立单位的双元音。

除上述的考虑之外，某些类型的对立还被解释为超音段特征，与音系音段清单的建立无关。根据定义，它们包含声调和重音。元音和谐系统中涉及的鼻化和特性都作为音段特征。而长度，如果适用于整个音段类别（如元音），则被视为超音段特征。反之则被视为音段特征：例如，耶语（Yay, 402）包含长 / 短低元音 /a, a:/，但其它元音并没有长短对立。因此，在这种语言中将长度作为超音段特征是没有根据的，它只是特定音段的

属性。

关于音段清单的规模还要考虑包含还是排除边缘地位音段的问题。一些音段只出现在感叹词，或非借词的外来词中，它们被排除在清单之外。在其他情况下，某些角度上被视为边缘的音段由于没有任何区别性也被包含在清单中。例如，如果借词在语言中被完全同化，那么这些音段将受限于借词的范围。在大多数实例中，人们对于边缘音段要包含还是排除这一问题的解决已经做出了努力。然而，在少数实例中，我们采用了第三种解释。虽然这里包含了这些音段，但我们还是用一个特殊变量值来表示它们的边缘地位。这些细节将在 10.4 节进行讨论。

给定语言清单中包含的每个音段都由语音规范来表示。在定义每个音段的语音属性时，我们确定了最具代表性的音位变体。只要有充足的信息，我们的选择就基于三个方面来考虑：（1）哪个音位变体分布最广泛 163
（即在环境中最广泛 / 最频繁出现）；（2）哪个音位变体最适合代表所有音位变体的语音变化范围；（3）哪个音位变体是其他音位变体最简单和最自然的推导形式。在一些实例中，这些问题的答案会相互矛盾。我们试图通过考虑整体条件的违反程度，来解决这些矛盾，如为什么条件（2）比条件（1）更优选；然后选择三个条件违反程度最低的形式。

音段规范中语音细节的详细程度类似于传统的 3 向语音标签，即辅音的清浊、调音部位和调音方式，元音的高低、前后和舌位，以及其他特征（如次要发音等）的标签。编码变量集所代表的语音属性将在下文详细讨论。我们试图设计一套变量，它们不倾向于解释错误，也不倾向于根据实践的便利性和经济性来概括不合理的外显印象。变量集的设计试图在意义的解释上将冗余的程度降为最低。它的设计也考虑音系来源中不确定的主要问题。然而，如果编码变量系统不能完全解读，那么不存在错误解读风险的数据库也不能使用。此外，变量集的设计在输入数据时需要进行某些选择，这也限制了语音上的区别。因此，建议有兴趣想清晰了解 UPSID 结果的读者仔细阅读下文的部分。

10.4 指数和变量

UPSID 数据中的每一个音段都以（理论上）80-列卡图像的形式单独记录。前 7 列用于指数识别，10 ～ 70 列包含语音属性变量，80 列包含异
164 常（anomaly）特征。每个语音属性变量取值为 1 或 0，1 表示选择的音位变体具有定义的属性，而 0 表示音位变体缺少该属性。（这一规则的例外很少，将在下文解释）。在下面的说明中，每个变量都由其（理论上）列位置所指，也进行了界定。在计算机的数据中，它们还后接了变量名（括号和大写）。为方便起见，我们对变量进行了分类。在需要的地方也给出了变量使用的注释和评论。

指数

1—4. 语言识别号（LANGNO）。这个号码用来识别音段所属的语言。它由 3 个数字组成，第一个数字（有时第二个数字）表示作为抽样遗传基础主要系属的语言之间的隶属关系（见表 10.1）。

5—7. 音段识别号（SEGNO）。语言中每个音段都按顺序编号，语言识别号和音段识别号的组合用来识别数据库的一条且唯一一条记录。

字母数字音段代码

8—9. 音段代码（SEGCODE）。为了便于建立数据库，设计了主要的字母数字代码来表示常见音段，然后由该代码生成变量值。由于这些符号具有实用的助记功能，因此它们被保存在文件中。

表示调音部位的变量

除 /h/ 和 /ɦ/ 外，所有辅音都包含至少一个调音部位。调音部位按传统的前后顺序排列。双调音部位通过指定两个调音部位来表示，但次调音

部位由单独的一组变量表示。辅音 /h/ 和 /ɦ/ 的调音部位由环境决定，它们的调音部位并未指定。

10. 双唇音（BILABIAL）。

11. 唇齿音（LABODENT）。

12. 齿音（DENTAL）。如果是齿音，这个变量的值为 1。语料来源中须提供齿音的具体描述，例如，“舌头接触牙齿”或“/t/ 类似于法语的 t̪，而不是英语的 t̪”。“齿”音通常被更准确的描述为齿龈音。因此，除非有此类的补充证据，否则仅仅被称为齿音的音段将不被视为是真正的 165
齿音。

13. 未指定的齿或齿龈（UNSPDENT）。转写为 /t, d, s/ 等的音段可以表示齿音或齿龈音。为了更准确地对数据进行描述，这个变量用来表示没有完全指定调音部位的音段。其中也包括“齿音”。

14. 齿龈音（ALVEOLAR）。

15. 腭龈音（PALATALV）。腭龈音和龈腭音并未区别。

16. 卷舌音（RETROFLX）。

17. 硬腭音（PALATAL）。

18. 软腭音（VELAR）。

19. 小舌音（UVULAR）。

20. 咽音（PHARYNGL）。

21. 喉音（GLOTTAL）。这个变量只用来表示喉塞音，不允许将 /h/ 描述成“喉擦音”。

表示调音方式的变量

传统的语音标签，如“爆破音”“閉音”“元音”通常包含开口度特征和气流特征。这组变量也是如此。除辅音 /h/ 和 /ɦ/ 外，所有音段都至少包含一个赋值为 1 的变量，少数情况下一个音段包含一个以上赋值为 1 的变量，如擦颤音。

22. 爆破音（PLOSIVE）。对于肺呼气塞音，包括喉塞音，该变量赋值为 1。注意，鼻音不属于任何类型的塞音。

23. 内爆音（IMPLOSIV）。对于声门吸气塞音（无论清浊），该变量都赋值为 1。

24. 喷塞音（EJECTSTP）。

25. 阒音（CLICK）。对于非塞擦阒音，该变量赋值为 1。

26. 擦音（FRICATIV）。对于肺呼气擦音，该变量赋值为 1。注意，/h/ 和 /ɦ/ 不属于擦音。

27. 喷擦音（EJECTFRC）。

28. 塞擦音（AFFRICAT）。对于肺呼气塞擦音，该变量赋值为 1。

29. 喷塞擦音（EJECTAFF）。

166 30. 塞擦阒音（AFFCLICK）。

31. 未指定的“r 类音”。对于不同类别的“r 类音”（如转写为 /r/ 或被称为“振颤音”），该变量赋值为 1，但它们不可再分为颤音、拍音、闪音、近音等类别。

32. 拍音（TAP）。

33. 闪音（FLAP）。

34. 颤音（TRILL）。

35. 近音（APPROXMT）。对于所有近似开口发出的辅音，该变量都赋值为 1。例如，“半元音”、r–滑音、非擦边音等。

36. 鼻音（NASAL）。对于鼻辅音（口腔完全阻塞），该变量赋值为 1。鼻化音段，包括鼻化起始的辅音，用另一个变量描述（见 45）。

37. 单元音（SIMPVOWL）。对于单元音，该变量赋值为 1。如果一个音段既未归类为单元音，也未归类为双元音（见 38），那么它被归类为辅音。

38. 双元音（DIFTHONG）。对于双元音单位（unit），该变量赋值为

1。语音上双元音被分析为 2 个单元音或元音和近音并置的结果。当然，这样的双元音并不是单位，而是序列。它们的组成成分将作为单独的语素输入。

其他辅音特征

39. 边音（LATERAL）。对于边音，该变量赋值为 1。例如，在边塞擦音中该变量表示边除阻。

40. 咝音（SIBILANT）。该变量用于识别擦音 / 塞擦音组中咝音的类别。在大多数语言中，由于调音部位会对同类音段进行区分，因此这个语音属性在功能上是冗余的。然而，当擦音和 / 或塞擦音的调音部位相同而声学特征不同时，它偶尔也会起到区别作用（/s̪/vs./θ/）。

次要发音

41. 唇化（LABLZED）。

42. 腭化（PALTLZED）。对于真正的腭化辅音，即次要发音部位为硬腭的音，这个变量赋值为 1。因此，当 /c/ 音在语言中作为“腭化”塞音序 167
列 /p^j, t^j/ 等的一部分时，就不会用该变量来描述。相反，它被归为腭塞音。

43. 软腭化（VELRZED）。对于真正的软腭化音，该变量赋值为 1。这个变量也用于描述发音时有软腭收紧的元音，这种元音在西里奥诺语（829）中有出现。

44. 咽化（PHARGZED）。上述的次要发音变量只针对辅音赋值为 1，而这个变量对于辅音和元音，都可以赋值为 1。

45. 鼻化（NASLZED）。对于鼻化辅音和元音，即气流从鼻腔和口腔同时流出的音，这个变量赋值为 1。当音段是清晰的语音单位时，该变量也用来描述鼻冠塞音。因此，赋值为 1 的该变量和赋值为 1 的塞音变量（阴音或塞擦阴音除外）都表示塞音的鼻化起始。

46. 鼻腔除阻（NASRELSE）。该变量只对后鼻化音赋值为 1。

元音特征

所有单元音都可以在高度、前后和唇位变量上取值为 1。它们也可以在其他变量上取值为 1，来表示其他区别。而双元音在需要描述其起点和终点的元音音质变量上取值为 1。下面将讨论双元音的变量，并按顺序列出了不同变量之间的区别。

47. 高（HIGH）。

48. 中高（HIGHMID）。

49. 中（MID）。该变量用于描述具有模糊性、没有具体化的“中”元音和真正的中元音（例如，在高度上介于中高和中低之间的元音）。

50. 中低（LOWMID）。注意，元音 /ɛ/ 和 /ɔ/ 作为中低元音，而不是低元音。

51. 低（LOW）。

52. 前（FRONT）。

53. 央（CENTRAL）。注意，在大多数语言中，元音 /a/ 被视为央元音，而非后元音。

54. 后（BACK）。

168 55. 非外围（NONPERIF）。对于远离元音空间外围的“松”非央元音，该变量赋值为 1。例如，元音 /ɩ/ 和 /ω/。当偶尔其他特征不能区别元音时，该变量也会起到区别的作用。

56. 圆唇（ROUNDED）。

57. 展唇（UNROUNDD）。

58. 唇收缩（LIPCOMP）。当“唇”元音的发音伴随着唇部垂直收缩而嘴角没有向前、向内运动（“圆唇”）时，该变量赋值为 1。

59. R-音色（RCOLORED）。对于卷舌或 r-音色元音，该变量赋值为 1。

双元音变量

描述双元音移动的 3 个变量与清单中其他大多数变量不同。这 3 个变量只描述由变量命名的属性的存在或缺失。对于双元音变量，赋值为 0 表示其具体特征，即由相反方向至变量各指示方向的移动。此外，与大多数变量不同，这3个变量的解释需要参考其他变量值。这3个变量的功能是，当某个单元音在高度、前后或唇位冲突时，它们可以决定哪个值优先。为了避免变量数量过大，我们采用了这种双元音编码方法。

60. 后化（BACKING）。当双元音的末尾音段比起始音段更靠后时（如 /iə/、/eu/、/əu/ 等），该变量赋值为 1。当末尾音段比起始音段更靠前或者前后一致时，该变量赋值为 0，如双元音 /oi/、/ae/、/ou/ 等等。注意，这里只考虑后化的三个程度（前、央、后）。

61. 低化（LOWERING）。当双元音的末尾音段比起始音段更低时，该变量赋值为 1，例如 /iə/、/ea/ 等。根据 UPSID 中的 5 个元音高度，当末尾音段比起始音段更高或前后高度相同时，该变量赋值为 0。例如 /oi/、/ou/、/ai/ 等。

62. 圆唇化（ROUNDING）。当双元音的末尾音段圆唇、起始音段不圆唇时，该变量赋值为 1，例如 /eu/、/ao/ 等。当末尾音段不圆唇，或两个音段均为圆唇时，该变量赋值为 0，例如 /oi/、/ai/ 或 /ou/。

值得注意的是，类似 /oi/ 和 /io/ 的双元音对在元音变量上赋值相同。169
这些双元音对的赋值在高度、前后和圆展上会有冲突，它们会被描述为高和中，前和后，圆唇和非圆唇元音。而双元音的变量可以解决这一冲突。因为双元音 /oi/ 没有后化、低化或圆唇化运动，那么它在 3 个双元音变量上都取值为 0。然而，如果音段的赋值相互对立，那么一定存在移动，这种移动的方向与变量名的方向相反，即前化、高化和非圆唇化。另一方面，双元音 /io/ 在三个双元音变量上都取值为 1。这表明该双元音的高音段后接中音段，前音段后接后音段，非圆唇音段后接圆唇音段。

发声类型变量

63. 清（VOICELES）。对于发音时声带不振动的音段，该变量赋值为1。对于 /h/ 音，该变量也赋值为 1。

64. 浊（VOICED）。对于发音时声带振动的音段，无论“常规”浊音或其他类型（嘎裂、气声等），该变量赋值为 1。对于 /ɦ/ 音，该变量也赋值为 1。

65. 送气（ASPIRATD）。对于所有送气清音，该变量都赋值为 1。对于所谓的“浊送气”音，该变量不能赋值为1，而对于“气化”，变量赋值为1。

66. 喉化（嘎裂、声门化）（LARYNGD）。对于发音时喉部收紧（不作为气流的动力源或主要调音部位）的所有音段，该变量赋值为 1。因此，对于“声门化”辅音、喉化元音等，该变量赋值为 1。文献中对于“喉冠”“后喉”“嘎裂”等的区分并不一致，因此该变量在清单中并不代表这些区别。毫无疑问，对于声门化音和声门气流音（内爆音或喷音）之间的区分，仍不够准确。

67. 长（LONG）。对于对立的长元音或双辅音，该变量赋值为 1。这
170 些双辅音是独立的单位，无论从超音段的长度特征，还是毗邻相同的音段上看，这些双辅音都不是长音序列的一部分（见下文“超短”）。

68. 气声（浊送气、哞声）（BREATHY）。对于所有具有气声特征的音，该变量都赋值为 1。

69. 超短（OVERSHORT）。在一些语言中，基本的元音序列比对立的短元音子集更长。对于这些对立短元音，该变量赋值为 1。

70. 前置送气（PREASPRT）。

不规则变量

80. 不规则（ANOMALY）。这个变量表示清单中处于被质疑或边缘状态的音段，由于有充分的证据，这些音段并没有被排除。和其他与语音属性相关的变量不同，“不规则”变量的赋值大于 1。该变量赋值为 0，表

示音段是语言清单中的正常成员。其他值的含义如下：

1–表示出现频率极低的音段（例如，仅在极少数单词或形态标记中出现的音段，但这些单词或形态标记在语言中是稳定的）。

2–表示仅在外来词或非同化借词中出现的音段，但这些外来词或借词出现的频率足够高，使该音段包含在音系清单中。

3–该音段在解释某些音系模式时被作为底层形式，但其表层形式被中和（很少使用）。

4–该音段在 UPSID 中作为音位，但由其他底层音段推导而来（很少使用）。

5–该音段虽然包含在音系清单中，但被描述的非常模糊或不符合常规。例如，阿什乌莱语（814）中有一个音，被描述为既是（软腭）塞音也是边音。

取值 3 或 4 是为了解决没有定论的清单成员的资格问题。实际上，几乎在所有实例中这个问题都得到了解决，因此这两个取值很少被使用。

10.5　UPSID 的使用 171

由于读者可能对 UPSID 的实用性感兴趣，因此本章的最后一节简要介绍其用途。UPSID 包含 9957 条 10.4 节所述格式的记录。这些记录构成了 SAS（Statistical Analysis System）文件，它位于 UCLA 中央计算设备的一个常驻磁盘包中。SAS（SAS Institute Inc. 1982）是一个功能强大、数据处理灵活的统计分析系统。它可以方便的选择记录的子集、计算语言的总数或完整数据集的频率，根据特殊目的来创建新变量和执行许多其他操作。当然，它也会直接打印出文件中的信息。本书数据部分的音位表就是根据每种语言的信息打印的。

虽然在 SAS 手册中复制程序信息更为合适，但 UPSID 使用的示例并未复制程序信息。希望这将有助于理清从数据库中获得信息所涉及的概念步骤。

如果我们想使用 UPSID 数据来验证这样一个假设：如果一种语言在一个调音部位上没有出现塞音，那么同一调音部位上也不会出现鼻辅音。首先，我们要对假设中的术语，如“塞音”“鼻音”“调音部位”等进行更精确的定义。然后将其转化为合适的 UPSID 的变量值集。我们假设“塞音”是爆破音和央塞擦音，不是边塞擦音、内爆音、喷音和嗍音等，“鼻音”是浊鼻辅音；而调音部位是常见的主要调音部位的集合，其中双调音部位作为独立的部位，次要调音部位不作考虑（例如 /k/ 和 /k^w/ 都视为软腭音）。

那么从主文件中选择需要检查的数据就清晰了。它包括符合下列规范之一的任何音段:（1）“爆破音”变量赋值为 1；（2）“塞擦音”变量赋值为 1，“边音”变量赋值为 0；（3）“鼻音”和“浊音”变量都赋值为 1。其他所有音段都可以排除，除“鼻音”和与调音部位相关的变量之外的其他变量也可以从新的、更紧凑的测试数据文件中排除。在调音部位中，由于鼻音不能在咽和声门部位产生，因此这两个部位也可以排除。

172 现在，根据这个简化的数据集，我们可以重新表述这个假设。需要回答的问题是：对于具有给定语言编号和“鼻音”变量赋值为 1 的音段，是否存在语言编号匹配，调音部位特征值也匹配，而“鼻音”变量赋值为 0 的音段呢？

得到这个问题的答案有很多途径，其中一个简单的方法是创建索引，用一个数字代表一个感兴趣的信息。相关的调音部位变量共有 10 个，鼻音中还有一个双调音部位（唇–软腭）。由于唇–软腭部位单独计数，因此可以生成一个新的唇–软腭变量，而“唇”变量和“软腭”变量都赋值为 0。接下来，可以生成对应每个鼻音调音部位的 11 个附加变量，并对给定调音部位的鼻音音段设置较大的值，比如赋值为 10。所有鼻音最初的部位变量值由 1 更改为 0，只留下这些变量值为非零的塞音和塞擦音。然后，按语言对每个变量进行求和。这将根据每种语言生成一行数据，其中原始的非零值的调音部位变量表示语言中该部位出现爆破音或塞擦音，而新的非零值的鼻音部位变量则表示该位置出现鼻音。

现在我们可以为每种语言的每个原始部位变量和对应的鼻音部位变量添加求和值（summed value）。这将产生一个两位数的数字，该数字指示每个鼻音是否在同一部位与爆破音相匹配。对于相关的鼻音部位变量，任何未匹配的鼻音都将以赋值为 10（或 10 的倍数）的形式来表示。我们很容易列出这些实例，而它们的频率、部位分布等也很容易检查。例如，一种语言的清单包含塞音、塞擦音和鼻音（如下所示），那么它在双唇和齿部位赋值 12（1 个鼻音，2 个爆破音），而在软腭调音部位赋值 24（2 个鼻音，4 个爆破音）。

p b t d tʃ k ɡ k^w $ɡ^w$

m n ɲ ŋ $ŋ^w$

鼻音的硬腭调音部位变量赋值为 10，表明在硬腭部位没有与鼻音匹配的爆破音和塞擦音。然而，对于这一假设，这种语言也存在例外。该假 173
设可以修正，使硬腭鼻音与腭–龈塞擦音相匹配。通过将每一条记录的原始“腭–龈”和“硬腭”变量值相加而产生定义更广泛的硬腭变量，该假设得到了验证。这将产生赋值为 11 的指数（1 个鼻音，1 个塞擦音），这样假设也就不存在例外了。

参考文献

Bell, A. 1978. Language samples. In J. H. Greenberg et al. (eds.) Unlversals of Human Language, Vol. 1. Method and Theory. Stanford University Press, Stanford, California: 123−156.

Bender, M. L. 1976. Nilo-Saharan overview. In M. L. Bender (ed.), The Non-Semitic Languages of Ethiopia (Manograph 5, Committee on Ethiopian Studies, African Studies Center) . Michigan State University, East Lansing: 439−483.

Ferguson, C. A. 1963. Some assumptions about nasals. In J. H. Creenberg (ed.), Universals of Language. MIT Press, Cambridge: 42−47.

Gandour, J. 1975. On the representation of tone in Siamese. In J. G, Harris and J. R.

Chamberlain (eds.), Studies in Tai Linguistics in Honor of William J. Gedney. Central Institute of English LanguageBangkok: 170−195

Greenberg, J. H. 1966. The Languages of Africe. Indiana University Press, Bloomington.

Greenberg, J. H. 1970. Some generalizations concerning glottalic consonants, especially implosives. International Journal of American Linguistics 36: 123−145.

Greenberg, J. H. 1971. Nilo-Saharan and Meroitic. In T. Sebeok (ed.), Current Trends in Linguistics, Vol. 7, Sub-Saharan Africa. Mouton, The Hague: 421−442.

Hurford, J. R. 1977. The significance of linguistic generalizations. Language 53: 574−620.

Hyman, L. M. 1977. On the nature of linguistic stress. In L. M. Hyman (ed.), Studies in Stress and Accent (Southern California Occasional Papers in Lingulstics 4) . University of Southern California, Los Angeles: 37−82.

Jakobson, R. and Halle, M. 1956. Phonology and Phonetics. (Part 1 of) Fundamentals of Language. Mouton, The Hague: 3−51.

Ladefoged, P. 1971. Preliminaries to Linguistic Phonetics. University of Chicago Press, Chicago and London.

Ladefoged, P., Glick, P. and Criper, C. 1972. Language in Uganda. Oxford University Press, London.

SAS Institute Inc. 1982. SAS User's Guide, 1982 Edition: Basics. SAS Institute Inc, Cary, North Carolina.

Trubetskoy, N. 1939. Grundzüge der Phonologle (Travaux du Cercle Linguistique de Prague 9) . Prague.

Tucker, A. N. and Bryan, M. A. 1956. The Non-Bantu Languages of Northeast Africa (Handbook of African Languages, Part 3) Oxford University Press for International African Institute, London.

Tucker, A. N. and Bryan, M. A. 1966. Linguistic Analyses: The Non-Bantu Languages of Northeastern Africa. Oxford University Press for International African Institute, London.

Vihman, M. M. 1974. Excerpts from the Phonology Archive coding manual. Working Papers on Language Universals (Stanford University) 15: 141−153.

附录 I

174

语言清单与数据来源文献书目

下文列出了 UPSID 样本中包含的语言，首先根据遗传分类，然后按字母顺序排列。遗传列表可以快速查阅给定语系中包含的语言，而遗传分类仅作为大纲，未列出的主要亚语系在 UPSID 中没有代表。在少数情况下，语言隶属关系是不确定的［例如科芬语,（836）］。为方便起见，庞大的美洲印第安语系根据地理分布进行了划分。按照字母顺序排列的清单方便查阅特定语言。清单包含本书中出现过的语言名称，但在某些情况下，使用替代名称也可以帮助查找给定语言。在两个列表中，语言名称后接语言识别号。这些语言识别号主要根据语言的起源进行分类（见第十章）。值得注意的是，由于后期添加和删除了一些样本，所以遗传组内的数字序列并不总是连续的。本书中的音位图按照识别号的顺序排列。按字母顺序排列的清单也是每种语言查找数据源的关键。这些来源可通过作者和日期识别，完整的参考资料可以在附录第三部分的数据来源文献中查看。在两个列表中，斯坦福音系档案（SPA）包含的语言在名称后用 S 标记。我们可以假设，在确定语言清单时参考了 SPA 报告。大多数语言的来源都可以直接从 SPA 中查阅到，只有少数语言来自其他来源。只有加州大学洛杉矶分校分析了其余的语言。

1. 语言亲属关系清单与分类大纲

印欧语系（Indo-European）（000−049）

希腊语族（Greek）：	希腊语（Greek）000 S。
凯尔特语族（Celtic）：	爱尔兰语（Irish）001 S，布列塔尼语（Breton）002 S。
日耳曼语族（Germanic）：	德语（German）004 S，挪威语（Norwegian）006 S。
波罗的语族（Baltic）：	立陶宛语（Lithuanian）007 S。
斯拉夫语族（Slavic）：	俄语（Russian）008 S，保加利亚语（Bulgarian）009 S。
罗曼语族（Romance）：	法语（French）010 S，西班牙语（Spanish）011 S，罗马尼亚语（Romanian）012 S。
伊朗语族（Iranian）：	波斯语（Farsi）013 S，普什图语（Pashto）014 S，库尔德语（Kurdish）015。
印度语族（Indic）：	印地−乌尔都语（Hindi-Urdu）016 S，孟加拉语（Bengali）017 S，克什米尔语（Kashmiri）018 S，旁遮普语（Punjabi）019 S，僧加罗语（Sinhalese）020 S。
阿尔巴尼亚语族（Albanian）：	阿尔巴尼亚语（Albanian）021 S。
亚美尼亚语族（Armenian）：	东亚美尼亚语（Eastern Armenian）022 S。

乌拉尔−阿尔泰语系（Ural-Altaic）（050−099）

芬兰−乌戈尔语族（Finno-Ugric）：	奥斯恰克语（Ostyak）050 S，切列米斯语（Cheremis）051 S，科米语（Komi）052 S，芬兰语（Finnish）053 S，匈牙利语（Hungarian）054 S，拉普语（Lappish）055。
萨莫耶德语族（Samoyed）：	尤拉克语（Yurak）056 S，塔维语（Tavgy）057。

突厥语族（Turkic）：　土耳其语（Osmanli）058 S，阿塞拜疆语（Azerbaijani）059 S，楚瓦什语（Chuvash）060 S，雅库特语（Yakut）061 S，吉尔吉斯语（Kirghiz）062 S，巴什基尔语（Bashkir）063，哈拉吉语（Khalaj）064，图瓦语（Tuva）065。

蒙古语族（Mongolian）：　蒙古语（Mongolian）066 S。

通古斯语族（Tungus）：　埃文基语（Evenki）067 S，赫哲语（Goldi）068，满语（Manchu）069。

韩语（Korean）：　韩语（Korean）070 S。

日语（Japanese）：　日语（Japanese）071 S。

尼日尔-科尔多凡语系（Niger-Kordofanian）（100－199） 175

科尔多凡语族（Kordofanian）：　卡查语（Katcha）100 S，摩洛语（Moro）101，卡杜格利语（Kadugli）102。

曼迪语支（Mande）：　克佩勒语（Kpelle）103 S，比萨语（Bisa）104，班巴拉语（Bambara）105，丹语（Dan）106。

西大西洋语支（West Atlantic）：　沃洛夫语（Wolof）107 S，朱拉语（Diola）108，泰姆奈语（Temne）109。

沃尔特语支（Voltaic）：　达格巴尼语（Dagbani）110 S，塞纳迪语（Senadi）111，坦普尔马语（Tampulma）112，巴里巴语（Bariba）113。

库阿语支（Kwa）：　埃维语（Ewe）114 S，阿干语（Akan）115 S，伊博语（Igbo）116 S，加语（Gã）117 S。

多哥残余语（Togo Remnant）：　莱尔米语（Lelemi）118。

克罗斯河（Cross River）：　艾菲克语（Efik）119。

高原区（Plateau）：　比鲁姆语（Briom）120，塔洛克语［Tarok（Yergam）］121，阿莫语（Amo）122。

班图语支（Bantoid）：　比母贝语（Beembe）123 S，斯瓦希里语（Swashili）124 S，卢瓦勒语（Luvale）125 S，祖鲁语（Zulu）126 S，特克凯语［Teke（Kukuya）］127

阿达马瓦语（Adamawa）：	杜约语（Doayo）128。
东部（Eastern）：	格巴亚语（Gbeya）129 S，赞德语（Zande）130。

尼罗–撒哈拉语系（Nilo-Saharan）（200–249）

桑海语（Songhai）：	桑海语（Songhai）200 S。
撒哈拉语族（Saharan）：	卡努里语（Kanuri）201 S。
马巴语族（Maban）：	马巴语（Maba）202。
富尔语（Fur）：	富尔语（Fur）203。
东苏丹语支（Eastern Sudanic）：	马萨依语（Maasai）204 S，卢奥语（Luo）205 S，努比亚语（Nubian）206 S，尼昂吉语（Nyangi）207，伊克语（Ik）208，塞北语（Sebei）209，塔马语（Tama）210，泰梅语（Temein）211，内拉语（Nera）212，塔比语（Tabi）213，莫西语（Mursi）214。
中苏丹语支（Central Sudanic）：	洛巴拉语（Logbara）215 S，玉鲁语（Yulu）216，萨拉语（Sara）217。
伯尔塔语支（Berta）：	伯尔塔语（Berta）218。
库纳马语支（Kunama）：	库纳马语（Kunama）219。
科马语族（Koma）：	科马语（Koma）220。

亚非语系（Afro-Asiatic）（250–299）

闪语族（Semictic）：	阿拉伯语（Arabic）250 S，提格雷语（Tigre）251 S，阿姆哈拉语（Amharic）252 S，希伯来语（Hebrew）253 S，索科特里语（Socotri）254 S，新阿拉姆语（Neo-Aramaic）255。
柏柏尔语族（Berber）：	石拉语（Shilha）256 S，图阿雷格语（Tuareg）257。
库施特语族（Cushitic）：	索马里语（Somali）258 S，阿维亚语（Awiya）259 S，伊拉库语（Iraqw）260 S，贝贾语（Beja）261。

奥莫蒂语族（Omotic）：库洛语（Kullo）262，迪兹语（Dizi）263，克法语（Kefa）264，哈莫语（Hamer）265。

乍得语族（Chadic）：豪萨语（Hausa）266 S，安加斯语（Angas）267 S，马尔吉语（Margi）268 S，恩吉津语（Ngizim）269，卡纳库鲁语（Kanakuru）270。

南亚语系（Austro-Asiatic）（300–349）

蒙达语族（Munda）：蒙达语（Mundari）300 S，喀里亚语（Kharia）301 S。

卡西语支（Khasi）：卡西语（Khasi）302 S。

越芒语支（Vietmuong）：越南语（Vietnamese）303 S。

巴拿语支（Bahnaric）：塞当语（Sedang）304 S。

高棉语族（Khmer）：高棉语（Khmer）306 S。

澳大利亚土著语系（Australian）（350–399）

伊瓦加语（Iwaidjan）：茂语（Maung）350 S。

布雷拉语（Bureran）：布雷拉语（Burera）352。

蒂维语（Tiwian）：蒂维语（Tiwi）351。

Nunggubuyan 语：Nunggubuyu 语 353 S。

马兰语（Maran）：阿拉瓦语（Allawa）354 S。

达利语（Daly）：马拉努库语（Maranungku）355 S，马拉克马拉克语（Malakmalak）356。

Nyulnyulan 语：巴尔迪语（Bardi）357。

帕马尼翁加语系（Pama-Nyungan）：维克-曼堪语（Wik-Munkan）358 S，昆仁语（Kunjen）359 S，西部沙漠语（Western Desert）360 S，尼扬穆塔语（Nyangumata）361 S，阿兰达语（Aranda）362，卡里拉-纳格鲁马语（Kariera-Ngarluma）363，Gugu-Yalanji 语（Gugu-Yalanji）364，马布伊格语（Mabuiag）365，Arabana-Wanganura 语 366，迪亚里语（Diyari）367，班加朗语（Bandjalang）368。

176 **澳泰语系（Austro-Thai）（400–499）**

侗台语族（Kam-Tai）：	标准泰语（Standard Thai）400 S，拉伽语（Lakkia）401 S，耶语（Yay）402 S，水语（Sui）403，石家语（Saek）404，剥隘土语（Po-ai）405，龙州土语（Lungchow）406。
泰雅语族（Atayalic）：	泰雅语（Atayal）407 S
西印度尼西亚语族（West Indonesian）：	巽他语（Sundanese）408 S，爪哇语（Javanese）409 S，马尔加什语（Malagasy）410 S，查姆语（Cham）411 S，马来语（Malay）412，巴达克语（Batak）413 S。
菲律宾语（Philippine）：	他加禄语（Tagalog）414 S，塞班语（Sa'ban）415 S，查莫罗语（Chamorro）416 S，鲁凯语（Rukai）417。
台湾语（Formosan）：	邹语（Tsou）。
东北新几内亚语（N. E. New Guinea）：	阿德泽拉语（Adzera）419 S，罗洛语（Roro）420。
新不列颠岛语（New Britain）：	卡里阿伊语（Kaliai）421 S。
洛亚蒂语（Loyalty Is）：	Iai 语 422 S。
波利尼西亚语（Polynesian）：	毛利语（Maori）423 S，夏威夷语（Hawaiian）424 S。

汉藏语系（Sino-Tinetan）（500–599）

汉语族（Sinitic）：	普通话（Madarin）500 S，台山话（Taishan）501 S，客家话（Hakka）502 S，漳州话（Changchow）503 S，厦门话（Amoy）504，福州话（Fuchow）505，赣语（Kan）506。
喜马拉雅语支（Himalayish）：	塔芒语（Tamang）507。
米里语支（Mirish）：	达夫拉语（Dafla）508 S。
洛洛–缅甸语族（Lolo-Burmese）：	缅甸语（Burmese）509 S，拉祜语（Lahu）510 S。
克钦语支（Kachin）：	景颇语（Jingpho）511。

库基–钦语支（Kuki-Chin）：	阿沃语（Ao）512，迪登钦语（Tiddim Chin）513。
巴里克语支（Baric）：	加罗语（Garo）514 S，博罗语（Boro）515。
克伦语支（Karenic）：	克伦语（Karen）516 S。
苗瑶语族（Miao-Yao）：	瑶语（Yao）517 S。

印度–太平洋语系（Indo-Pacific）（600–699）

安达曼语（Andamanese）：	安达曼语（Andamanese）600。
西新几内亚语（West New Guinea）：	阿斯马特语（Asmat）601 S。
北新几内亚语（North New Guinea）：	瓦什库克语（Washkuk）602 S，森塔尼语（Sentani）603 S，宁博朗语（Nimboran）604, Iwam 语 605。
东南新几内亚语（South-East New Guinea）：	特里福语（Telefol）606 S。
中部新几内亚语（Central New Guinea）：	塞莱普语（Selepet）607 S，加德苏语（Gadsup）608 S，亚加里亚语（Yagaria）609，科瓦语（Kewa）610，丘阿韦语（Chuave）611，帕瓦恩语（Pawaian）612，达尼语（Dani）613，瓦恩托阿特语（Wantoat）615，达里比语（Daribi）616，法苏语（Fasu）617。
南新几内亚语（South New Guinea）：	苏娜语（Suena）618
东北新几内亚语（North-East New Guinea）：	德拉语（Dera）619。
东新几内亚语（East New Guinea）：	库尼迈帕语（Kunimaipa）620 S，亚雷巴语（Yareba）621，科亚里语（Koiari）62，陶里皮语（Taoripi）623。
布干维尔岛语（Bougainvile）：	纳西奥语（Nasioi）624 S，罗托卡特语（Rotokas）
中美拉尼西亚语支（Central Melanesian）：	南巴坎戈语（Nambakaengo）626。

美洲印第安语系（北）[Amerindian I（Northern）]（700–799）

海达语（Haida）：海达语（Haida）700 S。

特林吉特语（Tlingit）：特林吉特语（Tlingit）701。

阿萨巴斯卡语（Athapaskan）：纳瓦霍语（Navaho）702 S，奇佩维安语（Chipewyan）703 S，托洛瓦语（Tolowa）704 S，胡帕语（Hupa）705 S。

佩努提亚语（北）（Northern Penutian）：内兹佩尔塞语（Nez Perce）706 S，克拉马斯语（Klamath）707。

加利福尼亚佩努提亚语（California Penutian）：麦都语（Maidu）708 S，温图语（Wintu）709。

墨西哥佩努提亚语（Mexican Penutian）：琼塔尔语（Chontal）710 S，佐基语（Zoque）711 S，泽套语（Tzeltal）712 S，托托纳克语（Totonac）713 S，凯克奇语（K'ekchi）714，米克西语（Mixe）715。

奥托–曼格安语系（Oto-Manguean）：奥托米语（Otomi）716 S，马萨瓦语（Mazahua）717 S，马萨特克语（Mazatec）727 S，米斯特克语（Mixtec）728 S，查蒂诺语（Chatino）729。

瓦卡什语系（Wakashan）：努特卡语（Nootka）730 S，夸扣特尔语（Kwakw'ala）731 S。

彻默库安语（Chemakuan）：奎鲁特语（Quileute）732。

萨利什语系（Salish）：斯阔米什语（Squamish）733 S，皮吉特湾语（Puget Sound）734 S。

犹他–阿兹特克语（Uto-Aztecan）：波普阿戈语（Papago）736 S，卢伊塞诺语（Luiseño）737 S，霍皮语（Hopi）738 S，雅基语（Yaqui）739。

基奥瓦–唐诺语（Kiowa-Tanoan）：蒂瓦语［Tiwa（Picuris）］740 S。

177 霍坎语（Hokan）：卡罗克语（Karok）741 S，波莫语（Pomo）742 S，迪埃格诺语（Diegueño）743 S，阿库马维语（Achumawi）744，雅纳语（Yana）745，沙斯塔语（Shasta）746。

塔拉斯坎语（Tarascan）：	塔拉斯坎语（Tarascan）747 S。
祖尼语（Zuni）：	祖尼语（Zuni）748 S。
凯瑞斯语（Keres）：	阿科马语（Acoma）749。
大阿尔贡金语（Macro-Algonkian）：	奥季布瓦语（Ojibwa）750 S，特拉华语（Delaware）751s，通卡瓦语（Tonkawa）752，韦尤特语（Wiyot）753。
大苏语语系（Macro-Siouan）：	塞内卡语（Seneca）754 S，威奇托语（Wichita）755 S，达科他语（Dakota）756s，优奇语（Yuchi）757 S，蒂尼卡语（Tunica）758 S，亚拉巴马语（Alabama）759 S。
瓦波语（Wappo）：	瓦波语（Wappo）760。

美洲印第安语系（南）[Amerindian II（Southern）]（800–899）

奇布查语（Chibchan）：	伊托纳马语（Itonama）800 S，布里布里族语（Bribri）801，穆拉语（Mura）802。
帕赞语（Paezan）：	卡亚帕语（Cayapa）803 S，帕埃斯语（Paez）804 S。
威托托语（Witotoan）：	奥凯纳语（Ocaina）805 S，穆伊纳内语（Muinane）806。
加勒比语（Carib）：	加勒比语（Carib）807 S。
大格语（Macro-Ge）：	阿皮纳耶语（Apinaye）809 S。
帕诺–塔卡纳语（Pano-Tacanan）：	阿马华卡语（Amahuaca）810 S，查科沃语（Chacobo）811 S，塔卡纳语（Tacana）812，卡什纳瓦语（Cashinahua）813。
马塔科语（Mataco）：	阿什乌莱语（Ashuslay）814。
圭库鲁语（Guaycuru）：	阿比庞语（Abipon）815。
南比夸拉语（Nambiquare）：	南部南比夸拉语（Southern Nambiquare）816。
萨帕罗语（Zaparoan）：	阿拉贝拉语（Arabela）817, 奥卡语（Auca）818。
凯楚马拉语（Quechumaran）：	凯楚亚语（Quechua）819 S，哈卡鲁语（Jaqaru）820 S。
琼语（Chon）：	Gununa-Kena 语（Puelche）821。

阿拉瓦克语（Arawakan）:	瓦皮萨纳语（Wapishana）822 S，加勒比海岛语（Island Carib）823 S，阿穆萨语（Amuesha）824 S，坎帕语（Campa）825 S，瓜希洛语（Guajiro）826 S，莫克索语（Moxo）827 S。
图皮语（Tupi）:	瓜拉尼语（Guarani）828 S，西里奥诺语（Siriono）829 S。
瓜希沃-帕米格语（Guahibo-Pamigua）:	瓜希沃语（Guahibo）830。
图卡诺语（Tucanoan）:	蒂库纳语（Ticuna）831 S，巴拉萨诺语（Barasano）832 S，西奥那语（Siona）833，图卡努语（Tucano）834。
希瓦罗语（Jivaroan）:	希瓦罗语（Jivaro）835 S，科芬语（Cofan）836。
佩努提亚语系（Penutian）:	阿劳堪尼亚语（Araucanian）837 S。

其他语系（Other Families）:

爱斯基摩-阿留申语系（Eskimo-Aleut）:	格陵兰语（Greenlandic）900 S，阿留申语（Aleut）901 S。
达罗毗荼语系（Dravidian）:	泰卢固语（Telugu）902 S，科塔语（Kota）903 S，库卢克语（Kurukh）904 S，马拉雅拉姆语（Malayalam）905，布拉灰语（Brahui）917。
古西伯利亚语系（Paleo-Siberian）:	凯特语（Ket）906 S，尤卡吉尔语（Yukaghir）907 S，楚科奇语（Chukchi）908 S，吉利亚克语（Gilyak）909 S。
高加索语系（Gaucasian）:	格鲁吉亚语（Georgian）910 S，卡巴尔德语（Kabardian）911 S，拉克语（Lak）912 S。
科伊桑语系（Khoisan）:	那马语（Nama）913 S，!Xũ 语 918。
巴斯克语族（Basque）:	巴斯克语（Basque）914 S。
布鲁沙斯基语（Burushaski）:	布鲁沙斯基语（Burushaski）915 S。
阿伊努语（Ainu）:	阿伊努语（Ainu）916 S。

2. 语言的字母表顺序清单及主要来源

Abipon（阿比庞语）815	Najlis (1966)
Achumawi（阿库马维语）744	Olmsted (1964, 1966)
Acoma（阿科马语）749	Miller (1966)
Adzera（阿德泽拉语）419 S	Holzknecht (1973)
Ainu（阿伊努语）916 S	Simeon (1969)
Akan（阿干语）115 S	Weliners (1946) Schachter and Fromkin (1968), Stewart (1967)
Alabama（亚拉巴马语）759 S	Rand (1968)
Alawa（阿拉瓦语）354 S	Sharpe (1972)
Albanian（阿尔巴尼亚语）021 S	Newmark (1957)
Aleut（阿留申语）901 S	Bergsland (1956) 178
Amahuaca（阿马华卡语）810 S	Osborn (1948)
Amharic（阿姆哈拉语）252 S	Leslau (1968), Klingenheben (1966), Sumner (1957)
Amo（阿莫语）122	di Luzio (1972)
Amoy Chinese（厦门话）504	[Hanyu Fangyan Gaiyao] (1960)
Amuesha（阿穆萨语）824 S	Fast (1953)
Andamanese（安达曼语）600	Voegelin and Voegelin (1966), Radcliffe-Brown (1914)
Angas（安加斯语）267 S	Burquest (1971)
Ao（阿沃语）512	Gowda (1972)
Apinaye（阿皮纳耶语）809 S	Burgess and Ham (1968)
Arabana-Wanganura 366	Hercus (1973)
Arabela（阿拉贝拉语）817	Furne (1963)
Arabic（阿拉伯语）250 S	Mitchell (1962) Tomiche (1964), Kennedy (1960)
Aranda（阿兰达语）362	O'Grady, Voegelin and Voegelin (1966)
Araucanian（阿劳堪尼亚语）837 S	Echeverria and Contreras (1965)

Armenian, Eastern（东亚美尼亚语）022 S	Allen (1950)
Ashuslay（阿什乌莱语）814	Stell (1972)
Asmat（阿斯马特语）601 S	Voorhoeve (1965)
Atayal（泰雅语）407 S	Egerod (1966)
Auca（奥卡语）818	Saint and Pike (1966)
Awiya（阿维亚语）259 S	Hetzron (1965)
Aymara（艾马拉语）	参见 Jaqaru
Azande（阿赞德语）	参见 Zande
Azerbaijiani（阿塞拜疆语）059 S	Householder (1965)
Bambara（班巴拉语）105	Bird, Hutchinson and Kante (1977)
Bandjalang（班加朗语）368	Cunningham (1969)
Barasano（巴拉萨诺语）832 S	Stolte and Stolte (1971)
Bardi（巴尔迪语）357	Metcalfe (1971)
Bariba（巴里巴语）113	Welmers (1952)
Bashkir（巴什基尔语）063	Poppe (1964)
Basque（巴斯克语）914 S	N'diaye (1970)
Batak（巴塔克语）413 S	van der Tuuk (1971)
Beembe（比母贝语）123 S	Jacquot (1962)
Beja（贝贾语）261	Hudson (1976)
Bengali（孟加拉语）017 S	Ferguson and Chowdhury (1960)
Berta（伯尔塔语）218	Triulzi, Dafallah and Bender (1976)
Birom（比洛姆语）120	Wolff (1959)
Bisa（比萨语）104	Naden (1973)
Boro（博罗语）515	Bhat (1968)
Brahui（布拉灰语）917	Emeneau (1937), De Armond (1975)
Breton（布列塔尼语）002 S	Ternes (1970)
Bribri（布里布里语）801	Arroyo (1972)
Bulgarian（保加利亚语）009 S	Klagstad (1958), Aronson (1968)
Burera（布雷拉语）352	Glasgow and Glasgow (1967)
Burmese（缅甸语）509 S	Okell (1969)
Burushaski（布鲁沙斯基语）915 S	Morgenstierne (1945)

Campa（坎帕语）825 S	Dirks (1953)
Carib（加勒比语）807 S	Peasgood (1972), Hoff (1968)
Cashinahua（卡什纳瓦语）813	Kensinger (1963)
Cayapa（卡亚帕语）803 S	Lindskoog and Brend (1962)
Chacobo（查科沃语）811 S	Prost (1967)
Cham（查姆语）411 S	Blood (1976)
Chamorro（查莫罗语）416 S	Topping (1973, 1969), Seiden (1960)
Changchow Chinese（漳州话）503 S	Chao (1970)
Chasta Costa（沙斯塔科斯塔语）	参见 Tolowa
Chatino（查蒂诺语）729	Pride (1965)
Cheremis（切列米斯语）051 S	Ristinen (1960)
Chipewyan（奇佩维安语）703 S	Li (1946, 1933, 1932) 179
Chontal（琼塔尔语）710 S	Keller (1959)
Chuave（丘阿韦语）611	Thurman (1970)
Chukchi（楚科奇语）908 S	Skorik (1968, 1961)
Chuvash（楚瓦什语）060 S	Andreev (1966), Krueger (1961)
Cofan（科芬语）836	Borman (1962)
Dafla（达夫拉语）508 S	Ray (1967)
Dagbani（达格巴尼语）110 S	Wilson and Bendor-Samuel (1969)
Dakota（达科他语）756 S	Boas and Deloria (1939)
Dan（丹语）106	Béarth and Zemp (1967)
Dani（达尼语）613	Bromley (1961), van der Stap (1966)
Daribi（达里比语）616	MacDonald (1973)
Delaware（特拉华语）751 S	Voegelin (1946)
Dera（德拉语）619	Voorhoeve (1971)
Diegueño（迪埃格诺语）743 S	Langdon (1970)
Diola（朱拉语）108	Sapir (1965)
Diyari（迪亚里语）367	Austin (1978)
Dizi（迪兹语）263	Allen (1967)
Doayo（杜约语）128	Wiering (1974)
Efik（埃菲克语）119	Cook (1969)

Evenki（埃文基）067 S	Novikova (1960)
Ewe（埃维语）114 S	Berry（无日期）, Stahlke (1971), Ladefoged (1968)
Fante（芳堤语），参见 Akan	
Farsi（波斯语）013	obolensky, Panah and Nouri (1963)
Fasu（法苏语）617	Loeweke and May (1964)
Finnish（芬兰语）053 S	Lehtinen (1964), Hams (1964)
French（法语）010s	Sten (1963)
Fuchow Chinese（福州话）505	[Hanyu Fangyan Gaiyao] (1960)
Fur（富尔语）203	Beaton (1968), Tucker and Bryan (1966)
Gã（加语）117 S	Berry（无日期），J. N. A. Nartey (p. c.)
Gadsup（加德苏语）608 S	Frantz and Frantz (1966)
Garo（加罗语）514 S	Burling (1961)
Gbeya（格巴亚语）129 S	Samarin (1966)
Georgian（格鲁吉亚语）910 S	Robins and Waterson (1952), Tschenkeli (1958), Vogt (1938, 1958)
German（德语）004 S	Moulton (1962), Philipp (1974)
Gilyak（Nivkh）（吉利亚克语［尼夫赫语］）909 S	Panfilov (1962, 1968)
Goldi（赫哲语）068	Avrorin (1968)
Greek（希腊语）000 S	Householder, Kazazis and Koutsoudas (1964)
Greenlandic（格陵兰语）900 S	Rischel (1974), Thalbitzer (1904), Kleinschmidt (1851)
Guahibo（瓜希沃语）830 S	Kondo and Kondo (1967)
Guajiro（瓜希洛语）826 S	Holmer (1949)
Guarani（瓜拉尼语）828 S	Gregores and Suarez (1967), Uldall (1956), Lunt (1973)
Gugu-Yalanji 364	Oates and Oates (1964), Wurm (1972a), Oates (1964)
Gununa-Kena（特维尔切语）821	Gerzenstein (1968)
Haida（海达语）700 S	Sapir (1923)
Hakka Chinese（客家话）502 S	Hashimoto (1973)
Hamer（哈莫语）265	Lydall (1976)

Hausa（豪萨语）266	Hodge (1947), Kraft and Kraft (1973), Hodge and Umaru (1963)
Hawaiian（夏威夷语）424 S	Pukui and Elbert (1965)
Hebrew（希伯来语）253 S	Chayen (1973), Cohen and Zafrani (1968)
Hindi-Urdu（印地-乌尔都语）016 S	Kelkar (1968), Vermeer and Sharma (1966)
Hopi（霍皮语）738 S	Whorf (1946), Voegelin (1956)
Huambisa（万比萨语）参见 Jivaro	
Hungarian（匈牙利语）054 S	Kalman (1972), Banhidi, Jokay and Szabo (1965), Hall (1938, 1944)
Hupa（胡帕语）705 S	Woodward (1964), Golla (1970) 180
Iai 422 S	Ozanne-Rivierre (1976), Tryon (1968)
Igbo（伊博语）116 S	Williamson (1969), Carnochan (1948), Swift, Ahaghota and Ugorji (1962)
Ignaciano，参见 Moxo	
Ik（伊克语）208	Heine (1975b)
Inuit（因纽特语）	参见 Greenlandic
Iraqw（伊拉库语）260 S	Whiteley (1958)
Irish（爱尔兰语）001	Mhac an Fhailigh (1968), Sommerfelt (1964)
Island Carib（加勒比海岛语）823 S	Taylor (1955)
Itonama（伊托纳马语）800 S	Liccardi and Grimes (1968)
Iwam 605	Laycock (1965)
Japanese（日语）071 S	Bloch (1950), Martin (1952), Jorden (1963)
Jaqaru（哈卡鲁语）820 S	Hardman (1966)
Javanese（爪哇语）409 S	Horne (1961)
Jingpho（景颇语）511	Liu (1964)
Jivaro（希瓦罗语）835 S	Beasley and Pike (1957)
Kabardian（卡巴尔德语）911 S	Kuipers (1960)
Kadugli（卡杜格利语）102	Abdalla (1973)
Kaliai（卡里阿伊语）421 S	Counts (1969)
Kan Chinese（赣语）506	Hanyu Fangyan Gaiyao (1960)
Kanakuru（卡纳库鲁语）270	Newman (1974)

Kanuri（卡努里语）201 S	Lukas (1937)
Karen（Sgaw）（克伦语）516 S	Jones (1961)
Kariera-Ngarluma（卡列拉-纳格鲁马语）363	O'Grady, Voegelin and Voegelin (1966), Wurm (1972a)
Karok（卡罗克语）741 S	Bright (1957)
Kashmiri（克什米尔语）018 S	Kelkar and Trisal (1964)
Katcha（卡查语）100 S	Stevenson (1957), Tucker and Bryan (1966)
Kefa（克法语）264	Fleming (1976)
K'ekchi（凯克奇语）714 S	Haeseriju (1966), Freeze (1975)
Ket（凯特语）906 S	Dul'zon (1968), Krejnovich (1968)
Kewa（科瓦语）610	Franklin and Franklin (1962)
Khalaj（哈拉吉语）064	Doerfer (1971)
Khalka（喀尔喀语）	参见 Mongolian
Kharia（卡里亚语）301 S	Biligiri (1965), Pitnnow (1959)
Khasi（卡西语）302 S	Rabel (1961)
Khmer（高棉语）306 S	Huffman (1970a, 1970b), Jacob (1968)
Kirghiz（吉尔吉斯语）062 S	Herbert and Poppe (1963)
Klamath（克拉马斯语）707	Barker (1964)
Koiari（科亚里语）622	Dutton (1969)
Koma（科马语）220	Tucker and Bryan (1966)
Komi（科米语）052S	Lytkin (1966), Bubrikh (1949)
Korean（韩语）070	Martin (1951), Cho (1967), Martin and Lee (1969)
Kota（科塔语）903 S	Emeneau (1944)
Kpelle（克佩勒语）103 S	Welmers (1962), Hyman (1973)
Kullo（库洛语）262	Allen (1976a)
Kunama（库纳马语）219	Tucker and Bryan (1966)
Kunimaipa（库尼迈帕语）620 S	Pence (1966)
Kunjen（昆仁语）359 S	Sommer (1969)
Kurdish（库尔德语）015	Abdulla and McCarus (1967)
Kurukh（库卢克语）904 S	Pinnow (1964), Pfeiffer (1972)
Kwakw'ala（夸扣特尔语）731 S	S. R. Anderson (p. c.), Boas (1947), Grubb (1977)

Lahu（拉祜语）510 S	Matisoff (1973)
Lak（拉克语）912 S	Murkelinskij (1967), Zhirkov (1955), Khaidakov (1966)
Lakkia（拉伽语）401 S	Haudricourt (1967)
Lappish（拉普语）055	Hasselbrink (1965)
Lelemi（莱尔米语）118	Hoftmann (1971) 181
Lithuanian（立陶宛语）007 S	Senn (1966), Augustitis (1964), Ambrazas, et al. (1966)
Logbara（洛巴拉语）215 S	Crazzolara (1960), Tucker and Bryan (1966)
Luiseño（卢伊塞诺语）737 S	Malécot (1963), Bright (1965, 1968), Kroeber and Grace (1960)
Lungchow（龙州土语）406	Li (1977)
Luo（卢奥语）205 S	Gregersen (1961)
Lushootseed（卢绍锡德语）	参见 Puget Sound Salish
Luvale（卢瓦勒语）125 S	Horton (1949)
Maasai（马萨依语）204 S	Tucker and Mpaayei (1955), Tucker and Bryan (1966)
Maba（马巴语）202	Tucker and Bryan (1966)
Mabuiag（马布伊格语）365	Wurm (1972a)
Maidu（麦都语）708 S	Shipley (1956, 1964)
Malagasy（马尔加什语）410 S	Dahl (1952), Dyen (1971)
Malakmalak（马拉克马拉克语）356	Tryon (1974), Birk (1975)
Malay（马来语）412 S	Verguin (1967), MacDonald and Soenyono (1967)
Malayalam（马拉雅拉姆语）905	Kumari (1972), McAlpin (1975), Velayudhan (1971)
Manchu（满语）069	Austin (1962)
Mandarin Chinese（国语）500 S	Dow (1972), Chao (1968), C.-C. Cheng (1973)
Maori（毛利语）423 S	Biggs (1961) Hohepa (1967)
Maranungku（马拉努库语）355 S	Tryon (1970)
Margi（马尔吉语）268 S	Hoffmann (1963)
Maung（茂语）350 S	Capell and Hinch (1970)

Mazahua（马萨瓦语）717 S	Spotts (1953)
Mazatec（马萨特克语）727 S	Pike and Pike (1947)
Mixe（Totontepec）（米克西语）715	Crawford (1963), Schoenhals and Schoenhals (1965)
Mixtec（米斯特克语）728 S	Hunter and Pike (1969)
Mongolian（Khalka）[蒙古语（喀尔喀语）]066 S	Hangin (1968), Street (1963), Luvśanvandan (1964)
Moro（摩洛语）101	Black (1971)
Moxo（莫克索语）827 S	Ott and Ott (1967)
Muinane（穆伊纳内语）806	Walton and Walton (1967)
Mundari（蒙达语）300 S	Gumperz and Biligiri (1957)
Mura（穆拉语）802	Sheldon (1974)
Mursi（莫西语）214	Turton and Bender (1976)
Nama（那马语）913 S	Beach (1938), Ladefoged and Traill (1980)
Nambakaengo（南巴坎戈语）626	Wurm (1972b)
Nambiquara, Southern（南部南比夸拉语）816	Price (1976)
Nasioi（纳西奥语）624 S	Hurd and Hurd (1966)
Navaho（纳瓦霍语）702 S	Sapir and Hoijer (1967)
Nenets（涅涅茨语）	参见 Yurak
Neo-Aramaic（新阿拉姆语）255	Garbell (1965)
Nera（内拉语）212	Thompson (1976)
Nez Perce（内兹佩尔塞语）706 S	Aoki (1970, 1966)
Ngizim（恩吉津语）269	Schuh (1972)
Nimboran（宁博朗语）604	Anceaux (1965)
Nivkh（尼夫赫语）	参见 Gilyak
Nootka（Tseshaht）（努特卡语）730 S	Sapir and Swadesh (1939, 1955)
Norwegian（挪威语）006 S	Vanvik (1972)
Nubian（Mahas）（努比亚语）206 S	Bell (1971)
Nunggubuyu 353 S	Hughes and Leeding (1971)
Nyangi（尼昂吉语）207	Heine (1975a)
Nyangumata（尼扬穆塔语）361 S	O'Grady (1964)

Ocaina（奥凯纳语）805 S	Agnew and Pike (1957)
Ojibwa（奥季布瓦语）750 S	Bloomfield (1956)
Osmanli（Turkish）（土耳其语）058 S	Swift (1963), Lees (1961)
Ostyak（奥斯恰克语）050 S	Gulya (1966)
Otomi（奥托米语）716 S	Blight and Pike (1976)
Paez（帕埃斯语）804 S	Gerdel (1973) 182
Papago（波普阿戈语）736 S	Hale (1959), Saxton (1963), I. Maddieson (p. c.)
Pashto（普什图语）014 S	Shafeev (1964)
Pawaian（帕瓦恩语）612	Trefry (1972)
Persian（波斯语）	参见 Farsi
Po-ai（剥隘土语）405	Li (1977)
Pomo（波莫语）742 S	Moshinsky (1974)
Puget Sound Salish（皮吉特湾语）734 S	Snyder (1968)
Punjabi（旁遮普语）019 S	Gill and Gleason (1963)
Quechua（克丘亚语）819 S	Bills, Vallejo and Troike (1969), Lastra (1968)
Quileute（奎鲁特语）732	Powell (1975)
Romanian（罗马尼亚语）012 S	Agard (1958), Ruhlen (1973)
Roro（罗洛语）420	Bluhme (1970), Davis (1974)
Rotokas（罗托卡特语）625	Firchow and Firchow (1969)
Rukai（鲁凯语）417	Li (1973)
Russian（俄语）008 S	Jones and Ward (1969), Halle (1959)
Sa'ban（塞班语）415s	Clayre (1973)
Saek（石家话）404	Gedney (1970)
Sara（萨拉语）217	Caprile (1968), Thayer and Thayer (1971)
Sebei（塞北语）209	Montgomery (1970)
Sedang（塞当语）304 S	Smith (1968)
Selepet（塞莱普语）607 S	McElhanon (1970)
Senadi（塞纳迪语）111	Welmers (1950)
Seneca（塞内卡语）754 S	Chafe (1967)
Sentani（森塔尼语）603 S	Cowan (1965)

Shasta（沙斯塔语）746	Silver (1964)
Shilha（石拉语）256 S	Applegate (1958)
Sinhalese（僧加罗语）020 S	Coates and da Silva (1960)
Siona（西奥那语）833	Wheeler and Wheeler (1962)
Siriono（西里奥诺语）829 S	Priest (1968)
Socotri（索科特里语）254	Johnstone (1975), Leslau (1938)
Somali（索马里语）258 S	Armstrong (1934), Andrzejewsky (1955)
Songhai（桑海语）200 S	Prost (1956), Williamson (1967)
Spanish（西班牙语）011 S	Navarro (1961), Harris (1969), Saporta and Contreras (1962)
Squamish（斯阔米什语）733 S	Kuipers (1967)
Suena（苏娜语）618	Wilson (1969)
Sui（水语）403	Li (1948)
Sundanese（巽他语）408 S	Van Syoc (1959), Robins (1953)
Swahili（斯瓦希里语）124 S	Polomé (1967)
Tabi（塔比语）213	Tucker and Bryan (1966)
Tacana（塔卡纳语）812	Key (1968), Van Wynen and Van Wynen (1962)
Tagalog（他加禄语）414 S	Bloomfield (1917), Schachter and Otanes (1972)
Tahaggart	参见 Tuareg
Taishan Chinese（台山话）501 S	T. M. Cheng (1973)
Tama（塔马语）210	Tucker and Bryan (1966)
Tamang（塔芒语）507	Mazaudon (1973)
Tampulma（坦普尔马语）112	Bergman, Gray and Gray (1969)
Taoripi（陶里皮语）623	Brown (1973)
Tarascan（塔拉斯坎语）747 S	Foster (1969)
Tarok（塔洛克语）121	Robinson (1974)
Tavgy（塔维语）057	Castrén (1966), Tereščtenko (1966)
Teke（Kukuya）（特克语）127	Paulian (1975)
Telefol（特里福语）606 S	Healey (1964)
Telugu（泰卢固语）905 S	Lisker (1963), Krishnamurti (1961), Kelley Kostić et al (1977)

Temein（泰梅语）211	Tucker and Bryan (1966)
Temne（泰姆奈语）109	Dalby (1966), Wilson (1961) 183
Thai（Standard）（标准泰语）400 S	Abramson (1962), Noss (1954, 1964)
Ticuna（蒂库纳语）831 S	Anderson (1959), Anderson (1962)
Tiddim Chin（迪登钦语）513	Henderson (1965)
Tigre（提格雷语）251 S	Palmer (1962)
Tiwa（Picuris）［蒂瓦语（皮库里斯语）］704 S	Trager (1971)
Tiwi（蒂维语）351	Osborne (1974)
Tlingit（特林吉特语）701	Story and Naish (1973), Swanton (1909)
Tolowa（托洛瓦语）704 S	Bright (1964)
Tonkawa（通卡瓦语）752	Hoijer (1972, 1949)
Totonac（托托纳克语）713 S	Aschmann (1946)
Tseshaht	参见 Nootka
Tsou（邹语）418	Tung (1964)
Tuareg（图阿雷格语）257	Prasse (1972)
Tucano（图卡努语）834	West and Welch (1967)
Tunica（蒂尼卡语）758 S	Haas (1941)
Turkish（土耳其语）	参见 Osmanli
Tuva（图瓦语）065	Sat (1966)
Tzeltal（泽套语）712 S	Kaufman (1971)
Vietnamese（越南语）303 S	Thompson (1965)
Wantoat（瓦恩托阿特语）615	Davis (1969)
Wapishana（瓦皮萨纳语）822 S	Tracy (1972)
Wappo（瓦波语）760	Sawyer (1965)
Washkuk（瓦什库克语）602 S	Kooyers, Kooyers and Bee (1971)
Western Desert（西部沙漠语）360 S	Douglas (1955, 1964)
Wichita（威奇托语）755 S	Garvin (1950), Rood (1975)
Wik-Munkan（维克–曼堪语）358 S	Sayers and Godfrey (1964)

Wintu（温图语）709	Broadbent and Pitkin (1964)
Wiyot（维约特语）753	Teeter (1964)
Wolof（沃洛夫语）107 S	Sauvageot (1965)
!Xũ 918	Snyman (1969, 1975)
Yagaria（亚加里亚语）609	Renck (1967, 1975)
Yakut（雅库特语）061 S	Krueger (1962), Bőhtlingk (1964)
Yana（雅纳语）745	Sapir and Swadesh (1960)
Yao（瑶语）517 S	Purnell (1965)
Yaqui（雅基语）739	Johnson (1962), Crumrine (1961)
Yareba（亚雷巴语）621	Weimer and Weimer (1972)
Yay（耶语）402 S	Gedney (1965)
Yuchi（优奇语）757 S	Crawford (1973), Ballard (1975)
Yukaghir（尤卡吉尔语）907 S	Krejnovich (1958, 1968b)
Yulu（玉鲁语）216	Thayer (1969), Santandrea (1970)
Yurak（尤拉克语）056 S	Hajdú (1963), Decsy (1966), Ristinen (1965, 1968)
Zande（赞德语）130	Tucker and Hackett (1959)
Zoque（佐基语）711 S	Wonderly (1951)
Zulu（祖鲁语）126 S	Doke (1926, 1961)
Zuni（祖尼语）748 S	Newman (1965)

3. 数据来源文献

Abdalla, A.I. 1973. Kadugli Language and Language Usage (Salambi Prize Series 3). Khartoum University Press, Khartoum.

Abdulla, J. and McCarus, E.N. 1967. Kurdish Basic Course - Dialect of Sulaimania, Iraq. University of Michigan Press, Ann Arbor.

Abramson, A.S. 1962. The Vowels and Tones of Standard Thai: Acoustical Measurements and Experiments (IJAL 28/2 Part II, Indiana University Publications in Anthropology, Folklore and Linguistics 20). Indiana University, Bloomington.

Agard, F.B. 1958. Structural Sketch of Rumanian (Language monograph 26). Linguistic Society of America, Baltimore.

Agnew, A. and Pike, E.G. 1957. Phonemes of Ocaina (Huitoto). International Journal of American Linguistics 23: 24-27. 184
Allen, E.J. 1976a. Kullo. In M.L. Bender (ed.), The Non-Semitic Languages of Ethiopia. African Studies Center, Michigan State University, East Lansing: 324-350.
Allen, E.J. 1976b. Dizi. In M.L. Bender (ed.), The Non-Semitic Languages of Ethiopia. African Studies Center, Michigan State University, East Lansing: 377-392.
Allen, W.S. 1950. Notes on the phonetics of an Eastern Armenian speaker. Transactions of the Philological Society: 180-206.
Ambrazas, V., Vajtkavichjute, V., Valjatskene, A., Morkunas, K., Sabaljauskas, A., and Ul'vidas, K. 1966. Litovskij jazyk. In V.V. Vinogradov (ed.), Jazyki Narodov SSSR, Vol. 1. Nauka, Leningrad and Moscow: 500-527.
Anceaux, J.C. 1965. The Nimboran Language: Phonology and Morphology. Nijhoff, The Hague.
Anderson, D. 1962. Conversational Ticuna. Summer Institute of Linguistics, University of Oklahoma, Norman.
Anderson, L. 1959. Ticuna vowels: with special regard to the system of five tonemes. Publicacãos do Museu Nacional, Série Lingüistica Especial 1 (Museu Nacional, Rio de Janeiro): 76-119.
Andrzejewsky, B.W. 1955. The problem of vowel representation in the Isaaq dialect of Somali. Bulletin of the School of Oriental and African Studies 17: 567-580.
Andreev, I.A. 1966. Chuvashskij jazyk. In V.V. Vinogradov (ed.), Jazyki Narodov SSSR Vol. 2. Nauka, Leningrad and Moscow: 43-65.
Aoki, H. 1966. Nez Perce vowel harmony and Proto-Sahaptian vowels. Language 42: 759-767.
Aoki, H. 1970. Nez Perce Grammar. University of California Press, Berkeley and Los Angeles.
Applegate, J.R. 1958. An Outline of the Structure of Shilha. American Council of Learned Societies, New York.
Armstrong, L.E. 1934. The phonetic structure of Somali. Mitteilungen des Seminars für Orientalische Sprachen (Berlin) 37/3: 116-161.
Aronson, H.I. 1968. Bulgarian Inflectional Morphophonology. Mouton, The Hague.
Arroyo, V.M. 1972. Lenguas Indigenas Costarricenses, 2nd ed. Editorial Universitaria Centroamericana, San Jose, Costa Rica.
Aschmann, H.P. 1946. Totonaco phonemes. International Journal of American Linguistics 12: 34-43.
Augustitis, D. 1964. Das Litauische Phonationssystem. Sagner, Munich.
Austin, P.A. 1978. A Grammar of the Diyari Language of North-East South Australia. Ph. D. Thesis. Australian National University, Canberra.
Austin, W. 1962. The phonemics and morphophonemics of Manchu. In N. Poppe (ed.), American Studies in Altaic Linguistics (Indiana University Publications, Uralic and Altaic Series 13). Indiana University, Bloomington: 15-22.
Avrorin, V.A. 1968. Nanajski jazyk. In V.V. Vinogradov (ed.), Jazyki Narodov SSSR, Vol. 5. Nauka, Leningrad and Moscow: 5: 129-148.
Ballard, W.L. 1975. Aspects of Yuchi morphonology. In J.M. Crawford (ed.), Studies in Southeastern Indian Languages. University of Georgia Press, Athens, Georgia: 164-187.
Banhidi, Z., Jokay, A. and Szabo, D. 1965. Lehrbuch der Ungarischen Sprache. Publishing House for Textbooks, Budapest.
Barker, M.A.R. 1964. Klamath Grammar. University of California Press, Berkeley and Los Angeles.

185 Beach, D.M. 1938. The Phonetics of the Hottentot Language. Heffer, Cambridge.

Béarth, T. and Zemp, H. 1967. The phonology of Dan (Santa). Journal of African Languages 6: 9-29.

Beasley, D. and Pike, K.L. 1957. Notes on Huambisa phonemics. Lingua Posnaniensis 6: 1-8.

Beaton, A.C. 1968. A Grammar of the Fur Language (Linguistic Monograph Series 1). Sudan Research Unit, University of Khartoum, Khartoum.

Bell, H. 1971. The phonology of Nobiin Nubian. African Language Review 9: 115-139.

Bergman, R., Gray, I., and Gray, C. 1969. Collected Field Reports on the Phonology of Tampulma. Institute of African Studies, University of Ghana, Legon.

Bergsland, K. 1956. Some problems of Aleut phonology. In M. Halle (ed.), For Roman Jakobson. Mouton, The Hague: 38-43.

Berry, J. no date a. The Pronunciation of Ewe. Heffer, Cambridge.

Berry, J. no date b. The Pronunciation of Gã. Heffer, Cambridge.

Bhat, D.N.S. 1968. Boro Vocabulary. Deccan College, Poona.

Biggs, B. 1961. The structure of New Zealand Maori. Anthropological Linguistics 3/3: 1-54.

Biligiri, H.S. 1965. Kharia: Phonology, Grammar and Vocabulary. Deccan College, Poona.

Bills, G.D., Vallejo C., B. and Troike, R.C. 1969. An Introduction to Spoken Bolivian Quecha. University of Texas Press for Institute of Latin American Studies, Austin.

Bird, C., Hutchinson, J., and Kante, M. 1977. An Ka Bamanankan Kalan: Beginning Bambara. Indiana University Press, Bloomington.

Birk, D.B.W. 1975. The phonology of Malakmalak. Papers in Australian Linguistics 8 (Pacific Linguistics, Series A, 39): 59-78.

Black, Mr. and Mrs. K. 1971. The Moro Language: Grammar and Dictionary (Linguistic Monograph Series 6). Sudan Research Unit, University of Khartoum, Khartoum.

Blight, R.C. and Pike, E.V. 1976. The phonology of Tenango Otomi. International Journal of American Linguistics 42: 51-57.

Bloch, B. 1950. Studies in colloquial Japanese, IV: Phonemics. Language 26: 86-125.

Blood, D.L. 1967. Phonological units in Cham. Anthropological Linguistics 9: 15-32.

Bloomfield, L. 1917. Tagalog Texts with Grammatical Analysis (University of Illinois Studies in Language and Literature 3/2-3). University of Illinois, Urbana.

Bloomfield, L. 1956. Eastern Ojibwa. University of Michigan Press, Ann Arbor.

Bluhme, H. 1970. The phoneme system and its distribution in Roro. In S.A. Wurm and D.C. Laycock (eds.), Pacific Linguistic Studies in Honor of Arthur Capell (Pacific Linguistics, Series C, 13): 867-877.

Boas, F. 1947. Kwakiutl grammar. Transactions of the American Philosophical Society 37: 201-377.

Boas, F. and Deloria, E. 1939. Dakota Grammar (Memoirs of the National Academy of Sciences 23/2). Washington, D.C.

Böhtlingk, O. 1964. Uber die Sprache der Jakuten (reprint of Dr. A. Th. v. Middendorff's Reise in der äussersten Norden und Osten Sibiriens, Band III, St. Petersburg, 1851; Indiana University Publications, Uralic and Altaic Series 35). Indiana University, Bloomington.

Borman, M.B. 1962. Cofan phonemes. Studies in Ecuadorian Indian Languages 1. Summer Institute of Linguistics, University of Oklahoma, Norman: 45-49.

Bright, J.O. 1964. The phonology of Smith River Athapaskan (Tolowa). International Journal of American Linguistics 30: 101-107. 186

Bright, W. 1957. The Karok Language. University of California Press, Berkeley and Los Angeles.

Bright, W. 1965. Luiseño phonemics. International Journal of American Linguistics 31: 342-345.

Bright, W. 1968. A Luiseño Dictionary. University of California Press, Berkeley and Los Angeles.

Broadbent, S.M. and Pitkin, H. 1964. A comparison of Miwok and Wintu. In W. Bright (ed.), Studies in Californian Linguistics. University of California Press, Berkeley and Los Angeles: 19-45.

Bromley, H.M. 1961. The Phonology of Lower Grand Valley Dani (Verhandelingen van het Koninklijk Instituut voor Taal-, Land- en Volkenkunde 34). Nijhoff, The Hague.

Brown, A.H. 1973. The Eleman language family. In K. Franklin (ed.), The Linguistic Situation in the Gulf District and Adjacent Areas, Papua New Guinea (Pacific Linguistics, Series C, 26). Australian National University, Canberra: 279-375.

Bubrikh, D.V. 1949. Grammatika Literaturnogo Komi Jazyka. Leningrad State University, Leningrad.

Burgess, E. and Ham, P. 1968. Multilevel conditioning of phoneme variants in Apinaye. Linguistics 41: 5-18.

Burling, R. 1961. A Garo Grammar. Deccan College, Poona.

Burquest, D.A. 1971. A Preliminary Study of Angas Phonology. Institute of Linguistics, Zaria.

Capell, C. and Hinch, H.E. 1970. Maung Grammar. Mouton, The Hague.

Caprile, J-P. 1968. Essai de phonologie d'un parler mbay. Bulletin de la SELAF 8: 1-40.

Carnochan, J. 1948. A study on the phonology of an Igbo speaker. Bulletin of the School of Oriental and African Studies 22: 416-427.

Castrén, M.A. 1966. Grammatik der Samojedischen Sprachen (Indiana University Publications, Uralic and Altaic Series 53 [Reprint of 1854 edition, St. Petersburg]). Indiana University, Bloomington.

Chafe, W.L. 1967. Seneca Morphology and Dictionary. Smithsonian Institution, Washington, D.C.

Chao, Y-R. 1968. A Grammar of Spoken Chinese. University of California Press, Berkeley.

Chao, Y-R. 1970. The Changchow dialect. Journal of the American Oriental Society 90: 45-59.

Chayen, M.J. 1973. The Phonetics of Modern Hebrew. Mouton, The Hague.

Cheng, C-C. 1973. A Synchronic Phonology of Mandarin Chinese. Mouton, The Hague.

Cheng, T.M. 1973. The phonology of Taishan. Journal of Chinese Linguistics 1: 256-322.

Cho, S-B. 1967. A Phonological Study of Korean (Acta Universitatis Upsaliensis, Studia Uralica et Altaica Upsaliensia 2). Almqvist and Wiksells, Uppsala.

Clayre, I.F.C.S. 1973. The phonemes of Sa'ban: a language of Highland Borneo. Linguistics 100: 26-46.

Coates, W.A. and da Silva, M.W.S. 1960. The segmental phonemes of Sinhalese. University of Ceylon Review 18: 163-175.

Cohen, D. and Zafrani, H. 1968. Grammaire de l'Hébreu Vivant. Presses Universitaires de France, Paris.

Cook, T.L. 1969. The Pronunciation of Efik for Speakers of English. Indiana University, Bloomington.

Counts, D.R. 1969. A Grammar of Kaliai-Kove. University of Hawaii Press, Honolulu.

187 Cowan, H.K.J. 1965. Grammar of the Sentani Language (Verhandelingen van het Koninklijk Instituut voor Taal-, Land- en Volkenkunde 47). Nijhoff, The Hague.

Crawford, J.C. 1963. Totontepec Mixe Phonotagmemics. Summer Institute of Linguistics, University of Oklahoma, Norman.

Crawford, J.M. 1973. Yuchi phonology. International Journal of American Linguistics 39: 173-179.

Crazzolara, J.P. 1960. A Study of the Logbara (Ma'di) Language. Oxford University Press, London.

Crumrine, L.S. 1961. The Phonology of Arizona Yaqui (Anthropological Papers of the University of Arizona 5). University of Arizona, Tucson.

Cunningham, M.C. 1969. A Description of the Yugumbir Dialect of Bandjalang (University of Queensland Faculty of Arts Papers 1/8). University of Queensland Press, Brisbane.

Dahl, O.C. 1952. Etude de phonologie et de phonétique malagache. Norsk Tidsskrift for Sprogvidenskap 16: 148-200.

Dalby, D. 1966. Lexical analysis in Temne with an illustrative wordlist. Journal of West African Languages 3: 5-26.

Davis, D.R. 1969. The distinctive features of Wantoat phonemes. Linguistics 47: 5-17.

Davis, M.M. 1974. The dialects of the Roro language of Papua: a preliminary survey. Kivung 8: 3-22.

De Armond, R.C. 1975. Some rules of Brahui conjugation. In H.G. Schiffman and C.M. Eastman (eds.), Dravidian Phonological Systems. University of Washington Press, Seattle.

Decsy, G. 1966. Yurak Chrestomathy (Indiana University Publications, Uralic and Altaic Series 50). Indiana University, Bloomington.

Di Luzio, A. 1972. Preliminary description of the Amo language. Afrika und Ubersee 56: 3-60.

Dirks, S. 1953. Campa (Arawak) phonemes. International Journal of American Linguistics 19: 302-304.

Doerfer, G. 1971. Khalaj Materials (Indiana University Publications, Uralic and Altaic Series 115). Indiana University, Bloomington.

Doke, C.M. 1926. The phonetics of the Zulu language. Bantu Studies Special number.

Doke, C.M. 1961. Textbook of Zulu Grammar. Longmans, Cape Town.

Douglas, W.H. 1955. Phonology of the Australian aboriginal language spoken at Ooldea, South Australia, 1951-1952. Oceania 25: 216-229.

Douglas, W.H. 1964. An Introduction to the Western Desert Language (Oceania Linguistic Monographs 4, revised ed.). University of Sydney, Sydney.

Dow, F.D.M. 1972. An Outline of Mandarin Phonetics. Faculty of Asian Studies, Australian National University, Canberra.

Dul'zon, A.P. 1968. Ketskij Jazyk. Tomsk University, Tomsk.

Dutton, T.E. 1969. The Peopling of Central Papua (Pacific Linguistics, Series B, 9). Australian National University, Canberra.

Dyen, I. 1971. Malagasy. In T.A. Sebeok (ed.), Current Trends in Linguistics, Vol. 8, Linguistics in Oceania. Mouton, The Hague: 211-239.

Echeverria, M.S. and Contreras, H. 1965. Araucanian phonemics. International Journal of American Linguistics 31: 132-135.

Egerod, S. 1966. A statement on Atayal phonology. Artibus Asiae, Supplement 23: 120-130.

Emeneau, M.B. 1937. Phonetic observations on the Brahui language. Bulletin of the School of Oriental Studies 8: 981-983.

Emeneau, M.B. 1944. Kota Texts, Vol. 1. University of California Press, Berkeley and Los Angeles.

Fast, P.W. 1953. Amuesha (Arawak) phonemes. International Journal of American Linguistics 19: 191-194.

Ferguson, C.A. and Chowdhury, M. 1960. The phonemes of Bengali. Language 36: 22-59. 188

Firchow, I. and Firchow, J. 1969. An abbreviated phoneme inventory. Anthropological Linguistics 11: 271-276.

Fleming, H.C. 1976. Kefa (Gonga) Languages. In M.L. Bender (ed.), The Non-Semitic Languages of Ethiopia. African Studies Center, Michigan State University, East Lansing: 351-376.

Foster, M.L. 1969. The Tarascan Language. University of California Press, Berkeley and Los Angeles.

Franklin, K. and Franklin, J. 1962. Kewa I: phonological asymmetry. Anthropological Linguistics 4/7: 29-37.

Frantz, C.I. and Frantz, M.E. 1966. Gadsup phoneme and toneme units. Pacific Linguistics, Series A, 7: 1-11.

Freeze, R.A. 1975. A Fragment of an Early Kekchí Vocabulary (University of Missouri Monographs in Anthropology 2). University of Missouri, Columbia.

Furne, R. 1963. Arabela phonemes and high-level phonology. Studies in Peruvian Indian Languages 1. Summer Institute of Linguistics, University of Oklahoma, Norman: 193-206.

Garbell, I. 1965. The Jewish Neo-Aramaic Dialect of Peralan, Azerbaijan. Mouton, The Hague.

Garvin, P.L. 1950. Wichita I: phonemics. International Journal of American Linguistics 16: 179-184.

Gedney, W.J. 1965. Yay, a Northern Tai language in North Vietnam. Lingua 14: 180-193.

Gedney, W.J. 1970. The Saek language of Nakhon Phanom province. Journal of the Siam Society 58: 67-87.

Gerdel, F. 1973. Paez phonemics. Linguistics 104: 28-48.

Gerzenstein, A. 1968. Fonología de la lengua Gününa-küna (Cuadernos de Linguistica Indigena 5). Centro de Estudios Linguisticos, University of Buenos Aires, Buenos Aires.

Gill, H.S. and Gleason, H.A. 1963. A Reference Grammar of Panjabi. Hartford Seminary Foundation, Hartford.

Glasgow, D. and Glasgow, K. 1967. The phonemes of Burera. Papers in Australian Linguistics 1 (Pacific Linguistics, Series A, 10): 1-14.

Golla, V.K. 1970. Hupa Grammar. Ph.D. Dissertation. University of California, Berkeley.

Gowda, K.S.G. 1972. Ao-Naga Phonetic Reader. Central Institute of Indian Languages, Mysore.

Gregersen, E.A. 1961. Luo: A Grammar. Ph. D. Dissertation. Yale University, New Haven.

Gregores, E. and Suarez, J.A. 1967. A Description of Colloquial Guarani. Mouton, The Hague.

Grubb, D.M. 1977. A Practical Writing System and Short Dictionary of Kwakw'ala (Kwakiutl). National Museum of Man, Ottawa.

Gulya, J. 1966. Eastern Ostyak Chrestomathy (Indiana University Publications, Uralic and Altaic Series 51). Indiana University, Bloomington.

Gumperz, J.J. and Biligiri, H.S. 1957. Notes on the phonology of Mundari. Indian Linguistics 17: 6-15.

Haas, M.R. 1941. Tunica. Handbook of American Indian Languages, Vol. 4. Augustin, New York: 1-143.

Haeseriju, E.V. 1966. Ensayo de la Gramática del K'ekchí. Suquinay, Purulha.

Hajdú, P. 1963. The Samoyed Peoples and Languages (Indiana University Publications, Uralic and Altaic Series 14). Indiana University, Bloomington.

189 Hale, K. 1959. A Papago Grammar. Ph.D. Dissertation. Indiana University, Bloomington.

Hall, R.A. 1938. An Analytical Grammar of the Hungarian Language (Language Monograph 18). Linguistic Society of America, Philadelphia.

Hall, R.A. 1944. Hungarian Grammar (Language Monograph 21). Linguistic Society of America, Baltimore.

Halle, M. 1959. The Sound Pattern of Russian. Mouton, The Hague.

Hangin, J.G. 1968. Basic Course in Mongolian (Indiana University Publications, Uralic and Altaic Series 73). Indiana University, Bloomington.

(Hanyu Fangyan Gaiyao) 1960. [Outline of Chinese Dialects]. Wenzi Gaige Chubanshe, Beijing.

Hardman, M.J. 1966. Jaqaru: Outline of Phonological and Morphological Structure. Mouton, The Hague.

Harms, R.T. 1964. Finnish Structural Sketch (Indiana University Publications, Uralic and Altaic Series 42). Indiana University, Bloomington.

Harris, J.T. 1969. Spanish Phonology. MIT Press, Cambridge, Massachusetts.

Hashimoto, M.J. 1973. The Hakka Dialect. Cambridge University Press, Cambridge.

Hasselbrink, G. 1965. Alternative Analyses of the Phonemic System in Central-South Lappish (Indiana University Publications, Uralic and Altaic Series 49). Indiana University, Bloomington.

Haudricourt, A-G. 1967. La langue lakkia. Bulletin de la Société de Linguistique de Paris 62: 165-182.

Healey, A. 1964. Telefol Phonology (Pacific Linguistics, Series B, 3). Australian National University, Canberra.

Heine, B. 1975a. Tepes und Nyangi: zwei ostafrikanische Restsprachen. Afrika und Ubersee 58: 263-300.

Heine, B. 1975b. Ik - eine ostafrikanische Restsprache. Afrika und Ubersee 59: 31-56.

Henderson, E.J. 1965. Tiddim Chin: A Descriptive Analysis of Two Texts. Oxford University Press, London.

Herbert, R.J. and Poppe, N. 1963. Kirghiz Manual (Indiana University Publications, Uralic and Altaic Series 33). Indiana University, Bloomington.

Hercus, L.A. 1973. The prestopped nasal and lateral consonants in Arabana-Wanganura. Anthropological Linguistics 14: 293-305.

Hetzron, R. 1969. The Verbal System of Southern Agaw. University of California Press, Berkeley and Los Angeles.

Hodge, C.T. 1947. An Outline of Hausa Grammar (Language Dissertation 41). Linguistic Society of America, Baltimore.

Hodge, C.T. and Umaru, I. 1963. Hausa Basic Course. Foreign Service Institute, Washington D.C.

Hoff, B.J. 1968. The Carib Language (Verhandelingen van het Koninklijk Instituut voor Taal-, Land- en Volkenkunde 55). Nijhoff, The Hague.

Hoffmann, C. 1963. A Grammar of the Margi Language. Oxford University Press for International African Institute, London.

Hoftmann, H. 1971. The Structure of the Lelemi Language. Enzyklopädie, Leipzig.

Hohepa, P.W. 1967. A Profile Generative Grammar of Maori (IJAL Memoir 20, Indiana University Publications in Anthropology and Linguistics). Indiana University, Bloomington.

Hoijer, H. 1946. Tonkawa. In H. Hoijer (ed.), Linguistic Structures of Native America. Wenner-Gren Foundation, New York: 289-311.

Hoijer, H. 1949. An Analytic Dictionary of the Tonkawa Language. University of California Press, Berkeley and Los Angeles.

Hoijer, H. 1972. Tonkawa Texts. University of California Press, Berkeley and Los Angeles. 190

Holmer, N.M. 1949. Goajiro (Arawak) I: Phonology. International Journal of American Linguistics 14: 45-56.

Holzknecht, K.G. 1973. The phonemes of the Adzera language. Pacific Linguistics, Series A, 38: 1-11.

Horne, E.C. 1961. Beginning Javanese. Yale University Press, New Haven.

Horton, A.E. 1949. A grammar of Luvale. Witwatersrand University Press, Johannesburg.

Householder, F.W. 1965. Basic course in Azerbaijani (Indiana University Publications, Uralic and Altaic Series 45). Indiana University, Bloomington.

Householder, F.W., Kazazis, K. and Koutsoudas, A. 1964. Reference Grammar of Literary Dhimotiki (IJAL 30/2 Part II, Publications of the Indiana University Research Center in Anthropology, Folklore and Linguistics, 31). Indiana University, Bloomington.

Hudson, R.A. 1976. Beja. In M.L. Bender (ed.), The Non-Semitic Languages of Ethiopia. African Studies Center, Michigan State University, East Lansing: 97-132.

Huffman, F.E. 1970a. The Cambodian System of Writing and Beginning Reading. Yale University Press, New Haven.

Huffman, F.E. 1970b. Modern Spoken Cambodian. Yale University Press, New Haven.

Hughes, E.F. and Leeding, V.J. 1971. The phonemes of Nunggubuyu. Papers on the Languages of Australian Aboriginals (Australian Aboriginal Studies 38): 72-81.

Hunter, G.G. and Pike, E.V. 1969. The phonology and tone sandhi of Molinos Mixtec. Linguistics 47: 24-40.

Hurd, C. and Hurd, P. 1966. Nasioi Language Course. Department of Information and Extension Services, Port Moresby.

Hyman, L.M. 1973. Notes on the history of Southwestern Mande. Studies in African Linguistics 4: 183-196.

Jacob, J.M. 1968. Introduction to Cambodian. Oxford University Press, London.

Jacquot, A. 1962. Notes sur la phonologie du beembe (Congo). Journal of African Languages 1: 232-242.

Johnson, J.B. 1962. El Idioma Yaqui. Instituto Nacional de Antropología e Historia, Mexico.

Johnstone, T.M. 1975. The modern South Arabian languages. Afroasiatic Linguistics 1: 93-121.

Jones, D. and Ward, D. 1969. The Phonetics of Russian. Cambridge University Press, Cambridge.

Jones, R.B. 1961. Karen Linguistic Studies. University of California Press, Berkeley and Los Angeles.

Jorden, E.H. 1963. Beginning Japanese, Part I. Yale University Press, New Haven.

Kalman, B. 1972. Hungarian historical phonology. In L. Benko and S. Imre (eds.), The Hungarian Language. Mouton, The Hague.

Kaufman, T. 1971. Tzeltal Phonology and Morphology. University of California Press, Berkeley and Los Angeles.

Kelkar, A.R. 1968. Studies in Hindi-Urdu I: Introduction and Word Phonology. Postgraduate and Research Institute, Deccan College, Poona.

Kelkar, A.R. and Trisal, P.N. 1964. Kashmiri word phonology: a first sketch. Anthropological Linguistics 6/1: 13-22.

Keller, K.C. 1959. The phonemes of Chontal (Mayan). International Journal of American Linguistics 24: 44-53.

191 Kelley, G. 1963. Vowel phonemes and external vocalic sandhi in Telugu. Journal of the American Oriental Society 83: 67-73.

Kennedy, N.M. 1960. Problems of Americans in Mastering the Pronunciation of Egyptian Arabic. Center for Applied Linguistics, Washington, D.C.

Kensinger, K.M. 1963. The phonological hierarchy of Cashinahua. Studies in Peruvian Indian Languages 1. Summer Institute of Linguistics, University of Oklahoma, Norman: 207-217.

Key, M.R. 1968. Comparative Tacanan Phonology. Mouton, The Hague.

Khaidakov, S.M. 1966. Ocherki po Lakskoj Dialektologii. Nauka, Moscow.

Klagstad, H. 1958. The phonemic system of colloquial standard Bulgarian. Slavic and East European Journal 16: 42-54.

Kleinschmidt, S. 1851. Grammatik der Grönländischen Sprache. Reimer, Berlin.

Klingenheben, A. 1966. Deutsch-Amharischer Sprachführer. Harrassowitz, Wiesbaden.

Kondo, V. and Kondo, R. 1967. Guahibo phonemes. Phonemic Systems of Colombian Languages. Summer Institute of Linguistics, University of Oklahoma, Norman: 89-98.

Kooyers, O., Kooyers, M., and Bee, D. 1971. The phonemes of Washkuk (Kwoma). Te Reo 14: 36-41.

Kostić, D., Mitter, A., and Krishnamurti, B. 1977. A Short Outline of Telugu Phonetics. Indian Statistical Institute, Calcutta.

Kraft, C.H. and Kraft, M.G. 1973. Introductory Hausa. University of California Press, Berkeley.

Krejnovich, E.A. 1958. Jukagirskij jazyk. Academy of Sciences of the USSR, Moscow and Leningrad.

Krejnovich, E.A. 1968a. Ketskij jazyk. In V.V. Vinogradov (ed.), Jazyki Narodov SSSR, Vol. 5. Nauka, Leningrad and Moscow: 453-473.

Krejnovich, E.A. 1968b. Jukagirskij jazyk. In V.V. Vinogradov (ed.), Jazyki Narodov SSSR, Vol. 5. Nauka, Leningrad and Moscow: 435-452.

Krishnamurti, B. 1961. Telugu Verbal Bases. University of California Press, Berkeley and Los Angeles.

Kroeber, A.L. and Grace, G.W. 1960. The Sparkman Grammar of Luiseño. University of California Press, Berkeley and Los Angeles.

Krueger, J.R. 1961. Chuvash Manual (Indiana University Publications, Uralic and Altaic Series 7). Indiana University, Bloomington.

Krueger, J.R. 1962. Yakut Manual (Indiana University Publications, Uralic and Altaic Series 21). Indiana University, Bloomington.

Kuipers, A.H. 1960. Phoneme and Morpheme in Kabardian. Mouton, The Hague.

Kuipers, A.H. 1967. The Squamish Language. Mouton, The Hague.

Kumari, B.S. 1972. Malayalam Phonetic Reader. Central Institute of Indian Languages, Mysore.

Ladefoged, P. 1968. A Phonetic Study of West African Languages, 2nd ed. Cambridge University Press, Cambridge.

Ladefoged, P. and Traill, A. 1980. The phonetic inadequacy of phonological specifications of clicks. UCLA Working Papers in Phonetics 49: 1-27.

Langdon, M. 1970. A Grammar of Diegueño, Mesa Grande Dialect. University of California Press, Berkeley and Los Angeles.

Lastra, Y. 1968. Cochabamba Quechua Syntax. Mouton, The Hague.

Laycock, D.C. 1965. Three Upper Sepik phonologies. Oceanic Linguistics 4: 113-117.

Lees, R.B. 1961. The Phonology of Modern Standard Turkish. Indiana University, Bloomington.

Lehtinen, M. 1964. Basic Course in Finnish. Indiana University, Bloomington.

Leslau, W. 1938. Lexique Socotri. Klincksiek, Paris.

Leslau, W. 1968. Amharic Textbook. University of California Press, Berkeley. 192
Li, F-K. 1932. A list of Chipewyan stems. International Journal of American Linguistics 7: 122-151.
Li, F-K. 1933. Chipewyan consonants. Bulletin of the Institute of History and Philology, Academia Sinica Ts'ai Yuan P'ei Anniversary Volume, (Supplementary Volume 1): 429-467.
Li, F-K. 1946. Chipewyan. In H. Hoijer (ed.), Linguistic Structures of Native America. Wenner-Gren Foundation, New York: 394-423.
Li, F-K. 1948. The distribution of initials and tones in the Sui language. Language 24: 160-167.
Li, F-K. 1977. A Handbook of Comparative Tai. University of Hawaii Press, Honolulu.
Li, P.J-K. 1973. Rukai Structure (Special Publication 64). Institute of History and Philology, Academia Sinica, Taipei.
Liccardi, M. and Grimes, J. 1968. Itonama intonation and phonemes. Linguistics 38: 36-41.
Lindskoog, J.N. and Brend, J.M. 1962. Cayapa phonemics. Studies in Ecuadorian Indian Languages 1. Summer Institute of Linguistics, University of Oklahoma, Norman: 31-44.
Lisker, L. 1963. Introduction to Spoken Telugu. American Council of Learned Societies, New York.
Liu, L. 1964. Ching-p'o-yü Kai-k'uang. Chung Kuo Yu Wen 5: 407-417.
Loeweke, E. and May, J. 1964. The phonological hierarchy in Fasu. Anthropological Linguistics 7/5: 89-97.
Lukas, J. 1937. A Study of the Kanuri Language. Oxford University Press, London.
Lunt, H.G. 1973. Remarks on nasality: the case of Guarani. In S.R. Anderson (ed.), A Festschrift for Morris Halle. Holt, Rinehart and Winston, New York: 131-139.
Luvšanvandan, S. 1964. The Khalkha-Mongolian phonemic system. Acta Orientalia (Academiae Scientiarum Hungaricae) 17: 175-185.
Lydall, J. 1976. Hamer. In M.L. Bender (ed.), The Non-Semitic Languages of Ethiopia. African Studies Center, Michigan State University, East Lansing: 393-438.
Lytkin, V.I. 1966. Komi-Zyrjanskij jazyk. In V.V. Vinogradov (ed.), Jazyki Narodov SSSR, Vol.3. Nauka, Moscow and Leningrad: 281-299.
Malécot, A. 1963. Luiseño, a structural analysis I: Phonology. International Journal of American Linguistics 29: 89-95.
MacDonald, G.E. 1973. The Teberan Language Family. In K. Franklin (ed.), The Linguistic Situation in the Gulf District and Adjacent Areas, Papua New Guinea (Pacific Linguistics, Series C, 26): 113-148.
MacDonald, R.R. and Soenyono, D. 1967. Indonesian Reference Grammar. Georgetown University Press, Washington, D.C.
Martin, S.E. 1951. Korean Phonemics. Language 27: 519-533.
Martin, S.E. 1952. Morphophonemics of Standard Colloquial Japanese (Language Dissertation 47). Linguistic Society of America, Baltimore.
Martin, S.E. and Lee, Y-S.C. 1969. Beginning Korean. Yale University Press, New Haven.
Matisoff, J.A. 1973. The Grammar of Lahu. University of California Press, Berkeley and Los Angeles.
Mazaudon, M. 1973. Phonologie Tamang (Népal) (Collection "Tradition Orale" 4). SELAF, Paris.
McAlpin, D.W. 1975. The morphophonology of the Malayalam noun. In H.F. Schiffman and C. Easton (eds.), Dravidian Phonological Systems. University of Washington, Seattle: 206-223.

193 McElhanon, K.A. 1970. Selepet Phonology (Pacific Linguistics, Series B, 14). Australian National University, Canberra.

Metcalfe, C.D. 1971. A tentative statement of the Bardi aboriginal language. Papers on the Languages of Australian Aboriginals (Australian Aboriginal Studies 38): 82-92.

Mhac An Fhailigh, E. 1968. The Irish of Erris, Co. Mayo. Dublin Institute for Advanced Studies, Dublin.

Miller, W.R. 1966. Acoma Grammar and Texts. University of California Press, Berkeley and Los Angeles.

Mitchell, T.F. 1962. Colloquial Arabic. English Universities Press, London.

Montgomery, C. 1970. Problems in the development of an orthography for the Sebei language of Uganda. Journal of the Language Association of East Africa 1: 48-55.

Morgenstierne, G. 1945. Notes on Burushaski phonology. Norsk Tidsskrift for Sprogvidenskap 13: 61-95.

Moshinsky, J. 1974. A Grammar of Southeastern Pomo. University of California Press, Berkeley and Los Angeles.

Moulton, W.G. 1962. The Sounds of English and German. University of Chicago Press, Chicago.

Murkelinskij, G.B. 1967. Lakskij jazyk. In V.V. Vinogradov (ed.), Jazyki Narodov SSSR, Vol. 4. Nauka, Moscow and Leningrad: 489-507.

Naden, A.J. 1973. The Grammar of Bisa. Ph. D. Thesis. School of Oriental and African Studies, London University, London.

Najlis, E.L. 1966. Lengua Abipona I. Centro de Estudios Linguisticos, Universidad de Buenos Aires.

Navarro, T.T. 1961. Manual de Pronunciación Española, 10th ed. Consejo Superior de Investigaciones Cientificas, Madrid.

N'diaye, G. 1970. Structure du Dialecte Basque de Maya. Mouton, The Hague.

Newman, P. 1974. The Kanakuru Language. Cambridge University Press, Cambridge.

Newman, S. 1965. Zuni Grammar. University of New Mexico Press, Albuquerque.

Newmark, L. 1957. Structural Grammar of Albanian (IJAL 23/4 Part II, Indiana University Research Center in Anthropology, Folklore and Linguistics, Publication 4). Indiana University, Bloomington.

Noss, R.B. 1954. An Outline of Siamese Grammar. Ph. D. Dissertation. Yale University, New Haven.

Noss, R.B. 1964. Thai Reference Grammar. Foreign Service Institute, Washington, D.C.

Novikova, K.A. 1960. Ocherki Dialektov Evenskogo Jazyka: Ol'skij Govor 1. Academy of Sciences of the USSR, Moscow and Leningrad.

Oates, L.F. 1964. Distribution of phonemes and syllables in Gugu-Yalanji. Anthropological Linguistics 1: 23-26.

Oates, W. and Oates, L.F. 1964. Gugu-Yalanji and Wik-Munkan Language Studies (Occasional Papers in Aboriginal Studies 2). Australian Institute of Aboriginal Studies, Canberra.

Obolensky, S., Panah, K.Y., and Nouri, F.K. 1963. Persian Basic Course. Center for Applied Linguistics, Washington D.C.

O'Grady, G.N. 1964. Nyangumata Grammar (Oceania Linguistic Monographs 9). University of Sydney, Sydney.

O'Grady, G.N., Voegelin, C.F. and Voegelin, F.M. 1966. Phonological diversity. Languages of the World: Indo-Pacific Fascicle 6 (Anthropological Linguistics 8/2): 56-67.

Okell, J. 1969. A Reference Grammar of Colloquial Burmese. Oxford University Press, London.

Olmsted, D.L. 1964. A History of Palaihnihan Phonology. University of California Press, Berkeley and Los Angeles.

Olmsted, D.L. 1966. Achumawi Dictionary. University of California Press, Berkeley and Los Angeles. 194
Osborn, H. 1948. Amahuaca phonemes. International Journal of American Linguistics 14: 188-190.
Osborne, C.R. 1974. The Tiwi Language (Australian Aboriginal Studies 55). Australian Institute for Aboriginal Studies, Canberra.
Ott, W. and Ott, R. 1967. Phonemes of the Ignaciano language. Linguistics 35: 56-60.
Ozanne-Rivierre, F. 1976. Le Iaai, SELAF, Paris.
Palmer, F.R. 1962. The Morphology of the Tigre Noun. Oxford University Press, London.
Panfilov, V.Z. 1962. Grammatika Nivkhskogo Jazyka, I. Akademia Nauk, Moscow and Leningrad.
Panfilov, V.Z. 1968. Nivhskij jazyk. In V.V. Vinogradov (ed.), Jazyki Narodov SSSR, Vol. 5. Nauka, Moscow and Leningrad: 408-434.
Paulian, C. 1975. Le Kukya, Langue Teke du Congo (Bibliothèque de la SELAF 49-50). SELAF, Paris.
Peasgood, E.T. 1972. Carib phonology. In J.E. Grimes (ed.), Languages of the Guianas. Summer Institute of Linguistics, University of Oklahoma, Norman: 35-41.
Pence, A. 1966. Kunimaipa phonology: hierarchical levels. Pacific Linguistics, Series A, 7: 49-97.
Pfeiffer, M. 1972. Elements of Kurux Historical Phonology. E.J. Brill, Leiden.
Philipp, M. 1974. Phonologie des Deutschen. Kohlhammer, Stuttgart.
Pike, K.L. and Pike, E.V. 1947. Immediate constituents of Mazateco syllables. International Journal of American Linguistics 13: 78-91.
Pinnow, H-J. 1959. Versuch einer Historischen Lautlehre der Kharia-Sprache. Harrassowitz, Wiesbaden.
Pinnow, H-J. 1964. Bemerkungen zur Phonetik und Phonemik des Kurukh. Indo-Iranian Journal 8: 32-59.
Polomé, E.C. 1967. Swahili Language Handbook. Center for Applied Linguistics, Washington, D.C.
Poppe, N. 1964. Bashkir Manual (Indiana University Publications, Uralic and Altaic Series 36). Indiana University, Bloomington.
Powell, J.V. 1975. Proto-Chimakuan: Materials for a Reconstruction. Working Papers in Linguistics, University of Hawaii 7/2.
Prasse, K-G. 1972. Manuel de Grammaire Touarègue. Akademisk Forlag, Copenhagen.
Price, P.D. 1976. Southern Nambiquara phonology. International Journal of American Linguistics 42: 338-348.
Pride, K. 1965. Chatino Syntax. Summer Institute of Linguistics, University of Oklahoma, Norman.
Priest, P. 1968. Phonemes of the Siriono Language. Linguistics 41: 102-108.
Prost, A. 1956. La Langue Songay et ses Dialectes (Mémoires de l'Institut francais d'Afrique Noire 47). IFAN, Dakar.
Prost, G.R. 1967. Phonemes of the Chacobo language. Linguistics 35: 61-65.
Pukui, M.K. and Elbert, S.H. 1965. Hawaiian-English Dictionary, 6th ed. University of Hawaii Press, Honolulu.
Purnell, H.C. 1965. Phonology of a Yao Dialect. Hartford Seminary Foundation, Hartford.
Rabel, L. 1961. Khasi, a Language of Assam. Louisiana State University Press, Baton Rouge.
Radcliffe-Brown, A. 1914. Notes on the languages of the Andaman Islands. Anthropos 9: 36-52.
Rand, E. 1968. The structural phonology of Alabaman, a Muskogean language. International Journal of American Linguistics 34: 94-103.

195 Ray, P.S. 1967. Dafla phonology and morphology. Anthropological Linguistics 9: 9-14.

Renck, G.L. 1967. A tentative statement of the phonemes of Yagaria. Papers in New Guinea Linguistics 6 (Pacific Linguistics, Series A, 12): 19-48.

Renck, G.L. 1975. A Grammar of Yagaria (Pacific Linguistics, Series B, 40). Australian National University, Canberra.

Rischel, J. 1974. Topics in West Greenlandic Phonology. Akademisk Forlag, Copenhagen.

Ristinen, E.K. 1960. An East Cheremis Phonology (Indiana University Publications, Uralic and Altaic Series 1). Indiana University, Bloomington.

Ristinen, E.K. 1965. On the phonemes of Nenets. Ural-Altaische Jahrbücher 36: 154-164.

Ristinen, E.K. 1968. Problems concerning vowel length in Nenets. Ural-Altaische Jahrbücher 40: 22-44.

Robins, R.H. 1953. The phonology of the nasalized verbal forms in Sundanese. Bulletin of the School of Oriental and African Studies 15: 138-145.

Robins, R.H. and Waterson, N. 1952. Notes on the phonetics of the Georgian word. Bulletin of the School of Oriental and African Studies 15: 55-72.

Robinson, J.O.S. 1974. His and hers morphology: the strange case of the Tarok possessives. Studies in African Linguistics Supplement 6: 201-209.

Rood, D. 1975. The implications of Wichita phonology. Language 51: 315-337.

Ruhlen, M. 1973. Rumanian Phonology. Ph. D. Dissertation. Stanford University, Palo Alto.

Saint, R. and Pike, K.L. 1962. Auca phonemics. In B. Elson (ed.), Studies in Ecuadorian Indian Languages 1. Summer Institute of Linguistics, University of Oklahoma, Norman: 2-30.

Samarin, W.J. 1966. The Gbeya Language. University of California Press, Berkeley and Los Angeles.

Santandrea, S. 1970. Brief Grammar Outlines of the Yulu and Kara Languages (Museum Combonianum 25). Nigrizia, Bologna.

Sapir, E. 1923. The phonetics of Haida. International Journal of American Linguistics 3-4: 143-158.

Sapir, E. and Hoijer, H. 1967. The phonology and morphology of the Navaho language. University of California Press, Berkeley and Los Angeles.

Sapir, E. and Swadesh, M. 1939. Nootka Texts. Linguistic Society of America, Philadelphia.

Sapir, E. and Swadesh, M. 1955. Native accounts of Nootka ethnography (IJAL 21/4 Part II, Indiana University Publications in Anthropology, Folklore and Linguistics). Indiana University, Bloomington.

Sapir, E. and Swadesh, M. 1960. Yana Dictionary. University of California Press, Berkeley and Los Angeles.

Sapir, J.D. 1965. A Grammar of Diola-Fogny. Cambridge University Press, Cambridge.

Saporta, S. and Contreras, H. 1962. A Phonological Grammar of Spanish. University of Washington Press, Seattle.

Sastry, J.V. 1972. Telugu Phonetic Reader. Central Institute of Indian Languages, Mysore.

Sat, S.C. 1966. Tuvinskij jazyk. In V.V. Vinogradov (ed.), Jazyki Narodov SSSR, Vol 2. Nauka, Moscow and Leningrad: 387-402.

Sauvageot, S. 1965. Description Synchronique d'un Dialecte Wolof: le Parler du Dyolof (Mémoires de l'Institut Fondamental d'Afrique Noire 73). IFAN, Dakar.

Sawyer, J.O. 1965. English-Wappo Vocabulary. University of California Press, Berkeley and Los Angeles.

Saxton, D. 1963. Papago phonemes. International Journal of American Linguistics 29: 29-35. 196

Sayers, B. and Godfrey, M. 1964. Outline Description of the Alphabet and Grammar of a Dialect of Wik-Munkan, Spoken at Coen, North Queensland (Occasional Papers in Aboriginal Studies 2). Australian Institute of Aboriginal Studies, Canberra.

Schachter, P. and Fromkin, V.A. 1968. A Phonology of Akan:Akuapem,Asante, Fante (UCLA Working Papers in Phonetics 9). Phonetics Laboratory, University of California, Los Angeles.

Schachter, P. and Otanes, F.T. 1972. Tagalog Reference Grammar. University of California Press, Berkeley and Los Angeles.

Schoenhals, A. and Schoenhals, L.C. 1965. Vocabulario Mixe de Totontepec. Summer Institute of Linguistics, Mexico.

Schuh, R. 1972. Aspects of Ngizim Syntax. Ph. D. Dissertation. University of California, Los Angeles.

Seiden, W. 1960. Chamorro phonemes. Anthropological Linguistics 2/4: 6-33.

Senn, A. 1966. Handbuch der Litauischen Sprache, Band 1:Grammatik. Winter, Heidelberg.

Shafeev, D.A. 1964. A Short Grammatical Outline of Pashto (translated and edited by H.H. Paper). Indiana University, Bloomington.

Sharpe, M. 1972. Alawa Phonology and Grammar (Australian Aboriginal Studies 37). Australian Institute of Aboriginal Studies, Canberra.

Sheldon, S.N. 1974. Some morphophonemic and tone perturbation rules in Mura-Piraha'. International Journal of American Linguistics 40: 279-282.

Shipley, W.F. 1956. The phonemes of Northeastern Maidu. International Journal of American Linguistics 22: 233-237.

Shipley, W.F. 1964. Maidu Grammar. University of California Press, Berkeley and Los Angeles.

Silver, S. 1964. Shasta and Karok: a binary comparison. In W. Bright (ed.), Studies in California Linguistics. University of California Press, Berkeley and Los Angeles: 170-181.

Simeon, G. 1969. Hokkaido Ainu phonemics. Journal of the American Oriental Society 89: 751-757.

Skorik, P.I. 1961. Grammatika Chukotskogo Jazyka, 1. Akademia Nauk, Moscow and Leningrad.

Skorik, P.I. 1968. Chukotskij jazyk. In V.V. Vinogradov (ed.), Jazyki Narodov SSSR, Vol. 5. Nauka, Moscow and Leningrad: 248-270.

Smith, K.D. 1968. Laryngealization and de-laryngealization in Sedang phonemics. Linguistics 38: 52-69.

Snyder, W. 1968. Southern Puget Sound Salish: phonology and morphology. Sacramento Anthropology Society Papers 8: 2-22.

Snyman, J.W. 1969. An Introduction to the !Xũ Language. Balkema, Cape Town.

Snyman, J.W. 1975. Zu|'hõasi Fonologie en Woordeboek. Balkema, Cape Town.

Sommer, B.A. 1969. Kunjen Phonology: Synchronic and Diachronic (Pacific Linguistics, Series B, 11). Australian National University, Canberra.

Sommerfelt, A. 1964. Consonant clusters or single phonemes in Northern Irish? In D. Abercrombie, et al. (eds.), In Memory of Daniel Jones. Longmans, London: 368-373.

Spotts, H. 1953. Vowel harmony and consonant sequences in Mazahua (Otomi). International Journal of American Linguistics 19: 253-258.

Stahlke, H. 1971. Topics in Ewe phonology. Ph. D. Dissertation. University of California, Los Angeles.

Stell, N.N. 1972. Fonología de la lengua axɬuxɬaj (Cuadernos de Linguistica Indigena 8). Centro de Estudios Linguisticos, University of Buenos Aires, Buenos Aires.

Sten, H. 1963. Manuel de Phonétique Française. Munksgaard, Copenhagen.

197 Stevenson, R.C. 1957. A survey of the phonetics and grammatical structure of the Nuba mountain languages IV. Afrika und Ubersee 61: 27-65.

Stewart, J.M. 1967. Tongue root position in Akan vowel harmony. Phonetica 16: 185-204.

Stolte, J. and Stolte, N. 1971. A description of Northern Barasano phonology. Linguistics 75: 86-92.

Story, G.L. and Naish, C.M. 1973. Tlingit Verb Dictionary. Alaska Native Language Center, University of Alaska, Fairbanks.

Street, J.C. 1963. Khalkha Structure (Indiana University Publications, Uralic and Altaic Series 24). Indiana University, Bloomington.

Summer, C. 1957. Etude Expérimentale de L'Amharique Moderne. University College Press, Addis Ababa.

Swanton, J.R. 1909. Tlingit Myths and Texts (Bureau of American Ethnology Bulletin 39). Smithsonian Institution, Washington, D.C.

Swanton, J.R. 1911. Tlingit. In F. Boas (ed.), Handbook of American Indian Languages, Part 1 (Bureau of American Ethnology Bulletin 40). Smithsonian Institution, Washington, D.C.: 425-559.

Swift, L.B. 1963. A Reference Grammar of Modern Turkish (Indiana University Publications, Uralic and Altaic Series 19). Indiana University, Bloomington.

Swift, L.B., Ahaghota, A., and Ugorji, E. 1962. Igbo Basic Course. Foreign Service Institute, Washington, D.C.

Taylor, D. 1955. The phonemes of the Hopkins dialect of Island Carib. International Journal of American Linguistics 21: 233-241.

Teeter, K.V. 1964. The Wiyot Language. University of California Press, Berkeley and Los Angeles.

Tereščenko, N.M. 1966. Nganasanskij jazyk. In V.V. Vinogradov (ed.), Jazyki Narodov SSSR, Vol. 3. Nauka, Moscow and Leningrad: 438-457.

Ternes, E. 1970. Grammaire Structurale du Breton de l'Île de Groix. Winter, Heidelberg.

Thalbitzer, W. 1904. A Phonetical Study of the Eskimo Language (Meddelelser om grønland 31). Copenhagen.

Thayer, L.J. 1969. A Reconstructed History of the Chari Languages: Comparative Bonbo-Bagirmi-Sara Segmental Phonology with Evidence from Arabic Loanwords. Ph. D. Dissertation. University of Illinois, Urbana.

Thayer, L.J. and Thayer, J.E. 1971. Fifty Lessons in Sara-Ngambay. University of Indiana, Bloomington.

Thompson, E.D. 1976. Nera. In M.L. Bender (ed.), The Non-Semitic Languages of Ethiopia. African Studies Center, Michigan State University, East Lansing: 484-494.

Thompson, L.C. 1965. A Vietnamese Grammar. University of Washington Press, Seattle.

Thurman, R.C. 1970. Chuave phonemic statement. Ms.

Tomiche, N. 1964. Le Parler Arabe du Caire. Mouton, Paris and The Hague.

Topping, D.M. 1969. Spoken Chamorro. University of Hawaii Press, Honolulu.

Topping, D.M. 1973. Chamorro Reference Grammar. University of Hawaii Press, Honolulu.

Tracy, F.V. 1972. Wapishana phonology. In J.E. Grimes (ed.), Languages of the Guianas. Summer Institute of Linguistics, University of Oklahoma, Norman: 78-84.

Trager, F.H. 1971. The phonology of Picuris. International Journal of American Linguistics 37: 29-33.

Trefry, D. 1972. Phonological Considerations of Pawaian (Oceania Linguistic Monographs 15). University of Sydney, Sydney.

Triulzi, A., Dafallah, A.A., and Bender, M.L. 1976. Berta. In M.L. Bender (ed.), The Non-Semitic Languages of Ethiopia. African Studies Center, Michigan State University, East Lansing: 513-532.

Tryon, D.T. 1968. Iai Grammar (Pacific Linguistics, Series B, 8). Australian National University, Canberra. 198

Tryon, D.T. 1970. An Introduction to Maranungku (Northern Australia) (Pacific Linguistics, Series B, 15). Australian National University, Canberra.

Tryon, D.T. 1974. Daly Family Languages (Pacific Linguistics, Series C, 32). Australian National University, Canberra.

Tschenkeli, K. 1958. Einführung in die Georgische Sprache I. Amirani, Zurich.

Tucker, A.N. and Bryan, M.A. 1966. Linguistic Analyses: the Non-Bantu Languages of North-Eastern Africa. Oxford University Press for International African Institute, London.

Tucker, A.N. and Hackett, P.E. 1959. Le Groupe Linguistique Zande (Annales du Musée Royal de l'Afrique Centrale, Série in 8, Sciences Humaines, 22). Musée Royale de l'Afrique Centrale, Tervuren.

Tucker, A.N. and Mpaayei, J.T.O. 1955. A Maasai Grammar (Publications of the African Institute, Leyden, 2). Longmans, London.

Tung, T-H. 1964. A Descriptive Study of the Tsou Language, Formosa (Special Publication 48). Institute of History and Philology, Academia Sinica, Taipei.

Turton, D. and Bender, M.L. 1976. Mursi. In M.L. Bender (ed.), The Non-Semitic Languages of Ethiopia. African Studies Center, Michigan State University, East Lansing: 533-562.

Uldall, E. 1956. Guarani sound system. International Journal of American Linguistics 20: 341-342.

Van Der Stap, P.A.M. 1966. Outline of Dani Morphology (Verhandelingen van het Koninklijk Instituut voor Taal-, Land- en Volkenkunde 48). Nijhoff, The Hague.

Van Der Tuuk, H.N. 1971. A Grammar of Toba Batak. Nijhoff, The Hague.

Van Syoc, W.B. 1959. The Phonology and Morphology of the Sundanese Language. Ph. D. Dissertation. University of Michigan, Ann Arbor.

Vanvik, A. 1972. A phonetic-phonemic analysis of Standard Eastern Norwegian. Norwegian Journal of Linguistics 26: 119-164.

Van Wynen, D. and Van Wynen, M.G. 1962. Fonemas Tacana y Modelos de Acentuación (Notas Lingüísticas de Bolivia 6). Summer Institute of Linguistics, Cochabamba.

Velayudhan, S. 1971. Vowel Duration in Malayalam. The Dravidian Linguistic Association of India, Trivandrum.

Verguin, J. 1967. Le Malais: Essai d'Analyse Fonctionelle et Structurale . Mouton, Paris and The Hague.

Vermeer, H.J. and Sharma, A. 1966. Hindi-Lautlehre. Groos, Heidelberg.

Voegelin, C.F. 1946. Delaware: an Eastern Algonquian language. In H. Hoijer (ed.), Linguistic Structures of Native America. Wenner-Gren Foundation, New York, 130-157.

Voegelin, C.F. 1956. Phonemicizing for dialect study with reference to Hopi. Language 32: 116-135.

Voegelin, C.F. and Voegelin, F.M. 1966. [Andamanese]. Languages of the World: Indo-Pacific Fascicle 8 (Anthropological Linguistics 8/4): 10-13.

Vogt, H. 1938. Esquisse d'une grammaire du georgien moderne. Norsk Tidsskrift for Sprogvidenskap 9: 5-114.

Vogt, H. 1958. Structure phonemique du georgien. Norsk Tidsskrift for Sprogvidenskap 18: 5-90.

Voorhoeve, C.L. 1965. The Flamingo Bay Dialect of the Asmat Language. Smits, The Hague.

Voorhoeve, C.L. 1971. Miscellaneous notes on languages in West Irian, New Guinea. Papers in New Guinea Linguistics 14 (Pacific Linguistics, Series A, 28): 47-114.

199 Walton, J. and Walton, J. 1967. Phonemes of Muinane. Phonemic Systems of Colombian Languages. Summer Institute of Linguistics, University of Oklahoma, Norman: 37-47.

Weimer, H. and Weimer, N. 1972. Yareba phonemes. Te Reo 15: 52-57.

Welmers, W.E. 1946. A Descriptive Grammar of Fanti (Language Dissertation 39). Linguistic Society of America, Philadelphia.

Welmers, W.E. 1950. Notes on two languages of the Senufo group, I: Senadi. Language 26: 126-146.

Welmers, W.E. 1952. Notes on the structure of Bariba. Language 28: 82-103.

Welmers, W.E. 1962. The phonology of Kpelle. Journal of African Languages 1: 69-93.

West, B. and Welch, B. 1967. Phonemic system of Tucano. Phonemic systems of Colombian Languages. Summer Institute of Linguistics, University of Oklahoma, Norman: 11-24.

Wheeler, A. and Wheeler, M. 1962. Siona phonemics. Studies in Ecuadorian Indian Languages 1. Summer Institute of Linguistics, University of Oklahoma, Norman: 96-111.

Whiteley, W.H. 1958. A Short Description of Item Categories in Iraqw. East African Institute of Social Research, Kampala.

Whorf, B.L. 1946. The Hopi language, Toreva dialect. In H. Hoijer (ed.), Linguistic Structures of Native America. Wenner-Gren Foundation, New York: 158-183.

Wiering, E. 1974. The indicative verb in Doowã̆ã̆yaayo. Linguistics 124: 33-56.

Williamson, K. 1967. Songhai Word List (Gao Dialect). Research Notes, Department of Linguistics and Nigerian Languages, University of Ibadan, 3: 1-34.

Williamson, K. 1969. Igbo. In E. Dunstan (ed.), Twelve Nigerian Languages Longmans, London, 85-96.

Wilson, D. 1969. Suena phonology. Papers in New Guinea Linguistics 9 (Pacific Linguistics, Series A, 18): 87-93.

Wilson, W.A.A. 1961. An Outline of the Temne Language. School of Oriental and African Studies, University of London, London.

Wilson, W.A.A. and Bendor-Samuel, J.T. 1969. The phonology of the nominal in Dagbani. Linguistics 52: 56-82.

Wolff, H. 1959. Subsystem typologies and area linguistics. Anthropological Linguistics 1/7: 1-88.

Wonderly, W.L. 1951. Zoque II: phonemes and morphophonemes. International Journal of American Linguistics 17: 105-123.

Woodward, M.F. 1964. Hupa phonemics. In W. Bright (ed.), Studies in California Linguistics. University of California Press, Berkeley and Los Angeles: 199-216.

Wurm, S. 1972a. Languages of Australia and Tasmania. Mouton, The Hague.

Wurm, S. 1972b. Notes on the indication of possession with nouns in Reef and Santa Cruz Islands languages. Papers in Linguistics of Melanesia 3 (Pacific Linguistics, Series A, 35): 85-113.

Zhirkov, L.I. 1955. Lakskij jazyk: fonetika i morfologija. Akademia Nauk, Moscow.

附录Ⅱ 200

音位图表与 UPSID 语言音段索引

后文列出了 317 种语言样本的音位清单图表，这些语言构成了 UCLA 音系音段清单数据库（UPSID）。它还包括数据库中出现的每个音段类型的索引。该索引根据音段的语音分类排列，并包含每个给定音段类型的语言的数量和出现该音段的语言列表。

音位图表和音段索引可以使用户获得 UPSID 的基本数据。使用这些工具，我们可以在脱离计算机的情况下查阅数据库中的大部分信息。例如，对于“/g/ 仅出现在包含 /k/ 的语言中吗？”这一问题，我们可以通过使用索引查找包含 /g/ 的语言列表，然后找到其相关图表来确认是否存在音段 /k/，或对索引中包含 /k/ 的语言列表进行再次核对。通过查阅相关图表，可以很容易地研究复杂的音段共现。

以这种形式发布数据还有一个目的，即对 UPSID 中音位清单的解释进行独立评估。学者们会根据 UPSID 中音段清单的适用性得出不同的结论。

图　　表

辅音

每种语言的辅音都由图表上的语音符号表示，该符号完全标记了一种语言中辅音的调音部位、次要发音和调音方式。调音部位按口腔前部到后部的顺序沿图表的顶端排列。这些调音部位与 UPSID 数据库的变量列表中的调音部位相对应（第十章）。这个序列中最后一个调音部位是声门。值得注意的是，音段 /h/ 的调音部位不在声门而在声门后，其调音部位也不固定。用来描述给定语言的来源中，对于那些不能明确调音部位的音段而言，除了齿、齿龈部位，图表中还包含未明确齿或齿龈的调音部位列，该列标记为“齿 / 齿龈”。

双重调音在不同调音部位后列出，两个调音部位中更靠前的部位决定了双重调音的前后顺序。次要调音列在主要调音部位之后。鼻化包含前鼻化和后鼻化，并被视为次要调音。鼻化首先列出，其他次要调音按照口腔的前部到后部顺序排列，即首先是唇化，最后是咽化。

在图表的下方，调音方式主要按照辅音的收窄程度递减排列：即塞音、塞擦音、擦音、鼻音、拍音、颤音、闪音和近音。其中塞音在前，近音在后。塞音中，爆破音列在喷塞音和内爆音之前。科伊桑语言中的那马语和!Xũ 语由于吸音清单规模较大需特殊处理。吸音通过单独的图表列出。咝音性塞擦音和擦音在非咝音性塞擦音之后，然后为边塞擦音和擦音。边近音在央近音之前。r 类音作为音段的特殊类别，包含拍音、颤音和闪音。

发声类型的差异在序列中的呈现方式与次要调音在主要调音部位序列
201 中的呈现方式类似。然而，发声类型的序列因辅音类别的不同而区别。对于爆破音、塞擦音和擦音，清音更为常见，因此首先列出清音。对于鼻音、颤音、闪音和近音，浊音更为常见，所以优先列出浊音。只有不寻常的发声类型包含常态清音或常态浊音，因此送气清音或喉化（声门化）清音在常态清音后列出，而气声（哞声）或喉化浊音在常态浊音后列出。喷塞擦音或喷擦音在其对应的肺气流央音或边音后列出。

语言中每个音位辅音音段都用一个符号标记，该符号位于定义其部位和方式的行和列的交叉位置。所使用的符号基本都是规范的 IPA 符号。然而，在一些实例中，我们借鉴了 *Preliminaries to Linguistic Phonetics*（P.

Ladefoged，芝加哥大学出版社，1971）一书以及语音文献中使用的惯例，也使用了一些新的符号。在这个转录系统中，每个符号（即字母或字母与附加符号的组合）都代表唯一的音段类型。也就是说，每个符号与 UPSID 数据文件中一个且仅有一个语音变量值的组合相对应。需要注意的是，在转写过程中，未明确的齿 / 齿龈音与齿龈音通过使用转写符号相区别，例如 /"t"/ 与 /t/。未指定调音方式的 r 类音用双字母 r 表示，即 /rr/ 表示在齿龈部位未指定类型的 r 类音；而 /"rr"/ 表示既未指定齿或齿龈调音部位，也未指定类型的 r 类音。

元音

辅音表的下方列出了每种语言包含的元音。元音表没有完全标记。相反，选择符号是为了提供更多涉及元音性质的信息。在给定语言中，根据元音高度维度的水平定义标签。符号按照从左至右的顺序排列，与从左至右的维度相对应。这种分布近似于传统的三角形元音图。唇位由选择的符号来表示。如果圆唇元音和非圆唇元音在同一高度的前 / 后位置出现，那么非圆唇前元音位于圆唇前元音之前，而圆唇后元音位于非圆唇后元音之前。这对符号用逗号分隔。很多语言都包含单独的元音系列（短元音与长元音，口元音与鼻化元音等）。这些音类单独列出，它们首先包含“最常态”系列。

除了少数必要的附加区别，元音的转写都基于 IPA 惯例。超短元音用上标符号 μ 表示。如果中元音没有进一步分为中高（半闭）或中低（半开）元音，那么它们用加引号的字母表示。没有引号的字母代表中高元音。因此，/e/ 是非圆唇中高前浊元音，而 /"e"/ 作为一个类似元音，只是被描述为中元音（它可能位于中段范围中间，或音质在中段范围变化，或只是描述不完整）。由于图表中元音没有完全标注，所以在第 227—228 页列出了使用的元音符号及附加符号。

如果语言中的双元音根据 UPSID 的使用标准被视为音位单位，那么它们将在简单元音的右侧列出。双元音没有标记，仅由指示起点和终点的有向图表示。

202 **异常音位**

给定语言清单中被视为有些异常的音段（尽管也包含在清单中）在图表中由上标数字表示。它们与第十章 UPSID 数据文件中定义的非零值“异常”变量相对应。

图表上使用的语音术语的缩写

图表中一些语音术语需要缩写以节省空间。下面是所有缩写术语的列表。其中很多缩写是显而易见的，但如果不清楚缩写的含义，可以在这里找到它的全称。

缩写	扩展
affric, aff., af.	塞擦音
alv.	齿龈音
approx., appr., app.	近音
asp.	送气
cent., c.	央音
cl., c.	嗍音
eject.	喷音
fric.	擦音
labial-vel.	唇–软腭音
laryngd., laryng.	喉化音
lat.	边音
nas.	鼻音
nonsib.	非咝音
palato-alv.	腭龈音
plos.	爆破音

续表

缩写	扩展
preasp.	前置送气
rel.	除阻
sib.	咝音
var.	变量
vel.	软腭音
vl.	清音
vd.	浊音
w.	伴随

索　引

音段类型的索引分为 10 个主要部分：

1. 爆破音
2. 声门塞音
3. 搠音（包括塞擦搠音）
4. 塞擦音（包括喷塞擦音）
5. 擦音（包括喷擦音）
6. 鼻音
7. 颤音、拍音和闪音
8. 近音
9. 元音
10. 双元音

这些部分中音段根据调音方式分成了不同的类别。每个类别中，音段序列的排列方式与图表的排列方式类似。由于索引是列表而不是二维数组，调音方式和调音部位特征值包含在单一序列中。每个部分中，调音部位优先于调音方式，但以下情况除外：

（a）第 2 节中喷音在内爆音之前。

（b）第 3 节中的塞擦化㖞音在常态㖞音之后。

203 （c）第 4 和第 5 节中喷塞擦音和擦音在肺气流音类之后。

（d）第 7 节中，颤音先于拍音，拍音先于闪音。本节末尾包含未指定的 r 类音。

（e）边音音段在相关章节中被归为一类，在第 8 节央音段之前，在第 3、4、5 和 7 节中的央调音音段之后。这种排列将第 7、8 节的闪音性边音和近音性边音的常见类型并置。值得注意的是，上述（b）、（c）、（d）的排列优先于（e）。

在第 1、2、3、4 和 5 节中，给定调音部位的清音音段列在浊音音段之前。在第 6、7、8、9、10 节中，相同调音部位的浊音音段在清音音段之前。发声类型的其他变化排为第二，而（部位的）次要调音是最表层的排序准则。因此，送气清齿龈爆破音在浊齿龈爆破音之前，而腭化送气清齿龈爆破音在没有次要调音的相同音类之后，在软腭化送气清齿龈爆破音之前。

元音分为三大类：所有前元音都列在央元音之前，央元音列在后元音之前。在每个高低 / 前后类别中（前高元音或中低后元音），非圆唇元音在圆唇元音之前。虽然圆唇后元音更常见，但这种排列方式也适用于后元音，其它分类（如鼻化、咽化）构成最表层的元音分类。

双元音的排列方式如下。首先，作为起点的元音音质排列方式与单元音的排列类似。先列出非圆唇前高双元音，以此类推。然后相同起点的双元音按照终点的元音音质排列。这种排列方式可以理解为传统元音图表中起点到终点的行列。双元音以“逆时针”方向排序，最接近十二点的位置作为起点。值得注意的是，对于双元音，中元音（/"e"/，/"o"/ 等）和中高元音（/e/，/o/ 等）之间的转写没有区别。此处不使用引号。

在定义每个音段之后，列出了 UPSID 中出现定义音段的语言列表。语言列表按识别号顺序排列，除少数例外，大部分与附录 A 中列出的遗传列表中的语言顺序相对应。如果某个音段在一种语言中被认为是异常的，那么该语言将列在词条的末尾。异常音段后，列有对其异常性质描述的关键字。以下是索引中使用的关键字，用于对应 UPSID 数据文件中非零值的“异常”变量。

异常值	索引关键字	简要定义
1	罕见	极低的词汇频率
2	借用	发生在非同化的借词中
3	? 抽象	指划线部分的音段
4	? 派生	音段由其它语言派生
5	模糊	特别模糊或矛盾的描述

元音符号及音位图表中使用的注音符号 204

	前	中	后
高	i, y	ɨ, ʉ	u, ɯ
次高	ɪ, Y	ɨ̞, ʉ̞	ʊ, ɯ̞
中高	e, ø	ə, ɵ	o, ɤ
中	"e", "ø"	"ə", "ɵ"	"o", "ɤ"
中低	ɛ, œ	ɜ,	ɔ, ʌ
次低	æ,	ɐ,	ɒ̝, ɑ̝
低	a̟,	a,	ɒ, ɑ

变音符号（以元音 /a/ 为例）：

/aː/	长
/ă/	超短
/a̰/	喉化
/a̤/	气声
/ḁ/	清的
/ã/	鼻化

续表

/aʳ/	卷舌
/aˠ/	软腭收紧
/a̟/	前化
/a̠/	缩舌
/a̞/	下降
/a̝/	上升
/aˤ/	咽化

205

音段检索

1. 爆破音

<u>清双唇爆破音</u> /p/ 263（−9）

希腊语，德语，立陶宛语，俄语，法语，西班牙语，罗马尼亚语，普什图语，库尔德语，印地-乌尔都语，孟加拉语，克什米尔语，旁遮普语，僧加罗语，阿尔巴尼亚语，东亚美尼亚语，奥斯恰克语，切里米斯语，科米语，芬兰语，匈牙利语，拉普语，尤拉克语，塔维语，阿塞拜疆语，楚瓦什语，吉尔吉斯语，巴什基尔语，哈拉吉语，图瓦语，赫哲语，韩语，日语，摩洛语，卡杜格利语，克佩勒语，比萨语，班巴拉语，丹语，沃洛夫语，朱拉语，泰姆奈语，达格巴尼语，塞纳迪语，坦普尔马语，巴里巴语，伊博语，比洛姆语，塔洛克语，阿莫语，比母贝语，斯瓦希里语，卢瓦勒语，祖鲁语，特克语，杜约语，格巴亚语，赞德语，卡努里语，富尔语，马萨依语，卢奥语，尼昂吉语，伊克语，塞北语，泰梅语，塔比语，莫西语，洛巴拉语，玉鲁语，萨拉语，科马语，希伯来语，新阿拉姆语，阿维亚语，伊拉库语，克法语，哈莫语，安加斯语，马尔吉语，恩吉兹语，卡纳库鲁语，蒙达语，喀里亚语，卡西语，塞当语，高棉语，茂语，蒂维语，布雷拉语，

Nunggubuyu 语，马拉努库语，马拉克马拉克语，巴尔迪语，维克–曼堪语，昆仁语，西部沙漠语，尼扬穆塔语，阿兰达语，卡列拉–纳格鲁马语，Gugu-Yalanji 语，马布伊格语，Arabana-Wanganura 语，迪亚里语，标准泰语，拉伽语，耶语，水语，石家语，剥隘土语，龙州土语，泰雅语，巽他语，爪哇语，马尔加什语，查姆语，马来语，巴塔克语，他加禄语，塞班语，查莫罗语，鲁凯语，邹语，罗洛语，卡里阿伊语，Iai 语，毛利语，夏威夷语，普通话，台山话，客家话，漳州话，厦门话，福州话，赣语，塔芒语，达夫拉语，缅甸语，拉祜语，景颇语，阿沃语，迪登钦语，加罗语，博罗语，克伦语，瑶语，安达曼语，阿斯马特语，森塔尼语，宁博朗语，Iwam 语，加德苏语，亚加里亚语，帕瓦恩语，达尼语，瓦恩托阿特语，达里比语，法苏语，苏娜语，德拉语，库尼迈帕语，陶里皮语，纳西奥语，罗托卡特语，南巴坎戈语，海达语，特林吉特语，纳瓦霍语，奇佩维安语，托洛瓦语，内兹佩尔塞语，温图语，琼塔尔语，佐基语，泽套语，托托纳克语，凯克奇语，米克西语，奥托米语，马萨瓦语，查蒂诺语，努特卡语，奎鲁特语，斯阔米什语，皮吉特湾语，波普阿戈语，卢伊塞诺语，霍皮语，雅基语，蒂瓦语，卡罗克语，波莫语，迪埃格诺语，阿库马维语，沙斯塔语，塔拉斯坎语，祖尼语，奥季布瓦语，特拉华语，通卡瓦语，韦尤特语，达科他语，优奇语，亚拉巴马语，瓦波语，伊托纳马语，布里布里语，穆拉语，卡亚帕语，帕埃斯语，奥凯纳语，穆伊纳内语，加勒比语，阿皮纳耶语，阿马华卡语，查科沃语，塔卡纳语，卡什纳瓦语，阿什乌莱语，阿比彭语，南部南比夸拉语，阿拉贝拉语，奥卡语，凯楚亚语，哈卡鲁语，Gununa-Kena 语，阿穆萨语，坎帕语，瓜希洛语，莫克索语，瓜拉尼语，西里奥诺语，瓜希沃语，蒂库纳语，巴拉萨诺语，西奥那语，图卡努语，希瓦罗语，科芬语，阿劳堪尼亚语，格陵兰语，泰卢固语，库卢克语，马来雅拉姆语，尤卡吉尔语，楚科奇语，吉利亚克语，格鲁吉亚语，那马语，巴斯克语，布鲁沙斯基语，阿伊努语，布拉灰语，!Xũ 语，**罕见** 满语，加勒比海岛语；**借用** 雅库特语，埃文基语，莱尔米语，阿姆哈拉语，特里福语，马萨特克语，米斯特克语。

长清双唇爆破音 /p:/ 7

旁遮普语，芬兰语，雅库特语，日语，马拉努库语，特拉华语，拉克语。

腭化清双唇爆破音 /p^j/ 7（-1）

立陶宛语，俄语，尤拉克语，伊博语，南巴坎戈语，阿穆萨语，**借用** 切里米斯语。

唇化清双唇爆破音 /p^w/ 1

南巴坎戈语。

送气清双唇爆破音 /p^h/ 82（-4）

布列塔尼语，挪威语，保加利亚语，波斯语，印地-乌尔都语，孟加拉语，克什米尔语，旁遮普语，东亚美尼亚语，土耳其语，阿塞拜疆语，吉尔吉斯语，韩语，埃维语，阿干语，伊博语，加语，比母贝语，斯瓦希里语，祖鲁语，蒙达语，喀里亚语，卡西语，塞当语，高棉语，昆仁语，标准泰语，拉伽语，耶语，水语，石家语，龙州土语，查姆语，阿德泽拉语，普通话，台山语，客家话，漳州活，厦门话，福州话，赣语，塔芒语，达福拉语，缅甸语，拉祜语，景颇语，迪登钦语，卡伦语，瑶语，塞莱普语，达里比语，南巴坎戈语，克拉马斯语，麦都语，温图语，奥托米语，马萨瓦语，夸扣特尔语，蒂瓦语，雅纳语，塔拉斯坎语，阿科马语，韦尤特语，达科他语，优奇语，蒂尼卡语，南部南比
206 夸拉语，凯楚亚语，哈卡鲁语，瓦皮萨纳语，科芬族语，科塔语，吉利亚克语，格鲁吉亚语，卡尔巴德语，拉克语，布鲁沙斯基语，!Xũ 语；**罕见** 海达语；**借用** 蒙古语，剥隘土语，泰卢固语。

长送气清双唇爆破音 /p^h:/ 1

旁遮普语。

唇化、软腭化送气清双唇爆破音 /p^{wh}/ 1

爱尔兰语。

腭化送气清双唇爆破音 /p^{jh}/ 3

爱尔兰语，保加利亚语，伊博语。

前置送气清双唇爆破音 /^{h}p/ 2（−1）

瓜希洛语，**模糊** 奥季布瓦语。

伴随气声除阻的清双唇爆破音 /p^{ɦ}/ 2

爪哇语，漳州话。

喉化清双唇爆破音 /p̰/ 3

韩语，阿什乌莱语，西奥那语。

浊双唇爆破音 /b/ 198（−11）

希腊语，布列塔尼语，德语，挪威语，立陶宛语，俄语，保加利亚语，法语，罗马尼亚语，波斯语，普什图语，库尔德语，印地–乌尔都语，孟加拉语，克什米尔语，旁遮普语，僧加罗语，阿尔巴尼亚语，科米语，匈牙利语，拉普语，塔维语，土耳其语，雅库特语，巴什基尔语，哈拉吉语，图瓦语，蒙古语，埃文基语，赫哲语，满语，日语，卡查语，摩洛语，卡杜格利语，克佩勒语，比萨语，班巴拉语，丹语，沃洛夫语，朱拉语，泰姆奈语，达格巴尼语，坦普尔马语，巴里巴语，埃维语，阿干语，伊博语，加语，莱尔米语，埃菲克语，比洛姆语，塔洛克语，阿莫语，特克语，杜约语，格巴亚语，赞德语，桑海语，卡努里语，马巴语，富尔语，卢奥语，努比亚语，伊克语，塔马语，泰梅语，内拉语，塔比语，莫西语，洛巴拉语，玉鲁语，萨拉语，伯尔塔语，库纳马语，科马语，提格雷语，阿姆哈拉语，希伯来语，索科特里语，新阿拉姆语，石拉语，图阿雷格语，索马里语，阿维亚语，伊拉库语，贝沙族语，迪兹语，克法语，哈莫语，豪萨语，安加斯语，马尔吉语，恩吉津语，卡纳库鲁语，蒙达语，喀里亚语，卡西语，阿拉瓦语，马布伊格语，班加朗语，标准泰语，耶语，水语，石家语，巽他语，马尔加什语，查姆语，马来语，巴塔克语，他加禄语，塞班语，查莫罗语，鲁凯语，邹语，阿德泽拉语，罗洛语，Iai 语，厦门话，达福拉语，缅甸语，拉祜语，景颇语，迪登钦语，加罗语，博罗语，瑶语，安达曼语，宁博朗语，特里福语，亚加里亚语，丘阿韦语，苏娜语，德拉语，库尼迈帕语，亚雷巴语，科亚里语，纳西奥语，特林吉特语，克拉马斯语，温图语，泽套语，琼塔尔语，奥托米语，查蒂诺语，夸扣特尔语，奎鲁特语，皮吉特湾语，波普阿戈语，雅基语，波莫语，阿科马语，达科他语，优奇语，亚拉巴马语，伊托纳马语，布里布里语，穆拉语，卡亚帕语，奥凯纳语，穆伊纳内语，加勒比语，塔卡纳语，卡什纳瓦语，奥卡语，Gununa-Kena 语，加勒比海岛语，西里奥诺语，瓜希洛语，蒂库纳语，巴拉萨诺语，图卡诺语，科芬语，泰卢固语，科塔语，库鲁克语，马来雅拉姆语，凯特语，尤卡吉尔语，卡巴尔德语，拉克语，巴斯克语，布鲁沙斯基语，布拉灰语，!Xũ 语，**罕见** 塞内卡语；**借用** 芬兰语，楚瓦什语，佐基语，马萨特克语，蒂瓦语，塔拉斯坎语，蒂尼卡语，瓦普语，莫克索语；**模糊** 尤拉克语。

<u>长浊双唇爆破音</u> /b:/ 5

旁遮普语，沃洛夫语，阿拉伯语，石拉语，索马里语。

<u>前鼻化浊双唇爆破音</u> $/^{m}b/$ 18（−1）

卢瓦勒语，格巴亚语，玉鲁语，萨拉语，伯尔塔语，恩吉津语，塞当语，阿拉瓦语，客家话，瓦什库克语，塞莱普语，科瓦语，瓦恩托阿特语，南巴坎戈语，帕埃斯语，阿皮纳耶语，西里奥诺语，**罕见** 卡里阿伊语。

<u>前鼻化、唇化浊双唇爆破音</u> $/^{m}b^{w}/$ 2

瓦什库克语，南巴坎戈语。

207 <u>鼻化除阻浊双唇爆破音</u> $/b^{m}/$ 1

阿兰达语。

<u>唇化浊双唇爆破音</u> $/b^{w}/$ 1

爱尔兰语。

<u>腭化浊唇爆破音</u> $/b^{j}/$ 6（−1）

爱尔兰语，立陶宛语，俄语，保加利亚语，伊博语，**模糊** 尤拉克语。

气声化双唇爆破音 /b̤/ 6（−1）

印地–乌尔都语，孟加拉语，伊博语，蒙达语，喀里亚语，**借用** 泰卢固语。

腭化、气声化双唇爆破音 /b̤ʲ/ 1

伊博语。

喉化浊双唇爆破音 /b̰/ 9

洛巴拉语，恩吉津语，塞当语，拉伽语，水语，漳州话，凯克奇语，奥托米语，瓦皮萨纳语。

清齿爆破音 /t̪/ 72

俄语，法语，西班牙语，库尔德语，印地–乌尔都语，僧加罗语，阿尔巴尼亚语，芬兰语，匈牙利语，阿塞拜疆语，哈拉吉语，图瓦语，满语，卡查语，摩洛语，卡杜格利语，泰姆奈语，格巴亚语，伊克语，塔马语，泰梅语，塔比语，洛巴拉语，玉鲁语，库纳马，阿拉伯语，提格雷语，新阿拉姆语，图阿雷格语，贝沙族语，蒙达语，喀里亚语，蒂维语，Nunggubuyu 语，昆仁语，西部沙漠语，阿兰达语，卡列拉–纳格鲁马语，Arabana-Wanganura 语，达里比语，标准泰语，巽他语，爪哇语，马尔加什语，鲁凯语，罗洛语，毛利语，塔芒语，加罗语，瑶语，宁博朗语，内兹佩尔塞语，泽套语，米克西语，努特卡语，斯阔米什语，波普阿戈语，卢伊塞诺语，波莫语，迪埃格洛语，亚拉巴马语，瓦波语，Gununa-Kena 语，瓜拉尼语，锡拉语，阿劳堪尼亚语，格陵兰语，泰卢固语，马来雅拉姆语，格鲁吉亚语，那马语，布拉灰语。

长清齿爆破音 /t̪ː/ 2

芬兰语，阿拉伯语。

腭化清齿爆破音 /t̪ʲ/ 1

俄语。

咽化清齿爆破音 /t̪ˤ/ 2

阿拉伯语，图阿雷格语。

长咽化清齿爆破音 /t̪ˤː/ 1

阿拉伯语。

送气清齿爆破音 /t̪ʰ/ 22

爱尔兰语，挪威语，波斯语，印地–乌尔都语，土耳其语，阿塞拜疆语，埃维语，加语，索马里语，蒙达语，喀里亚语，昆仁语，标准泰语，塔芒语，瑶语，塞莱普语，雅纳语，阿科马语，瓜希洛语，科塔语，格鲁吉亚语，卡巴尔德语。

伴随气声除阻的清齿爆破音 /t̪ʱ/ 1

爪哇语。

浊齿爆破音 /d̪/ 53（–3）

爱尔兰语，挪威语，俄语，法语，波斯语，库尔德语，印地–乌尔都语，僧加罗语，阿尔巴尼亚语，匈牙利语，土耳其语，哈拉吉语，图瓦语，满语，卡查语，卡杜格利语，埃维语，格巴亚语，伊克语，塔玛语，泰梅语，塔比语，洛巴拉语，玉鲁语，库纳马语，阿拉伯语，提格雷语，新阿拉姆语，图阿雷格语，索马里语，贝沙族语，蒙达语，喀里亚语，标准泰语，马尔加什语，鲁凯语，加罗语，瑶语，尼博朗语，库尼迈帕
208 语，米克西语，波普阿戈语，雅纳语，阿科马语，Gununa-Kena 语，泰卢固语，科塔语，马来雅拉姆语，卡巴尔德语，布拉灰语，芬兰语，瓦普语；? **派生** 芬兰语。

长浊齿爆破音 /d̪ː/ 2

阿拉伯语，索马里语。

前鼻化浊齿爆破音 /ⁿd̪/ 2

格巴亚语，塞莱普语。

鼻腔除阻浊齿爆破音 /d̪ⁿ/ 1

阿兰达语。

腭化浊齿爆破音 /d̪ʲ/ 1

俄语。

咽化浊齿爆破音 /d̪ˤ/ 2

阿拉伯语，图阿雷格语。

长咽化浊齿爆破音 /d̪ˤː/ 1

阿拉伯语。

气声齿爆破音 /d̪̤/ 3

印地-乌尔都语，蒙达语，喀里亚语。

咽化浊齿爆破音 /d̪̰/ 1

洛巴拉语。

清齿 / 齿龈爆破音 /"t"/ 135

希腊语，德语，立陶宛语，罗马尼亚语，普什图语，孟加拉语，克什米尔语，旁遮普语，东亚美尼亚语，奥斯恰克语，切列米斯语，拉普语，尤拉克语，塔维语，楚瓦什语，雅库特语，吉尔吉斯语，埃文基语，赫哲语，韩语，日语，沃洛夫语，达巴尼语，塞纳迪语，伊博语，塔洛克语，比母贝语，斯瓦希里语，卢瓦勒语，杜约语，桑海语，卡努里语，马巴语，马萨依语，努比亚语，塞北语，内拉语，莫西语，阿拉伯语，阿姆哈拉语，希伯来语，索科特里语，石拉语，阿维亚语，库洛语，迪兹语，克法语，豪萨语，卡西语，塞当语，高棉语，马拉努库语，维克-曼堪语，Gugu-Yalanji 语，马布伊格语，拉伽语，耶语，水语，剥隘土语，龙州土语，泰雅语，查姆语，马来语，巴塔克语，塔加拉族语，邹语，马卡里语，Iai 语，普通话，台山话，客家话，漳州话，厦门话，福州话，赣语，达夫拉语，缅甸语，拉祜语，景颇语，凯伦语，安达曼语，森塔尼语，特里福语，帕瓦恩语，达尼语，瓦恩托阿特语，苏娜语，德拉语，库尼迈帕语，陶里皮语，纳西奥语，南巴坎戈语，海达语，特林吉特语，奇佩维安语，托洛瓦语，琼塔尔语，马萨瓦语，马萨特克语，米斯特克语，查蒂诺语，蒂瓦语，卡罗克语，沙斯塔语，祖尼语，特拉华语，通卡瓦语，韦尤特语，塞内卡语，威奇托语，达科他语，优奇语，伊托纳马语，布里布里语，穆拉语，加勒比语，阿马华卡语，阿什乌莱语，阿比彭语，阿拉贝拉语，凯楚亚语，加勒比海岛语，瓜希洛语，西里奥诺语，蒂库纳语，希瓦罗语，科芬语，阿留申语，库卢克语，凯特语，尤卡吉尔语，楚科奇语，吉利亚克语，巴斯克语，布鲁沙斯基语。

长清齿 / 齿龈爆破音 /"t:"/ 7

旁遮普语，雅库特语，日语，石拉语，马拉努库语，特拉华语，拉克语。

唇化清齿 / 齿龈爆破音 /"t^{w}"/ 1

南巴坎戈语。

腭化清齿 / 齿龈爆破音 /"t^{j}"/ 8（−2）

立陶宛语，尤拉克语，楚瓦什语，南巴坎戈语，伊托纳马语，凯特语，**借用** 切里米斯语；? **派生** 桑海语。

喉化清齿 / 齿龈爆破音 /"$t^{ʕ}$"/ 1

石拉语。

209 送气清齿 / 齿龈爆破音 /"t^{h}"/ 48（−2）

布列塔尼语，保加利亚语，孟加拉语，克什米尔语，旁遮普语，东亚美尼亚语，吉尔吉斯语，蒙古语，韩语，阿干语，伊博语，比母贝语，斯瓦希里语，卡西语，塞当语，高棉语，拉伽语，耶语，龙州土语，查姆语，阿德泽拉语，普通话，台山话，客家话，厦门话，福州话，赣语，缅甸语，拉祜语，景颇语，克伦语，南巴坎戈语，海达语，托洛瓦语，马萨瓦语，夸扣特尔语，蒂瓦语，韦尤特语，威奇托语，达科他语，南部南比夸拉语，凯楚亚语，科芬语，吉利亚克语，拉克语，布鲁沙斯基语，爱尔兰语，剥隘土语。

长送气清齿 / 齿龈爆破音 /"t^{h}:"/ 1

旁遮普语。

腭化送气清齿 / 齿龈音 /"t^{jh}"/ 1

保加利亚语。

软腭化送气清齿 / 齿龈爆破音 /"ᵵ^{h}"/ 1

奇佩维安语。

前置送气清齿 / 齿龈爆破音 /"^{h}t"/ 1

瓜希洛语。

伴随气声除阻的清齿 / 齿龈爆破音 /"t^{ɦ}"/ 1

漳州话。

喉化清齿 / 齿音爆破音 /"t̰"/ 2

韩语，阿什乌莱语。

浊齿 / 齿龈爆破音 /"d"/ 77（−5）

希腊语，布列塔尼语，德语，立陶宛语，保加利亚语，罗马尼亚语，普什图语，孟加拉语，克什米尔语，旁遮普语，拉普兰语，塔维语，雅库特语，蒙古语，埃文基语，日语，沃洛夫语，达格巴尼语，塞纳迪语，阿干语，伊博语，塔洛克语，杜约语，桑海语，卡努里语，马巴语，努比亚语，内拉语，莫西语，伯尔塔语，阿姆哈拉语，希伯来语，索科特里语，石拉语，库洛语，克法语，豪萨语，卡西语，卡列拉−纳格鲁马语，马布伊格语，耶语，水语，查姆语，马来语，他加禄语，阿德泽拉语，lai 语，厦门话，达夫拉语，缅甸语，拉祜语，景颇语，安达曼语，森塔尼语，苏娜语，德拉语，特林吉特语，查蒂诺语，优奇语，伊托纳马语，布里布里语，加勒比语，加勒比海岛语，蒂库纳语，科芬语，库卢克语，凯特语，尤卡吉尔语，拉克语，巴斯克语，布鲁沙斯基语，**罕见** 琼塔尔语；**借用** 爱尔兰语，楚瓦什语，特里福语，蒂瓦语。

长浊齿 / 齿龈爆破音 /"d:"/ 3

旁遮普语，阿拉伯语，石拉语。

前鼻化浊齿 / 齿龈爆破音 /"^{n}d"/ 9

卢瓦勒语，玉鲁语，伯尔塔语，塞当语，客家话，瓦恩托阿特语，南巴坎戈语，马萨特克语，西里奥诺语。

长前鼻化浊齿 / 齿龈爆破音 /"^{n}d:"/ 1（−1）

罕见 卡里阿伊语。

前鼻化、唇化浊齿 / 齿龈爆破音 /"^{n}d^{w}"/ 1

南巴坎戈语。

腭化浊齿 / 齿龈爆破音 /"d^{j}"/ 4（−1）

立陶宛语，保加利亚语，凯特语；?**派生** 桑海语。

喉化浊齿 / 齿龈爆破音 /"d^{ʕ}"/ 1

石拉语。

210 气声齿 / 齿龈爆破音 /"d̤"/ 3（−1）

孟加拉语，伊博语；**借用** 泰卢固语。

喉化浊齿 / 齿龈爆破音 /"d̰"/ 3

塞当语，水语，龙州土语。

清齿龈爆破音 /t/ 102（−1）

科米语，巴什基尔语，卡查语，卡杜格利语，克佩勒语，比萨语，班巴拉语，丹语，朱拉语，泰姆奈语，坦普尔马语，巴里巴语，莱尔米语，埃菲克语，比洛姆语，阿莫语，祖鲁语，特克语，赞德语，富尔语，卢奥语，尼昂吉语，泰梅语，萨拉语，科马语，伊拉库语，哈莫语，安加斯语，马尔吉语，恩吉津语，卡纳库鲁语，越南语，茂语，蒂维语，布雷拉语，Nunggubuyu 语，马拉克马拉克语，巴尔迪语，昆仁语，西部沙漠语，尼扬穆塔语，阿兰达语，Arabana-Wanganura 语，迪亚里语，石家语，爪哇语，塞班语，查莫罗语，阿沃语，迪登钦语，博罗语，阿斯玛特语，瓦什库克语，Iwam 语，加德苏语，亚加里亚语，科瓦语，丘阿韦语，达里比语，法苏语，亚雷巴语，科亚里语，罗托卡特语，纳瓦霍语，胡帕语，内兹佩尔塞语，温图语，佐基语，托托纳克语，凯克奇语，奥托米语，奎鲁特语，皮吉特湾语，霍皮语，雅基语，波莫语，迪埃格洛语，阿库马维语，塔拉斯坎语，奥季布瓦语，瓦普语，卡亚帕语，帕埃斯语，穆伊纳内语，阿皮纳耶语，查科沃语，塔卡纳语，卡什纳瓦语，南部南比夸拉语，奥卡语，哈卡鲁语，阿穆萨语，坎帕语，莫克索语，瓜希沃语，图卡努语，阿劳堪尼亚语，阿伊努语，布拉灰语，!Xũ 语；**模糊** 奥季布瓦语。

腭化清齿龈爆破音 /t^j/ 3

尼扬穆塔语，帕埃斯语，奥凯纳语。

送气清齿龈爆破音 /t^h/ 19

祖鲁语，越南语，昆仁语，索语，漳州话，迪登钦语，达里比语，纳瓦霍语，胡帕语，克拉马斯语，麦都语，温图语，奥托米语，塔拉斯坎语，蒂尼卡语，哈卡鲁语，瓦皮萨纳语，科塔语，!Xũ 语。

伴随气声除阻的清齿龈爆破音 /$t^ɦ$/ 1

爪哇语。

浊齿龈爆破音 /d/ 65（-5）

科米语，巴什基尔语，卡查语，卡杜格利语，克佩勒语，比萨语，班巴拉语，丹语，朱拉语，泰姆奈语，坦普尔马语，巴里巴语，加语，埃菲克语，比洛姆语，阿莫语，特克语，赞德语，富尔语，卢奥语，泰梅语，萨拉语，科马语，伊拉库语，哈莫语，安加斯语，马尔吉语，卡纳库鲁语，阿拉瓦语，迪亚里语，班加朗语，佐基语，巽他语，塞班语，查莫罗语，迪登钦语，博罗语，加德苏语，丘阿韦语，亚雷巴语，科亚里语，克拉马斯语，温图语，奥托米语，奎鲁特语，皮吉特湾语，波莫语，卡亚帕语，穆伊纳内语，塔卡纳语，卡什纳瓦语，奥卡语，瓦皮萨纳语，瓜希洛语，巴拉萨诺语，图卡努语，科塔语，布拉灰语，!Xũ 语；**借用** 佐基语，雅基语，塔拉斯坎语，蒂尼卡语，莫克索语。

前鼻化浊齿龈爆破音 /nd/ 7

萨拉语，恩吉津语，阿拉瓦语，瓦什库克语，科瓦语，帕埃斯语，阿皮纳耶语。

前鼻化、腭化浊齿龈爆破音 /$^nd^j$/ 1

帕埃斯语。

鼻腔除阻齿龈爆破音 /$đ^{n}$/ 1

阿兰达语。

腭化浊齿龈爆破音 /$đ^{j}$/ 1

奥凯纳语。

软腭化浊齿龈爆破音 /đ̃/ 1

!Xũ 语。

211 喉化浊齿龈爆破音 /ḍ̰/ 3

恩吉兹语，奥托米语，瓦皮萨纳语。

清腭龈爆破音 /t̠/ 7

Nunggubuyu 语，马拉克马拉克语，巴尔迪语，维克-曼堪语，阿兰达语，卡亚帕语，坎帕语。

浊腭龈爆破音 /d̠/ 2

阿拉瓦语，卡亚帕语。

前鼻化浊腭龈爆破音 /^{n}d̠/ 1

阿拉瓦语。

鼻腔除阻浊腭龈爆破音 /d̠^{n}/ 1

阿兰达语。

清卷舌爆破音 /ṭ/ 28（−1）

普什图语，印地-乌尔都语，孟加拉语，克什米尔语，旁遮普语，僧加罗语，摩罗语，马巴语，贝沙族语，蒙达语，哈里亚语，茂语，Nunggubuyu 语，巴尔迪语，西部沙漠语，尼扬穆塔语，阿兰达语，卡列拉-纳格鲁马语，Arabana-Wanganura 语，迪亚里语，查姆语，鲁凯语，Iai 语，泰卢固语，库卢克语，马来雅拉姆语，布鲁沙斯基语；?**派生** 蒂维语。

长清卷舌爆破音 /ṭ:/ 1

旁遮普语。

喉化清卷舌爆破音 /ṭ̰/ 1

西奥那语。

送气清卷舌爆破音 /ṭ^{h}/ 10（-1）

挪威语，印地-乌尔都语，孟加拉语，克什米尔语，旁遮普语，喀里亚语，查姆语，科塔语，布鲁沙斯基语；**借用** 泰卢固语。

长送气清卷舌爆破音 /ṭ^{h}:/ 1

旁遮普语。

浊卷舌爆破音 /ḍ:/ 23

挪威语，普什图语，印地-乌尔都语，孟加拉语，克什米尔语，旁遮普语，僧加罗语，莱尔米语，马巴语，阿维亚语，贝沙族语，蒙达语，喀里亚语，阿拉瓦语，迪亚里语，鲁凯语，Iai 语，波普阿戈语，泰卢固语，科塔语，库卢克语，马来雅拉姆语，布鲁沙斯基语。

长浊卷舌爆破音 /ḍ:/ 1

旁遮普语。

前鼻化浊卷舌爆破音 /^{n}ḍ/ 1

阿拉瓦语。

鼻腔除阻浊卷舌爆破音 /ḍ^{n}/ 1

阿兰达语。

气声卷舌爆破音 /ḍ̤/ 5（-1）

印地-乌尔都语，孟加拉语，蒙达语，喀里亚语；**借用** 泰卢固语。

喉化浊卷舌爆破音 /ḍ̰/ 1

索马里语。

长喉化浊卷舌爆破音 /ḍ̰:/ 1

索马里语。

清硬腭爆破音 /c/ 41（-2）

奥斯恰克语，科米语，塔维语，阿塞拜疆语，卡查语，卡杜格利语，沃尔夫语，朱拉语，塞纳迪语，坦普尔马语，比洛姆语，尼昂吉语，塞北语，塔比语，穆西语，玉鲁语，哈莫语，安加斯语，马尔吉语，恩吉津语，越南语，布雷拉语，昆仁语，卡列拉-纳格鲁马语，Gugu-Yalanji

语，Arabana-Wanganura 语，迪亚里语，耶语，查姆语，马来语，瑶语，科瓦语，海达语，胡帕语，穆伊纳内语，哈卡鲁语，库鲁克语，吉科亚克语，巴斯克语；**罕见** 卡伦语；**模糊** 科芬语。

<u>送气轻硬腭爆破音</u> /cʰ/ 16（-3）

布列塔尼语，阿塞拜疆语，昆仁语，耶语，查姆语，瑶语，海达语，胡帕语，克拉马斯语，麦都语，夸扣特尔语，阿库纳马语，杰卡鲁语，**罕见** 卡伦语；**借用** 土耳其语；**模糊** 科芬语。

<u>浊硬腭爆破音</u> /ɟ/ 31（-2）

布列塔尼语，科米语，卡查语，沃洛夫语，朱拉语，塞纳迪语，坦普尔马语，比洛姆语，马巴语，塔玛语，泰梅语，塔比语，莫西语，图阿雷格语，哈莫语，马尔吉语，恩吉津语，巽他语，马来语，瑶语，克拉马斯语，夸扣特尔语，阿科马语，穆伊纳内语，库卢克语，尤卡吉尔语，巴斯克语；**借用** 土耳其语；**模糊** 科芬语。

<u>长浊硬腭爆破音</u> /ɟː/ 1

恩吉津语。

<u>前鼻化浊硬腭爆破音</u> /ᶮɟ/ 3

玉鲁语，萨拉语，阿皮亚耶语。

<u>清软腭爆破音</u> /k/ 283（-3）

希腊语，德语，立陶宛语，俄语，法语，西班牙语，罗马尼亚语，普什图语，库尔德语，印地-乌尔都语，孟加拉语，克什米尔语，旁遮普语，僧加罗语，阿尔巴尼亚语，东亚美尼亚语，奥斯恰克语，切利米语，科米语，芬兰语，匈牙利语，拉普兰语，尤拉克语，塔维语，楚瓦语，雅库特，巴什基尔，哈拉吉语，图瓦语，埃文基语，赫哲语，满语，韩语，日语，卡查语，摩洛语，卡杜格利语，克佩勒语，比萨语，班巴拉语，丹语，沃洛夫语，朱拉语，泰姆奈语，达格巴尼语，塞纳迪语，坦普尔马语，巴里巴语，莱尔米语，艾菲克语，伊博语，比洛姆语，塔洛克语，阿莫语，斯瓦希里语，卢瓦勒语，祖鲁语，特克语，杜约语，格

巴亚语，赞德语，桑海语，卡努里语，马巴语，富尔语，马萨依语，卢奥语，努比亚语，尼昂吉语，伊克语，塞北语，塔马语，泰梅语，内拉语，塔比语，莫西语，洛巴拉语，玉鲁语，萨拉语，库纳马语，科马语，阿拉伯语，阿姆哈拉语，提格雷语，希伯来语，索科特里语，新阿拉姆语，石拉语，图阿雷格语，阿维亚语，伊拉库语，贝沙族语，库洛语，迪兹语，克法语，豪萨语，安加斯语，马尔吉语，恩吉津语，卡纳库鲁语，蒙达语，喀里亚语，卡西语，越南语，塞当语，高棉语，茂语，蒂维语，布雷拉语，Nunggubuyu语，马拉努库语，马拉克马拉克语，巴尔迪语，维克–曼堪语，昆仁语，西部沙漠语，尼扬穆塔语，阿兰达语，卡列拉–纳格鲁马语，Gugu-Yalanji语，马布伊格语，Arabana-Wanganura语，迪亚里语，标准泰语，拉伽语，耶语，水语，石家语，剥隘土语，龙州土语，泰雅语，巽他语，爪哇语，马尔加什语，查姆语，马来语，巴塔克语，他加禄语，查莫罗语，卢奥语，鲁凯语，邹语，罗罗语，卡里阿伊语，Iai语，毛利语，夏威夷语，普通话，台山话，客家话，漳州话，厦门话，福州话，赣语，塔芒语，达夫拉语，缅甸语，拉祜语，景颇语，阿沃语，迪登钦语，加罗语，博罗语，克伦语，瑶语，安达曼语，阿斯马特语，森塔尼语，宁博朗语，Iwam语，特里福语，加德苏语，亚加里亚语，丘阿韦语，帕瓦尼语，达尼语，瓦恩托阿特语，达里比语，法苏语，苏娜语，德拉语，库尼迈帕语，亚雷巴语，科亚里语，陶里皮语，纳西奥语，罗托卡特语，南巴坎戈语，海达语，特林吉特语，纳瓦霍语，奇佩维安语，托洛瓦语，内兹佩尔塞语，温图语，塔尔语，佐基语，托托纳克语，凯基语，米克西语，奥托米语，马萨瓦语，米斯特克语，查蒂诺语，努特卡语，奎鲁特语，皮吉特湾语，波普阿戈语，卢伊塞诺语，霍皮语，雅基语，蒂瓦语，卡洛克语，波莫语，迪埃格诺语，阿库马维语，沙斯塔语，塔拉斯坎语，奥季布瓦语，特拉华语，通卡瓦语，维约特语，塞内卡语，威奇托语，达科塔语，优奇语，阿拉巴马语，瓦波语，伊托纳马语，布里布语，穆拉语，卡亚帕语，帕埃斯语，奥凯纳语，穆伊纳内语，加勒比语，阿皮纳耶语，阿马华卡语，查科沃语，塔卡纳语，卡什纳瓦语，阿什乌莱语，阿比彭语，南部南比夸拉语，阿拉贝拉语，奥卡语，凯楚亚语，哈卡鲁语，Gununa-Kena 语，阿穆萨语，坎帕语，瓜希洛语，莫克索语，瓜拉尼语，西里奥诺语，瓜希洛语，蒂库纳语，巴拉萨诺语，西奥那语，图
213 卡努语，希瓦罗语，科芬语，阿劳堪尼亚语，格陵兰语，阿留申语，泰卢固语，库卢克语，马来雅拉姆语，凯特语，尤卡吉尔语，楚科奇语，吉利亚克语，那马语，巴斯克语，布鲁沙斯基语，!Xũ 语；**罕见** 斯阔米什语，加勒比海岛语；**借用** 阿塞拜疆语。

长清软腭爆破音 /k:/ 9

旁遮普语，芬兰语，雅库特语，日语，阿拉伯语，石拉语，马拉努库语，特拉华语，拉克语。

唇化清软腭爆破音 /k^{w}/ 38（−1）

克佩勒语，伊博语，阿姆哈拉语，阿维亚语，伊拉库语，贝沙族语，豪萨语，恩吉津语，拉伽语，台山语，瓦什库克语，特里福语，达尼语，瓦恩托阿特语，南巴坎戈语，海达语，特林吉特语，奇佩维安语，托洛瓦语，马萨瓦语，米斯特克语，努特卡语，奎鲁特语，斯阔米什语，皮吉特湾语，卢伊塞诺语，霍皮语，蒂瓦语，迪埃格诺语，塔拉斯坎语，通卡瓦语，韦尤特语，威奇托语，南部南比夸拉语，蒂库纳语，西奥诺语；?**派生** 奥托米语。

长唇化清软腭爆破音 /k^{w}:/ 1

拉克语。

腭化清软腭爆破音 /k^{j}/ 5

立陶宛语，俄语，豪萨语，南巴坎戈语，西里奥诺语。

喉化清软腭爆破音 /k^{ʕ}/ 1

石拉语。

送气清软腭爆破音 /kʰ/ 79（–3）

爱尔兰语，布列塔尼语，挪威语，保加利亚语，波斯语，印地–乌尔都语，孟加拉语，克什米尔语，旁遮普语，东亚美尼亚语，土耳其语，阿塞拜疆语，韩语，埃维语，阿干语，伊博语，加语，比母贝语，斯瓦希里语，祖鲁语，索马里语，蒙达语，喀里亚语，卡西语，塞当语，高棉语，昆仁语，标准泰语，拉伽语，耶伊语，石家语，龙州土语，查姆语，阿德泽拉语，普通话，台山话，客家话，漳州话，厦门话，福州话，赣语，塔芒语，缅甸语，拉祜语，景颇语，凯伦语，瑶语，塞莱普语，达里比语，南巴坎戈语，海达语，纳瓦约语，克拉玛斯语，麦都语，泽套语，奥托米语，马萨瓦语，雅纳语，塔拉斯坎语，阿科马语，韦尤特语，威奇托语，达科塔语，优奇语，蒂尼卡语，南部南比夸拉语，凯楚亚语，哈卡鲁语，瓦皮萨纳语，科芬语，科塔语，吉利亚克语，格鲁吉亚语，拉克语，布鲁沙斯基，!Xũ 语；**借用** 蒙古语，剥隘土语，泰卢固语。

长送气清软腭爆破音 /kʰː/ 1

旁遮普语。

唇化送气清软腭爆破音 /kʷʰ/ 14（–1）

伊博语，拉伽语，台山话，海达语，马萨瓦语，夸扣克尔语，塔拉斯坎语，祖尼语，韦尤特语，威奇托语，南部南比夸拉语，卡巴尔德语，拉克语；**罕见** 纳瓦霍语。

腭化送气清软腭爆破音 /kʲʰ/ 4

爱尔兰语，保加利亚语，拉伽语，卡巴尔德语。

前置送气清软腭爆破音 /ʰk/ 2（–1）

瓜希洛语，**模糊** 奥季布瓦语。

伴随气声除阻的清软腭爆破音 /kʱ/ 2

爪哇语，漳州话。

喉化清软腭爆破音 /k̰/ 3

韩语，阿什乌莱语，西奥那语。

214 浊软腭爆破音 /g/ 175（-14）

希腊语，爱尔兰语，布列塔尼语，德语，挪威语，立陶宛语，俄语，保加利亚语，法语，罗马尼亚语，波斯语，普什图语，库尔德语，印地-乌尔都语，孟加拉语，克什米尔语，旁遮普语，僧加罗语，阿尔巴尼亚语，科米语，匈牙利语，拉普语，塔维语，土耳其语，雅库特语，巴什基尔语，哈拉吉语，图瓦语，蒙古语，埃文基语，赫哲语，满语，卡查语，摩洛语，卢奥语，卡杜格利语，克佩勒语，比萨语，班巴拉语，丹语，朱拉语，泰姆奈语，达格巴尼语，塞纳迪语，坦普尔马语，巴里巴语，埃维语，阿干语，伊博语，加语，莱尔米语，比洛姆语，塔洛克语，阿莫语，特克语，杜约语，格巴亚语，赞德语，桑海语，卡努里语，马巴语，富尔语，卢奥语，努比亚语，伊克语，塔马语，泰梅语，内拉语，塔比语，莫西语，洛巴拉语，玉鲁语，萨拉语，伯尔塔语，库纳马语，科马语，提格雷语，阿姆哈拉语，希伯来语，索科特里语，新阿拉姆语，石拉语，图阿雷格语，索马里语，阿维亚语，伊拉库语，贝沙族语，库洛语，迪兹语，克法语，哈莫语，豪萨语，安加斯语，马尔吉语，恩吉津语，卡纳库鲁语，蒙达语，喀里亚语，阿拉瓦语，马布伊格语，班加朗语，巽他语，马尔加什语，马来语，巴塔克语，他加禄语，查莫罗语，鲁凯语，阿德泽拉语，Iai 语，厦门话，达夫拉语，缅甸语，拉祜语，景颇语，迪登钦语，加罗语，博罗语，瑶语，安达曼语，尼博朗语，亚加里亚语，科瓦语，丘阿韦语，苏娜语，德拉语，库尼迈帕语，亚雷巴语，科亚里语，罗托卡特语，特林吉特语，克拉马斯语，米克西语，奥托米语，马萨瓦语，查蒂诺语，波普阿戈语，雅纳语，阿科马语，优奇语，布里布里语，莫拉语，卡亚帕语，奥凯纳语，穆伊纳内语，加勒比语，奥卡语，瓦皮萨纳语，加勒比海岛语，蒂库纳语，巴拉萨诺语，图卡努语，科芬语，泰卢固语，科塔语，库卢克语，尤卡吉尔语，拉克语，巴斯克语，布鲁沙斯基语，布拉灰语，!Xũ 语；**罕见** 皮吉特湾语；**借用** 芬兰语，楚瓦什语，塞班语，特里福语，佐基语，泽套语，奎鲁特语，雅基语，蒂瓦语，塔拉斯坎语，蒂尼卡语，瓦普语；?**派生** 日语。

长浊软腭爆破音 /gː/ 4

旁遮普语，阿拉伯语，石拉语，索马里语。

前鼻化浊软腭爆破音 /^{ŋ}g/ 18（−1）

卢瓦勒语，格巴亚语，玉鲁语，萨拉语，伯尔塔语，恩吉津语，塞当语，阿拉瓦语，客家话，瓦什库克语，塞莱普语，瓦恩托阿特语，南巴坎戈语，马萨特克语，帕埃斯语，阿皮纳耶语，西里奥诺语；**罕见** 卡里阿伊语。

唇化、前鼻化浊软腭爆破音 /^{ŋ}g^{w}/ 4

恩吉兹语，瓦什库克语，瓦恩托阿特语，南巴坎戈语。

鼻腔除阻浊软腭爆破音 /g^{ŋ}/ 1

阿兰达语。

唇化浊软腭爆破音 /g^{w}/ 14（−1）

科佩尔语，伊博语，阿姆哈拉语，阿维亚语，伊拉克语，贝沙族语，豪萨语，恩吉津语，特林吉特语，马萨瓦语，夸扣特尔语，皮吉特湾语，卡巴尔德语；?**派生** 奥托米语。

腭化浊软腭爆破音 /g^{j}/ 5

爱尔兰语，立陶宛语，保加利亚语，豪萨语，卡巴尔德语。

气声软腭爆破音 /g̤/ 7（−1）

印地−乌尔都语，孟加拉语，伊博语，蒙达语，喀里亚语，!Xũ 语；**借用** 泰卢固语。

唇化气声软腭爆破音 /g̤^{w}/ 1

伊博语。

清小舌爆破音 /q/ 38（−2）

库尔德语，吉尔吉斯语，阿拉伯语，新阿拉姆语，图阿雷格语，阿维亚语，伊拉库语，哈莫语，水语，泰雅语，拉祜语，海达语，特林吉特语，胡帕语，温图语，托托纳克语，凯基语，努特卡语，奎鲁特语，斯阔米什语，皮吉特湾语，卢伊塞诺语，霍皮语，波莫语，阿库马维语，阿比彭语，凯楚亚语，哈卡鲁语，Gununa-Kena 语，格陵兰语，阿留申语，凯特语，尤卡吉尔语，吉利亚克语，布鲁沙斯基语；**罕见** 迪埃格诺语；**借用** 印地-乌尔都语。

唇化清小舌爆破音 /qʷ/ 9（-1）

阿维亚语，伊拉库语，海达语，特林吉特语，奎鲁特语，斯阔米什语，皮吉特湾语，卢伊塞诺语，努特卡语。

长唇化清小舌爆破音 /qʷ:/ 1

拉克语。

送气清小舌爆破音 /qʰ/ 11

吉尔吉斯语，水语，拉祜语，海达语，克拉马斯语，夸扣特尔语，凯楚亚语，哈卡鲁语，吉利亚克语，拉克语，布鲁沙斯基语。

唇化送气清小舌爆破音 /qʷʰ/ 3

海达语，夸扣特尔语，拉克语。

浊小舌爆破音 /ɢ/ 8

波斯语，索马里语，阿维亚语，库尼迈帕语，特林吉特语，克拉马斯语，夸扣特尔语，拉克语。

长浊小舌爆破音 /ɢ:/ 1

索马里语。

唇化浊小舌爆破音 /ɢʷ:/ 4

阿维亚语，特林吉特语，克拉马斯语，拉克语。

浊咽爆破音 /*ʕ/ 1

伊拉库语。

声门爆破音 /ʔ/ 146（-11）

波斯语，库尔德语，尤拉克语，塔维语，沃洛夫语，卡努里语，马巴语，卢奥语，塔比语，洛巴拉语，贝沙族语，科马语，阿拉伯语，提格雷语，希伯来语，索科特里语，新阿拉姆语，索马里语，伊拉克语，贝沙族语，库洛语，克法语，豪萨语，马尔吉语，卡西语，越南语，塞当语，高棉语，维克-曼堪语，标准泰语，耶语，水语，拉伽语，石家语，剥隘土语，龙州土语，泰雅语，巽他语，爪哇语，查姆语，他加禄语，塞班语，查莫罗语，鲁凯语，邹语，阿德泽拉语，罗洛语，夏威夷语，漳州话，厦门话，缅甸语，景颇语，阿沃语，迪登钦语，加罗语，克伦语，瑶语，瓦什库克语，加德苏语，亚加里亚语，达尼语，纳西奥语，海达语，特林吉特语，奇佩维安语，图瓦语，胡帕语，内兹佩尔塞语，克拉马斯语，温图语，琼塔尔语，佐基语，泽套语，托托纳克语，凯基语，米克西语，奥托米语，马萨瓦语，马萨特克语，米斯特克语，查蒂诺语，努特卡语，夸扣特尔语，奎鲁特语，斯阔米什语，皮吉特湾语，波普阿戈语，卢伊塞诺语，霍皮语，雅基语，蒂瓦语，卡罗克语，波莫语，迪埃格诺语，阿库马维语，雅纳语，沙斯塔语，祖尼语，阿科马语，奥季布瓦语，通卡瓦语，韦尤特语，塞内卡语，威奇托语，优奇语，蒂尼卡语，瓦普语，伊托纳马语，穆拉语，卡亚帕语，帕埃斯语，奥凯纳语，穆伊纳内语，阿皮纳耶语，查科沃语，塔卡纳语，阿什乌莱语，南部南比夸拉语，Gununa-Kena 语，瓦皮萨纳语，阿穆萨语，瓜希洛语，莫克索语，瓜拉尼语，蒂库纳语，西奥那语，图卡努语，科芬语，库鲁克语，凯特语，楚科奇语，卡巴尔德语，拉克语，布拉灰语，泰姆奈语，格巴亚语，拉祜语，塔拉斯坎语，希瓦罗语，**借用** 印地-乌尔都语，土耳其语，巴什基尔语；? **派生** 蒙达语，纳瓦霍语，加勒比语。

长声门爆破音 /ʔː/ 1

阿拉伯语。

唇化声门爆破音 /ʔʷ/ 1

卡尔巴德语。

喉化声门爆破音 /ʔˤ/ 1

努特卡语。

216 清唇–软腭爆破音 /k͡p/ 18

克佩勒语，丹语，达格巴尼语，塞纳迪语，坦普尔马语，巴里巴语，埃维语，加语，莱尔米语，埃菲克语，比洛姆语，塔洛克语，阿莫语，杜约语，格巴亚语，赞德语，洛巴拉语，玉鲁语。

浊唇–软腭爆破音 / g͡b/ 19

克佩勒语，丹语，达格巴尼语，塞纳迪语，坦普尔马语，巴里巴语，埃维语，加语，莱尔米语，比洛姆语，塔洛克语，阿莫语，杜约语，格巴亚语，赞德语，洛巴拉语，玉鲁语，Iai 语。

前鼻化浊唇–软腭爆破音 /ᵑᵐg͡b/ 1

格巴亚语。

清齿–腭爆破音 /t̪͡c/ 1

茂语。

2. 声门塞音

（注：在!Xũ 语中‘浊喷音’是前浊音段，除阻时为清音）

清双唇喷塞音 /p'/ 33（−1）

东亚美尼亚语，祖鲁语，伯尔塔语，科马语，克法语，特林吉特语，内兹佩尔塞语，克拉马斯语，麦都语，温图语，琼塔尔语，泽尔塔语，奥托米语，努特卡语，夸扣特尔，奎鲁特语，斯阔米什语，皮吉特湾语，蒂瓦语，波莫语，雅纳语，沙斯塔语，阿科马语，达科他语，瓦普语，南部南比夸拉语，凯楚亚语，哈卡鲁语，Gununa-Kena 语，格鲁吉亚语，卡巴尔德语，拉克语；**借用** 阿姆哈拉语。

浊双唇喷塞音 /b'/ 1

!Xũ 语。

清齿喷塞音 /t̪'/ 11

内兹佩尔塞语，泽套语，努特卡语，斯阔米什语，波莫语，雅纳语，阿科马语，瓦波语，Gununa-Kena 语，格鲁吉亚语，卡巴尔德语。

清齿 / 齿龈喷塞音 /"t'"/ 21

东亚美尼亚语，提格雷语，阿姆哈拉语，索科特里语，库洛语，迪兹语，克法语，海达语，特林吉特语，琼塔尔语，马萨瓦语，夸扣特尔语，蒂瓦语，沙斯塔语，达科他语，优奇语，伊托纳马语，凯楚亚语，拉克语。

清齿龈喷塞音 /t'/ 17

祖鲁语，科马语，纳瓦霍语，胡帕语，内兹佩尔塞语语，克拉玛斯语，麦都语，温图语，凯基语，奥托米语，奎鲁特语，皮吉特湾语，波莫语，瓦普语，南部南比夸拉语，哈卡鲁语，!Xũ 语。

浊齿龈喷塞音 /d'/ 1

!Xũ 语。

清硬腭喷塞音 /c'/ 7

海达语，胡帕语，克拉马斯语，麦都语，阿科马语，哈卡鲁语。

清软腭喷塞音 /k'/ 49（−1）

东亚美尼亚语，祖鲁语，伊克语，伯尔塔语，科马语，提格雷语，阿姆哈拉语，索科特里语，迪兹语，克法语，哈莫语，豪萨语，海达语，特林吉特语，纳瓦霍语，奇佩维安语，托洛瓦语，内兹佩尔塞语，克拉马斯语，麦都语，温图语，琼塔尔语，泽套语，凯克奇语，奥托米语，马萨瓦语，努特卡语，奎鲁特语，皮吉特湾语，蒂瓦语，波莫语，雅纳语，沙斯塔语，祖尼语，阿科马语，威奇托语，达科他语，优奇语，瓦普语，伊托纳马语，南部南比夸拉语，凯楚亚语，哈卡鲁语，Gununa-Kena 语，格鲁吉亚语，拉克语，!Xũ 语；**罕见** 斯阔米什语。

唇化清软腭喷塞音 /kʷ'/ 18（−2）

阿姆哈拉语，豪萨语，海达语，特林吉特语，奇佩维安语，托洛瓦语，马萨瓦语，努特卡语，夸扣特尔语，奎鲁特语，斯阔米什语，皮吉特湾语，祖尼语，南部南比夸拉语，卡巴尔德语，拉克语；**罕见** 蒂瓦语；？**派生** 奥托米语。

217 腭化清软腭喷塞音 /k^{j}’/ 2

豪萨语，卡巴尔德语。

浊软腭喷塞音 /g’/ 1

!Xũ 语。

清小舌喷塞音 /q’/ 19（−1）

克法语，海达语，特林吉特语，胡帕语，内兹佩尔塞语，克拉马斯语，温图语，凯克奇语，夸扣特尔语，奎鲁特语，斯阔米什语，皮吉特湾语，波莫语，凯楚亚语，哈卡鲁语，格鲁吉亚语，卡巴尔德语，拉克语；**借用** 努特卡语。

唇化清小舌喷塞音 /q^{w}’/ 8

海达语，特林吉特语，努特卡语，奎鲁特语，斯阔米什语，皮吉特湾语，卡巴尔特语，拉克语。

清双唇内爆音 /$p^{<}$/ 1

伊博语。

浊双唇内爆音 /ɓ/ 30（−1）

卡查语，卡杜格利语，克佩勒语，丹语，伊博语，塔罗克语，斯瓦希里语，祖鲁语，杜约语，格巴亚语，马萨依语，尼昂吉语，伊克语，塔马语，莫西语，玉鲁语，萨拉语，科马语，哈莫语，豪萨语，安加斯语，马尔吉语，卡纳库鲁语，越南语，高棉语，卡伦语，麦都语，马萨瓦语，南部南比夸拉语；**罕见** 伊拉库语。

浊齿内爆音 /ɗ̪/ 3

卡查语，卡杜格利语，伊克语。

浊齿 / 齿龈内爆音 /"ɗ"/ 13

卡查语，塔罗克语，斯瓦希里语，杜约语，马萨依语，莫西语，玉鲁语，伯尔塔语，库洛语，豪萨语，卡伦语，马萨瓦语，南部南比夸拉语。

清齿龈内爆音 /t˂/ 1

伊博语。

浊齿龈内爆音 /ɗ/ 13（−1）

丹语，尼昂吉语，塔马语，萨拉语，科马语，哈莫语，安加斯语，马尔吉语，卡纳库鲁语，越南语，高棉语，麦都语；**罕见** 伊拉库语。

浊硬腭内爆音 /ʄ/ 7

卡杜格利语，斯瓦希里语，马萨依语，尼昂吉语，伊克语，玉鲁语，安加斯语。

浊软腭内爆音 /ɠ/ 5

斯瓦希里语，马萨依语，尼昂吉语，伊克语，哈莫语。

浊小舌内爆音 /ɢ˂/ 1

伊克语。

3. 朔音

[包括塞擦音化的朔音。值得注意的是，朔音可以通过两种方式塞擦音化。前部除阻塞擦音化或后部（软腭）除阻塞擦音化。UPSID 仅仅指前一种塞擦音化的朔音。后部持阻的摩擦除阻被称为朔音的软腭化]。

清齿龈朔音 /ʇ/ 2

那马语，!Xũ 语。

软腭化清齿龈朔音 /ʇ̴/ 1 218

!Xũ 语。

送气清齿龈朔音 /ʇʰ/ 1

!Xũ 语。

鼻化送气清齿龈朔音 /ᵑ̊ʇʰ/ 2

那马语，!Xũ 语。

软腭化送气清齿龈嘣音 /ɟh/ 1

那马语。

声门化、鼻化清齿龈嘣音 /$^{\text{ŋ}}_{\circ}$ɟ^{ʔ}/ 2

那马语，!Xũ 语。

声门化、软腭化清齿龈嘣音 /ɟ^{ʔ}/ 1

!Xũ 语。

浊齿龈嘣音 /g^{ɟ}/ 1

!Xũ 语。

鼻化浊齿龈嘣音 /ŋ^{ɟ}/ 2

那马语，!Xũ 语。

软腭化浊齿龈嘣音 /gɟ/ 1

!Xũ 语。

气声齿龈嘣音 /g̤^{ɟ}/ 1

!Xũ 语。

鼻化气声齿龈嘣音 /ŋ̤^{ɟ}/ 1

!Xũ 语。

声门化、软腭化浊齿龈嘣音 /g^{ɟʔ}/ 1

!Xũ 语。

清腭–龈嘣音 /ɟ̠/ 2

祖鲁语，那马语。

鼻化送气清腭–龈嘣音 /$^{\text{ŋ}}_{\circ}$ɟ̠^{h}/ 1

那马语。

软腭化送气清腭–龈嘣音 /ɟ̠^{h}/ 1

那马语。

声门化、鼻化清腭–龈嘣音 /$^{\text{ŋ}}_{\circ}$ɟ^{ʔ}/ 1

那马语。

鼻化浊腭-龈阴音 /ŋɟ̠/ 1

那马语。

清硬腭阴音 /c/ 1

!Xũ 语。

软腭化清硬腭阴音 /ɛ/ 1 219

!Xũ 语。

送气清硬腭阴音 /cʰ/ 1

!Xũ 语。

鼻化送气清硬腭阴音 /ᵑ̥cʰ/ 1

!Xũ 语。

声门化、鼻化清硬腭阴音 /ᵑ̥cˀ/ 1

!Xũ 语。

声门化、鼻化、软腭化清硬腭阴音 /ᵑ̥ɛˀ/ 1

!Xũ 语。

浊硬腭阴音 /gc/ 1

!Xũ 语。

鼻化浊硬腭阴音 /ŋc/ 1

!Xũ 语。

软腭化浊硬腭阴音 /gc/ 1

!Xũ 语。

气声浊硬腭阴音 /g̤c/ 1

!Xũ 语。

声门化、软腭化浊硬腭阴音 /gɛˀ/ 1

!Xũ 语。

鼻化、气声浊硬腭阴音 /ŋ̤c/ 1

!Xũ 语。

<u>清齿塞擦音化吸音</u> /ʇ̪ˢ/ 1

那马语，!Xũ 语。

<u>软腭化清齿塞擦音化吸音</u> /ʇ̴̪ˢ/ 1

!Xũ 语。

<u>送气清齿塞擦音化吸音</u> /ʇ̪ˢʰ/ 1

!Xũ 语。

<u>鼻化送气清齿塞擦音化吸音</u> /ŋ̊ʇ̪ˢʰ/ 2

那马语，!Xũ 语。

<u>软腭化送气清齿塞擦音化吸音</u> /ʇ̪ʰ/ 1

那马语。

<u>声门化、鼻化清齿塞擦音化吸音</u> /ŋ̊ʇ̪ˢˀ/ 1

那马语，!Xũ 语。

<u>声门化、鼻化、软腭化清齿塞擦音化吸音</u> /ŋ̊ʇ̴̪ˢˀ/ 1

!Xũ 语。

<u>浊齿塞擦音化吸音</u> /gʇ̪ˢ/ 1

!Xũ 语。

220 <u>软腭化浊齿塞擦音化吸音</u> /gʇ̪ˢ/ 1

!Xũ 语。

<u>鼻化浊齿塞擦音化吸音</u> /ŋʇ̪ˢ/ 2

那马语，!Xũ 语。

<u>声门化、软腭化浊齿塞擦音化吸音</u> /gʇ̪ˢˀ/ 1

!Xũ 语。

<u>鼻化气声齿塞擦音化吸音</u> /ŋ̤ʇ̪ˢ/ 1

!Xũ 语。

<u>气声齿塞擦音化吸音</u> /g̤ʇ̪ˢ/ 1

!Xũ 语。

清齿龈塞擦音化㗊音 /$ʇ^{s}$/ 1

祖鲁语。

清腭边塞擦音化㗊音 /$ʗ^{ʎ}$/ 1

!Xũ 语。

软腭化清腭边塞擦音化㗊音 /$ʗ̴^{ʎ}$/ 1

!Xũ 语。

送气清腭边塞擦音化㗊音 /$ʗ^{ʎ}$h/ 1

!Xũ 语。

声门化、鼻化清腭边塞擦音化㗊音 /$ŋ̥ʗ^{ʎ}$/ 1

!Xũ 语。

声门化、鼻化、软腭化清腭边塞擦音化㗊音 /$ŋ̥ʗ̴^{ʎ}$/

!Xũ 语。

鼻化送气清腭边塞擦音化㗊音 /$ŋ̥ʗ^{ʎ}$h/ 1

!Xũ 语。

浊腭边塞擦音化㗊音 /$g^{ʗʎ}$/ 1

!Xũ 语。

软腭化浊腭边塞擦音化㗊音 /$g^{ʗ̴ʎ}$/ 1

!Xũ 语。

气声腭边塞擦音化㗊音 /$g̤^{ʗʎ}$/ 1（-1）

罕见!Xũ 语。

声门化、软腭化浊腭边塞擦音化㗊音 /$g^{ʗʎˀ}$/ 1

!Xũ 语。

清龈边塞擦音化㗊音 /$ʗ^{ɬ}$/ 2

祖鲁语，那马语。

软腭化送气清龈边塞擦音化㗊音 /$ʗ̴^{ɬh}$/ 1

那马语。

鼻化送气清龈边塞擦音化嗬音 /ŋ̊ʗ^{ɬ}/ 1

那马语。

221 声门化、鼻化清龈边塞擦音化嗬音 /ŋ̊ʗ^{ɬʔ}/ 1

那马语。

鼻化浊龈边塞擦音化嗬音 /ŋʗ^{ɬ}/ 1

那马语。

鼻化浊腭边塞擦音化嗬音 /ŋʗ^{ʎ}/ 1

!Xũ 语。

气声腭边塞擦音化嗬音 /g̤^{ʗʎ}/ 1

!Xũ 语。

4. 塞擦音

（这里包括肺部塞擦音和声门塞擦音，塞擦音化嗬音和其他嗬音已在第三部分列出。）

清唇-齿塞擦音 /pf/ 3

德语，比母贝语，特克语。

送气清唇-齿塞擦音 /pf^{h}/ 1

比母贝语。

浊唇-齿塞擦音 /bv/ 1

特克语。

清齿塞擦音 /t̪θ/ 2

卢奥语，奇佩维安语。

送气清齿塞擦音 /t̪θ^{h}/ 1

奇佩维安语。

浊齿塞擦音 /d̪ð/ 1

卢奥语。

清齿咝音性塞擦音 /t̪s̪/ 10

匈牙利语，图瓦卢语，埃维语，标准泰语，马尔加什语，塔芒语，泽套语，斯阔米什语，Gununa-Kena 语，卡巴尔德语。

送气清齿咝音性塞擦音 /t̪s̪ʰ/ 4

标准泰语，塔芒语，阿科马语，那马语。

浊齿咝音性塞擦音 /d̪z̪/ 5

匈牙利语，埃维语，马尔加什语，阿科马语，卡巴尔德语。

清齿 / 齿龈咝音性塞擦音 /"ts"/ 46（−5）

德语，俄语，保加利亚语，罗马尼亚语，普什图语，克什米尔语，阿尔巴尼亚语，东亚美尼亚语，拉普兰语，尤拉克语，吉尔吉斯语，希伯来语，阿维亚语，库拉语，拉伽语，泰雅语，他加禄语，邹语，普通话，客家话，漳州话，厦门话，福州话，赣语，景颇语，瑶语，特林吉特语，奇佩维安语，琼塔尔语，马萨瓦语，通卡瓦语，威奇托语，优奇语，瓦普语，布里布里语，希瓦罗语，格陵兰语，阿留申语，巴斯克语，布鲁沙斯基语；**罕见** 楚科奇语；**借用** 立陶宛语，切列米斯语，科米语，楚瓦什语。

长清齿 / 齿龈塞擦音 /"ts:"/ 3（−1）

威奇托语，拉克语；? **派生** 日语。

长唇化清齿 / 齿龈咝音性塞擦音 /"tsʷ:"/ 1

拉克语。

腭化清齿 / 齿龈咝音性塞擦音 /"tsʲ"/ 3（−1） 222

保加利亚语，尤拉克语；**借用** 立陶宛语。

送气清齿 / 齿龈咝音性塞擦音 /"tsʰ"/ 19

克什米尔语，东亚美尼亚语，蒙古语，拉伽语，阿德泽拉语，普通话，客家话，漳州话，厦门话，福州话，赣语，瑶语，奇佩维安语，马萨瓦语，祖尼语，维约特语，优奇语，拉克语，布鲁沙斯基语。

唇化送气清齿 / 齿龈咝音性塞擦音 /"tsʷʰ"/ 1

拉克语。

伴随气声除阻的清齿 / 齿龈咝音性塞擦音 /"tsʱ"/ 1

漳州话。

喉化清齿 / 齿龈咝音性塞擦音 /"t̰s̰"/ 1

阿什乌莱语

浊齿 / 齿龈咝音性塞擦音 /"dz"/ 18（-1）

立陶宛语，普什图语，克什米尔语，阿尔巴尼亚语，蒙古语，玉鲁语，阿德泽拉语，厦门话，景颇语，瑶语，苏娜语，特林吉特语，皮吉特湾语，塞内卡语，优奇语，奥凯纳语，泰卢固语；**罕见** 阿维亚语。

清齿龈塞擦音 /tɹ̆/ 1

塔芒语。

送气清齿龈塞擦音 /tɹ̆ʰ/ 1

塔芒语。

清齿龈咝音性塞擦音 /ts/ 39

希腊语，巴什基尔语，莱尔米语，阿莫语，比母贝语，伊克语，哈莫语，马尔吉语，水语，爪哇语，查莫罗语，鲁凯语，迪登钦语，加罗语，纳瓦霍语，胡帕语，佐基语，泽套语，托托纳克语，凯克奇语，米克西语，马萨特克语，努特卡语，奎鲁特语，皮吉特湾语，霍皮语，波莫语，塔拉斯坎语，卡亚帕语，帕埃斯语，奥凯纳语，查科沃语，卡什纳瓦语，杰卡鲁语，坎帕语，莫克索语，瓜希沃语，格鲁吉亚语，!Xũ 语。

软腭化清齿龈咝音性塞擦音 /t̴s/ 1

!Xũ 语。

送气清齿龈咝音性塞擦音 /tsʰ/ 10

比母贝语，水语，纳瓦霍语，胡帕语，夸扣特尔语，塔拉斯坎语，哈卡鲁语，阿穆萨语，格鲁吉亚语，!Xũ 语。

伴随气声除阻的清齿龈咝音性塞擦音 /tsʱ/ 1

爪哇语。

浊齿龈咝音性塞擦音 /dz/ 10

希腊语，莱尔米语，伊克语，马尔吉语，查莫罗语，加罗语，亚雷巴语，夸扣特尔语，皮吉特湾语，奥凯纳语。

前鼻化浊齿龈咝音性塞擦音 /ⁿdz/ 1

马萨特克语。

软腭化浊齿龈咝音性塞擦音 /đz/ 1

!Xũ 语。

气声齿龈咝音性塞擦音 /d̤z̤/ 1

!Xũ 语。

清腭龈咝音性塞擦音 /tʃ/ 141（−5） 223

爱尔兰语，立陶宛语，俄罗斯语，保加利亚语，西班牙语，罗马尼亚语，波斯语，普什图语，库尔德语，印地-乌尔都语，孟加拉语，旁遮普语，阿尔巴尼亚语，东亚美尼亚语，切利米斯语，科米语，匈牙利语，拉普兰语，阿塞拜疆语，楚瓦什语，雅库特语，吉尔吉斯语，哈拉吉语，图瓦语，埃文基语，赫哲语，满语，韩语，日语，摩洛语，班巴拉语，达格巴尼语，塔罗克语，阿莫语，斯瓦希里语，卢瓦勒语，特克语，卡努里语，马萨依语，卢奥语，努比亚语，伊克语，洛巴拉语，库纳马语，提格雷语，阿姆哈拉语，新阿拉姆语，索马里语，阿维亚语，库洛语，迪兹语，豪萨语，安加斯语，马尔吉语，蒙达语，喀里亚语，塞当语，高棉语，马拉努库语，水语，剥隘土语，龙州土语，巽他语，塞班语，lai 语，台山话，缅甸语，拉祜语，景颇语，安达曼语，阿斯马特语，瓦什库克语，海达语，特林吉特语，纳瓦霍语，奇佩维安语，托洛瓦语，胡帕语，温图语，琼塔尔语，托托纳克语，凯克奇语，马萨瓦语，马萨特克语，米斯特克语，努特卡语，奎鲁特语，斯阔米什语，皮吉特湾语，巴巴哥语，卢伊塞诺语，雅基语，蒂瓦语，卡洛克语，迪埃格诺语，沙斯塔语，塔拉斯坎语，奥季布瓦语，特拉华语，韦尤特语，达科他语，优奇语，亚拉巴马语，瓦普语，伊托纳马语，布里布里语，卡亚帕语，帕埃斯语，奥凯纳语，穆伊纳内语，阿皮纳耶语，阿马华卡语，查科沃语，塔卡纳语，卡什瓦纳语，阿什乌莱语，阿比彭语，凯楚亚语，哈卡鲁语，加勒比海岛语，坎帕语，爪希洛语，莫克索语，西里奥诺语，原始图库那语，西奥那语，希瓦罗语，科芬语，阿劳堪尼亚语，马来雅拉姆语，尤卡吉尔语，格鲁吉亚语，巴斯克语，布鲁沙斯基语，布拉灰语，!Xũ 语；**借用** 赫哲语，希伯来语，奥托米语，瓜拉尼语；**模糊** 克法语。

长清腭龈咝音性塞擦音 /tʃː/ 5（−1）

旁遮普语，雅库特语，特拉华语，拉克语；?**派生** 日语。

唇化清腭龈咝音性塞擦音 /tʃʷ/ 1

加语。

长唇化清腭龈咝音性塞擦音 /tʃʷː/ 1

拉克语。

腭化清腭龈咝音性塞擦音 /tʃʲ/ 1

克什米尔语。

软腭化清腭龈咝音性塞擦音 /t̴ʃ/ 1

!Xũ 语。

送气清腭龈咝音性塞擦音 /tʃʰ/ 43（−2）

印地−乌尔都语，孟加拉语，旁遮普语，东亚美尼亚语，土耳其语，蒙古语，韩语，伊博语，加语，斯瓦希里语，喀里亚语，高棉语，水语，龙州土语，台山话，缅甸语，拉祜语，海达语，纳瓦霍语，奇佩维安语，托洛瓦语，马萨瓦语，雅纳语，塔拉斯坎语，祖尼语，阿科马语，韦尤特语，达科他语，优奇语，蒂尼卡语，凯楚亚语，哈卡鲁语，瓦皮萨纳语，阿穆萨语，科芬语，科塔语，吉利亚克语，格鲁吉亚语，拉克语，布鲁沙斯基语，!Xũ 语；**罕见** 景颇语；**借用** 剥隘土语。

长送气清腭龈咝音性塞擦音 /tʃ^{h}:/ 1

旁遮普语。

唇化送气清腭龈咝音性塞擦音 /tʃ^{wh}/ 2

胡帕语，拉克语。

腭化送气清腭龈咝音性塞擦音 /tʃ^{jh}/ 2（−1）

克什米尔语；**模糊** 阿穆萨语。

前置送气清腭龈咝音性塞擦音 /^{h}tʃ/ 2（−1）

瓜希洛语；**模糊** 奥吉布瓦语。

喉化清腭龈咝音性塞擦音 /t̰ʃ̰/ 3

韩语，蒙达语，阿什乌莱语。

浊腭龈咝音性塞擦音 /dʒ/ 80（−5） 224

爱尔兰语，立陶宛语，保加利亚语，罗马尼亚语，波斯语，普什图语，库尔德语，印地-乌尔都语，孟加拉语，旁遮普语，阿尔巴尼亚语，科米语，土耳其语，阿塞拜疆语，雅库特语，蒙古语，埃文基语，赫哲语，满语，日语，摩洛语，班巴拉语，达格巴尼语，伊博语，加语，塔罗克语，祖鲁语，特克语，卡努里语，富尔语，卢奥语，努比亚语，伊克语，内拉语，洛巴拉语，萨拉语，伯尔塔语，库纳马语，阿拉伯语，阿姆哈拉语，新阿拉姆语，阿维亚语，贝沙族语，库洛语，迪兹语，豪萨语，安加斯语，马尔吉语，蒙达语，喀里亚语，卡西语，班加朗语，巴塔克语，塞班语，Iai 语，厦门话，缅甸语，拉祜语，景颇语，安达曼语，特林吉特语，温图语，波普阿戈语，阿库马维语，雅纳语，阿科马语，优奇语，穆伊纳内语，蒂库纳语，科芬语，科塔语，马来雅拉姆语，布鲁沙斯基语，布拉灰语；**罕见** 皮吉特湾语；**借用** 匈牙利语，哈拉吉语，希伯来语；**模糊** 克法语。

<u>长浊腭龈咝音性塞擦音</u> /dʒː/ 2

旁遮普语，雅库特语。

<u>前鼻化浊腭龈咝音性塞擦音</u> /ⁿdʒ/ 5

卢瓦尔语，塞当语，瓦什库克语，马萨特克语，西里奥诺语。

<u>唇化浊腭龈咝音性塞擦音</u> /dʒʷ/ 1

加语。

<u>腭化浊腭龈咝音性塞擦音</u> /dʒʲ/ 1

克什米尔语。

<u>软腭化浊腭龈咝音性塞擦音</u> /đʒ/ 1

!Xũ 语。

<u>气声腭龈咝音性塞擦音</u> /d̤ʒ̤/ 6

印地–乌尔都语，孟加拉语，伊博语，蒙达语，喀里亚语，!Xũ 语。

<u>清卷舌塞擦音</u> /ṭị̆/ 1

阿劳堪尼亚语。

<u>清卷舌咝音性塞擦音</u> /ṭṣ/ 7

奥斯恰克语，普通话，马萨特克语，塔卡纳语，哈卡鲁语，巴斯克语，布鲁沙斯基语。

<u>送气清卷舌咝音性塞擦音</u> /ṭṣʰ/ 6

普通话，阿科马语，威奇托语，哈卡鲁语，阿穆萨语，布鲁沙斯基语。

<u>浊卷舌咝音性塞擦音</u> /ḍẓ/ 2

阿科马语，布鲁沙斯基语。

<u>前鼻化浊卷舌咝音性塞擦音</u> /ⁿḍẓ/ 1

马萨特克语。

<u>清卷舌塞擦化颤音</u> /ṭř/ 1

马尔加什语。

<u>浊卷舌塞擦化颤音</u> /ḍř/ 1

马尔加什语。

清硬腭塞擦音 /cç/ 9

僧加罗语，阿尔巴尼亚语，科米语，匈牙利语，阿干语，石家语，普通话，赣语，安哥拉语。

唇化清硬腭塞擦音 /cç^{w}/ 1

阿干语。

送气清硬腭塞擦音 /cç^{h}/ 2 225

普通话，赣语。

浊硬腭塞擦音 /ɟʝ/ 5

僧加罗语，阿尔巴尼亚语，科米语，匈牙利语，阿干语。

唇化浊硬腭塞擦音 /ɟʝ^{w}/ 1

阿干语。

清硬腭咝音性塞擦音 /cɕ/ 2（−1）

Gununa-Kena 语；**借用** 泰卢固语。

清软腭塞擦音 /kx/ 1

塔维语。

送气清软腭塞擦音 /kx^{h}/ 2

奇佩维安语，那马语。

唇化送气清软腭塞擦音 /kx^{wh}/ 1

奇佩维安语。

清小舌塞擦音 /qχ/ 3

沃洛夫语，内兹佩尔塞语，卡巴尔德语。

唇化清小舌塞擦音 /qχ^{w}/ 1

卡巴尔德语。

腭化清齿边音性塞擦音 /t̪ɬ̪^{j}/ 1

卡巴尔德语。

清齿 / 齿龈边音性塞擦音 /"tɬ"/ 5

海达语，特林吉特语，奇佩维安语，努特卡语，斯阔米什语。

送气清齿 / 齿龈边音性塞擦音 /"tɬ^{h}"/ 1

奇佩维安语

浊齿 / 齿龈边音性塞擦音 /"dlʒ"/ 2

海达语，特林吉特语。

清齿龈边音性塞擦音 /tɬ/ 3

纳瓦霍语，温图语，奎鲁特语。

送气清齿龈边音性塞擦音 /tɬ^{h}/ 1

夸扣特尔语。

浊齿龈边音性塞擦音 /dlʒ/ 2

纳瓦霍语，夸扣特尔语。

伴随齿龈边音性塞擦音除阻的清软腭爆破音 /kɬ/ 1（−1）

模糊阿什乌莱语。

清齿喷塞擦音 /t̪θ'/ 1

奇佩维安语。

清齿咝音性喷塞擦音 /t̪s̪'/ 5

泽套语，斯阔米什语，阿科马语，Gununa-Kena 语，卡巴尔德语。

226 清齿 / 齿龈咝音性喷塞擦音 /"ts'"/ 11

东亚美尼亚语，库洛语，迪兹语，特林吉特语，奇佩维安语，马萨瓦语，祖尼语，威奇托语，优奇语，瓦波语，拉克语。

唇化清齿 / 齿龈咝音性喷塞擦音 /"ts^{w}'"/ 1

拉克语。

清齿龈咝音性喷塞擦音 /ts'/ 18

伊克语，提格雷语，伊拉库语，纳瓦霍语，托洛瓦，胡帕语，温图语，泽套语，凯克奇语，奥托曼吉尔语，努特卡语，夸扣特尔语，奎鲁特语，皮吉特湾语，波莫语，哈卡鲁语，格鲁吉亚语，!Xũ 语。

浊齿龈咝音性喷塞擦音 /dz'/ 1

!Xũ 语。

清腭龈咝音性喷塞擦音 /tʃ'/ 35（−2）

东亚美尼亚语，祖鲁语，提格雷语，阿姆哈拉语，迪兹语，海达语，特林吉特语，纳瓦霍语，奇佩维安语，托洛瓦语，胡帕语，温图语，琼塔尔语，凯克奇语，马萨瓦语，努特卡语，奎尔尤特人语，斯阔米什语，皮吉特湾语，雅纳语，沙斯塔语，祖尼语，阿科马语，达科他语，优奇语，瓦波语，伊托纳马语，凯楚亚语，哈卡鲁语，Gununa-Kena 语，格鲁吉亚语，拉克语，!Xũ 语；? **派生** 奥托曼吉尔语；**模糊** 克法语。

唇化清腭龈咝音性喷塞擦音 /tʃʷ'/ 1

拉克语。

浊腭龈咝音性喷塞擦音 /dʒ'/ 1

!Xũ 语。

清卷舌咝音性喷塞擦音 /ṭṣ'/ 3

托洛瓦语，阿科马语，哈卡鲁语。

清硬腭喷塞擦音 /cç'/ 1

Gununa-Kena 语。

清软腭喷塞擦音 /kx'/ 1

特林吉特语。

唇化清软腭喷塞擦音 /kxʷ'/ 1

特林吉特语。

清齿 / 齿龈边音性喷塞擦音 /"tɬ'"/ 6

伊克语，海达语，特林吉特语，奇佩维安语，努特卡语，斯阔米什语。

清齿龈边音性喷塞擦音 /tɬ'/ 7

伊拉克语，纳瓦霍语，胡帕语，温图语，夸扣特尔语，奎鲁特语，皮吉特湾语。

清边音除阻软腭喷塞擦音 /kɬ'/ 1

祖鲁语。

5. 擦音

清双唇擦音 /ɸ/ 21（−5）

埃维语，豪萨语，水语，Iai 语，赣语，瓦什库克语，克瓦语，法苏语，亚雷巴语，奥托米语，优奇语，亚拉巴马语，卡亚帕语，奥凯纳语，穆伊纳内语，阿劳堪尼亚语；**罕见** 卡努里语；**借用** 僧加罗语，蒙古语，塔拉斯坎语，凯楚亚语。

唇化清双唇擦音 /ϕ^{w}/ 1

瓦什库克语。

227 唇化、软腭化清双唇擦音 /ϕ^{w}/ 1

爱尔兰语。

腭化清双唇擦音 /ϕ^{j}/ 3

爱尔兰语，豪萨语，帕埃斯语。

浊双唇擦音 /β/ 32（−2）

西班牙语，普什图语，切列米斯语，吉尔吉斯语，埃文基语，赫哲语，埃维语，新阿拉姆语，迪兹语，泰雅语，卡里阿伊语，Iai 语，瓦什库克语，加德苏语，罗托卡特语，马萨特克人语，米斯特克人语，迪埃格诺语，帕埃斯语，奥凯纳语，穆伊纳内语，加勒比语，查科沃语，塔卡纳语，阿穆萨语，坎帕语，莫克索语，科芬语，格陵兰语，格鲁吉亚语；**借用**蒙古语，凯楚亚语。

腭化浊双唇擦音 /β^{j}/ 1

爱尔兰语。

清唇–齿擦音 /f/ 135（−20）

希腊语，布列塔尼语，德语，挪威语，俄语，保加利亚语，法语，西班牙语，罗马尼亚语，波斯语，普什图语，库尔德语，阿尔巴尼亚语，匈牙利语，拉普兰语，土耳其语，阿塞拜疆语，吉尔吉斯语，图瓦语，满语，卡查语，摩洛语，卡杜格利语，克佩勒语，比萨语，班巴拉语，丹语，沃洛夫语，朱拉语，泰姆奈语，达格巴尼语，塞纳迪语，坦普尔马语，巴里巴语，埃维语，阿干语，伊博语，加语，埃菲克语，比洛姆语，阿莫语，比母贝语，斯瓦希里语，祖鲁语，特克语，杜约语，格巴亚语，赞德语，桑海语，巴马语，富尔语，卢奥语，努比亚语，伊克语，塔马语，内拉语，塔比语，洛巴拉语，伯塔语，库纳马语，阿拉伯语，提格雷语，阿姆哈拉语，希伯来语，索克特里语，新阿拉姆语，石拉语，图阿雷格语，索马里语，阿维亚语，伊拉库语，贝沙族语，库洛语，迪兹语，克法语，安加斯语，马尔吉语，恩吉津语，越南语，昆仁语，标准泰语，拉伽语，耶语，剥隘土语，龙州土语，马尔加什语，查莫洛语，邹语，阿德泽拉语，Iai 语，毛利语，普通话，台山话，客家话，漳州话，拉祜语，瑶语，阿斯玛特语，森塔尼语，特里福语，丘阿韦语，科亚里语，陶里皮语，温图语，卡罗克语，波莫语，阿什乌莱语，加勒比海岛语，瓜希沃语，科芬语，凯特语，卡巴尔德语，巴斯克语，布拉灰语；罕见卢瓦尔语，卡努里语；借用印地-乌尔都语，旁遮普语，东亚美尼亚语，切列米斯语，科米语，芬兰语，楚瓦什语，雅库特语，巴什基尔语，哈拉吉语，雅基语，塔拉斯坎语，瓦波语，莫克索语，瓜拉尼语，蒂库纳语，泰卢固语，布鲁沙斯基语。

<u>长清唇-齿擦音</u> /fː/ 3

阿拉伯语，石拉语，格陵兰语。

<u>腭化清唇-齿擦音</u> /fʲ/ 2

俄语，保加利亚语。

<u>浊唇-齿擦音</u> /v/ 67（−3）

希腊语，布列塔尼语，德语，立陶宛语，俄语，保加利亚语，法语，罗马尼亚语，波斯语，库尔德语，阿尔巴尼亚语，东亚美尼亚语，科米语，芬兰语，匈牙利语，土耳其语，阿塞拜疆语，图瓦语，克佩勒语，丹语，达格巴尼语，塞纳迪语，坦普尔马语，埃维语，伊博语，加语，莱尔米语，比罗姆语，塔罗克语，阿莫语，比母贝语，斯瓦希里语，祖鲁语，杜约语，格巴亚语，赞德语，洛巴拉语，希伯来语，安加斯语，

马尔吉语，恩吉津语，越南语，耶语，石家语，剥隘土语，龙州土语，马尔加什语，鲁凯语，邹语，漳州话，拉祜语，迪登钦语，亚加里亚语，南巴坎戈语，米克西语，卢伊塞诺语，霍皮语，阿皮纳耶语，瓜拉尼语，瓜希沃语，科塔语，卡尔巴德语，布拉灰语；**借用** 雅库特语，巴什基尔语，哈拉吉语。

腭化浊唇–齿擦音 /v^j/ 3

立陶宛语，俄语，保加利亚语。

清齿擦音 /θ/ 18（−1）

希腊语，西班牙语，阿尔巴尼亚语，巴什基尔语，塔比语，莫西语，伯尔塔语，拉伽语，耶语，鲁凯语，Iai 语，缅甸语，卡伦语，奇佩维安语，温图语，阿玛瓦卡语，阿劳堪尼亚语；**罕见** 阿拉伯语。

228 浊齿擦音 /ð/ 21（−5）

希腊语，西班牙语，阿尔巴尼亚语，切列米斯语，尤拉克语，塔维语，摩洛语，塔比语，鲁凯语，Iai 语，缅甸语，科亚里语，奇佩维安语，米斯特克语，塔卡纳语，阿留申语，**罕见** 阿拉伯语，昆仁语；**借用** 马萨特克语，凯楚亚语，瓜拉尼语。

腭化浊齿擦音 /ð^j/ 1

尤拉克语。

咽化浊齿擦音 /ð^ʕ/ 1（−1）

罕见 阿拉伯语。

清齿咝音性擦音 /s̪/ 33

爱尔兰语，俄语，法语，西班牙语，库尔德语，旁遮普语，僧加罗语，阿尔巴尼亚语，匈牙利语，雅库特语，图瓦语，满语，摩洛语，尼昂吉语，阿拉伯语，图阿雷格语，贝莎族语，标准泰语，爪哇语，达芒语，宁博朗语，泽套语，米克西语，斯阔米什语，波普阿戈语，卢伊塞诺语，卡罗克语，迪埃格诺语，雅纳语，阿科马语，Gununa-Kena 语，瓜拉尼语，卡巴尔德语。

长清齿咝音性擦音 /s̪ː/ 3

旁遮普语，雅库特语，阿拉伯语。

腭化清齿咝音性擦音 /s̪ʲ/ 1

俄语。

咽化清齿咝音性塞擦音 /s̪ˤ/ 1

阿拉伯语。

长咽化清齿咝音性擦音 /s̪ˤː/ 1

阿拉伯语。

浊齿咝音性擦音 /z̪/ 11（−2）

俄语，法语，库尔德语，阿尔巴尼亚语，匈牙利语，图瓦语，阿拉伯语，图阿雷格语，卡巴尔德语；**借用** 旁遮普语，雅库特语。

长浊齿咝音性擦音 /z̪ː/ 1

阿拉伯语。

腭化浊齿咝音性擦音 /z̪ʲ/ 1

俄语。

咽化浊齿咝音性擦音 /z̪ˤ/ 2

阿拉伯语，图阿雷格语。

长咽化浊齿咝音性擦音 /z̪ˤː/ 1

阿拉伯语。

清齿 / 齿龈咝音性擦音 /"s"/ 131（−3）

布列塔尼语，挪威语，立陶宛语，保加利亚语，罗马尼亚语，波斯语，普什图语，印地–乌尔都语，克什米尔语，东亚美尼亚语，奥斯恰克语，切列米斯语，拉普语，尤拉克语，塔维语，楚瓦什语，吉尔吉斯语，哈拉吉语，蒙古语，赫哲语，韩语，日语，卡查语，沃洛夫语，达格巴尼语，塞纳迪语，埃维语，阿干语，伊博语，加语，塔罗克语，斯瓦希里语，卢瓦尔语，杜约语，桑海语，卡努里语，马萨依语，努比亚语，塞北语，内拉语，洛巴拉语，伯尔塔语，阿姆哈拉语，希伯来语，索克特里语，石拉语，阿维亚语，库洛语，迪兹语，豪萨语，喀里亚语，卡西语，塞当语，高棉语，马布伊格语，耶语，水语，泰雅语，马尔加什语，马来语，巴塔克语，他加禄语，查莫罗语，邹语，阿德泽拉语，卡里阿伊语，Iai 语，普通话，客家话，漳州话，厦门话，福州话，赣语，达福拉语，缅甸语，景颇语，卡伦语，瑶语，特里福语，帕瓦恩语，达尼语，瓦恩托阿特语，苏娜语，库尼迈帕语，陶里皮语，南巴坎戈语，特林吉特语，奇佩维安语，琼塔尔语，马萨瓦语，马萨特克语，米斯特
229 克语，查蒂诺语，蒂瓦语，波莫语，沙斯塔语，塔拉斯坎语，祖尼语，奥季布瓦语，特拉华语，通卡瓦语，韦尤特语，塞内卡语，威奇托语，达科他语，优奇语，瓦波语，伊托纳马语，布里布里语，穆拉语，加勒比语，阿马华卡语，阿什乌莱语，阿拉贝拉语，凯楚亚语，加勒比海岛语，瓜希洛语，西里奥诺语，希瓦罗语，科芬语，格陵兰语，库卢克语，凯特语，尤卡吉尔语，吉利亚克语，拉克语，巴斯克语，布鲁沙斯基语；**罕见** 阿皮纳耶语；**借用** 孟加拉语，蒂库纳语。

长清齿 / 齿龈咝音性擦音 /"s:"/ 4

日语，石拉语，威奇托语，拉克语。

唇化清齿 / 齿龈咝音性擦音 /"s^{w}"/ 1

阿姆哈拉语。

腭化清齿 / 齿龈咝音性擦音 /"s^{j}"/ 6（-1）

立陶宛语，保加利亚语，尤拉克语，凯特语，楚科奇语；**借用** 切列米斯语。

咽化清齿 / 齿龈咝音性擦音 /"$s^{ʕ}$"/ 1

石拉语。

送气清齿 / 齿龈咝音性擦音 /"s^{h}"/ 3

缅甸语，卡伦语，马萨瓦语。

前置送气清齿 / 齿龈咝音性擦音 /"^{h}s"/ 1（-1）

罕见 奥季布瓦语。

喉化清齿 / 齿龈咝音性擦音 /"s̰"/ 2

韩语，豪萨语。

浊齿 / 齿龈咝音性擦音 /"z"/ 50（-4）

布列塔尼语，立陶宛语，保罗利亚语，波斯语，普什图语，东亚美尼亚语，切列米斯语，吉尔吉斯语，哈拉吉语，日语，卡查语，达格巴尼语，塞纳迪语，埃维语，伊博语，加语，塔罗克语，斯瓦希里语，杜约语，桑海语，卡努里语，洛巴拉语，玉鲁语，阿姆哈拉语，希伯来语，索科特里语，石拉语，图阿雷格语，阿维亚语，库洛语，迪兹语，豪萨语，马布伊格语，水语，马尔加什语，漳州话，缅甸语，库尼迈帕语语，奇佩维安语，马萨瓦语，达科他语，布里布里语，阿皮纳耶语，拉克语，布鲁沙斯基语；**罕见** 卡伦语；**借用** 印地–乌尔都语，楚瓦什语，埃文基语。

长浊齿 / 齿龈咝音性擦音 /"z:"/ 1

石拉语

前鼻化浊齿 / 齿龈咝音性擦音 /"ⁿz"/ 1

瓦恩托阿特语。

腭化浊齿 / 齿龈咝音性擦音 /"zʲ"/ 1

保加利亚语。

咽化浊齿 / 齿龈咝音性擦音 /"zˤ"/ 1

石拉语。

浊齿龈擦音 /ᵛɹ/ 3

阿塞拜疆语，塞班语，卡伦语。

清齿龈咝音性擦音 /s/ 112（-3）

希腊语，德语，科米语，芬兰语，土耳其语，阿塞拜疆语，巴什基尔语，克佩勒语，比萨语，班巴拉语，丹语，朱拉语，泰姆奈语，坦普尔马语，巴里巴语，莱尔米语，埃菲克语，比鲁姆语，阿莫语，比母贝语，祖鲁语，特克语，格巴亚语，赞德语，马巴语，富尔语，卢奥语，

伊克语，塔马语，泰梅语，塔比语，萨拉语，库纳马语，科马语，提格
雷语，新阿拉姆语，索马里语，伊拉克语，哈莫语，安加斯语，马尔吉
230 语，恩吉津语，蒙达语，越南语，石家语，巽他语，塞班语，鲁凯语，
安哥拉语，迪登钦语，加罗语，博罗语，阿斯马特语，瓦什库克语，
Iwam 语，赛莱普语，亚加里亚语，克瓦语，丘阿韦语，达里比语，法
苏语，亚雷巴语，纳瓦霍语，托洛瓦语，胡帕语，内兹佩尔塞语，克拉
马斯语，麦都语，温图语，佐基语，泽套语，托托纳克语，凯克奇语，
奥托曼吉尔语，努特卡语，夸扣特尔语，奎鲁特语，皮吉特湾语，霍皮
语，雅基语，卡罗克语，迪埃格诺语，阿库马维语，蒂尼卡语，亚拉巴
马语，卡亚帕语，帕埃斯语，穆伊纳内语，奥凯纳语，查科沃语，卡什
纳瓦语，南纳米比亚语，哈卡鲁语，瓦皮萨纳语，阿穆萨语，坎帕语，
莫克索语，瓜拉尼语，瓜希沃语，西奥那语，图卡努语，马来雅拉姆
语，格鲁吉亚语，那马语，布拉灰语，阿伊努语，!Xũ 语；**罕见** 泰卢
固语；**借用** 巴拉萨诺语，阿劳堪尼亚语。

长清齿龈咝音性擦音 /sː/ 2

芬兰语，伊拉库语。

咽化清齿龈咝音性擦音 /sˤ/ 1

库尔德语。

喉化清齿龈咝音性擦音 /s̰/ 2

南纳米比亚语，西奥那语。

浊齿龈咝音性擦音 /z/ 36（-1）

希腊语，德语，科米语，土耳其语，阿塞拜疆语，克佩勒语，比萨语，班巴拉语，丹语，坦普尔马语，巴里巴里语，比鲁姆语，阿莫语，祖鲁语，格巴亚语，赞德语，马巴语，富尔语，伊克语，塔比语，提格雷语，新阿拉姆语，哈莫语，安加斯语，马尔吉语，恩吉津语，越南语，阿沃语，迪登钦语，博罗语，纳瓦霍语，奥托米语，格鲁吉亚语，布拉灰语，!Xũ 语；**借用** 巴什基尔语。

<u>前鼻化浊齿龈咝音性擦音</u> /^{n}z/ 1

帕埃斯语。

<u>清腭–龈擦音</u> /^{v}ɹ̥/ 1

卡巴尔德语。

<u>浊腭–龈擦音</u> /^{v}ɹ̠/ 1

卡巴尔德语。

<u>清腭–龈咝音性擦音</u> /ʃ/ 146（−9）

爱尔兰语，布列塔尼语，德语，挪威语，立陶宛语，保加利亚语，法语，罗马尼亚语，波斯语，普什图语，库尔德语，阿尔巴尼亚语，东亚美尼亚语，切列米斯语，科米语，匈牙利语，拉普语，土耳其语，阿塞拜疆语，楚瓦什语，吉尔吉斯语，巴什基尔语，哈拉吉语，图瓦语，蒙古语，满语，日语，班巴拉语，塞纳迪语，加语，比鲁姆语，塔罗克语，阿莫语，斯瓦希里语，卢瓦尔语，祖鲁语，卡努里语，马巴语，富尔语，马萨依语，卢奥语，努比亚语，内拉语，塔比语，莫西语，伯尔塔语，库纳马语，科马语，阿拉伯语，提格雷语，阿姆哈拉语，希伯来语，索克特里语，新阿拉姆语，石拉语，图阿雷格语，索马里语，阿维亚语，伊拉克语，贝沙族语，库洛语，迪兹语，克法语，哈莫语，安加斯语，马尔吉语，恩吉津语，卡纳库鲁语，卡西语，塞当语，水语，剥隘语，龙州土语，查姆语，Iai 语，台山话，缅甸语，拉祜语，景颇语，瓦什库克语，纳瓦霍语，奇佩维安语，托洛瓦语，琼塔尔语，托托纳克语，凯科奇语，米克西语，奥托曼吉尔语，马萨瓦语，米斯特克语，查蒂诺语，努特卡语，奎鲁特语，斯阔米什语，皮吉特湾语，卡罗克语，波莫语，阿库马维语，塔拉斯坎语，祖尼语，阿科马语，奥季布瓦语，特拉华语，韦尤特语，达科他语，优奇语，蒂尼卡语，瓦波语，布里布里语，卡亚帕语，帕埃斯语，奥凯纳语，穆伊纳内语，查科沃语，塔卡纳语，卡什纳瓦语，阿什乌莱语，阿拉贝拉语，凯楚亚语，哈卡鲁语，Gununa-Kena 语，瓦皮萨纳语，阿穆萨语，坎帕语，瓜希沃语，西里奥

诺语，希瓦罗语，科芬语，格陵兰语，阿留申语，格鲁吉亚语，卡巴尔德语，拉克语，巴斯克语，布鲁沙斯基语，!Xũ 语；**罕见** 卡伦语，莫克索语；**借用** 印地–乌尔都语，僧加罗语，奥斯恰克语，芬兰语，雅库特语；?**派生** 卢伊塞诺语，**模糊** 奥季布瓦语。

长清腭–龈咝音性擦音 /ʃ:/ 4

日语，阿拉伯语，石拉语，拉克语。

231 唇化清腭–龈咝音性擦音 /$ʃ^w$/ 2

加语，拉克语。

长唇化腭–龈咝音性擦音 /$ʃ^w$:/ 1

拉克语。

腭化清腭–龈咝音性擦音 /$ʃ^j$/ 3

立陶宛语，克什米尔语，帕埃斯语。

软腭化清腭–龈咝音性擦音 /ʄ/ 1

俄语。

浊腭–龈咝音性擦音 /ʒ/ 51（−7）

布列塔尼语，立陶宛语，保加利亚语，法语，罗马尼亚语，波斯语，普什图语，库尔德语，阿尔巴尼亚语，东亚美尼亚语，切列米斯语，科米语，匈牙利语，土耳其语，阿塞拜疆语，哈拉吉语，图瓦语，塞纳迪语，塔罗克语，卢瓦尔语，马巴语，提格雷语，阿姆哈拉语，索克特里语，新阿拉姆语，石拉语，图阿雷格语，迪兹语，安加斯语，马尔吉语，恩吉津语，卡纳库鲁语，纳瓦霍语，米克西语，马萨瓦语，米斯特克语，达科他语，奥凯纳语，阿皮纳耶语，阿留申语，格鲁吉亚语，卡巴尔德语，拉克语，!Xũ 语；**罕见** 泰雅语；**借用** 德语，印地–乌尔都语，楚瓦什语，雅库特语，巴什基尔语，希伯来语。

长浊腭–龈咝音性擦音 /ʒ:/ 1

石拉语。

前鼻化浊腭–龈咝音性擦音 /ⁿʒ/ 1

帕埃斯语。

腭化浊腭–龈咝音性擦音 /ʒʲ/ 1

立陶宛语。

软腭化浊腭–龈咝音性擦音 /ʒ̴/ 1

俄语。

清卷舌擦音 /ɹ̣̊/ 1

霍皮语。

浊卷舌擦音 /ɹ̣/ 4

东亚美尼亚语，阿劳堪尼亚语，楚科奇语，布鲁沙斯基语。

清卷舌咝音性擦音 /ṣ/ 17

普什图语，旁遮普语，查姆语，普通话，托洛瓦语，马萨特克语，波普阿戈语，塔拉斯科语，阿科马语，查科沃语，塔卡纳语，卡什纳瓦语，泰卢固语，科塔语，马来雅拉姆语，巴斯克语，布鲁沙斯基语。

浊卷舌咝音性擦音 /ẓ/ 3

普什图语，普通话，阿穆萨语。

喉化浊卷舌咝音性擦音 /z̰̣/ 1

瓦皮萨纳语。

清硬腭擦音 /ç/ 11（−1）

爱尔兰语，挪威语，孟加拉语，科米语，马尔吉语，普通话，赣语，海达语，夸扣特尔语，帕埃斯语；**模糊** 楚瓦什语。

长清硬腭擦音 /çː/ 1（−1）

?**派生** 日语。

唇化清硬腭擦音 /çʷ/ 1 232

阿干语。

浊硬腭擦音 /ʝ/ 7

科米语，哈拉吉语，赫哲语，马尔吉语，阿斯马特语，格陵兰语，凯特语。

清硬腭咝音性擦音 /c/ 2

Gununa-Kena 语，泰卢固语。

浊硬腭咝音性擦音 /z/ 2

穆伊纳内语，科芬语。

清软腭擦音 /x/ 76（−7）

希腊语，爱尔兰语，布列塔尼语，德语，俄语，保加利亚语，西班牙语，库尔德语，尤拉克语，阿塞拜疆语，楚瓦什语，吉尔吉斯语，巴什基尔语，蒙古语，赫哲语，满语，希伯来语，石拉语，伊拉库语，安加斯语，马尔吉语，越南语，水语，泰雅语，Iai 语，福州话，达福拉语，迪登钦语，卡伦语，科瓦语，海达语，特林吉特语，纳瓦霍语，奇佩维安语，托洛瓦语，胡帕语，内兹佩尔塞语，温图语，凯基语，努特卡语，奎鲁特语，卢伊塞诺语，蒂瓦语，卡罗克语，波莫语，阿库马维语，雅纳语，沙斯塔语，塔拉斯科语，特拉华语，通卡瓦语，达科他语，布里布里语，奥凯纳语，穆伊纳内语，阿马华卡语，阿什乌莱语，哈卡鲁语，Gununa-Kena 语，阿穆萨语，瓜拉尼语，瓜希沃语，希瓦罗语，阿留申语，吉利亚克语，拉克语，那马语，布拉灰语，!Xũ 语；**借用** 立陶宛语，切列米斯语，科米语，哈拉吉语，卡努里语，索马里语；?**派生** 凯克奇语。

长清软腭擦音 /x:/ 3

石拉语，格陵兰语，拉克语。

唇化清软腭擦音 /xʷ/ 18（−1）

伊拉库语，海达语，特林吉特语，奇佩维安语，托洛瓦语，胡帕语，努特卡语，夸扣特尔语，奎鲁特语，斯阔米什语，皮吉特湾语，卢伊塞诺语，蒂瓦语，迪埃格诺语，通卡瓦语，卡巴尔德语，拉克语；**借用** 瓜拉尼语。

长唇化清软腭擦音 /x^{w}:/ 1

拉克语。

腭化清软腭擦音 /x^{j}/ 1

卡巴尔德语。

浊软腭擦音 /ɣ/ 40（−5）

希腊语，爱尔兰语，西班牙语，库尔德语，安加斯语，阿塞拜疆语，克佩勒语，伊博语，富尔语，石拉语，安加斯语，马尔吉语，越南语，茂语，昆仁语，水语，石家语，泰雅语，拉祜语，卡伦语，纳瓦霍语，奇佩维安语，托洛瓦语，达科他语，帕埃斯语，阿比彭语，阿穆萨语，瓜拉尼语，科芬语，格陵兰语，阿留申语，楚科奇语，吉利亚克语，布拉灰语，**罕见** 蒂维语；**借用** 马萨特克语，凯楚亚语；?**模糊** 土耳其语；**模糊** 图瓦语。

长浊软腭擦音 /ɣ:/ 1

石拉语。

唇化浊软腭擦音 /$ɣ^{w}$/ 2（−1）

奇佩维安语；**借用** 瓜拉尼语。

腭化浊软腭擦音 /$ɣ^{j}$/ 1

卡巴尔德语。

喉化浊软腭擦音 /ɣ̰/

水语。

清小舌擦音 /χ/ 27（−4） 233

波斯语，普什图语，东亚美尼亚语，沃洛夫语，阿拉伯语，新阿拉姆语，图阿雷格语，普通话，海达语，特林吉特语，温图语，夸扣特尔语，奎鲁特语，斯阔米什语，皮吉特湾语，波莫语，阿库马维语，阿留申语，库卢克语，吉利亚克语，格鲁吉亚语，卡巴尔德语，拉克语；**借用** 印地-乌尔都语，努特卡语，巴斯克语，布鲁沙斯基语。

长清小舌擦音 /χː/ 3

阿拉伯语，格陵兰语，拉克语。

唇化清小舌擦音 /χʷ/ 9（−1）

海达语，特林吉特语，夸扣特尔语，奎鲁特语，斯阔米什语，皮吉特湾语，卡巴尔德语，拉克语；**借用** 努特卡语。

长唇化清小舌擦音 /χʷː/ 1

拉克语。

浊小舌擦音 /ʁ/ 14（−1）

普什图语，阿拉伯语，希伯来语，图阿雷格语，水语，阿比彭语，格陵兰语，阿留申语，尤卡吉尔语，吉利亚克语，格鲁吉亚语，卡尔巴德语，布鲁沙斯基语；**借用** 印地–乌尔都语。

长浊小舌擦音 /ʁː/ 1

阿拉伯语。

唇化浊小舌擦音 /ʁʷ/ 1

卡尔巴德语。

清咽擦音 /ħ/ 13

库尔德语，埃维语，塔马语，阿拉伯语，提格雷语，索克特里语，石拉语，索马里语，伊拉库语，泰雅语，努特卡语，卡巴尔德语，拉克语。

长清咽擦音 /ħː/ 2

阿拉伯语，石拉语。

浊咽擦音 /ʕ/ 8（−1）

库尔德语，埃维语，阿拉伯语，提格雷语，索克特里语，石拉语，索马里语；**借用** 卡巴尔德语。

长浊咽擦音 /ʕː/ 1

阿拉伯语。

清音"h" /h/ 202（−2）

爱尔兰语，德语，挪威语，罗马尼亚语，波斯语，普什图语，孟加拉语，阿尔巴尼亚语，东亚美尼亚语，芬兰语，匈牙利语，拉普语，土耳其语，阿塞拜疆语，巴什基尔语，哈拉吉语，韩语，日语，班巴拉语，朱拉语，泰姆奈语，坦普尔马语，巴里巴语，阿干语，伊博语，加语，比鲁姆语，塔罗克语，阿莫语，比母贝语，库瓦尔语，祖鲁语，特克语，杜约语，格巴亚语，赞德语，卡努里语，富尔语，卢奥语，努比亚语，伊克语，塔马语，内拉语，塔比语，莫西语，洛巴拉语，萨拉语，伯塔语，库纳马语，科马语，阿拉伯语，提格雷语，阿姆哈拉语，希伯来语，索克特里语，新阿拉姆语，石拉语，图阿雷格语，索马里语，伊拉库语，贝沙族语，库洛语，迪兹语，克法语，哈莫语，豪萨语，安加斯语，恩吉兹语，孟达语，卡西语，越南语，塞当语，高棉语，标准泰语，拉伽语，耶语，水语，石家语，剥隘土语，龙州土语，巽他语，爪哇语，马尔加什语，查姆语，马来语，巴塔克语，他加禄语，塞班语，查莫罗语，鲁凯语，邹语，阿德泽拉语，罗洛语，卡里阿伊语，Iai 语，毛利语，夏威夷语，台山话，客家话，漳州话，厦门话，赣语，塔芒语，缅甸语，拉祜语，景颇语，迪登钦语，加罗语，博罗语，瑶语，瓦什库克语，森塔尼语，宁博朗语，Iwam 语，赛莱普语，亚加里亚语，帕瓦恩语，达尼语，达里比语，法苏语，科亚里语，陶里皮语，海达语，纳瓦霍语，奇佩维安语，托洛瓦语，胡帕语，内兹佩尔塞语，克拉马斯语，麦都语，温图语，琼塔尔语，佐基语，泽套语，托托纳克语，奥托米语，马萨瓦语，马萨特克语，米斯特克语，查蒂诺语，努特卡语，夸扣特尔语，奎鲁特语，斯阔米什语，皮吉特湾语，巴巴哥语，卢伊塞诺语，霍皮语，雅基语，蒂瓦语，卡罗克语，波莫语，阿库马维语，雅纳语，沙斯塔语，塔拉斯科语，祖尼语，阿科马语，通卡瓦语，特拉华语，塞内卡语，达科他语，优奇语，蒂尼卡语，亚拉巴马语，瓦波语，伊托纳马语，穆拉语，卡亚帕语，帕埃斯语，奥凯纳语，加勒比语，阿玛瓦卡语，查科沃语，卡什纳瓦语，阿比彭语，南部南比夸拉纳米比亚语，阿拉贝拉语，凯楚亚语，Gununa-Kena 语，加勒比海岛语，坎帕语，瓜希洛语，莫克索语，西里奥诺语，瓜希沃语，巴拉萨诺语，西奥那语，图卡努语，科芬语，阿留申语，库卢克语，马来雅拉姆语，凯特语，吉利亚克语，拉克语，那马语，布鲁沙斯基语，阿伊努语，布拉灰语；**罕见** 瓦皮萨纳语；**借用** 格鲁吉亚语。

长清音“h” /hː/ 2

阿拉伯语，特拉华语。

唇化清音“h” /ɦʷ/ 4

伊博语，阿姆哈拉语，胡帕语，西奥那语。

喉化清音“h” /h̰/ 1（−1）

模糊 南纳米比亚语。

浊音“h” /ɦ/ 13（−1）

印地–乌尔都语，克什米尔语，旁遮普语，僧加罗语，祖鲁语，喀里亚语，漳州话，达夫拉语，威奇托语，泰卢固语，卡巴尔德语，!Xũ 语；**罕见** 卡伦语。

长清齿边音性擦音 /ɬ̪ː/ 1

格陵兰语。

腭化清齿边音性擦音 /ɬ̪ʲ/ 1

卡巴尔德语。

腭化浊齿边音性擦音 /ɮ̪ʲ/ 1

卡巴尔德语。

清齿 / 齿龈边音性擦音 /"ɬ"/ 18

伊克语，索克特里语，拉伽语，剥隘土语，龙州土语，台山话，海达语，特林吉特语，托洛瓦语，努特卡语，蒂瓦语，祖尼语，韦尤特语，优奇语，亚拉巴马语，阿留申语，楚科奇语，布拉灰语。

浊齿 / 齿龈边音性擦音 /"ɮ"/ 2

伊克语，索克特里语。

清齿龈边音性擦音 /ɬ/ 13

祖鲁语，尼昂吉语，伊拉库语，马尔吉语，恩吉津语，纳瓦霍语，胡帕语，内兹佩尔塞语，托托纳克语，夸扣特尔语，奎鲁特语，皮吉特湾语，迪埃格诺语。

浊齿龈边音性擦音 /ɮ/ 4

祖鲁语，马尔吉语，恩吉津语，卡纳库鲁语。

清腭–龈边音性擦音 /ɬ̠/ 1

迪埃格诺语。

浊腭–龈边音性擦音 /ɮ̠/ 1

普什图语。

浊卷舌边音性擦音 /ɮ̣/ 1

安哥拉语。

清软腭–齿龈边音性擦音 /x͡ɬ/ 1（−1）

模糊阿什乌莱语。

清双唇喷擦音 /ɸ’/ 1 235

优奇语。

清唇–齿喷擦音 /f’/ 1

卡巴尔德语。

清齿 / 齿龈咝音性喷擦音 /"s’"/ 7

伯尔塔语，索克特里语，特林吉特语，马萨瓦语，威奇托语，达科他语，优奇语。

清齿龈咝音性喷擦音 /s’/ 1

科马语。

清腭龈咝音性喷擦音 /ʃ’/ 4（−1）

达科他语，优奇语，卡巴尔德语；**罕见** 索克特里语。

清卷舌咝音性喷擦音 /ṣ’/ 1

阿科马语。

清硬腭龈音性喷擦音 /ɕ'/ 1

阿科马语。

清软腭喷擦音 /x'/ 2

特林吉特语，达科他语。

唇化清软腭喷擦音 /xʷ'/ 1

特林吉特语。

清小舌喷擦音 /χ'/ 1

特林吉特语。

唇化清小舌喷擦音 /χʷ'/ 1

特林吉特语。

清齿 / 齿龈边音性喷擦音 /"ɬ'"/ 2

特林吉特语，优奇语。

6. 鼻音

浊双唇鼻音 /m/ 299（−3）

希腊语，布列塔尼语，德语，挪威语，俄语，保加利亚语，法语，西班牙语，罗马尼亚语，波斯语，库尔德语，印地–乌尔都语，孟加拉语，克什米尔语，旁遮普语，僧加罗语，阿尔巴尼亚语，东亚美尼亚语，奥斯恰克语，切列米斯语，科米语，芬兰语，匈牙利语，拉普语，尤拉克语，塔维语，土耳其语，阿塞拜疆语，楚瓦什语，雅库特语，吉尔吉斯语，巴什基尔语，哈拉吉语，图瓦语，蒙古语，埃文基语，赫哲语，满语，韩语，日语，卡查语，摩洛语，卡杜格利语，比萨语，班巴拉语，丹语，沃洛夫语，朱拉语，泰姆奈语，达格巴尼语，塞纳迪语，坦普尔马语，巴里巴语，埃维语，阿干语，伊博语，加语，莱尔米语，埃菲克语，比鲁姆语，塔罗克语，阿莫语，比母贝语，斯瓦希里语，卢瓦尔语，祖鲁语，特克语，杜约语，格巴亚语，赞德语，桑海语，卡努里语，马巴语，富尔语，马萨依语，卢奥语，努比亚语，尼昂吉语，伊克语，塞北语，塔马语，泰梅语，内拉语，塔比语，莫西语，洛巴拉语，玉鲁语，萨拉语，伯尔塔语，库纳马语，科马语，阿拉伯语，提格雷语，阿姆哈拉语，希伯来语，索克特里语，新阿拉姆语，石拉语，图阿雷格语，索马里语，阿维亚语，伊拉库语，贝沙族语，本加语，库洛语，迪兹语，克法语，哈莫语，豪萨语，安加斯语，马尔吉语，恩吉津语，卡纳库鲁语，蒙达语，喀里亚语，卡西语，越南语，塞当语，高棉语，茂语，蒂维语，伯兰语，Nunggubuyu 语，阿拉瓦语，马拉努库语，马来雅拉姆语，巴尔迪语，维克–曼堪语，昆仁语，西部沙漠语，尼扬穆塔语，阿兰达语，卡列拉–纳格鲁马语，Gugu-Yalanji 语，马布伊格语，Arabana-Wanganura 语，迪亚里语，班加朗语，标准泰语，拉伽语，耶语，水语，石家语，剥隘土语，龙州土语，泰雅语，巽他语，爪哇语，马尔加什语。查姆语，马来语，巴塔克语，他加禄语，塞班语，查
莫罗语，鲁凯语，邹语，阿德泽拉语，罗洛语，卡里阿伊语，Iai 语，毛 236
利语，夏威夷语，普通话，台山话，漳州话，厦门话，福州话，赣语，塔芒语，达福拉语，缅甸语，拉祜语，景颇语，安哥拉语，迪登钦语，加罗语，卡伦语，瑶语，安达曼语，阿斯玛特语，瓦什库克语，森塔尼语，宁博朗，Iwam 语，特里福语，赛莱普语，加德苏语，亚加里亚语，科瓦语，丘阿韦语，帕瓦恩语，达尼语，瓦恩托阿特语，达里比语，法苏语，苏娜语，德拉语，库尼迈帕语，亚雷巴语，陶里皮语，纳西奥尼语，南巴坎戈语，海达语，托洛瓦语，胡帕语，内兹佩尔塞语，克拉马斯语，麦都语，温图语，琼塔尔语，佐基语，泽套语，托托纳克语，凯克奇语，米克西语，奥托米语，马萨瓦语，马萨特克语，查蒂诺语，努特卡语，夸扣特尔语，斯阔米什语，巴巴哥语，卢伊塞诺语，霍皮语，雅基语，蒂瓦语，卡罗克语，波莫语，迪埃格诺语，阿库马维语，雅纳语，沙斯塔语，塔拉斯科语，祖尼语，阿科马语，奥吉布瓦语，特拉华语，通卡瓦语，韦尤特语，蒂尼卡语，亚拉巴马语，瓦波语，伊托纳马语，布拉灰语，卡亚帕语，帕埃斯语，奥凯纳语，穆伊纳内语，加勒比

语，阿马华卡语，查科沃语，塔卡纳语，卡什纳瓦语，阿什乌莱语，阿比彭语，阿拉贝拉语，奥卡语，凯楚亚语，哈卡鲁语，Gununa-Kena 语，瓦皮萨纳语，加勒比海岛语，阿穆萨语，坎帕语，瓜希洛语，莫克索语，瓜拉尼语，瓜希沃语，蒂库纳语，西奥那语，希瓦罗语，科芬语，阿劳堪尼亚语，格陵兰语，阿留申语，泰卢固语，科塔语，库卢克语，马来雅拉姆语，凯特语，尤卡吉尔语，楚克奇语，吉利亚克语，格鲁吉亚语，卡巴尔德语，拉克语，那马语，巴斯克语，布鲁沙斯基语，阿伊努语，布拉灰语，!Xũ 语；**罕见** 纳瓦霍语，塞内卡语；？**派生** 达科他语。

长浊双唇鼻音 /mː/ 11

旁遮普语，芬兰语，楚瓦什语，雅库特语，沃洛夫语，阿拉伯语，石拉语，马拉努库语，特拉华语，奥凯纳语，!Xũ 语。

唇化浊双唇鼻音 /mʷ/ 2

瓦什库克语，南巴坎戈语。

唇化、软腭化浊双唇鼻音 /m̴ʷ/ 1

爱尔兰语。

腭化浊双唇鼻音 /mʲ/ 6

爱尔兰语，立陶宛语，俄语，保加利亚语，尤拉克语，阿穆萨语。

气声双唇鼻音 /m̤/ 2

印地–乌尔都语，!Xũ 语。

喉化浊双唇鼻音 /m̰/ 14

格巴亚语，塞当语，水语，海达语，托洛瓦语，内兹佩尔塞语，克拉马斯语，奥托米语，马萨瓦语，努特卡语，夸扣特尔语，阿科马语，瓦波语，!Xũ 语。

清双唇鼻音 /m̥/ 11（−1）

塞当语，拉伽语，水语，Iai 语，缅甸语，瑶语，克拉马斯语，马萨瓦语，霍皮语，阿留申语；？**派生** 奥托米语。

浊唇齿鼻音 /ɱ/ 1

特克语。

浊齿鼻音 /n̪/ 55

爱尔兰语，挪威语，俄语，法语，西班牙语，波斯语，库尔德语，印地–乌尔都语，芬兰语，匈牙利语，雅库特语，哈拉吉语，图瓦语，满语，格巴亚语，伊克语，泰梅语，阿拉伯语，提格雷语，图阿雷格语，贝沙族语，蒙达语，蒂维语，Nunggubuyu 语，昆仁语，西部沙漠语，阿兰达语，卡列拉–纳格鲁马语，Arabana-Wanganura 语，迪亚里语，标准泰语，罗洛语，加罗语，塔芒语，瑶语，宁博朗语，赛莱普语，内兹佩尔塞语，泽套语，斯阔米什语，波普阿戈语，卢伊塞诺语，迪埃格诺语，雅纳语，阿科马语，通卡瓦语，Gununa-Kena 语，瓜拉尼语，阿劳堪尼亚语，格陵兰语，马来雅拉姆语，卡巴尔德语，那马语，布拉灰语。

长浊齿鼻音 /n̪ː/ 4 237

旁遮普语，芬兰语，雅库特语，阿拉伯语。

腭化浊齿鼻音 /n̪^{j}/ 1

俄语。

气声齿鼻音 /n̪̤/ 1

印地–乌尔都语。

喉化浊齿鼻音 /n̪̰/ 3

格巴亚语，内兹佩尔塞语，阿科马语。

清齿鼻音 /n̪̥/ 1

瑶语。

浊齿 / 齿龈鼻音 /"n"/ 154（–1）

希腊语，布列塔尼语，德语，立陶宛语，保加利亚语，罗马尼亚语，普什图语，孟加拉语，克什米尔语，僧加罗语，东亚美尼亚语，奥斯恰克语，切列米斯语，拉普语，尤拉克语，塔维语，土耳其语，阿塞拜疆语，楚瓦什语，吉尔吉斯语，蒙古语，埃文基语，赫哲语，韩语，日语，卡查语，沃洛夫语，达格巴尼语，塞纳迪语，埃维语，阿干语，伊博语，加语，比母贝语，斯瓦希里语，卢瓦尔语，杜约语，桑海语，卡努里语，马萨依语，努比亚语，塞北语，内拉语，莫西语，洛巴拉语，玉鲁语，伯尔塔语，阿姆哈拉，希伯来语，索克特里语，新阿拉姆语，石拉语，阿维亚语，库洛语，迪兹语，豪萨语，喀里亚语，卡西语，越南语，塞当语，高棉语，布雷拉语，马拉努库语，维克-曼堪语，卡列拉-纳格鲁马语，Gugu-Yalanji 语，马布伊格语，拉伽语，耶语，水语，剥隘土语，龙州土语，泰雅语，巽他语，爪哇语，马尔加什语，查姆语，马来语，巴塔克语，他加禄语，邹语，阿德泽拉语，卡里阿伊语，Iai 语，夏威夷语，台山话，漳州话，厦门话，福州话，赣语，达福拉语，缅甸语，拉祜语，景颇语，卡伦语，安达曼语，森塔尼语，特里福语，加德苏语，帕瓦恩语，达尼语，瓦恩托阿特语，苏娜语，德拉语，库尼迈帕语，纳西奥语，南巴坎戈语，海达语，特林吉特语，奇佩维安语，托洛瓦语，琼塔尔语，马萨瓦语，查蒂诺语，努特卡语，蒂瓦语，卡罗克语，波莫语，阿库马维语，沙斯塔语，塔拉斯科语，祖尼语，特拉华语，韦尤特语，塞内卡语，威奇托语，优奇语，亚拉巴马语，瓦波语，伊托纳马语，布拉灰语，加勒比语，阿马华卡语，阿什乌莱语，阿比彭语，阿拉贝拉语，凯楚亚语，加勒比海岛语，瓜希洛语，蒂库纳语，希瓦罗语，科芬语，阿留申语，库卢克语，凯特语，尤卡吉尔语，楚科奇语，吉利亚克语，格鲁吉亚语，拉克语，巴斯克语，布鲁沙斯基语；? **派生** 达科他语。

长浊齿 / 齿龈鼻音 /"n:"/ 6

楚瓦什语，沃洛夫语，石拉语，马拉努库语，特拉华语，威奇托语。

唇化浊齿 / 齿龈鼻音 /"n^w"/ 1

南巴坎戈语。

腭化浊齿 / 齿龈鼻音 /"n^j"/ 5（-1）

爱尔兰语，保加利亚语，尤拉克语，楚瓦什语；**模糊** 南巴坎戈语。

<u>软腭化浊齿 / 齿龈鼻音</u> /"n̴"/ 1

爱尔兰语。

<u>喉化浊齿 / 齿龈鼻音</u> /"n"/ 8

塞当语，水语，海达语，托洛瓦语，努特卡语，优奇语，瓦波语，南部南比夸拉语。

<u>清齿 / 齿龈鼻音</u> /"n̥"/ 6

塞当语，拉伽语，水语，缅甸语，马萨瓦语，阿留申语。

<u>腭化清齿 / 齿龈鼻音</u> /"n̥ʲ"/ 1（−1）

?**派生** 爱尔兰语

<u>软腭化清齿 / 齿龈鼻音</u> /"n̴̥" /1（−1） 238

?**派生** 爱尔兰语。

<u>浊齿龈鼻音</u> /n/ 106

阿尔巴尼亚语，科米语，巴什基尔语，摩洛语，卡杜格利语，比萨语，班巴拉语，丹语，朱拉语，泰姆奈语，坦普尔马语，巴里巴语，莱尔米语，埃菲克语，比鲁姆语，塔罗克语，阿莫语，祖鲁语，特克语，赞德语，马巴语，富尔语，卢奥语，尼昂吉语，塔马语，塔比语，萨拉语，库纳马语，科马语，索马里语，伊拉库语，哈莫语，安加斯语，马尔吉语，恩吉津语，卡纳库鲁语，茂语，蒂维语，Nunggubuyu 语，阿拉瓦语，马拉克马拉克语，巴尔迪语，昆仁语，西部沙漠语，尼扬穆塔语，阿兰达语，Arabana-Wanganura 语，迪亚里语，班加朗语，石家语，塞班语，查莫罗语，鲁凯语，毛利语，普通话，阿沃语，迪登钦语，博罗语，阿斯马特语，瓦什库克语，Iwam 语，亚加里亚语，科瓦语，丘阿韦语，达里比语，法苏语，亚雷巴语，科亚里语，纳瓦霍语，胡帕语，温图语，克拉马斯语，麦都语，佐基语，托托纳克语，凯克奇语，米克西语，奥托米语，马萨特克语，夸扣特尔语，霍皮语，雅基语，迪埃格诺语，奥季布瓦语，蒂尼卡语，卡亚帕语，帕埃斯语，奥凯纳语，穆伊纳内语，查科沃语，塔卡纳语，卡什纳瓦语，南纳米比亚语，奥卡语，哈

卡鲁语，阿穆萨语，坎帕语，莫克索语，瓜希洛语，西奥那语，阿劳堪尼亚语，泰卢固语，科塔语，马拉雅拉姆语，阿伊努语，!Xũ 语。

长浊齿龈鼻音 /n:/ 2

索马里语，奥凯纳语。

腭化浊齿龈鼻音 /nʲ/ 1

尼扬穆塔语。

喉化浊齿龈鼻音 /n̰/ 3

克拉马斯语，奥托米语，夸扣特尔语。

清齿龈鼻音 /n̥/ 3（-1）

克拉马斯语，霍皮语；？**派生** 奥托米语。

浊腭-龈鼻音 /n̠/ 17

阿尔巴尼亚语，祖鲁语，Nunggubuyu 语，阿拉瓦语，马拉克马拉克语，巴尔迪语，维克-曼堪语，阿兰达语，班加朗语，马萨特克语，波普阿戈语，迪埃格诺语，卡亚帕语，瓦皮萨纳语，坎帕语，莫克索语，希瓦罗语。

浊卷舌鼻音 /ṇ/ 20（-1）

挪威语，普什图语，旁遮普语，奥斯恰克语，蒙达语，茂语，Nunggubuyu，阿拉瓦语，巴尔迪语，西部沙漠语，尼扬穆塔语，阿兰达语，卡列拉-纳格鲁马语，Arabana-Wanganura 语，迪亚里语，Iai 语，泰卢固语，科塔语，马来雅拉姆语；？**派生** 蒂维语。

清卷舌鼻音 /ṇ̥/ 1

Iai 语。

浊硬腭鼻音 /ɲ/ 107（-3）

爱尔兰语，布列塔尼语，立陶宛语，法语，西班牙语，旁遮普语，奥斯恰克语，切列米斯语，科米语，匈牙利语，拉普语，塔维语，雅库特语，埃文基语，赫哲语，卡查语，摩洛语，卡杜格利语，比萨语，班巴拉语，沃洛夫语，朱拉语，达格巴尼语，坦普尔马语，埃维语，伊博语，加语，莱尔米语，埃菲克语，阿莫语，斯瓦希里语，卢瓦尔语，特克语，赞德语，桑海语，卡努里语，马巴语，富尔语，马萨依语，卢奥语，努比亚语，尼昂吉语，伊克语，塞北语，塔马语，泰梅语，塔比语，莫西语，玉鲁语，萨拉语，阿姆哈拉语，图阿雷格语，哈莫语，安加斯语，马尔吉语，恩吉津语，卡纳库鲁语，喀里亚语，卡西语，越南语，塞当语，高棉语，布雷拉语，马拉努库语，昆仁语，卡列拉–纳格鲁马语，Gugu-Yalanji 语，Arabana-Wanganura 语，迪亚里语，耶语，水语，石家语，巽他语，爪哇语，卡姆语，马来语，塞班语，查莫罗语，Iai 语，赣语，缅甸语，瑶语，安达曼语，瓦什库克语，马萨瓦语，霍皮语，布拉灰语，帕埃斯语，奥凯纳语，穆伊纳内语，阿比彭语，奥卡语，凯楚亚语，哈卡鲁语，阿穆萨语，瓜拉尼语，蒂库纳语，科芬语，阿劳堪尼亚语，马来雅拉姆语，凯特语，尤卡吉尔语，吉利亚克语，巴斯克语；**罕见** 卡伦语；**借用** 僧加罗语，塔拉斯坎语。

长浊硬腭鼻音 /ɲː/ 2 239

雅库特语，奥凯纳语。

喉化浊硬腭鼻音 /ɲ̰/ 3

塞当语，水语，马萨瓦语。

清硬腭鼻音 /ɲ̥/ 6

塞当语，水语，Iai 语，缅甸语，瑶语，马萨瓦语。

浊软腭鼻音 /ŋ/ 167（−9）

爱尔兰语，布列塔尼语，德语，挪威语，库尔德语，孟加拉语，旁遮普语，奥斯恰克语，切列米斯语，拉普语，尤拉克语，塔维语，雅库特语，吉尔吉斯语，巴什基尔语，图瓦语，埃文基语，赫哲语，满语，韩语，日语，卡查语，摩洛语，卡杜格利语，比萨语，班巴拉语，沃洛夫语，朱拉语，达格巴尼语，塞纳迪语，坦普尔马语，埃维语，伊博语，加语，莱尔米语，埃菲克语，比鲁姆语，塔罗克语，阿莫语，卢瓦尔语，特克语，杜约语，格巴亚语，桑海语，卡努里语，富尔语，马萨依语，卢奥语，尼昂吉语，伊克语，塞北语，塔马语，泰梅语，内拉语，塔比语，莫西语，玉鲁语，伯尔塔语，库纳马语，阿维亚语，伊拉库语，哈莫语，安加斯语，马尔吉语，卡纳库鲁语，喀里亚语，卡西语，越南语，塞当语，高棉语，茂语，蒂维语，布雷拉语，Nunggubuyu 语，阿拉瓦语，马拉努库语，马拉克马拉克语，巴尔迪语，维克–曼堪语，昆仁语，西部沙漠语，尼扬穆塔语，阿兰达语，卡列拉–纳格鲁马语，Gugu-Yalanji 语，马布伊格语，Arabana-Wanganura 语，迪亚里语，班加朗语，标准泰语，拉伽语，耶语，水语，石家语，剥隘土语，龙州土语，泰雅语，巽他语，爪哇语，查姆语，马来语，巴达克语，他加禄语，塞班语，查莫罗语，鲁凯语，邹语，阿德泽拉语，卡里阿伊语，Iai 语，毛利语，普通话，台山话，漳州话，厦门话，福州话，赣语，塔芒语，达夫拉语，缅甸语，拉祜语，景颇语，阿沃语，迪登钦语，加罗语，博罗语，瑶语，安达曼语，宁博朗语，Iwarm 语，特里福语，赛莱普语，瓦恩托阿特语，德拉语，库尼迈帕，南巴坎戈语，胡帕语，佐基语，卢伊塞诺语，霍皮语，塔拉斯坎语，卡亚帕语，加勒比语，奥卡语，哈卡鲁语，瓜拉尼语，蒂库纳语，阿劳堪尼亚语，格陵兰语，阿留申语，科塔语，马来雅拉姆语，凯特语，尤卡吉尔语，楚科奇语，吉利亚克语，布鲁沙斯基语，!Xũ 语；**罕见** 斯瓦希里语，科马语，卡伦语；**借用** 法语，希伯来语，莫克索语；? **派生** 僧加罗语，蒙达语，米斯特克语。

长浊软腭鼻音 /ŋː/ 2（−1）

雅库特语；? **派生** 芬兰语。

唇化浊软腭鼻音 /ŋ^{w}/ 7

阿维亚语，伊拉库语，拉伽语，霍皮语，瓜拉尼语。

腭化浊软腭鼻音 /ŋ^{j}/ 2

爱尔兰语，拉伽语。

咽化浊软腭鼻音 /ŋ^{ʕ}/ 1

!Xũ 语。

喉化浊软腭鼻音 /ŋ̰/ 3

塞当语，水语，海达语。

清软腭鼻音 /ŋ̊/ 7

塞当语，水语，Iai 语，缅甸语，瑶语，霍皮语，阿留申语。

腭化清软腭鼻音 /ŋ̊ʲ/ 1

拉伽语。

浊唇–软腭鼻音 /m͡ŋ/ 6

达格巴尼语，坦普尔马语，伊博语，加语，格巴亚语，Iai 语。

清唇–软腭鼻音 /m̥͡ŋ̊/ 1

Iai 语。

浊齿–腭鼻音 /n̪͡ɲ/ 1 240

茂语。

7. 颤音，拍音和闪音

浊齿颤音 /r̪/ 5

俄语，匈牙利语，图瓦语，塔芒语，Gununa-Kena 语。

腭化浊齿颤音 /r̪ʲ/ 1

俄语。

浊齿 / 齿龈颤音 /"r"/ 52（4）

保加利亚，波斯语，普什图语，库尔德语，印地–乌尔都语，克什米尔语，旁遮普语，阿尔巴尼亚语，东亚美尼亚语，奥斯恰克语，科米语，芬兰语，拉普语，尤拉克语，塔维语，楚瓦什语，雅库特语，吉尔吉斯语，蒙古语，埃文基语，赫哲语，满语，卡查语，阿干语，卡努里语，努比亚语，内拉语，塞北语，莫西语，玉鲁语，伯尔塔语，卡西语，塞当语，维克–曼堪语，卡列拉–纳格鲁马语，巽他语，马尔加什语，马来语，阿德泽拉语，奇佩维安语，卢伊塞诺语，阿拉贝拉语，瓜希沃语，库卢克语，吉利亚克语，格鲁吉亚语，拉克语，巴斯克语；**罕见** 加语，米斯特克语；**借用** 马萨特克语，凯楚亚语。

长浊齿 / 齿龈颤音 /"r:"/ 2

芬兰语，楚瓦什语。

腭化浊齿 / 齿龈颤音 /"rʲ"/ 2

保加利亚语，尤罗克语。

软腭化浊齿 / 齿龈颤音 /"r̴"/1

尤卡吉尔语。

喉化浊齿 / 齿龈颤音 /"r̰"/ 1

塞当语。

清齿 / 齿龈颤音 /r̥/ 3

马萨依语，塞当语，吉利亚克语。

浊齿 / 齿龈擦音性颤音 /"ř"/ 1（−1）

借用瓜拉尼语。

浊齿龈颤音 /r/ 54（−3）

布列塔尼语，立陶宛语，西班牙语，摩洛语，巴什基尔语，卡杜格利语，比萨语，泰姆奈语，坦普尔马语，阿莫语，马巴语，富尔语，尼昂吉语，伊克语，塔马语，泰梅语，塔比语，库纳马语，科马语，提格雷语，石拉语，图阿雷格语，豪萨语，安加斯语，马尔吉语，恩吉津语，蒙达语，茂语，Nunggubuyu 语，阿拉瓦语，马拉努库语，马拉克马拉克语，巴尔迪语，昆仁语，尼扬穆塔语，Arabana-Wanganura 语，迪亚里语，班加朗语，爪哇语，鲁凯语，卡里阿伊语，毛利语，达夫拉语，塔拉斯科语，蒂尼卡语，瓜希沃语，科塔语，马来雅拉姆语，卡巴尔德语，那马语，布拉灰语；**罕见** 迪埃格诺语；**借用** 斯瓦希里语，祖鲁语。

长浊齿龈颤音 /r:/ 3

阿拉伯语，石拉语，索马里语。

腭化浊齿龈颤音 /rʲ/ 1

立陶宛语。

咽化浊齿龈颤音 /rˤ/ 1

石拉语。

浊卷舌颤音 /ṛ/ 5（-2） 241

普什图语，卡列拉-纳格鲁马语，Arabana-Wanganura 语；? **派生** 库卢克语；**模糊** 巴塔克语。

浊小舌颤音 /ʀ/ 2

德语，法语。

浊齿拍音 /ᴅ̪/ 1/

阿科马语。

喉化浊齿拍音 /ᴅ̰/ 1

阿科马语。

浊齿 / 齿龈拍音 /"ᴅ"/ 1

哈拉吉语。

浊齿龈拍音 /ᴅ/ 5

西班牙语，班巴拉语，蒂维语，罗托卡特语，马来雅拉姆语。

浊唇-齿闪音 /ⱱ/ 2（-1）

格巴亚语；**罕见** 马尔吉语。

浊齿闪音 /ɾ̪/ 1

罗洛语。

浊齿 / 齿龈闪音 /"ɾ"/ 26（-1）

希腊语，挪威语，库尔德语，切列米斯语，日语，沃洛夫语，埃维语，伊博语，塞北语，洛巴拉语，萨拉语，阿维亚语，喀里亚语，苏娜语，纳西奥语，琼塔尔语，伊托纳马语，阿马华卡语，凯楚亚语，加勒比海岛语，阿穆萨语，西里奥诺语，蒂库纳语，希瓦罗语，巴斯克语；**借用** 波莫语。

腭化浊齿 / 齿龈闪音 /"ɾʲ"/ 1

伊博语。

浊齿龈闪音 /ɾ/ 53（−2）

爱尔兰语，罗马尼亚语，孟加拉语，僧加罗语，土耳其语，克佩勒语，朱拉语，巴里巴语，格巴亚语，马萨依语，卢奥语，塔马语，阿拉伯语，阿姆哈拉语，新阿拉姆语，索马里语，哈莫语，豪萨语，恩吉津语，布雷拉语，西部沙漠语，阿兰达语，标准泰语，加罗语，博罗语，瓦什库克语，赛莱普语，科瓦语，丘阿韦语，达里比语，法苏语，亚雷巴语，科亚里语，泽套语，奥托米语，雅基语，卡罗克语，奥凯纳语，加勒比语，查科沃语，塔卡纳语，哈卡鲁语，瓦皮萨纳语，坎帕语，莫克索语，瓜拉尼语，巴拉萨诺语，图卡努语，泰卢固语，拉克语，布拉灰语；**罕见** 阿斯玛特语；**借用** 帕埃斯语。

腭化浊齿龈闪音 /ɾʲ/ 1

爱尔兰语。

浊齿龈擦音性闪音 /ɾ̆/ 1

塔卡纳语。

腭化清齿龈闪音 /ɾ̥ʲ/ 1

爱尔兰语。

软腭化清齿龈闪音 /ɾ̴̥/ 1

爱尔兰语。

浊卷舌闪音 /ɾ̣/ 11（−1）

242 孟加拉语，旁遮普语，喀里亚语，高棉语，茂语，卡里阿伊语，帕瓦恩语，库尼迈帕语，阿皮纳耶语，科塔语；**借用** 印地–乌尔都语。

浊齿 / 齿龈边音性闪音 /"ɺ"/ 3

卢瓦尔语，洛巴拉语，瓜希沃语。

浊齿龈边音性闪音 /ɺ/ 3

赞德语，科瓦语，帕埃斯语。

腭化浊齿龈边音性闪音 /ɺʲ/ 1

帕埃斯语。

浊卷舌边音性闪音 /ɺ̣/ 3

摩洛语，巴巴哥语，南部南比夸拉语。

喉化浊卷舌边音性闪音 /ɺ̣̰/ 1

南部南比夸拉语。

浊齿 r 音 /r̪r̪/ 1

尼博朗语。

浊齿 / 齿龈 r 音 /"rr"/ 25（−2）

塔罗克语，杜约语，桑海语，索克特里语，贝沙族语，库洛语，迪兹语，克法语，Gugu-Yalanji 语，马布伊格语，耶语，泰雅语，卡姆语，景颇语，博罗语，查蒂诺语，阿库马维语，雅纳语，沙斯塔语，布拉灰语，阿比彭语，科芬语，布鲁沙斯基语；**借用** 蒂瓦语，瓦波语。

喉化浊齿 / 齿龈 r 音 /"r̰r̰"/ 2（−1）

威奇托语；**借用** 瓦波语。

浊齿龈 r 音 /rr/ 5

伊拉库语，Iwam，卡亚帕语，穆伊纳内语，阿伊努语。

腭化浊齿龈 r 音 /rr^{j}/ 1

穆伊纳内语。

8. 近音

浊齿边音性近音 /l̪/ 26（−1）

立陶宛语，法语，西班牙语，旁遮普语，芬兰语，图瓦语，满语，格巴亚语，阿拉伯语，图阿雷格语，蒙达语，Nunggubuyu 语，西部沙漠语，阿兰达语，卡列拉−纳格鲁马语，Arabana-Wanganura 语，迪亚里语，塔芒语，达夫拉语，泽套语，卢伊塞诺语，通卡瓦语，Gununa-Kena 语，阿劳堪尼亚语，格陵兰语；**借用** 瓜拉尼语。

长浊齿边音性近音 /l̪ː/ 3

旁遮普语，芬兰语，阿拉伯语。

腭化浊齿边音性近音 /l̪ʲ/ 1

俄语。

清齿边音性近音 /l̪̥/ 1

Gununa-Kena 语。

浊齿 / 齿龈边音性近音 /"l"/ 122（–3）

希腊语，波斯语，库尔德语，印地–乌尔都语，孟加拉语，克什米尔语，东亚美尼亚语，奥斯恰克语，匈牙利语，拉普语，尤拉克语，塔维语，土耳其语，阿塞拜疆语，楚瓦什语，吉尔吉斯语，哈拉吉语，蒙古语，埃文基语，赫哲语，韩语，卡查语，沃洛夫语，达格巴尼语，塞纳
243 迪语，埃维语，伊博语，加语，塔罗克语，比母贝语，斯瓦希里语，杜约语，桑海语，卡努里语，马萨依语，努比亚语，伊克语，塞北语，内拉语，莫西语，玉鲁语，伯尔塔语，希伯来语，索克特里语，石拉语，阿维亚语，本加语，库洛语，克法语，哈莫语，喀里亚语，越南语，塞当语，马拉努库语，维克–曼堪语，卡列拉–纳格鲁马语，Gugu-Yalanji 语，马布伊格语，标准泰语，拉伽语，耶语，水语，剥隘土语，龙州土语，巽他语，爪哇语，马尔加什语，查姆语，马来语，巴塔克语，他加禄语，邹语，卡里阿伊语，夏威夷语，普通话，台山话，客家话，漳州话，赣语，缅甸语，拉祜语，景颇语，瑶语，安达曼语，泰勒福语，丹尼语，库尼迈帕语，陶里皮语，南巴坎戈语，海达语，奇佩维安语，托洛瓦语，内兹佩尔塞语，琼塔尔语，马萨瓦语，查蒂诺语，斯阔米什语，蒂瓦语，波莫语，雅纳语，祖尼语，特拉华语，韦尤特语，达科他语，优奇语，亚拉巴马语，瓦波语，伊托纳马语，阿比彭语，凯楚亚语，加勒比海岛语，阿留申语，库卢克语，尤卡吉尔语，吉利亚克语，拉克语，巴斯克语，布鲁沙斯基语；**借用** 塔拉斯科语，奥季布瓦语；? **派生** 米斯特克语。

长浊齿 / 齿龈边音性近音 /"l:"/ 4

楚瓦什语，沃洛夫语，石拉语，特拉华语。

腭化浊齿 / 齿龈边音性近音 /"l̪ʲ"/ 5

保加利亚语，尤罗克语，楚瓦什语，阿穆萨语，凯特语。

软腭化浊齿 / 齿龈边音性近音 /"ɫ̪"/ 6

保加利亚语，尤拉克语，高棉语，凯特语，尤卡吉尔语，格鲁吉亚语。

长软腭化浊齿 / 齿龈边音性近音 /"ɫ̪ː"/ 1

雅库特语。

咽化浊齿 / 齿龈边音性近音 /"l̪ˤ"/ 1

石拉语。

气声齿 / 齿龈边音性近音 /"l̪̤"/ 1

印地–乌尔都语。

喉化浊齿 / 齿龈边音性近音 /"l̪̰"/ 4

塞当语，海达语，优奇语，瓦波语。

清齿 / 齿龈边音性近音 /"l̪̥"/ 5

蒙古语，塞当语，缅甸语，瑶语，奇佩维安语。

浊齿龈边音性近音 /l/ 93（−3）

布列塔尼语，德语，挪威语，罗马尼亚语，僧加罗语，阿尔巴尼亚语，科米语，巴什基尔语，摩洛语，卡杜格利语，克佩勒语，比萨语，班巴拉语，丹语，朱拉语，泰姆奈语，坦普尔马语，巴里巴语，莱尔米语，阿莫语，祖鲁语，特克语，马巴语，富尔语，卢奥语，尼昂吉语，塞北语，塔马语，泰梅语，塔比语，萨拉语，库纳马语，科马语，提格雷语，阿姆哈拉语，新阿拉姆语，索马里语，伊拉库语，哈莫语，豪萨语，安加斯语，马尔吉语，恩吉津语，卡纳库鲁语，茂语，蒂维语，布雷拉语，Nunggubuyu 语，阿拉瓦语，马拉克马拉克语，巴尔迪语，昆仁语，西部沙漠语，尼扬穆塔语，阿兰达语，Arabana-Wanganura 语，迪亚里语，班加朗语，石家语，塞班语，查莫罗语，鲁凯语，阿沃语，迪登钦语，博罗语，卡伦语，赛莱普语，纳瓦霍语，胡帕语，内兹佩尔塞语，克拉马斯语，麦都语，温图语，佐基语，托托纳克语，凯基语，夸扣特尔语，奎鲁特语，雅克基语，迪埃格诺语，阿库马维语，蒂尼卡语，卡亚帕语，哈卡鲁语，瓜希沃语，阿劳堪尼亚语，泰卢固语，科塔语，马来雅拉姆语，布拉灰语；**罕见** 阿什乌莱语；**借用** 奥托米语，莫克索语。

长浊齿龈边音性近音 /lː/ 1

索马里语。

腭化浊齿龈边音性近音 /lʲ/ 3

爱尔兰语，立陶宛语，尼扬穆塔语。

244 软腭化浊齿龈边音性近音 /ɫ/ 2

爱尔兰语，阿尔巴尼亚语。

咽化浊齿龈边音性近音 /lˤ/ 1

库尔德语。

喉化浊齿龈边音性近音 /l̰/ 4

迪登钦语，内兹佩尔塞语，克拉马斯语，夸扣特尔语。

清齿龈边音性近音 /l̥/ 1

克拉马斯语。

腭化清齿龈边音性近音 /l̥ʲ/ 1（−1）

?**派生** 爱尔兰语。

软腭化清齿龈边音性近音 /ɫ̥/ 1（−1）

?**派生** 爱尔兰语。

浊腭–龈边音性近音 /l̠/ 6

阿拉瓦语，马拉克马拉克语，巴尔迪语，阿兰达语，迪埃格诺语，卡亚帕语。

浊卷舌边音性近音 /ɭ/ 22（−1）

挪威语，旁遮普语，奥斯恰克语，卡努里语，蒙达语，茂语，Nunggubuyu 语，阿拉瓦语，巴尔迪语，西部沙漠语，尼扬穆塔语，卡列拉–纳格鲁马语，Arabana-Wanganura 语，迪亚里语，鲁凯语，Iai 语，塔拉斯坎语，泰卢固语，科塔语，马来雅拉姆语；? **派生** 蒂维语。

清硬卷舌边音性近音 /ḷ̥/ 1

Iai 语。

浊硬腭边音性近音 /ʎ/ 15（−2）

西班牙语，奥斯恰克语，切列米斯语，科米语，塔维语，卡列拉–纳格鲁马语，Arabana-Wanganura 语，迪亚里语，凯楚亚语，哈卡鲁语，阿劳堪尼亚语，马来雅拉姆语，巴斯克语；**借用** 土耳其语，瓜拉尼语。

软腭化浊硬腭边音性近音 /ʎ̴/ 1

爱尔兰语。

浊软腭边音性近音 /ɠ/ 1

亚加里亚语。

浊双唇近音 /β/ 6

印地–乌尔都语，拉普语，拉伽语，库尼迈帕语，卡罗克语，泰卢固语。

长浊双唇近音 /β:/ 1

泰卢固语

浊唇–齿近音 /v/ 6

挪威语，僧加罗语，卢瓦尔语，高棉语，马来雅拉姆语，凯特语。

浊齿 / 齿龈近音 /"ɹ"/ 1

安达曼语。

浊齿龈近音 /ɹ/ 11（−1）

卡纳库鲁语，茂语，布雷拉语，马拉努库语，马拉克马拉克语，石家语，lai，温图语，埃格诺语，韦尤特语；**罕见** 塔拉斯科语。

浊卷舌近音 /ɹ̣/ 15 245

蒂维语，Nunggubuyu 语，阿拉瓦语，巴尔迪语，昆仁语，西部沙漠语，尼扬穆塔语，阿兰达语，卡列拉–纳格鲁马语，Gugu-Yalanji 语，Arabana-Wanganura 语，迪亚里语，查莫罗语，赣语，韦尤特语。

<u>浊硬腭近音</u> /j/ 271（-1）

希腊语，爱尔兰语，布列塔尼语，德语，挪威语，立陶宛语，俄语，保加利亚语，法语，西班牙语，罗马尼亚语，波斯语，普什图语，库尔德语，印地-乌尔都语，孟加拉语，克什米尔语，旁遮普语，僧加罗语，阿尔巴尼亚语，东亚美尼亚语，奥斯恰克语，切列米斯语，科米语，芬兰语，匈牙利语，拉普语，尤拉克语，塔维语，土耳其语，楚瓦什语，雅库特语，吉尔吉斯语，巴什基尔语，图瓦语，蒙古语，埃文基语，满语，韩语，日语，卡查语，摩洛语，卡杜格利语，克佩勒语，比萨语，班巴拉语，丹语，沃洛夫语，朱拉语，泰姆奈语，达格巴尼语，塞纳迪语，坦普尔马语，巴里巴语，埃维语，阿干语，伊博语，加语，莱尔米语，埃菲克语，比鲁姆语，塔罗克语，阿莫语，比母贝语，斯瓦希里语，卢瓦尔语，祖鲁语，特克语，杜约语，格巴亚语，赞德语，桑海语，卡努里语，马巴语，富尔语，马萨依语，卢奥语，尼昂吉语，伊克语，塞北语，塔马语，泰梅语，内拉语，塔比语，莫西语，洛巴拉语，玉鲁语，萨拉语，伯尔塔语，库纳马语，科马语，阿拉伯语，提格雷语，阿姆哈拉语，希伯来语，索克特里语，新阿拉姆语，石拉语，图阿雷格语，索马里语，阿维亚语，伊拉库语，贝贾语，库洛语，迪兹语，克法语，哈莫语，豪萨语，安加斯语，马尔吉语，恩吉津语，卡纳库鲁语，蒙达语，越南语，塞当语，高棉语，茂语，蒂维语，布雷拉语，Nunggubuyu 语，阿拉瓦语，马拉努库语，马拉克马拉克语，巴尔迪语，维克-曼堪语，昆仁语，西部沙漠语，尼扬穆塔语，阿兰达语，卡列拉-纳格鲁库语，Gugu-Yalanji 语，马布伊格语，Arabana-Wanganura 语，迪亚里语，班加朗语，标准泰语，拉伽语，耶语，水语，石家语，剥隘土语，龙州土语，巽他语，爪哇语，马尔加什语，查姆语，巴塔克语，他加禄语，塞班语，查莫罗语，鲁凯语，阿德泽拉语，普通话，台山话，漳州话，塔芒语，达夫拉语，缅甸语，拉祜语，景颇语，阿沃语，博罗语，卡伦语，瑶语，安达曼语，瓦什库克语，森塔尼语，Iwam 语，特里

福语，赛莱普语，加德苏语，亚加里亚语，科瓦语，楚阿韦语，帕瓦恩语，达尼语，达里比语，法苏语，苏娜语，德拉语，亚雷巴语，南巴坎戈语，海达语，特林吉特语，纳瓦霍语，奇佩维安语，托洛瓦语，胡帕语，内兹佩尔塞语，克拉马斯语，麦都语，温图语，琼塔尔语，佐基语，托托纳克语，凯克奇语，米克西语，奥托米语，马萨瓦语，马萨特克语，查蒂诺语，努特卡语，夸扣特尔语，奎鲁特语，斯阔米什语，皮吉特湾语，波普阿戈语，卢伊塞诺语，霍皮语，雅基语，蒂瓦语，卡罗克语，波莫语，迪埃格诺语，阿库马维语，雅纳语，沙斯塔语，塔拉斯科语，祖尼语，阿科马语，特拉华语，通卡瓦语，韦尤特语，塞内卡语，达科他语，优奇语，蒂尼卡语，亚拉巴马语，瓦波语，伊托纳马语，布里布里语，卡亚帕语，帕埃斯语，尤卡吉尔语，阿马华卡语，塔卡纳语，卡什纳瓦语，阿什乌莱语，阿比彭语，南部南比夸拉语，阿拉贝拉语，凯楚亚语，哈卡鲁语，Gununa-Kena 语，加勒比海岛语，阿穆萨语，坎帕语，瓜希沃，莫克索语，西里奥诺语，瓜希洛语，巴拉萨诺语，西奥那语，图卡努语，希瓦罗语，科芬语，阿劳堪尼亚语，阿留申语，泰卢固语，科塔语，库卢克语，马来雅拉姆语，尤卡吉尔语，楚科奇语，吉利亚克语，卡巴尔德语，拉克语，布鲁沙斯基语，阿伊努语，!Xũ 语；? **派生** 泰雅语。

长浊腭近音 /jː/ 2

楚瓦什语，阿拉伯语。

鼻化浊硬腭近音 /j̃/ 2

雅库特语，喀里亚语。

喉化浊硬腭近音 /j̰/ 13

洛巴拉语，豪萨语，水语，海达语，内兹佩尔塞语，克拉马斯语，奥托米语，马萨瓦语，努特卡语，夸扣特尔语，阿科马语，优奇语，瓦波语。

<u>清硬腭近音</u> /j̥/ 7

马尔加什语，瑶语，克拉马斯语，奥托米语，马萨瓦语，霍皮语，阿留申语。

<u>低浊硬腭近音</u> /ɪ̯/ 1

卡西语。

246 <u>央硬腭近音</u> /"e̯"/ 1

孟加拉语。

<u>低中后近音</u> /ʌ̯/ 1

越南语。

<u>浊软腭近音</u> /ɣ̯/ 5

卡纳库鲁语，阿兰达语，阿德泽拉语，韦尤特语，科芬语。

<u>鼻化浊软腭近音</u> /ɣ̯̃/ 1

日语。

<u>浊小舌近音</u> /ʁ̯/ 1

东亚美尼亚语。

<u>浊唇-腭近音</u> /ɥ/ 4

布列塔尼语，法语，加语，普通话。

<u>浊唇-软腭近音</u> /w/ 238（-5）

爱尔兰语，布列塔尼语，法语，西班牙语，罗马尼亚语，波斯语，普什图语，库尔德语，孟加拉语，克什米尔语，旁遮普语，奥斯恰克语，匈牙利语，尤拉克语，楚瓦什语，巴什基尔语，韩语，卡查语，摩洛语，卡杜格利语，比萨语，班巴拉语，丹语，沃洛夫语，朱拉语，泰姆奈语，达格巴尼语，塞纳迪语，坦普尔马语，巴里巴语，埃维语，阿干语，伊博语，加语，莱尔米语，埃菲克语，比鲁姆语，塔罗克语，阿莫语，比母贝语，斯瓦希里语，卢瓦尔语，祖鲁语，特克语，杜约语，格巴亚语，赞德语，桑海语，卡努里语，马巴语，富尔语，马萨依语，卢奥语，尼昂吉语，伊克语，塞北语，塔马语，泰梅语，内拉语，塔比

语，莫西语，洛巴拉语，玉鲁语，萨拉语，伯尔塔语，库纳马语，科马语，阿拉伯语，提格雷语，阿姆哈拉语，索克特里语，石拉语，图阿雷格语，索马里语，阿维亚语，伊拉库语，贝沙族语，库洛语，迪兹语，克法语，哈莫语，豪萨语，安加斯语，马尔吉语，恩吉津语，卡纳库鲁语，蒙达语，喀里亚语，越南语，塞当语，蒂维语，布雷拉语，Nunggubuyu 语，阿拉瓦语，马拉努库语，马拉克马拉克语，巴尔迪语，维克–曼堪语，昆仁语，西部沙漠语，尼扬穆塔语，阿兰达语，卡列拉–纳格努马语，Gugu-Yalanji 语，马布伊格语，Arabana-Wanganura 语，迪亚里语，班加朗语，标准泰语，拉伽语，水语，巽他语，爪哇语，马尔加什语，查姆语，巴塔克语，他加禄语，塞班语，查莫罗语，鲁凯语，Iai 语，毛利语，夏威夷语，普通话，台山话，客家话，漳州话，塔芒语，缅甸语，景颇语，安哥拉语，加罗语，卡伦语，瑶语，安达曼语，阿斯马特语，瓦什库克语，森塔尼语，Iwam 语，特里福语，赛莱普语，科瓦语，丘阿韦语，帕瓦恩语，达尼语，达里比语，法苏语，苏娜语，德拉语，亚雷巴语，南巴坎戈语，豪萨语，特林吉特语，托洛瓦语，胡帕语，内兹佩尔塞语，克拉马斯语，麦都语，温图语，琼塔尔语，佐基语，泽套语，托托纳克语，凯克奇语，奥托米语，马萨瓦语，查蒂诺语，努特卡语，夸扣特尔语，奎鲁特语，斯阔米什语，皮吉特湾语，波普阿戈语，卢伊塞诺语，霍皮语，雅基语，蒂瓦语，波莫语，迪埃格诺语，阿库纳维语，雅纳语，沙斯塔语，塔拉斯科语，祖尼语，阿科马语，特拉华语，通卡瓦语，韦尤特语，塞内卡语，威奇托语，达科他语，优奇语，蒂尼卡语，亚拉巴马语，伊托纳马语，布里布里语，卡亚帕语，帕埃斯语，加勒比语，阿马华卡语，查科沃语，塔卡纳语，卡什纳瓦语，阿什乌莱语，阿比彭语，南部南比夸拉语，阿拉贝拉语，奥卡语，凯楚亚语，哈卡鲁语，Gununa-Kena 语，瓦皮萨纳语，加勒比海岛语，阿穆萨语，瓜希沃语，西里奥诺语，蒂库纳语，巴拉萨诺语，西奥那语，图卡努语，希瓦罗语，科芬语，阿劳堪尼亚语，阿留申语，库卢克语，尤卡吉尔语，楚科奇语，吉利亚克语，卡巴尔德语，拉克语，布鲁沙斯基语，阿伊努语，!Xũ 语；**罕见** 日语，纳瓦霍语；**借用** 拉祜语；? **派生** 泰雅语，莫克索语。

长浊唇-软腭近音 /w:/ 3

楚瓦什语，阿拉伯语，特拉华语。

鼻化浊唇-软腭近音 /w̃/ 1

布列塔尼语。

247 喉化浊唇-软腭近音 /w̰/ 14（-1）

洛巴拉语，塞当语，水语，迪登钦语，海达语，内兹佩尔塞语，克拉马斯语，奥托米语，马萨瓦语，努特卡语，夸扣特尔语，阿科马语，优奇语；**罕见** 威奇托语。

清唇-软腭近音 /ʍ/ 11（-1）

塞当语，拉伽语，卡里哀语，Iai 语，瑶语，克拉马斯语，奥托米语，马萨瓦语，霍皮语，阿留申语；**罕见** 缅甸语。

低浊唇-软腭近音 /ɷ̯/ 1

卡西语。

中高浊唇-软腭近音 /o̯/ 1

孟加拉语。

9. 元音

非圆唇前高元音 /i/ 271（-1）

希腊语，布列塔尼语，俄语，保加利亚语，法语，西班牙语，罗马尼亚语，波斯语，普什 图语，克什米尔语，旁遮普语，阿尔巴尼亚语，东亚美尼亚语，奥斯恰克语、切列米斯语，科米语，芬兰语，匈牙利语，拉普语，尤拉克语，塔维语，土耳其语，楚瓦什语，雅库特语，巴什基尔语，哈拉吉语，图瓦语，蒙古语，赫哲语，满语，韩语，日语，卡查语，摩洛语，卡杜格利语，克佩勒语，比萨语，班巴拉语，丹语，沃洛夫语，朱拉语，泰姆奈语，达格巴尼语，塞纳迪语，坦普尔马语，巴里巴语，埃维语，阿干语，伊博语，加语，莱尔米语，埃菲克语，比鲁姆语，塔罗克语，阿莫语，比母贝语，斯瓦希里语，卢瓦尔语，祖鲁语，特克语，杜约语，格巴亚语，赞德语，桑海语，卡努里语，马巴语，富尔语，马萨依语，卢奥语，努比亚语，尼昂吉语，伊克语，塞北语，塔马语，泰梅语，内拉语，塔比语，莫西语，洛巴拉语，玉鲁语，萨拉语，伯尔塔语，库纳马语，科马语，阿姆哈拉语，索克特里语，新阿拉姆语，石拉语，图阿雷格语，索马里语，阿维亚语，贝沙族语，库洛语，迪兹语，克法语，哈莫语，恩吉津语，卡纳库鲁语，喀里亚语，卡西语，塞当语，茂语，蒂维语，布雷拉语，马拉努库语，马拉克马拉克语，巴尔迪语，维克–曼堪语，昆仁语，西部沙漠语，尼扬穆塔语，阿兰达语，卡列拉–纳格鲁马语，Gugu-Yalanji 语，马布伊格语，Arabana-Wanganura 语，迪亚里语，班加朗语，标准泰语，拉伽语，耶语，水语，石家语，剥隘土语，龙州土语，泰雅语，巽他语，爪哇语，马尔加什语，卡姆语，马来语，巴塔克语，塞班语，查莫罗语，鲁凯语，邹语，阿德泽拉语，罗洛语，卡里阿伊语，lai，毛利语，夏威夷语，普通话，台山话，客家话，漳州话，福州话，赣语，塔芒语，达夫拉语，缅甸语，拉祜语，景颇语，阿沃语，迪登钦语，加罗语，博罗语，卡伦语，瑶语，安达曼语，阿斯马特语，瓦什库克语，森塔尼语，宁博朗语，Iwam 语，特里福语，赛莱普语，加德苏语，亚加里亚语，科瓦语，丘阿韦语，帕瓦恩语，达尼语，瓦恩托阿特语，达里比语，法苏语，苏娜语，德拉语，库尼迈帕语，亚雷巴语，科亚里语，陶里皮语，纳西奥语，罗托卡特语，南巴坎戈语，海达语，特林吉特语，奇佩维安语，托洛瓦语，克拉马斯语，麦都语，温图语，琼塔尔语，佐基语，托托纳克语，凯克奇语，米克西语，奥托米语，马萨瓦语，马萨特克语，米斯特克语，查蒂诺语，努特卡语，夸扣特尔语，奎鲁特语，波普阿戈语，霍皮语，雅基语，蒂瓦语，卡罗克语，雅纳语，沙斯塔语，塔拉斯科语，祖尼语，阿科马语，特拉华语，通卡瓦语，韦尤特语，塞内卡语，威奇托语，达科他语，优奇语，蒂尼卡语，瓦波语，伊托纳马语，布里布里语，穆拉语，卡亚帕语，帕埃斯语，奥凯纳语，穆伊纳内语，加勒比语，阿皮纳耶语，查科沃语，塔卡纳语，卡什纳瓦语，阿什乌莱语，阿比彭语，南部南比夸拉语，阿拉贝拉语，奥卡语，哈卡鲁语，瓦皮萨纳语，加勒比海岛语，坎帕语，瓜希洛语，莫克索语，瓜拉尼语，西里奥诺语，瓜希沃语，蒂库纳语，巴拉萨诺语，西奥那语，图卡奴语，希瓦罗语，科芬语，阿劳堪尼亚语，格陵兰语，阿留申语，泰卢固语，科塔语，库卢克语，马来雅拉姆语，凯特语，拉克语，那马语，布鲁沙斯基语，阿伊努语，布拉灰语，!Xũ 语；? **派生** 马尔吉语。

<u>长非圆唇前高元音</u> /iː/ 41（-1）

爱尔兰语，布列塔尼语，德语，挪威语，立陶宛语，库尔德语，印地-乌尔都语，僧加罗语，芬兰语，埃文基语，韩语，沃洛夫语，达格巴尼语，富尔语，阿拉伯语，提格雷语，新阿拉姆语，图阿雷格语，伊拉库语，豪萨语，安加斯语，高棉语，巴尔迪语，拉伽语，泰雅语，阿德泽拉语，lai，亚加里亚语，纳瓦霍语，奇佩维安语，托洛瓦语，卡罗克语，奥季布瓦语，特拉华语，通卡瓦语，泰卢固语，卡尔巴德语，拉克语，布拉灰语，!Xũ 语；**罕见** 匈牙利语。

<u>超短非圆唇前高元音</u> /ĭ/ 3

尤拉克语，剥隘土语，龙州土语。

<u>鼻化非圆唇前高元音</u> /ĩ/ 53（-1）

保加利亚语，克什米尔语，旁遮普语，克佩勒语，班巴拉语，塞纳迪语，巴里巴语，埃维语，阿干语，伊博语，加语，莱尔米语，比母贝语，杜约语，格巴亚语，赞德语，萨拉语，喀里亚语，漳州话，帕瓦恩语，达里比语，法苏语，南巴坎戈语，奇佩维安语，托洛瓦语，奥托米语，马萨瓦语，马萨特克语，米斯特克语，查蒂诺语，蒂瓦语，达科他语，帕埃斯语，奥凯纳语，阿皮纳耶语，卡什纳瓦语，南部南比夸拉

语，奥卡语，瓦皮萨纳语，加勒比海岛语，瓜希洛语，瓜拉尼语，西里奥诺语，瓜希沃语，蒂库纳语，巴拉萨诺语，西奥诺语，图卡努语，黑瓦罗语，库卢克语，那马语，!Xũ 语；**罕见** 卡罗克语。

长鼻化非圆唇前高元音 /ĩː/ 8

爱尔兰语，印地–乌尔都语，拉伽语，纳瓦霍语，奇佩维安语，托洛瓦语，奥季布瓦语，特拉华语。

非圆唇伴随软腭收紧的前高元音 /iˠ/ 1（−1）

模糊 西里奥诺语。

鼻化非圆唇伴随软腭收紧的前高元音 /ĩˠ/ 1（−1）

模糊 西里奥诺语。

咽化非圆唇前高元音 /iˤ/ 1

新阿拉姆语

长咽化非圆唇前高元音 /iˤː/ 1

埃文基语，新阿拉姆语。

气声非圆唇前高元音 /i̤/ 1

塔芒语。

喉化非圆唇前高元音 /ḭ/ 2

塞当语，南部南比夸拉语。

喉化、鼻化非圆唇前高元音 /ḭ̃/ 1

南部南比夸拉语。

清非圆唇前高元音 /i̥/ 2

伊克语，达夫拉语。

圆唇前高元音 /y/ 21

布列塔尼语，法语，阿尔巴尼亚语，切列米斯语，芬兰语，匈牙利语，塔维语，土耳其语，楚瓦什语，雅库特语，吉尔吉斯语，巴什基尔语，哈拉吉语，图瓦语，韩语，Iai 语，普通话，漳州话，福州话，赣语，泽套语。

长圆唇前高元音 /yː/ 5（−1）

布列塔尼语，德语，挪威语，芬兰语；**罕见** 匈牙利语。

低化非圆唇前高元音 /ɪ/ 54（−1）

爱尔兰语，德语，挪威语，立陶宛语，库尔德语，印地−乌尔都语，孟加拉语，旁遮普语，僧加罗语，阿塞拜疆语，吉尔吉斯语，埃文基语，克列佩语，朱拉语，坦普尔马语，阿干语，阿莫语，赞德语，马萨依语，卢奥语，伊克语，塔马语，塔比语，洛巴拉语，库纳马语，阿拉伯语，希伯来语，索马里语，伊拉库语，豪萨语，安加斯语，蒙达语，越南语，高棉语，Nunggubuyu 语，阿拉瓦语，他加禄语，丹尼语，纳瓦霍语，内兹佩尔塞语，泽套语，皮吉特湾语，卢伊塞诺语，波莫语，迪埃格诺语，奥季布瓦语，阿马华卡语，凯楚亚语，尤卡吉尔语，楚科奇语，吉利亚克语，格鲁吉亚语，巴斯克语；? **派生** 胡帕语。

249 长低化非圆唇前高元音 /ɪː/ 1

蒙古语

鼻化、低化非圆唇前高元音 /ɪ̃/ 9

爱尔兰语，印地−乌尔都语，孟加拉语，旁遮普语，克佩勒语，阿干语，缅甸语，纳瓦霍语，阿马华卡语。

咽化、低化非圆唇前高元音 /ɪˤ/ 2

埃文基语，哈莫语。

低化圆唇前高元音 /Y/ 3

德语，挪威语，阿塞拜疆语。

非圆唇前中高元音 /e/ 83（−1）

法语，罗马尼亚语，波斯语，克什米尔语，蒙古语，赫哲语，韩语，卡查语，比萨语，班巴拉语，丹语，沃洛夫语，朱拉语，泰姆奈语，塞纳迪语，坦普尔马语，巴里巴语，埃维语，阿干语，伊博语，加语，莱尔米语，埃菲克语，比鲁姆语，阿莫语，斯瓦希里语，卢瓦尔语，杜约语，格巴亚语，马巴语，富尔语，马萨依语，尼昂吉语，伊克语，塞北语，塔马语，泰梅语，塔比语，萨拉语，科马语，哈莫语，喀里亚语，越南语，塞当语，标准泰语，拉伽语，石家语，剥隘土语，爪哇语，查姆语，马来语，Iai 语，阿莫语，塔芒语，缅甸语，拉祜语，阿沃语，加罗语，博罗语，卡伦语，瑶语，阿斯马特语，瓦什库克语，森塔尼语，库尼迈帕语，奇佩维安语，奥托米语，马萨瓦语，斯阔米什语，蒂瓦语，塞内卡语，优奇语，蒂尼卡语，亚拉巴马语，阿皮纳耶语，坎帕语，瓜拉尼语，西里奥诺语，泰卢固语，楚科奇语，那马语，布拉灰语；**罕见** 洛巴拉语。

<u>长非圆唇前中高元音</u> /eː/ 23（−1）

爱尔兰语，德语，挪威语，立陶宛语，印地–乌尔都语，僧加罗语，匈牙利语，蒙古语，韩语，沃洛夫语，达巴尼语，阿拉伯语，伊拉克语，高棉语，Iai 语，加德苏语，卡罗克语，迪埃格诺语，通卡瓦语，威奇托语，泰卢固语，布拉灰语；? **派生** 芬兰语。

<u>鼻化非圆唇前中高元音</u> /ẽ/ 9

克什米尔语，班巴拉语，埃维语，伊博语，赞德语，马萨瓦语，蒂瓦语，瓜拉尼语，西里奥诺语。

<u>长鼻化非圆唇前中高元音</u> /ẽː/ 2

爱尔兰语，印地–乌尔都语。

<u>缩舌非圆唇前中高元音</u> /e̠/ 1

卡伦语。

<u>气声非圆唇前中高元音</u> /e̤/ 1

塔芒语。

<u>喉化非圆唇前中高元音</u> /ḛ/ 1

塞当语。

<u>圆唇前中高元音</u> /ø/ 15（−1）

布列塔尼语，切列米斯语，芬兰语，匈牙利语，阿塞拜疆语，吉尔吉斯语，巴什基尔语，哈拉吉语，图瓦语，满语，韩语，沃洛夫语，霍皮

语，吉利亚克语；**模糊** 瓜希洛语。

长圆唇前中高元音 /øː/ 6（−2）

布列塔尼语，德语，挪威语，匈牙利语；**罕见** 阿干语；**?派生** 芬兰语。

超短圆唇前中高元音 /ø̆/ 1

楚瓦什语。

鼻化圆唇前中高元音 /ø̃/ 1（−1）

模糊瓜希洛语。

250 非圆唇前中元音 /"e"/ 113（−2）

爱尔兰语，布列塔尼语，挪威语，西班牙语，孟加拉语，僧加罗语，阿尔巴尼亚语，奥斯恰克语，科米语，拉普语，尤拉克语，塔维语，楚瓦什语，满语，摩洛语，卡杜格利语，塔罗克语，特克语，赞德语，桑海语，卡努里语，卢奥语，努比亚语，内拉语，莫西语，玉鲁语，伯尔塔语，库纳马语，阿姆哈拉语，索克特里语，新阿拉姆语，图阿雷格语，索马里语，阿维亚语，贝沙族语，库洛语，迪兹语，克法语，豪萨语，安加斯语，卡纳库鲁语，蒙达语，卡西语，马拉克马拉克语，马布伊格语，水语，龙州土语，马尔加什语，查莫罗语，邹语，罗洛语，卡里阿伊语，拉祜语，景颇语，安达曼语，宁博朗语，Iwam 语，科瓦语，丘阿韦语，丹尼语，瓦恩托阿特语，达里比语，法苏语，德拉语，亚雷巴语，科亚里语，陶里皮语，罗托卡特语，南巴坎戈语，特林吉特语，托洛瓦语，胡帕语，克拉马斯语，麦都语，温图语，琼塔尔语，泽套语，凯克奇语，米克西语，米斯特克语，查蒂诺语，卢伊塞诺语，雅基语，阿库马维语，雅纳语，沙斯塔语，韦尤特语，瓦波语，伊托纳马语，布里布里语，塔卡纳语，阿什乌莱语，阿比彭语，南部南比夸拉语，阿拉贝拉语，奥卡语，Gununa-Kena 语，加勒比海岛语，瓜希沃语，蒂库纳语，巴拉萨诺语，西奥那语，图卡努语，科塔语，库卢克语，马来雅拉姆语，格鲁吉亚语，巴斯克语，布鲁沙斯基语，!Xũ 语；**罕见** 阿拉瓦语，班加朗语。

长非圆唇前中元音 /"e:"/ 10

普什图语，库尔德语，提格雷语，图阿雷格语，豪萨语，恩吉兹语，托洛瓦语，胡帕语，卡巴尔德语，!Xũ 语。

超短非圆唇前中元音 /"ĕ"/ 1

奥斯恰克语。

鼻化非圆唇前中元音 /"ẽ"/ 22（-2）

爱尔兰语，孟加拉语，旁遮普语，丹语，赞德语，萨拉语，达里比语，法苏语，佐基语，查蒂诺语，优奇语，布拉灰语，南部南比夸拉语，奥卡语，加勒比海岛语，瓜希沃语，巴拉萨诺语，西奥那语，图卡努语，库卢克语；**罕见** 桑海语，米斯特克语。

咽化非圆唇前中元音 /"eˤ"/ 3（-1）

新阿拉姆语，哈莫语；?**派生** 拉克语。

喉化非圆唇前中元音 /"ḛ"/ 1

南部南比夸拉语。

喉化、鼻化非圆唇前中元音 /"ḛ̃"/ 1

南部南比夸拉语。

清非圆唇前中元音 /"e̥"/ 1

伊克语。

非圆唇前中低元音 /ε/ 116（-5）

希腊语，德语，俄语，保加利亚语，切列米斯语，芬兰语，匈牙利语，土耳其语，阿塞拜疆语，雅库特语，吉尔吉斯语，埃文基语，日语，卡查语，克佩勒语，班巴拉语，丹语，沃洛夫语，朱拉语，泰姆奈语，塞纳迪语，坦普尔马语，巴里巴语，埃维语，伊博语，加语，莱尔米语，埃菲克语，比鲁姆语，阿莫语，比母贝语，祖鲁语，杜约语，格巴亚语，马巴语，富尔语，马萨依语，尼昂吉语，伊克语，塔马语，泰梅语，塔比语，洛巴拉语，萨拉语，科马语，希伯来语，索马里语，伊拉库语，安加斯语，越南语，塞当语，高棉语，茂语，布雷拉语，维克–曼堪语，昆仁语，拉伽语，耶语，石家语，剥隘土语，泰雅语，巽他语，爪哇语，卡姆语，巴达克语，塞班语，毛利语，夏威夷语，客家话，福州话，赣语，达福拉语，缅甸语，迪登钦语，卡伦语，安达曼语，瓦什库克语，森塔尼语，赛莱普语，亚加里亚语，帕瓦恩语，苏娜语，纳西奥语，纳瓦霍语，佐基语，马萨瓦语，马萨特克语，努特卡语，夸扣特尔语，波莫语，塔拉斯科语，祖尼语，阿科马语，特拉华语，通卡瓦语，威奇托语，达科他语，蒂尼卡语，卡亚帕语，帕埃斯语，奥凯纳语，穆伊纳内语，加勒比语，阿皮纳耶语，瓜希洛语，莫克索语，科芬语，阿劳堪尼亚语，尤卡吉尔语，楚科奇语，阿伊努语；罕见法语，卡罗克语；**借用** 马尔吉语，凯楚亚语；？**派生** Iai 语。

251 长非圆唇前中低元音 /ɛ:/ 12（−2）

布列塔尼语，德语，埃文基语，沃洛夫语，高棉语，拉伽语，特里福语，纳瓦霍语，奥季布瓦语，威奇托语；**罕见** 法语；？**派生** Iai 语。

超短非圆唇前中低元音 /ɛ̆/ 1

剥隘土语。

鼻化非圆唇前中低元音 /ɛ̃/ 20

保加利亚语，克佩勒语，班巴拉语，塞纳迪语，巴里巴语，埃维语，伊博语，加语，莱尔米语，比母贝语，杜约语，喀里亚语，拉伽语，帕瓦恩语，纳瓦霍语，马萨特克语，塞内卡语，帕埃斯语，阿皮纳耶语，瓜希洛语。

长鼻化非圆唇前中低元音 /ɛ̃:/ 4（−1）

拉伽语，纳瓦霍语，奥季布瓦语；**借用** 布列塔尼语。

喉化非圆唇前中低元音 /ɛ̰/ 1

塞当语。

圆唇前中低元音 /œ/ 7

德语，挪威语，法语，土耳其语，雅库特语，Iai 语，福州话。

长圆唇前中低元音 /œː/ 1（−1）

罕见 阿干语。

鼻化圆唇前中低元音 /œ̃/ 1

法语。

上移非圆唇前低元音 /æ/ 38（−5）

挪威语，孟加拉语，旁遮普语，奥斯恰克语，芬兰语，塔维语，巴什基尔语，韩语，丹语，卢奥语，石拉语，图阿雷格语，索马里语，越南语，马拉努库语，标准泰语，查莫罗语，Iai 语，台山话，缅甸语，瑶语，安达曼语，瓦恩托阿特语，南巴坎戈语，内兹佩尔塞语，米克西语，奥托米语，霍皮语，塞内卡语，优奇语，奥卡语，凯特语，吉利亚克语；**罕见** 匈牙利语，奎鲁特语；? **派生** 立陶宛语，阿维亚语，客家话。

长上移非圆唇前低元音 /æː/ 10

挪威语，立陶宛语，僧加罗语，芬兰语，韩语，阿拉伯语，图阿雷格语，Iai 语，特拉华语，泰卢固语。

鼻化上移非圆唇前低元音 /æ̃/ 8

法语，孟加拉语，旁遮普语，格巴亚语，漳州话，南巴坎戈语，奥托米语，奥卡语。

长鼻化上移非圆唇前低元音 /æ̃ː/ 1

特拉华语。

咽化上移非圆唇前低元音 /æˤ/ 1

拉克语。

非圆唇前低元音 /a̟/ 14

布列塔尼语，俄语，法语，波斯语，僧加罗语，阿塞拜疆语，克佩勒语，高棉语，森塔尼语，帕瓦恩语，阿科马语，卡什纳瓦语，尤卡吉尔语，格鲁吉亚语。

长非圆唇前低元音 /a̟ː/ 5

提格雷语，越南语，高棉语，加德苏语，卡巴尔德语。

鼻化非圆唇前低元音 /ạ̃/ 3

丹语，帕瓦恩语，卡什纳瓦语。

252 非圆唇央高元音 /ɨ/ 40

罗马尼亚语，库尔德语，克什米尔语，科米语，拉普语，塔维语，图瓦语，丹语，卡努里语，阿姆哈拉语，阿维亚语，标准泰语，石家语，剥隘土语，巽他语，查姆语，塞班语，鲁凯语，拉祜语，瓦什库克语，尼博朗语，麦都语，米克西语，奥托米语，波普阿戈语，阿科马语，伊托纳马语，穆伊纳内语，查科沃语，阿比彭语，Gununa-Kena 语，瓦皮萨纳语，瓜拉尼语，蒂库纳语，巴拉萨诺语，西奥那语，图卡努语，科芬语，凯特语，卡巴尔德语。

长非圆唇央高元音 /ɨː/ 2

安加斯语，高棉语。

超短非圆唇央高元音 /ɨ̆/ 3

克什米尔语，塞北语，剥隘土语。

鼻化非圆唇央高元音 /ɨ̃/ 7

克什米尔语，瓦皮萨纳语，瓜拉尼语，蒂库纳语，巴拉萨诺语，西奥那语，图卡努语。

超短鼻化非圆唇央高元音 /ɨ̃̆/ 1

克什米尔语。

卷舌非圆唇央高元音 /ɨ̢/ 1

塔拉斯科语。

圆唇央高元音 /ʉ/ 6

挪威语，奥斯恰克语，蒙古语，耶语，邹语，南巴坎戈语。

长圆唇央高元音 /ʉː/ 2

挪威语，蒙古语。

超短圆唇央高元音 /ʉ̆/ 1

塞北语。

低化非圆唇央高元音 /ɨ̞/ 3（-1）

吉尔吉斯语，卡伦语；**借用** 印地-乌尔都语。

低化圆唇央高元音 /ʉ̞/ 1

索马里语。

非圆唇央中高元音 /ɘ/ 6（-1）

赫哲语，丹语，高棉语，标准泰语，拉祜语，**罕见** 伊拉库语。

卷舌非圆唇央中高元音 /ɘ̢/ 1

普通话

非圆唇央中元音 /"ə"/ 67（-1）

布列塔尼语，德语，挪威语，罗马尼亚语，普什图语，库尔德语，克什米尔语，旁遮普语，阿尔巴尼亚语，东亚美尼亚语，切列米斯语，科米语，塔维语，巴什基尔语，朱拉语，泰姆奈语，塔罗克语，富尔语，塔比语，萨拉语，科马语，提格雷语，阿姆哈拉语，索克特里语，图阿雷格语，豪萨语，马尔吉语，卡纳库鲁语，高棉语，马拉努库语，马拉克马拉克语，耶语，水语，石家语，剥隘土语，巽他语，爪哇语，卡姆语，马来语，塔加拉族语，塞班语，漳州话，赣语，缅甸语，博罗语，阿斯马特语，森塔尼语，Iwam 语，瓦恩托阿特语，德拉语，南巴坎戈语，托洛瓦语，琼塔尔语，米克西语，奥托米语，马萨瓦语，夸扣特尔语，斯阔米什语，皮吉特湾语，蒂瓦语，迪埃格诺语，阿库马维语，特拉华语，Gununa-Kena 语，库卢克语，那马语；？**派生** 僧加罗语。

长非圆唇央中元音 /"əː"/ 2（-1）

高棉语；**借用** 僧加罗语。

超短非圆唇央中元音 /"ə̆"/ 3 253

塞北语，楚科奇语，格鲁吉亚语

鼻化非圆唇央中元音 /"ə̃"/ 8

克什米尔语，旁遮普语，丹语，萨拉语，南巴坎戈语，马萨瓦语，蒂瓦语，瓜希洛语。

长鼻化非圆唇央中元音 /"ə̃:"/ 1

特拉华语。

圆唇央中元音 /"ɵ"/ 5

奥斯恰克语，蒙古语，索马里语，凯特语，尤卡吉尔语。

长圆唇央中元音 /"ɵ:"/ 1

蒙古语。

超短圆唇央中元音 /"ɵ̆"/ 2

奥斯恰克语，塞北语。

非圆唇央中低元音 /ɜ/ 10

印地-乌尔都语，丹语，赞德语，洛巴拉语，提格雷语，伊拉库语，水语，加德苏语，泰卢固语，卡尔巴德语。

鼻化非圆唇央中低元音 /ɜ̃/ 2

印地-乌尔都语，赞德语。

上移非圆唇央低元音 /ɐ/ 6

德语，阿莫语，图阿雷格语，迪兹语，马萨瓦语，加勒比语。

超短上移非圆唇央低元音 /ɐ̆/ 1（-1）

罕见 塞北语。

咽化上移非圆唇央低元音 /ɐˤ/ 1

哈莫语。

非圆唇央低元音 /a/ 274

爱尔兰语，立陶宛语，西班牙语，罗马尼亚语，孟加拉语，克什米尔语，旁遮普语，僧加罗语，阿尔巴尼亚语，东亚美尼亚语，奥斯恰克语，科米语，芬兰语，拉普语，尤拉克语，塔维语，土耳其语，雅库特语，吉尔吉斯语，哈拉吉语，埃文基语，赫哲语，满语，韩语，日语，摩洛语，卡杜格利语，克佩勒语，比萨语，班巴拉语，丹语，沃洛夫语，朱拉语，泰姆奈语，达格巴尼语，塞纳迪语，坦普尔马语，巴里巴语，埃维语，阿干语，伊博语，加语，莱尔米语，埃菲克语，比鲁姆

语，塔罗克语，阿莫语，比母贝语，斯瓦希里语，卢瓦尔语，祖鲁语，
特克语，杜约语，格巴亚语，赞德语，桑海语，卡努里语，马巴语，富
尔语，马萨依语，卢奥语，努比亚语，尼昂吉语，伊克语，塞北语，塔
马语，泰梅语，内拉语，塔比语，莫西语，洛巴拉语，玉鲁语，萨拉
语，伯尔塔语，库纳马语，科马语，阿拉伯语，阿姆哈拉语，希伯来
语，索克特里语，新阿拉姆语，索马里语，阿维亚语，伊拉库语，本加
语，库洛语，迪兹语，克法语，豪萨语，安加斯语，马尔吉语，恩吉津
语，卡纳库鲁语，蒙达语，喀里亚语，卡西语，塞当语，茂语，蒂维
语，布雷拉语，Nunggubuyu 语，阿拉瓦语，马拉努库语，马拉克马拉克
语，巴尔迪语，维克-曼堪语，昆仁语，西部沙漠语，尼扬穆塔语，阿
兰达语，卡列拉-纳格鲁马语，Gugu-Yalanji 语，马布伊格语，Arabana-
Wanganura 语，迪亚里语，班加朗语，标准泰语，拉伽语，耶语，水
语，石家语，剥隘土语，龙州土语，泰雅语，巽他语，爪哇语，马尔加
什语，查姆语，马来语，巴塔克语，塞班语，鲁凯语，邹语，阿德泽拉
语，罗洛语，卡里阿伊语，夏威夷语，普通话，台山话，客家话，漳州
话，厦门话，福州话，赣语，塔芒语，缅甸语，拉祜语，景颇语，阿沃
语，迪登钦语，加罗语，博罗语，卡伦语，瑶语，安达曼语，阿斯玛特
语，瓦什库克语，宁博朗语，Iwam 语，特里福语，赛莱普语，亚加里
亚语，科瓦语，丘阿韦语，达尼语，瓦恩托阿特语，达里比语，法苏
语，苏娜语，德拉语，库尼迈帕语，亚雷巴语，科亚里语，陶里皮语，
纳西奥语，罗托卡特语，南巴坎戈语，海达语，特林吉特语，纳瓦霍
语，奇佩维安语，托洛瓦语，胡帕语，内兹佩尔塞语，克拉马斯语，麦 254
都语，温图语，琼塔尔语，佐基语，泽套语，托托纳克语，凯克奇语，
米克西语，奥托米语，马萨瓦语，马萨特克语，米斯特克语，查蒂诺
语，努特卡语，夸扣特尔语，奎鲁特语，斯阔米什语，皮吉特湾语，波
普阿戈语，卢伊塞诺语，霍皮语，雅基语，卡罗克语，波莫语，迪埃格
诺语，阿库马维语，雅纳语，沙斯塔语，塔拉斯科语，祖尼语，奥季布

瓦语，特拉华语，通卡瓦语，维约特语，塞内卡语，威奇托语，达科他语，优奇语，蒂尼卡语，亚拉巴马语，瓦波语，伊托纳马语，布里布里语，穆拉语，帕埃斯语，奥凯纳语，穆伊纳内语，阿皮纳耶语，阿玛瓦卡语，查科沃语，塔卡纳语，阿什乌莱语，阿比彭语，南部南比夸拉语，阿拉贝拉语，奥卡语，凯楚亚语，哈卡鲁语，Gununa-Kena 语，瓦皮萨纳语，加勒比海岛语，阿穆萨语，坎帕语，瓜希洛语，莫克索语，瓜拉尼语，西里奥诺语，瓜希沃语，蒂库纳语，巴拉萨诺语，西奥那语，图卡努语，希瓦罗语，科芬语，阿劳堪尼亚语，格陵兰语，阿留申语，科塔语，库卢克语，马来雅拉姆语，凯特语，楚科奇语，拉克语，那马语，巴斯克语，布鲁沙斯基语，阿伊努语，布拉灰语，!Xũ 语。

<u>长非圆唇央低元音</u> /aː/ 35（–1）

德语，立陶宛语，库尔德语，印地–乌尔都语，僧加罗语，芬兰语，匈牙利语，埃文基语，韩语，沃洛夫语，达格巴尼语，富尔语，新阿拉姆语，安加斯语，恩吉津语，卡西语，巴尔迪语，拉伽语，耶语，阿德泽拉语，瑶语，特里福语，纳瓦霍语，奇佩维安语，托洛瓦语，胡帕语，卡罗克语，迪埃格诺语，奥布季瓦语，特拉华语，通卡瓦语，泰卢固语，拉克语，!Xũ 语；? **派生** 塞班语。

<u>超短非圆唇央低元音</u> /ă/ 3

尤拉克语，剥隘土语，龙州土语。

<u>鼻化非圆唇央低元音</u> /ã/ 55（–3）

爱尔兰语，孟加拉语，克什米尔语，旁遮普语，克佩勒语，班巴拉语，丹语，塞纳迪语，巴里巴语，埃维语，阿干语，伊博语，加语，莱尔米语，比母贝语，杜约语，格巴亚语，赞德语，萨拉语，喀里亚语，拉伽语，达里比语，法苏语，南巴坎戈语，纳瓦霍语，奇佩维安语，托洛瓦语，奥托米语，马萨瓦语，马萨特克语，米斯特克语，达科他语，布里布里语，帕埃斯语，奥凯纳语，阿皮纳耶语，阿马华卡语，南部南比夸拉语，奥卡语，瓦皮萨纳语，加勒比海岛语，瓜希洛语，瓜拉尼语，西

里奥诺语，瓜希沃语，蒂库纳语，西奥那语，图卡努语，希瓦罗语，库卢克语，那马语，!Xũ 语˜；**罕见** 桑海语，洛巴拉语，卡罗克语。

长鼻化非圆唇央低元音 /ã:/ 8

印地-乌尔都语，拉伽语，纳瓦霍语，奇佩维安语，托洛瓦语，奥吉布瓦语，!Xũ 语。

卷舌非圆唇央低元音 /a̢/ 1（−1）

?**派生** 普通话。

咽化非圆唇央低元音 /aˤ/ 2

新阿拉姆语，!Xũ 语。

长咽化非圆唇央低元音 /aˤ:/ 2

新阿拉姆语，!Xũ 语。

鼻化、咽化非圆唇央低元音 /ãˤ/ 1

!Xũ 语。

长鼻化、咽化非圆唇央低元音 /ãˤ:/ 1

!Xũ 语。

气声非圆唇央低元音 /a̤/ 1

塔芒语。

喉化非圆唇央低元音 /a̰/ 2

塞当语，南部南比夸拉语。

喉化、鼻化非圆唇央低元音 /ã̰/ 1

南部南比夸拉语。

清非圆唇央低元音 /ḁ/ 1 255

伊克语。

超短圆唇央低元音 /ɒ̯/ 1（−1）

罕见 塞北语。

非圆唇后高元音 /ɯ/ 20

奥斯恰克语，土耳其语，楚瓦什语，雅库特语，韩语，日语，龙州土语，阿德泽拉语，达夫拉语，阿沃语，宁博朗语，内兹佩尔塞语，奥凯纳语，加勒比语，阿皮纳耶语，阿玛瓦卡语，卡什纳瓦语，哈卡鲁语，希瓦罗语，阿劳堪尼亚语。

长非圆唇后高元音 /ɯː/ 1

韩语。

超短非圆唇后高元音 /ɯ̆/ 1

龙州土语。

鼻化非圆唇后高元音 /ɯ̃/ 5

阿皮纳耶语，阿马华卡语，卡什纳瓦语，阿比彭语，希瓦罗语。

圆唇后高元音 /u/ 254（−1）

希腊语，布列塔尼语，挪威语，俄语，保加利亚语，法语，西班牙语，罗马尼亚语，波斯语，普什图语，克什米尔语，旁遮普语，阿尔巴尼亚语，东亚美尼亚语，奥斯恰克语，切列米斯语，科米语，芬兰语，匈牙利语，拉普语，尤拉克语，塔维语，土耳其语，楚瓦什语，雅库特语，巴什基尔语，哈拉吉语，图瓦语，埃文基语，赫哲语，满语，韩语，卡查语，摩洛语，卡杜格利语，克佩勒语，比萨语，班巴拉语，丹语，沃洛夫语，泰姆奈语，达格巴尼语，塞纳迪语，坦普尔马语，巴里巴语，埃维语，阿干语，伊博语，加语，莱尔米语，埃菲克语，比鲁姆语，塔罗克语，阿莫语，比母贝语，斯瓦希里语，卢瓦尔语，祖鲁语，特克语，杜约语，格巴亚语，赞德语，桑海语，卡努里语，马巴语，富尔语，马萨依语，卢奥语，努比亚语，尼昂吉语，伊克语，塔马语，泰梅语，内拉语，塔比语，莫西语，洛巴拉语，玉鲁语，萨拉语，伯尔塔语，库纳马语，科马语，阿姆哈拉语，索克特里语，新阿拉姆语，图阿雷格语，阿维亚语，贝沙族语，库洛语，迪兹语，克法语，哈莫语，安加斯语，马尔吉语，恩吉津语，卡纳库鲁语，喀里亚语，卡西语，塞当语，茂语，蒂维语，布雷拉语，马拉克马拉克语，巴尔迪语，昆仁语，西部沙漠语，尼扬穆塔语，阿兰达语，卡列拉−纳格鲁马语，Gugu-Yalanji 语，马布伊格语，Arabana-Wanganura 语，迪亚里语，班加朗语，标准泰语，拉伽语，耶语，水语，石家语，剥隘土语，龙州土语，泰雅语，巽他语，爪哇语，查姆语，马来语，巴塔克语，塞班语，查莫罗语，鲁凯语，邹语，罗洛语，卡里阿伊语，Iai 语，毛利语，夏威夷语，普通话，台山话，客家话，漳州话，厦门话，福州话，赣语，塔芒语，达夫拉语，缅甸语，拉祜语，景颇语，阿沃语，迪登钦语，加罗语，博罗语，卡伦语，瑶语，安达曼语，阿斯马特语，瓦什库克语，森塔尼语，Iwam 语，特里福语，赛莱普语，加德苏语，亚加里亚语，科瓦语，丘阿韦语，帕瓦恩语，达尼语，瓦恩托阿特语，达里比语，法苏语，苏娜语，德拉语，库尼迈帕语，亚雷巴语，科亚里语，陶里皮语，纳西奥语，罗托卡特语，南巴坎戈语，特林吉特语，奇佩维安语，托洛瓦语，麦都语，温图语，琼塔尔语，佐基语，托托纳克语，凯克奇语，米克西语，奥托米语，马萨瓦语，米斯特克语，查蒂诺语，夸扣特尔语，奎鲁特语，波普阿戈语，雅基语，蒂瓦语，阿库马维语，雅纳语，沙斯塔语，塔拉斯科语，祖尼语，阿科马语，特拉华语，通卡瓦语，韦尤特语，威奇托语，达科他语，优奇语，蒂尼卡语，瓦波语，伊托纳马语，布里布里语，帕埃斯语，穆伊纳内语，加勒比语，阿皮纳耶语，卡什纳瓦语，阿什乌莱语，南部南比夸拉语，阿拉贝拉语，Gununa-Kena 语，瓦皮萨纳语，加勒比海岛语，瓜希洛语，莫克索语，瓜拉尼语，西里奥诺语，瓜希洛语，蒂库纳语，巴拉萨诺语，西奥那语，图卡努语，希瓦罗语，阿劳堪尼亚语，格陵兰语，阿留申语，泰卢固语，科塔语，库卢克语，马来雅拉姆语，凯特语，尤卡吉尔语，楚科奇语，吉利亚克语，拉克语，那马语，巴斯克语，布鲁沙斯基语，阿伊努语，布拉灰语，!Xũ 语；**罕见** 塞内卡语。

<u>长圆唇后高元音</u> /u:/ 37（-1）

爱尔兰语，布列塔尼语，德语，挪威语，立陶宛语，库尔德语，印地-乌尔都语，僧加罗语，芬兰语，匈牙利语，埃文基语，韩语，沃洛夫语，达格巴尼语，富尔语，阿拉伯语，提格雷语，新阿拉姆语，图阿雷

256 格语，伊拉库语，豪萨语，高棉语，巴尔迪语，拉伽语。泰雅语，lai，特里福语，奇佩维安语，托洛瓦语，特拉华语，通卡瓦语，泰卢固语，卡尔巴德语，拉克语，布拉灰语，!Xũ 语；**罕见** 安加斯语。

超短圆唇后高元音 /ŭ/ 4

尤拉克语，塞北语，剥隘土语，龙州土语。

鼻化圆唇后高元音 /ũ/ 51（−2）

保加利亚语，克什米尔语，旁遮普语，克佩勒语，班巴拉语，丹语，塞纳迪语，巴里巴语，埃维语，阿干语，伊博语，加语，莱尔米语，比母贝语，杜约语，格巴亚语，赞德语，萨拉语，喀里亚语，拉伽语，帕瓦恩语，达里比语，法苏语，南巴坎戈语，奇佩维安语，托洛瓦语，奥托米语，马萨瓦语，米斯特克语，查蒂诺语，达科他语，布里布里语，帕埃斯语，阿皮纳耶语，卡什纳瓦语，瓦皮萨纳语，加勒比海岛语，瓜希洛语，瓜拉尼语，西里奥诺语，瓜希沃语，蒂库纳语，巴拉萨诺语，西奥那语，图卡努语，希瓦罗语，库卢克语，那马语，!Xũ 语；**罕见** 桑海语，蒂瓦语。

长鼻化圆唇后高元音 /ũː/ 7

爱尔兰语，印地–乌尔都语，拉伽语，奇佩维安语，胡帕语，特拉华语，!Xũ 语。

咽化圆唇后高元音 /uˤ/ 1

新阿拉姆语。

长咽化圆唇后高元音 /uˤː/ 1

新阿拉姆语。

气声圆唇后高元音 /ṳ/ 1

塔芒语。

喉化圆唇后高元音 /ṵ/ 2

塞当语，南部南比夸拉语。

清圆唇后高元音 /u̥/ 2

伊克语，达福拉语。

低化非圆唇后高元音 /ɯ̞/ 4

越南语，Nunggubuyu 语，阿拉瓦语，普通话。

低化圆唇后高元音 /ω/ 48

爱尔兰语，德语，立陶宛语，库尔德语，印地–乌尔都语，孟加拉语，旁遮普语，僧加罗语，阿塞拜疆语，吉尔吉斯语，蒙古语，克佩勒语，朱拉语，坦普尔马语，阿干语，伊博语，阿沃语，赞德语，马萨依语，卢奥语，塔马语，洛巴拉语，库纳马语，阿拉伯语，希伯来语，索马里语，伊拉库语，豪萨语，蒙达语，越南语，高棉语，马拉努库语，维克–曼堪语，他加禄语，达尼语，库尼迈帕语，海达语，泽套语，皮吉特湾语，卢伊塞诺语，卡罗克语，波莫语，迪埃格诺语，奥布季瓦语，卡亚帕语，凯楚亚语，格鲁吉亚语，布拉灰语。

长低化圆唇后高元音 /ω:/ 1

卡罗克语。

鼻化、低化圆唇后高元音 /ω̃/ 7

爱尔兰语，印地–乌尔都语，孟加拉语，旁遮普语，阿干语，伊博语，缅甸语。

咽化、低化圆唇后高元音 /ωˤ/ 2

埃文基语，哈莫语。

长咽化、低化圆唇后高元音 /ωˤ:/ 1

埃文基语。

非圆唇后中高元音 /ɤ/ 4 257

越南语，霍皮语，阿皮纳耶语，吉利亚克语。

前化非圆唇后中高元音 /ɤ̟/ 1

阿塞拜疆语。

圆唇后中高元音 /o/ 88（-1）

罗马尼亚语，波斯语，孟加拉语，克什米尔语，科米语，芬兰语，匈牙利语，阿塞拜疆语，吉尔吉斯语，哈拉吉语，赫哲语，韩语，卡查语，比萨语，班巴拉语，达语，朱拉语，泰姆奈语，塞纳迪语，坦普尔马语，巴里巴语，埃维语，阿干语，伊博语，加语，莱尔米语，埃菲克语，比鲁姆语，阿莫语，斯瓦希里语，卢瓦尔语，杜约语，格巴亚语，桑海语，马巴语，富尔语，马萨依语，尼昂吉语，伊克语，塞北语，塔马语，泰梅语，塔比语，萨拉语，科马语，哈莫语，塞当语，标准泰语，石家语，爪哇语，马尔加什语，查姆语，马来语，Iai 语，厦门话，塔芒语，缅甸语，拉祜语，阿沃语，加罗语，博罗语，卡伦语，瑶语，赛莱普语，纳西奥尼语，奇佩维安语，米克西语，奥托米语，马萨瓦语，马萨特克语，努特卡语，斯阔米什语，蒂瓦语，塔拉斯科语，达科他语，优奇语，蒂尼卡语，亚拉巴马语，奥凯纳语，阿皮纳耶语，阿穆萨语，坎帕语，瓜拉尼语，西里奥诺语，巴拉萨诺语，泰卢固语，那马语；**罕见** 洛巴拉语。

长圆唇后中高元音 /o:/ 25（-2）

爱尔兰语，布列塔尼语，德语，立陶宛语，印地-乌尔都语，僧加罗语，匈牙利语，韩语，沃洛夫语，达巴尼语，阿拉伯语，伊拉库语，高棉语，Iai 语，加德苏语，纳瓦霍语，卡罗克语，迪埃格诺语，奥季布瓦语，通卡瓦语，威奇托语，泰卢固语，布拉灰语；**罕见** 法语；? **派生** 芬兰语。

超短圆唇后中高元音 /ŏ/ 1

剥隘土语。

鼻化圆唇后中高元音 /õ/ 17（-1）

法语，孟加拉语，克什米尔语，班巴拉语，埃维语，伊博语，赞德语，拉伽语，马萨瓦语，马萨特克语，蒂瓦语，奥凯纳语，阿皮纳耶语，瓜拉尼语，西里奥诺语，巴拉萨诺语；**罕见** 桑海语。

长鼻化圆唇后中高元音 /õ:/ 4

爱尔兰语，印地–乌尔都语，纳瓦霍语，奥季布瓦语。

气声圆唇后中高元音 /o̤/ 1

塔芒语。

喉化圆唇后中高元音 /o̰/ 1

塞当语。

非圆唇后中元音 /"ɤ"/ 6

保加利亚语，巴什基尔语，韩语，摩洛语，宁博朗语，加勒比海岛语。

长非圆唇后中元音 /"ɤ:"/ 2

韩语。

鼻化非圆唇后中元音 /"ɤ̃"/ 2

保加利亚语，加勒比海岛语。

鼻化、前化非圆唇后中元音 /"ɤ̟̃"/ 1

佐基语。

圆唇后中元音 /"o"/ 133（–3）

爱尔兰语，布列塔尼语，俄语，西班牙语，旁遮普语，僧加罗语，阿尔
巴尼亚语，东亚美尼亚语，奥斯恰克语，切列米斯语，拉普语，尤拉克
语，塔维语，土耳其语，巴什基尔语，图瓦语，蒙古语，埃文基语，满
语，摩洛语，卡杜格利语，塔罗克语，特克语，赞德语。卡努里语，卢
奥语，努比亚语，内拉语，莫西语，玉鲁语，伯尔塔语，库纳马语，阿 258
姆哈拉语，希伯来语，索克特里语，新阿拉姆语，图阿雷格语，阿维亚
语，本加语，库洛语，迪兹语，克法语，豪萨语，安加斯语，马尔吉
语，卡纳库鲁语，蒙达语，喀里亚语，卡西语，越南语，马拉克马拉克
语，昆仁语，马布伊格语，水语，龙州土语，巽他语，巴塔克语，查莫
罗语，邹语，阿德泽拉语，罗洛语，卡里阿伊语，毛利语，夏威夷语，
漳州话，赣语，景颇语，安达曼语，瓦什库克语，Iwam 语，亚加里亚语，
科瓦语，丘阿韦语，帕瓦恩语，达尼语，瓦恩托阿特语，达里比语，法

苏语，德拉语，亚雷巴语，科亚里语，陶里皮语，罗托卡特语，南巴坎戈语，特林吉特语，胡帕语，克拉马斯语，麦都语，温图语，琼塔尔语，佐基语，泽套语，凯基语，米斯特克语，查蒂诺语，卢伊塞诺语，雅基语，阿库马维语，雅纳语，韦尤特语，塞内卡语，瓦波语，伊托纳马语，布里布里语，穆拉语，穆依纳内语，阿玛瓦卡语，查科沃语，塔卡纳语，阿什乌莱语，阿比彭语，南部南比夸拉语，阿拉贝拉语，奥卡语，Gununa-Kena 语，瓜希沃语，蒂库纳语，西奥那语，图卡努语，科芬语，科塔语，库卢克语，马来雅拉姆语，尤卡吉尔语，楚科奇语，吉利亚克语，格鲁吉亚语，巴斯克语，布鲁沙斯基语，!Xũ 语；**罕见** 提格雷语；**借用** 楚瓦什语；? **派生** 泰卢固语。

长圆唇后中元音 /"o:"/ 13

挪威语，普什图语，库尔德语，蒙古语，满语，提格雷语，图阿雷格语，豪萨语，恩吉兹语，阿德泽拉语，胡帕语，卡巴尔德语，!Xũ 语。

超短圆唇后中元音 /"ŏ"/ 1

奥斯恰克语。

鼻化圆唇后中元音 /"õ"/ 24

爱尔兰语，旁遮普语，丹语，赞德语，萨拉语，喀里亚语，漳州话，帕瓦恩语，达里比语，法苏语，南巴坎戈语，米斯特克语，查蒂诺语，优奇语，布里布里语，阿玛瓦卡语，南部南比夸拉语，奥卡语，瓜希沃语，蒂库纳语，西奥那语，图卡努语，库卢克语，!Xũ 语。

咽化圆唇后中元音 /"oˤ"/ 3

新阿拉姆语，拉克语，!Xũ 语。

长咽化圆唇后中元音 /"oˤ:"/ 1

!Xũ 语。

喉化圆唇后中元音 /"o̰"/ 1

南部南比夸拉语。

喉化、鼻化圆唇后中元音 /"õ̰"/ 1

南部南比夸拉语。

清圆唇后中元音 /"o̥"/ 1

伊克语。

低化非圆唇后中元音 /ʌ/ 4

切列米斯语，越南语，达夫拉语，阿皮纳耶语。

鼻化、低化非圆唇后中元音 /ʌ̃/ 1

阿皮纳耶语。

低化圆唇后中元音 /ɔ/ 100（−3）

希腊语，德语，立陶宛语，保加利亚语，法语，孟加拉语，雅库特语，
蒙古语，埃文基语，日语，卡查语，克佩勒语，比萨语，班巴拉语，丹
语，沃洛夫语，朱拉语，泰姆奈语，塞纳迪语，坦普尔马语，巴里巴
语，埃维语，阿干语，伊博语，加语，莱尔米语，埃菲克语，比鲁姆
语，阿莫语，比母贝语，祖鲁语，杜约语，格巴亚语，马巴语，富尔
语，马萨依语，尼昂吉语，伊克语，塞北语，塔马语，泰梅语，塔比
语，洛巴拉语，萨拉语，科马语，索马里语，伊拉库语，越南语，塞当
语，高棉语，茂语，布雷拉语，巴尔迪语，维克–曼堪语，标准泰语，
耶语，石家语，剥隘土语，泰雅语，爪哇语，查姆语，塞班语，Iai 语，
台山话，客家话，厦门话，福州话，达夫拉语，缅甸语，拉祜语，迪登 259
钦语，卡伦语，瑶语，安达曼语，阿斯玛特语，森塔尼语，帕瓦恩语，
苏娜语，陶里皮语，纳瓦霍语，内兹佩尔塞语，米克西语，奥托米语，
马萨瓦语，夸扣特尔语，波普阿戈语，波莫语，祖尼语，特拉华语，通
卡瓦语，蒂尼卡语，加勒比语，阿皮纳耶语，瓜希洛语，阿劳堪尼亚
语，凯特语，阿伊努语；**罕见** 迪埃格诺语；**借用** 努特卡语，凯楚亚语。

长圆唇后中低元音 /ɔː/ 9（−1）

蒙古语，埃文基语，沃洛夫语，高棉语，拉伽语，Iai 语，特里福语，特拉华语；**罕见** 迪埃格诺语。

超短低化圆唇后中元音 /ɔ̆/ 2

楚瓦什语，剥隘语。

<u>鼻化圆唇后中低元音</u> /ɔ̃/ 17

保加利亚语，孟加拉语，克佩勒语，班巴拉语，塞纳迪语，巴里巴语，埃维语，伊博语，加语，比母贝语，杜约语，格巴亚语，萨拉语，帕瓦恩语，纳瓦霍语，塞内卡语，瓜希洛语。

<u>长鼻化圆唇后中低元音</u> /ɔ̃ː/ 2

拉伽语，特拉华语。

<u>咽化圆唇后中低元音</u> /ɔˤ/ 1

哈莫语。

<u>长鼻化、咽化圆唇后中低元</u>音 /ɔ̃ˤː/ 1

!Xũ 语。

<u>喉化圆唇后中低元音</u> /ɔ̰/ 1

塞当语。

<u>央化非圆唇后低元音</u> /ɑ̟/ 1

赛莱普语。

<u>央化圆唇后低元音</u> /ɒ̟/ 2

挪威语，吉尔吉斯语。

<u>非圆唇后低元音</u> /ɑ/ 22（−1）

希腊语，挪威语，保加利亚语，波斯语，阿塞拜疆语，楚瓦什语，巴什基尔语，哈拉吉语，图瓦语，蒙古语，丹语，泰姆奈语，哈莫语，高棉语，查莫罗语，毛利语，达夫拉语，南巴坎戈语，蒂瓦语，卡亚帕语，阿什乌莱语；**借用** 印地–乌尔都语。

<u>长非圆唇后低元音</u> /ɑː/ 7

爱尔兰语，挪威语，普什图语，蒙古语，伊拉库语，高棉语，布拉灰语。

<u>鼻化非圆唇后低元音</u> /ɑ̃/ 4（−1）

保加利亚语，南巴坎戈语，蒂瓦语；**借用** 印地–乌尔都语。

<u>长鼻化非圆唇后低元音</u> /ɑ̃ː/ 2

爱尔兰语，布列塔尼语。

圆唇后低元音 /ɒ/ 5

法语，旁遮普语，匈牙利语，卢奥语，威奇托语。

长圆唇后低元音 /ɒ:/ 2

布列塔尼语，威奇托语。

超短圆唇后低元音 /ɒ̆/ 1

奥斯恰克语。

鼻化圆唇后低元音 /ɒ̃/ 3 260

法语，旁遮普语，丹语。

10. 双元音

非圆唇前高到非圆唇前中双元音 /ie/ 3

东亚美尼亚语，埃文基语，拉伽语。

鼻化非圆唇前高到非圆唇前中双元音 /ĩẽ/ 1

拉伽语。

非圆唇前高到非圆唇前低双元音 /ia̟/ 1

埃文基语。

非圆唇前高到非圆唇央低双元音 /ia/ 2

石家语，!Xũ 语。

非圆唇前高到圆唇中后双元音 /io/ 3

库尔德语，阿科马语，!Xũ 语。

长非圆唇前高到圆唇中后双元音 /io:/ 1

埃文基语。

非圆唇前高到圆唇后高双元音 /iu/ 1

阿科马语。

低化非圆唇前高到非圆唇前中双元音 /ɪe/ 1

吉利亚克语。

非圆唇前中到非圆唇前高双元音 /ei/ 6

库尔德语，高棉语，达尼语，南巴坎戈语，阿科马语，!Xũ 语。

鼻化非圆前中唇到非圆唇前高双元音 /ẽĩ/ 2

缅甸语，!Xũ 语。

非圆唇前中到非圆唇央低双元音 /ea/ 1

邹语。

非圆唇前中到圆唇后中双元音 /eo/ 2

邹语，阿科马语。

鼻化非圆唇前中到圆唇后高双元音 /ẽũ/ 1

!Xũ 语。

非圆唇前中到圆唇央高双元音 /eʉ/ 1

邹语。

非圆唇前中低化到非圆唇前高双元音 /ɛi/ 2

达格巴尼语，亚加里亚语。

非圆唇前低到非圆唇前中双元音 /a̟e/ 1

印地–乌尔都语。

鼻化非圆唇前低到低化非圆唇前中低双元音 /ã̟ẽ/ 1

印地–乌尔都语。

261 非圆唇央高到非圆唇前高双元音 /ɨi/ 1

阿科马语。

非圆唇央高到非圆唇央低双元音 /ɨa/ 1

索语。

非圆唇央中到非圆唇央高双元音 /əɨ/ 1

高棉语。

非圆唇央中到非圆唇前高双元音 /əi/ 1

库尔德语。

非圆唇央中到圆唇后高双元音 /əu/ 1

库尔德语。

非圆唇央中低化到非圆唇前高双元音 /ɜi/ 1

安加斯语。

<u>非圆唇央低到非圆唇央高双元音</u> /aɨ/ 1

剥隘土语。

<u>非圆唇央低到非圆唇前高双元音</u> /ai/ 5

库尔德语，达尼语，雅纳语，阿科马语，阿拉贝拉语。

<u>非圆唇央低到非圆唇前中双元音</u> /ae/ 2

亚加里亚语，!Xũ 语。

<u>咽化非圆唇央低到非圆唇前中双元音</u> /aeˤ/ 1

!Xũ 语。

<u>鼻化、咽化非圆唇央低到非圆唇前中双元音</u> /ãẽˤ/ 1

!Xũ 语。

<u>非圆唇央低到圆唇后中双元音</u> /ao/ 2

亚加里亚语，!Xũ 语。

<u>咽化非圆唇央低到圆唇后中双元音</u> /aoˤ/ 1

!Xũ 语。

<u>鼻化、咽化非圆唇央低到圆唇后中双元音</u> /ãõˤ/ 1

!Xũ 语。

<u>非圆唇央低到圆唇后高双元音</u> /au/ 5

库尔德语，达尼语，雅纳语，阿科马语，阿拉贝拉语。

<u>非圆唇央低到非圆唇后高双元音</u> /aɯ/ 2

龙州土话，加勒比海岛语。

<u>圆唇后高到圆唇后中高双元音</u> /uo/ 1

拉伽语。

<u>圆唇后高到非圆唇央低双元音</u> /ua/ 1

石家语。

<u>圆唇后高到非圆唇前高双元音</u> /ui/ 4

库尔德语，雅纳语，阿科马语，!Xũ 语。

<u>鼻化圆唇后高到非圆唇前高双元音</u> /ũĩ/ 1

!Xũ 语。

圆唇后中到圆唇后高双元音 /ou/ 4

高棉语，亚加里亚语，达尼语，霍皮语。

鼻化圆唇后中到圆唇后高双元音 /õũ/ 1

缅甸语。

圆唇后中到非圆唇央低双元音 /oa/ 1

!Xũ 语。

鼻化圆唇后中到非圆唇央低双元音 /õã/ 1

!Xũ 语。

咽化圆唇后中到非圆唇央低双元音 /oaˤ/ 1

!Xũ 语。

鼻化、咽化圆唇后中到非圆唇央低双元音 /õãˤ/ 1

!Xũ 语。

圆唇后中到非圆唇前中双元音 /oe/ 1

!Xũ 语。

圆唇后中到非圆唇前高双元音 /oi/ 1

库尔德语，达尼语，!Xũ 语。

鼻化圆唇后中到非圆唇前高双元音 /õĩ/ 1

!Xũ 语。

咽化圆唇后中到非圆唇前高双元音 /oiˤ/ 1

!Xũ 语。

鼻化、咽化圆唇后中到非圆唇前高双元音 /õĩˤ/ 1

!Xũ 语。

圆唇后中低化到高化圆唇后中双元音 /ɔo/ 1

印地–乌尔都语。

鼻化、低化圆唇后中到高化圆唇后中双元音 /ɔ̃õ/ 1

印地–乌尔都语。

圆唇后中低化到圆唇后高双元音 /ɔu/ 1

达格巴尼语。

音位图表

Language Greek (000)	bilabial	labio-dental	dental	dental/alveolar	alveolar	palatal	velar
voiceless plosive	p			"t̪"			k
voiced plosive	b			"d"			g
vl. sibilant affricate					ts		
vd. sibilant affricate					dz		
vl. nonsibilant fricative		f	θ				x
vd. nonsibilant fricative		v	ð				ɣ
vl. sibilant fricative					s		
vd. sibilant fricative					z		
voiced nasal	m			"n"			
voiced flap				"ɾ"			
vd. lateral approximant				"l"			
vd. central approximant						j	

Vowels

high	i			u
lower mid		ɛ	ɔ	
low			ɑ	

Language Irish (001)	bilabial palatalized	bilabial labialized and velarized	dental	dental velarized	dental/alveolar	dental/alv. palatalized	dental/alv. velarized	alveolar	alveolar palatalized	alveolar velarized	palato-alveolar	palatal	palatal palatalized	velar	velar palatalized	variable place	labial-velar
vl. asp. plosive	pʲʰ	pʷʰ	t̪ʰ[2]		"t̪ʰ"									kʰ	kʲʰ		
voiced plosive	bʲ	bʷ	d̪		"d"									g	gʲ		
vl. sib. affric.											tʃ						
vd. sib. affric.											dʒ						
vl. nonsib fric.	ɸʲ	ɸʷ										ç		x		h	
vd. nonsib fric.	βʲ													ɣ			
vl. sib. fric.			s̪								ʃ						
voiced nasal	mʲ	mʷ	n̪			"nʲ"	"n"					ɲ		ŋ	ŋʲ		
vl. nasal						"n̥ʲ"[4]	"n̥"[4]										
voiced flap								ɾ	ɾʲ								
voiceless flap									ɾ̥ʲ[4]	ɾ̥[4]							
vd. lat. approx.				ɫ					lʲ	l			ʎʲ				
vl. lat. approx.									l̥ʲ[4]	l̥[4]							
vd. cent. approx.												j					

Vowels

	short		long	
high	ɩ	ʊ	iː	uː
higher mid			eː	oː
mid	"e"	"o"		
low	a		ɑː	

	short nasalized		long nasalized	
high	ɩ̃	ʊ̃	ĩː	ũː
higher mid			ẽː	õː
mid	"ẽ"	"õ"		
low	ã		ɑ̃ː	

Language

Norwegian (006)	bilabial	labio-dental	dental	dental/alveolar	alveolar	palato-alveolar	retroflex	palatal	velar	variable place
vl. aspirated plosive	pʰ		t̪ʰ				ʈʰ		kʰ	
voiced plosive	b		d̪				ɖ		g	
vl. nonsibilant fricative		f						ç		h
vl. sibilant fricative				"s"		ʃ				
voiced nasal	m		n̪				ɳ		ŋ	
voiced flap				"ɾ"						
vd. lateral approximant					l		ɭ			
vd. central approximant		ʋ						j		

Vowels

	long			short		
high	i:, y:	ʉ:	u:	ɩ, Y	ʉ	u
higher mid	e:, ø:					
mid	"o:"			"e"	"ə"	
lower mid	æ:			œ æ	ɒ̝	
low	ɑ:				ɑ	

Language

Lithuanian (007)	bilabial	bilabial palatalized	labio-dental	labio-dental palatalized	dental	dental/alveolar	dental/alv. palatalized	alveolar	alveolar palatalized	palato-alveolar	palato-alv. palatalized	palatal	velar	velar palatalized
voiceless plosive	p	pʲ				"t"	"tʲ"						k	kʲ
voiced plosive	b	bʲ				"d"	"dʲ"						g	gʲ
vl. sibilant affricate						"ts"	"tsʲ"			tʃ				
vd. sibilant affricate						"dz"				dʒ				
vl. nonsib. fricative													x²	
vd. nonsib. fricative			v	vʲ										
vl. sibilant fricative						"s"	"sʲ"			ʃ	ʃʲ			
vd. sibilant fricative						"z"				ʒ	ʒʲ²			
voiced nasal	m	mʲ				"n"						ɲ		
voiced trill								r	rʲ					
vd. lat. approximant					ɫ				lʲ					
vd. cent. approximant												j		

Vowels

	long		short	
high	i:	u:	ɩ	o
higher mid	e:	o:		
lower mid				ɔ
low	æ: a:		æ a	

Language	bilabial	labio-dental	dental/alveolar	alveolar	palato-alveolar	palatal	velar	labial-palatal	labial-velar	labial-velar nasalized
Breton (002)										
vl. aspirated plosive	pʰ		"t̪ʰ"			cʰ	kʰ			
voiced plosive	b		"d̪"			ɟ	g			
vl. nonsibilant fricative		f					x			
vd. nonsibilant fricative		v								
vl. sibilant fricative			"s"		ʃ					
vd. sibilant fricative			"z"		ʒ					
voiced nasal	m		"n"			ɲ	ŋ			
voiced trill				r						
vd. lateral approximant				l						
vd. central approximant						j		ɥ	w	w̃

Vowels

	short					long		
high	y	ɩ			u	y:	ɩ:	u:
higher mid		ø				ø:		o:
mid		"e"	"ə"	"o"				
lower mid						ɛ:		
low		a̟						ɒ:

	long nasalized	
high		
higher mid		
mid		
lower mid	ɛ̃:	
low		ɑ̃:

Language	bilabial	labio-dental	dental/alveolar	alveolar	palato-alveolar	palatal	velar	uvular	variable place
German (004)									
vl. aspirated plosive	pʰ		"tʰ"				kʰ		
voiced plosive	b		"d"				g		
vl. sibilant affricate			"ts"						
vl. nonsibilant affricate		pf							
vl. nonsibilant fricative		f					x		h
vd. nonsibilant fricative		v							
vl. sibilant fricative				s	ʃ				
vd. sibilant fricative				z	ʒ[2]				
voiced nasal	m		"n"				ŋ		
voiced trill								ʀ	
vd. lateral approximant				l					
vd. central approximant						j			

Vowels

	long		short		
high	i:, y:	u:	ɩ, Y		ʊ
higher mid	e:, ø:	o:			
mid			"ə"		
lower mid	ɛ:		ɛ,œ	ɔ	
low	a:		ɐ		

Language	bilabial	bilabial palatalized	labio-dental	labio-dental palatalized	dental	dental palatalized	dental velarized	dental/alveolar	palato-alveolar	palato-alv. velarized	palatal	velar	velar palatalized
Russian (008)													
voiceless plosive	p	pʲ			t̪	t̪ʲ						k	kʲ
voiced plosive	b	bʲ			d̪	d̪ʲ						g	
vl. sib. affricate								"ts"	tʃ				
vl. nonsib. fricative			f	fʲ								x	
vd. nonsib. fricative			v	vʲ									
vl. sib. fricative					s̪	s̪ʲ				ʃˠ			
vd. sib. fricative					z̪	z̪ʲ				ʒˠ			
voiced nasal	m	mʲ			n̪	n̪ʲ							
voiced trill					r̪	r̪ʲ							
vd. lateral approximant						l̪ʲ	ɫ̪						
vd. central approximant											j		

Vowels

high	i		u
mid			"o"
lower mid		ɛ	
low		a̟	

Language	bilabial	bilabial palatalized	labio-dental	labio-dental palatalized	dental/alveolar	dental/alv. palatalized	dental/alv. velarized	palato-alveolar	palatal	velar	velar palatalized
Bulgarian (009)											
vl. aspirated plosive	pʰ	pʲʰ			"tʰ"	"tʲʰ"				kʰ	kʲʰ
voiced plosive	b	bʲ			"d"	"dʲ"				g	gʲ
vl. sibilant affricate					"ts"	"tsʲ"		tʃ			
vd. sibilant affricate								dʒ			
vl. nonsibilant fricative			f	fʲ						x	
vd. nonsibilant fricative			v	vʲ							
vl. sibilant fricative					"s"	"sʲ"		ʃ			
vd. sibilant fricative					"z"	"zʲ"		ʒ			
voiced nasal	m	m			"n"	"nʲ"					
voiced trill					"r"	"rʲ"					
vd. lateral approximant						"lʲ"	"ɫ"				
vd. central approximant									j		

Vowels

	oral				nasalized			
high	i			u	ĩ			ũ
mid			"ɤ"				"ɤ̃"	
lower mid		ɛ	ɔ			ɛ̃	ɔ̃	
low			ɑ				ɑ̃	

Language	bilabial	labio-dental	dental	palato-alveolar	palatal	velar	uvular	labial-palatal	labial-velar
French (010)									
voiceless plosive	p		t̪			k			
voiced plosive	b		d̪			g			
vl. nonsibilant fricative		f							
vd. nonsibilant fricative		v							
vl. sibilant fricative			s̪	ʃ					
vd. sibilant fricative			z̪	ʒ					
voiced nasal	m		n̪		ɲ	ŋ			
voiced trill							ʀ		
vd. lateral approximant			l̪						
vd. central approximant					j			ɥ	w

Vowels

	short oral				long	
high	i, y			u		
higher mid	e, ø					o:
lower mid	ɛ, œ		ɔ		ɛ:	
low		a	ɒ			

	short nasalized		
higher mid			õ
lower mid	œ̃		
low	æ̃	ɒ̃	

Language	bilabial	labio-dental	dental	alveolar	palato-alveolar	palatal	velar	labial-velar
Spanish (011)								
voiceless plosive	p		t̪				k	
vl. sibilant affricate					tʃ			
vl. nonsibilant fricative		f	θ				x	
vd. nonsibilant fricative	β		ð				ɣ	
vl. sibilant fricative			s̪					
voiced nasal	m		n̪			ɲ		
voiced trill				r				
voiced tap				D				
vd. lateral approximant			l̪			ʎ		
vd. central approximant						j		w

Vowels

high	i		u
mid	"e"		"o"
low		a	

Language Romanian (012)	bilabial	labio-dental	dental/alveolar	alveolar	palato-alveolar	palatal	velar	variable place	labial-velar
voiceless plosive	p		"t"				k		
voiced plosive	b		"d"				g		
vl. sibilant affricate			"ts"		tʃ				
vd. sibilant affricate					dʒ				
vl. nonsibilant fricative		f						h	
vd. nonsibilant fricative		v							
vl. sibilant fricative			"s"		ʃ				
vd. sibilant fricative			"z"		ʒ				
voiced nasal	m		"n"						
voiced flap				ɾ					
vd. lateral approximant				l					
vd. central approximant						j			w

Vowels

high	i					u
higher mid		e			o	
mid			"ə"			
low			a			

Language Farsi (013)	bilabial	labio-dental	dental	dental/alveolar	palato-alveolar	palatal	velar	uvular	glottal	variable place	labial-velar
voiceless plosive									ʔ		
vl. aspirated plosive	pʰ		t̪ʰ				kʰ				
voiced plosive	b		d̪				g	ɢ			
vl. sibilant affricate					tʃ						
vd. sibilant affricate					dʒ						
vl. nonsibilant fricative		f						χ		h	
vd. nonsibilant fricative		v									
vl. sibilant fricative				"s"	ʃ						
vd. sibilant fricative				"z"	ʒ						
voiced nasal	m		n̪								
voiced trill				"r"							
vd. lateral approximant				"l"							
vd. central approximant						j					w

Vowels

high	i			u
higher mid		e	o	
low		a̟	ɑ	

Language										
Pashto (014)	bilabial	labio-dental	dental/alveolar	palato-alveolar	retroflex	palatal	velar	uvular	variable place	labial-velar
voiceless plosive	p		"t"		ṭ		k			
voiced plosive	b		"d"		ḍ		g			
vl. sibilant affricate			"ts"	tʃ						
vd. sibilant affricate			"dz"	dʒ						
vl. nonsibilant fricative		f						χ	h	
vd. nonsibilant fricative	β							ʁ		
vl. sibilant fricative			"s"	ʃ	ṣ					
vd. sibilant fricative			"z"	ʒ	ẓ					
voiced nasal	m		"n"		ṇ					
voiced trill			"r"		ṛ					
voiced lateral fricative				l̠ʒ						
vd. central approximant						j				w

Vowels

	short		long	
high	i	u		
mid	"ə"		"e:"	"o:"
low	a			

Language												
Kurdish (015)	bilabial	labio-dental	dental	dental/alveolar	alveolar pharyngealized	palato-alveolar	palatal	velar	uvular	pharyngeal	glottal	labial-velar
voiceless plosive	p		t̪					k	q		ʔ	
voiced plosive	b		d̪					g				
vl. sibilant affricate						tʃ						
vd. sibilant affricate						dʒ						
vl. nonsibilant fricative		f						x		ħ		
vd. nonsibilant fricative		v						ɣ		ʕ		
vl. sibilant fricative			s̪		sˤ	ʃ						
vd. sibilant fricative			z̪			ʒ						
voiced nasal	m		n̪					ŋ				
voiced trill				"r"								
voiced flap				"ɾ"								
vd. lateral approximant				"l"	lˤ							
vd. central approximant							j					w

Vowels

	short			long		Diphthongs
high	ɩ	ɨ	o	i:	u:	ei
mid		"ə"		"e:"	"o:"	əi
low				a:		ai
						oi
						ui
						eu
						əu
						au

Language Hindi-Urdu (016)	bilabial	labio-dental	dental	dental/alveolar	palato-alveolar	retroflex	palatal	velar	uvular	glottal	variable place
voiceless plosive	p		t̪			ʈ		k	q²	ʔ²	
vl. aspirated plosive	pʰ		t̪ʰ			ʈʰ		kʰ			
voiced plosive	b		d̪			ɖ		g			
breathy vd. plosive	b̤		d̪̤			ɖ̤		g̤			
vl. sibilant affricate					tʃ						
vl. asp. sib. affricate					tʃʰ						
vd. sibilant affricate					dʒ						
breathy vd. sib. affricate					d̤ʒ						
vl. nonsib. fricative		f²							χ²		
vd. nonsib. fricative									ʁ²		ɦ
vl. sibilant fricative				"s"	ʃ²						
vd. sibilant fricative				"z"²	ʒ²						
voiced nasal	m		n̪								
breathy vd. nasal	m̤		n̪̤								
voiced trill				"r"							
voiced flap					ɽ²						
vd. lateral approximant				"l"							
breathy vd. lat. approximant				"l̤"							
vd. central approximant	β						j				

Vowels

	long oral				short oral			Diphthongs
high	i:			u:	ι	ɨ	ɷ	ɨə
higher mid		e:	o:					ɔo
lower mid						ɜ		ɨ̃ə̃
low		a:					ɑ	ɔ̃õ

	long nasalized				short nasalized			
high	ĩ:			ũ:	ι̃		ɷ̃	
higher mid		e:	o:					
lower mid						ɜ̃		
low		a:				ɑ̃		

Language Bengali (017)	bilabial	dental/alveolar	alveolar	palato-alveolar	retroflex	palatal	velar	variable place	labial-velar
voiceless plosive	p	"t"			ʈ		k		
vl. aspirated plosive	pʰ	"tʰ"			ʈʰ		kʰ		
voiced plosive	b	"d"			ɖ		g		
breathy voiced plosive	b̤	"d̤"			ɖ̤		g̤		
vl. sibilant affricate				tʃ					
vl. asp. sib. affricate				tʃʰ					
vd. sibilant affricate				dʒ					
breathy vd. sib. affricate				d̤ʒ					
vl. nonsibilant fricative						ç		h	
vl. sibilant fricative		"s"²							
voiced nasal	m	"n"					ŋ		
voiced flap			ɾ		ɽ				
vd. lateral approximant		"l"							
vd. central approximant						j			w
vd. mid central approximant						e̯			o̯

Vowels

	oral				nasalized			
high	ι			ɷ	ι̃			ɷ̃
higher mid			o				õ	
mid	"e"				"ẽ"			
lower mid		ɔ				ɔ̃		
low	æ a				æ̃ ã			

Language Kashmiri (018)	bilabial	dental	dental/alveolar	alveolar	palato-alv. palatalized	retroflex	palatal	velar	variable place	labial-velar
voiceless plosive	p	t̪				ṭ		k		
vl. aspirated plosive	pʰ	t̪ʰ				ṭʰ		kʰ		
voiced plosive	b	d̪				ḍ		g		
vl. sibilant affricate				ts	tʃʲ					
vl. asp. sib. affricate				tsʰ	tʃʰ					
vd. sibilant affricate				dz	dʒʲ					
vd. nonsibilant fricative									ɦ	
vl. sibilant fricative			"s"		ʃʲ					
voiced nasal	m			n						
voiced trill				r						
vd. lateral approximant				l						
vd. central approximant							j			w

Vowels

	short oral			short nasalized		
high	i	ɨ	u	ĩ	ɨ̃	ũ
higher mid	e		o	ẽ		õ
mid		"ə"			"ə̃"	
low		a			ã	

	overshort oral	overshort nasalized
high	ɨ̆	ɨ̆̃

Language Punjabi (019)	bilabial	labio-dental	dental	dental/alveolar	palato-alveolar	retroflex	palatal	velar	variable place	labial-velar
voiceless plosive	p			"t"		ṭ		k		
long voiceless plosive	p:			"t:"		ṭ:		k:		
vl. aspirated plosive	pʰ			"tʰ"		ṭʰ		kʰ		
long vl. asp. plosive	pʰ:			"tʰ:"		ṭʰ:		kʰ:		
voiced plosive	b			"d"		ḍ		g		
long voiced plosive	b:			"d:"		ḍ:		g:		
vl. sibilant affricate					tʃ					
long vl. sib. affricate					tʃ:					
vl. asp. sib. affricate					tʃʰ					
long vl. asp. sib. aff.					tʃʰ:					
vd. sibilant affricate					dʒ					
long vd. sib. affricate					dʒ:					
vl. nonsibilant fricative		f[2]								
vd. nonsibilant fricative									ɦ	
vl. sibilant fricative			s̪			ṣ				
long vl. sib. fricative			s̪:							
vd. sibilant fricative			z̪[2]							
voiced nasal	m		n̪			ṇ	ɲ	ŋ		
long vd. nasal	m:		n̪:							
voiced trill				"r"						
voiced flap						ɽ				
vd. lateral approximant			l̪			ḷ				
long vd. lat. approximant			l̪:							
vd. central approximant							j			w

Vowels

	oral	nasalized
high	i ɪ ʊ u	ĩ ɪ̃ ʊ̃ ũ
mid	"e""ə""o"	"ẽ""ə̃""õ"
low	æ a ɒ	æ̃ ã ɒ̃

Language	bilabial	dental	dental/alveolar	alveolar	palato-alveolar	retroflex	palatal	velar	variable place
Sinhalese (020)									
voiceless plosive	p	t̪				ʈ		k	
voiced plosive	b	d̪				ɖ		g	
vl. nonsibilant affricate							cç		
vd. nonsibilant affricate							ɟʝ		
vl. nonsibilant fricative	ɸ[2]								
vd. nonsibilant fricative									ɦ
vl. sibilant fricative		s̪			ʃ[2]				
voiced nasal	m		"n"				ɲ[2]	ŋ[4]	
voiced flap				ɾ					
vd. lateral approximant				l					
vd. central approximant	β̞						j		

Vowels

	short			long		
high	ɩ		o	i:		u:
higher mid				e:		o:
mid	"e"	"ə"[4]	"o"		"ə:"[2]	
low	ạ̈	a		æ:	a:	

Language	bilabial	labio-dental	dental	dental/alveolar	alveolar	alveolar velarized	palato-alveolar	palatal	velar	variable place
Albanian (021)										
voiceless plosive	p		t̪						k	
voiced plosive	b		d̪						g	
vl. sibilant affricate				"ts"			tʃ			
vd. sibilant affricate				"dz"			dʒ			
vl. nonsibilant affricate								cç		
vd. nonsibilant affricate								ɟʝ		
vl. nonsibilant fricative		f	θ							h
vd. nonsibilant fricative		v	ð							
vl. sibilant fricative			s̪				ʃ			
vd. sibilant fricative			z̪				ʒ			
voiced nasal	m				n		n̠			
voiced trill				"r"						
vd. lateral approximant					l	ɫ				
vd. central approximant								j		

Vowels

high	i, y		u
mid	"e"	"ə"	"o"
low		a	

Language	bilabial	labio-dental	dental/alveolar	palato-alveolar	retroflex	palatal	velar	uvular	variable place
Armenian, Eastern (022)									
voiceless plosive	p		"t"				k		
vl. aspirated plosive	pʰ		"tʰ"				kʰ		
vl. ejective stop	p'		"t'"				k'		
vl. sibilant affricate			"ts"	tʃ					
vl. asp. sib. affricate			"tsʰ"	tʃʰ					
vl. eject. sib. affricate			"ts'"	tʃ'					
vl. nonsibilant fricative		f[2]						χ	h
vd. nonsibilant fricative		v			ɹ̣̌				
vl. sibilant fricative			"s"	ʃ					
vd. sibilant fricative			"z"	ʒ					
voiced nasal	m		"n"						
voiced trill			"r"						
vd. lateral approximant			"l"						
vd. central approximant						j		ʁ̭	

Vowels

high	i		u
mid		"e"	"o"
low		a	

Diphthongs

ie

Language	bilabial	dental/alveolar	palato-alveolar	retroflex	palatal	velar	labial-velar
Ostyak (050)							
voiceless plosive	p	"t"			c	k	
vl. sibilant affricate				ṭṣ			
vd. nonsibilant fricative						ɣ	
vl. sibilant fricative		"s"	ʃ[2]				
voiced nasal	m	"n"		ṇ	ɲ	ŋ	
voiced trill		"r"					
vd. lateral approximant		"l"		ḷ	ʎ		
vd. central approximant					j		w

Vowels

	short	overshort
high	i u, ɯ	
mid	"e" "ə" "o"	"ĕ" "ə̆" "ŏ"
low	æ a	ɒ̆

Language

Cheremis (051)

	bilabial	bilabial palatalized	labio-dental	dental	dental/alveolar	dental/alv. palatalized	palato-alveolar	palatal	velar
voiceless plosive	p	pʲ[2]			"t"	"tʲ"[2]			k
vl. sibilant affricate					"ts"[2]		tʃ		
vl. nonsibilant fricative			f[2]						
vd. nonsibilant fricative	β			ð					
vl. sibilant fricative					"s"		ʃ		x[2]
vd. sibilant fricative					"z"		ʒ		ɣ
voiced nasal	m				"n"			ɲ	ŋ
voiced flap					"ɾ"				
vd. lateral approximant					"l"			ʎ	
vd. central approximant								j	

Vowels

high	i, y			u
higher mid		ø		
mid			"ə"	"o"
lower mid		ε	ʌ	

Language

Komi (052)

	bilabial	labio-dental	dental/alveolar	alveolar	palato-alveolar	palatal	velar
voiceless plosive	p			t		c	k
voiced plosive	b			d		ɟ	g
vl. sibilant affric.			"ts"[2]		tʃ		
vd. sibilant affric.					dʒ		
vl. nonsibilant affric.						cç	
vd. nonsibilant affric.						ɟʝ	
vl. nonsibilant fric.		f[2]				ç	x[2]
vd. nonsibilant fric.		v				ʝ	
vl. sibilant fric.				s	ʃ		
vd. sibilant fric.				z	ʒ		
voiced nasal	m			n		ɲ	
voiced trill			"r"				
vd. lateral approx.				l		ʎ	
vd. central approx.						j	

Vowels

high	i				u
higher mid				o	
mid		"e"	"ə"		
low			a		

Language									
Finnish (053)	bilabial	labio-dental	dental	dental/alveolar	alveolar	palato-alveolar	palatal	velar	variable place
voiceless plosive	p		t̪					k	
long voiceless plos.	p:		t̪:					k:	
voiced plosive	b[2]		d̪[4]					g[2]	
vl. nonsibilant fric.		f[2]							h
vd. nonsibilant fric.		v							
vl. sibilant fric.					s	ʃ[2]			
long vl. sib. fric.					s:				
voiced nasal	m		n̪						
long voiced nasal	m:		n̪:					ŋ:[4]	
voiced trill				"r"					
long voiced trill				"r:"					
vd. lateral approx.			l̪						
long vd. lat. approx.			l̪:						
vd. central approx.							j		

Vowels

	short		long	
high	i, y	u	i:, y:	u:
higher mid	ø	o	e:[4], ø:	o:[4]
lower mid	ε			
low	æ a		æ: a:	

Language									
Hungarian (054)	bilabial	labio-dental	dental	dental/alveolar	palato-alveolar	palatal	velar	variable place	labial-velar
voiceless plosive	p		t̪				k		
voiced plosive	b		d̪				g		
vl. sibilant affric.			t̪s̪		tʃ				
vd. sibilant fric.			d̪z̪		dʒ[2]				
vl. nonsibilant affric.						cç			
vd. nonsibilant affric.						ɟʝ			
vl. nonsibilant fric.		f						h	
vd. nonsibilant fric.		v							
vl. sibilant fric.			s̪		ʃ				
vd. sibilant fric.			z̪		ʒ				
voiced nasal	m		n̪			ɲ			
voiced trill			r̪						
vd. lateral approx.				"l"					
vd. central approx.						j			w

Vowels

	long		short	
high	i:, y:	u:	i[1], y[1]	u
higher mid	e:, ø:	o:	ø	o
lower mid			ε	
low		a:	æ[1] ɒ	

Language	bilabial	labio-dental	dental/alveolar	palato-alveolar	palatal	velar	variable place
Lappish (055)							
voiceless plosive	p		"t"			k	
voiced plosive	b		"d"			g	
vl. sibilant affricate			"ts"	tʃ			
vl. nonsibilant fricative		f	"s"	ʃ			h
voiced nasal	m		"n"		ɲ	ŋ	
voiced trill			"r"				
vd. lateral approximant			"l"				
vd. central approximant	β̞				j		

Vowels

high	i	ɨ	u
mid	"e"		"o"
low		a	

Language	bilabial	bilabial palatalized	dental	dental palatalized	dental/alveolar	dental/alv. palatalized	palatal	velar	glottal	labial-velar
Yurak (056)										
voiceless plosive	p	p^j			"t"	t^j		k	ʔ	
voiced plosive	b	b^j								
vl. sibilant affricate					"ts"	ts^j				
vl. nonsibilant fricative								x		
vd. nonsibilant fricative			ð	$ð^j$						
vl. sibilant fricative					"s"	s^j				
voiced nasal	m	m^j			"n"	n^j		ŋ		
voiced trill					"r"	r^j				
vd. lateral approximant					"l"	l^j				
vd. central approximant							j			

Vowels

	short			overshort		
high	i		u	ĭ		ŭ
mid	"e"		"o"			
low		a			ă	

Language

Tavgy (057)	bilabial	dental	dental/alveolar	palatal	velar	glottal
voiceless plosive	p		"t"	c	k	ʔ
voiced plosive	b		"d"	ɟ	g	
vl. nonsibilant affricate					kx	
vd. nonsibilant fricative		ð				
vl. sibilant fricative			"s"			
voiced nasal	m		"n"	ɲ	ŋ	
voiced trill			"r"			
vd. lateral approximant			"l"	ʎ		
vd. central approximant				j		

Vowels

high i, y ɨ u

mid "e" "ə" "o"

low a

Language

Osmanli (058)	bilabial	labio-dental	dental	dental/alveolar	alveolar	palato-alveolar	palatal	velar	glottal	variable place
voiceless plosive									ʔ[2]	
vl. aspirated plos.	pʰ		t̪ʰ				cʰ[2]	kʰ		
voiced plosive	b		d̪				ɟ[2]	g		
vl. sibilant affric.						tʃ				
vd. sibilant affric.						dʒ				
vl. nonsibilant fric.		f								h
vd. nonsibilant fric.		v						ɣ[2]		
vl. sibilant fric.					s	ʃ				
vd. sibilant fric.					z	ʒ				
voiced nasal	m			"n"						
voiced flap					ɾ					
vd. lateral approx.				"l"			ʎ[2]			
vd. central approx.							j			

Vowels

high i, y u, ɯ

mid "o"

lower mid ɛ, œ

low a

Language Azerbaijani (059)	bilabial	labio-dental	dental	dental/alveolar	alveolar	palato-alveolar	palatal	velar	variable place
voiceless plosive	p		t̪				c	k[2]	
vl. aspirated plos.	pʰ		t̪ʰ				cʰ	kʰ	
vl. sibilant affric.						tʃ			
vd. sibilant affric.						dʒ			
vl. nonsibilant fric.		f						x	h
vd. nonsibilant fric.		v			ɹ̝			ɣ	
vl. sibilant fric.					s	ʃ			
vd. sibilant fric.					z	ʒ			
voiced nasal	m			"n"					
vd. lateral approx.				"l"					
vd. central approx.							j		

Vowels

high	ι, Y						ɷ
higher mid		ø				ɤ̟, o	
lower mid			ε				
low				a̟	ɑ		

Language Chuvash (060)	bilabial	labio-dental	dental/alveolar	dental/alv. palatalized	palato-alveolar	palatal	velar	labial-velar
voiceless plosive	p		"t"	"tʲ"			k	
voiced plosive	b[2]		"d"[2]				g[2]	
vl. sibilant affricate			"ts"[2]		tʃ			
vl. nonsibilant fricative		f[2]				ç[5]	x	
vl. sibilant fricative			"s"		ʃ			
vd. sibilant fricative			"z"[2]		ʒ[2]			
voiced nasal	m		"n"	"nʲ"				
long voiced nasal	m:		"n:"					
voiced trill			"r"					
long voiced trill			"r:"					
vd. lateral approximant			"l"	"lʲ"				
long vd. lat. approximant			"l:"					
vd. central approximant						j		w
long vd. cent. approximant						j:		w:

Vowels

high	i, y					u, ɯ
higher mid		ø				
mid			"e"		"o"[2]	
lower mid				ɔ		
low				ɑ		

Language	bilabial	labio-dental	dental	dental/alveolar	dental/alv. velar	palato-alveolar	palatal	palatal nasalized	velar
Yakut (061)									
voiceless plosive	p[2]			"t"					k
long voiceless plosive	p:			"t:"					k:
voiced plosive	b			"d"					g
vl. sibilant affric.						tʃ			
long vl. sib. affric.						tʃ:			
vd. sibilant affric.						dʒ			
long vd. sib. affric.						dʒ:			
vl. nonsibilant fric.		f[2]							
vd. nonsibilant fric.		v[2]							
vl. sibilant fric.			s̪			ʃ[2]			
long vl. sib. fric.			s̪:						
vd. sibilant fric.			z̪[2]			ʒ[2]			
voiced nasal	m		n̪				ɲ		ŋ
long voiced nasal	m:		n̪:				ɲ:		ŋ:
voiced trill				"r"					
vd. lateral approx.					"ɫ"				
long vd. lat. approx.					"ɫ:"				
vd. central approx,							j	j̃	

Vowels

high	ɪ, y				u, ɯ
lower mid		ε, œ		ɔ	
low			a		

Language	bilabial	labio-dental	dental/alveolar	palato-alveolar	palatal	velar	uvular
Kirghiz (062)							
voiceless plosive	p		"t"				q
vl. aspirated plosive	pʰ		"tʰ"				qʰ
vl. sibilant affricate			"ts"	tʃ			
vl. nonsibilant fricative		f					
vd. nonsibilant fricative	β						
vl. sibilant fricative			"s"	ʃ		x	
vd. sibilant fricative			"z"				
voiced nasal	m		"n"			ŋ	
voiced trill			"r"				
vd. lateral approximant			"l"				
vd. central approximant					j		

Vowels

high	yι			ɨ		o
higher mid		ø				
lower mid			ε		ɔ	
low				a ɐ̶		

Language	bilabial	labio-dental	dental	alveolar	palato-alveolar	palatal	velar	glottal	variable place	labial-velar
Bashkir (063)										
voiceless plosive	p			t			k	ʔ[2]		
voiced plosive	b			d			g			
vl. sibilant affricate				ts[2]	tʃ[2]					
vl. nonsibilant fricative		f[2]	θ				x		h	
vd. nonsibilant fricative		v[2]								
vl. sibilant fricative				s	ʃ					
vd. sibilant fricative				z[2]	ʒ[2]					
voiced nasal	m			n			ŋ			
voiced trill				r						
vd. lateral approximant				l						
vd. central approximant						j				w

Vowels

high	i, y			u
higher mid	ø			
mid		"ə""o""ɤ"		
low		æ	ɑ	

Language	bilabial	labio-dental	dental	dental/alveolar	palato-alveolar	palatal	velar	variable place
Khalaj (064)								
voiceless plosive	p		t̪				k	
voiced plosive	b		d̪				g	
vl. sibilant affric.					tʃ			
vd. sibilant affric.					dʒ[2]			
vl. nonsibilant fric.		f[2]					x[2]	h
vd. nonsibilant fric.		v[2]				ʝ		
vl. sibilant fric.				"s"	ʃ			
vd. sibilant fric.				"z"	ʒ			
voiced nasal	m		n̪					
voiced tap				"ɾ"				
vd. lateral approx.				"l"				

Vowels

high	i, y			u
higher mid		ø	o	
low		a	ɑ	

Language						
Tuva (065)	bilabial	labio-dental	dental	palato-alveolar	palatal	velar
voiceless plosive	p		t̪			k
voiced plosive	b		d̪			g
vl. sibilant affric.			t̪s̪	tʃ		
vl. nonsibilant fric.		f				
vd. nonsibilant fric.		v				γ^5
vl. sibilant fric.			s̪	ʃ		
vd. sibilant fric.			z̪	ʒ		
voiced nasal	m		n̪			ŋ
voiced trill			r̪			
vd. lateral approx.			l̪			
vd. central approx.					j	

Vowels

high	i, y		ɨ	u
higher mid		ø		
mid		"e" "o"		
low			ɑ	

Language					
Mongolian (066)	bilabial	dental/alveolar	palato-alveolar	palatal	velar
vl. aspirated plosive	p^{h2}	"tʰ"			k^{h2}
voiced plosive	b	"d"			g
vl. sibilant affricate		"ts"	tʃ		
vd. sibilant affricate		"dz"	dʒ		
vl. nonsibilant fricative	Φ^2				x
vd. nonsibilant fricative	β^2				
vl. sibilant fricative		"s"	ʃ		
voiced nasal	m	"n"			
voiced trill		"r"			
vd. lateral approximant		"l"			
vl. lateral approximant		"l̥"			
vd. central approximant				j	

Vowels

	short				long
high	ɪ	ʉ		o	ʉ:
higher mid					e
mid	e	"ɵ"	"o"		"ɵ:" "o:"
lower mid		ɔ			ɔ:
low		ɑ			ɑ:

Language

Evenki (067)	bilabial	dental/alveolar	alveolar	palato-alveolar	palatal	velar
voiceless plosive	p[2]	"t"				k
voiced plosive	b	"d"				g
vl. sibilant affric.				tʃ		
vd. sibilant affric.				dʒ		
vd. nonsibilant fric.	β					
vl. sibilant fric.			s			
vd. sibilant fric.		"z"[2]				
voiced nasal	m	"n"			ɲ	ŋ
voiced trill		"r"				
vd. lateral approx.		"l"				
vd. central approx.					j	

Vowels

	short			long		
high	ɩ		u	iː		uː
mid		"ɷ"				
lower mid	ɛ	ɔ		ɛː	ɔː	
low		a			aː	

	short pharyngealized		long pharyngealized	
high	ɩˤ	ɷˤ	iːˤ	uːˤ

Diphthongs

ie
ia̟
io

Language

Goldi (068)	bilabial	dental/alveolar	palato-alveolar	palatal	velar
voiceless plosive	p	"t"			k
voiced plosive	b	"d"			g
vl. sibilant affricate			tʃ		
vd. sibilant affricate			dʒ		
vl. nonsibilant fricative					x
vd. nonsibilant fricative	β			ʝ	
vl. sibilant fricative		"s"			
voiced nasal	m	"n"		ɲ	ŋ
voiced trill		"r"			
vd. lateral approximant		"l"			

Vowels

high	i			u
higher mid		e	ə	o
low			a	

Language

Manchu (069)

	bilabial	labio-dental	dental	dental/alveolar	palato-alveolar	palatal	velar
voiceless plosive	p[1]		t̪				k
voiced plosive	b		d̪				g
vl. sibilant affricate					tʃ		
vd. sibilant affricate					dʒ		
vl. nonsibilant fricative		f					x
vl. sibilant fricative			s̪		ʃ		
voiced nasal	m		n̪				ŋ
voiced trill				"r"			
vd. lateral approximant			l̪				
vd. central approximant						j	

Vowels

	short			long
high	i		u	
higher mid	ø			
mid	"e"	"o"		"o:"
low		a		

Language

Korean (070)

	bilabial	dental/alveolar	palato-alveolar	palatal	velar	variable place	labial-velar
voiceless plosive	p	"t"			k		
vl. aspirated plosive	pʰ	"tʰ"			kʰ		
vl. laryngealized plosive	p̰	"t̰"			k̰		
vl. sibilant affricate			tʃ				
vl. aspirated sib. affric.			tʃʰ				
vl. laryngealized sib. aff.			t̰ʃ				
vl. nonsibilant fricative						h	
vl. sibilant fricative		"s"					
vl. laryngealized sib. fric.		"s̰"					
voiced nasal	m	"n"			ŋ		
vd. lateral approximant		"l"					
vd. central approximant				j			w

Vowels

	short			long		
high	i, y		u, ɯ	i:		u:, ɯ:
higher mid	e, ø	o		e:	o:	
mid		"ɤ"			"ɤ:"	
low	æ a			æ: a:		

Language	bilabial	dental/alveolar	palato-alveolar	palatal	velar	velar nasalized	variable place	labial-velar
Japanese (071)								
voiceless plosive	p	"t"			k			
long voiceless plosive	p	"t:"			k:			
voiced plosive	b	"d"			g[4]			
vl. sibilant affricate			tʃ					
long vl. sib. affricate		"ts:"[4]	"tʃ:[4]					
vd. sibilant affricate			dʒ					
vl. nonsibilant fricative							h	
long vl. nonsib. fricative				ç:[4]				
vl. sibilant fricative		"s"	ʃ					
long vl. sib. fricative		"s:"	ʃ					
vd. sibilant fricative		"z"						
voiced nasal	m	"n"			ŋ			
voiced flap		"ɾ"						
vd. central approximant				j		ɣ̃		w[1]

Vowels

high	i		ɯ
lower mid	ε		ɔ
low		a	

Language	bilabial	labio-dental	dental	dental/alveolar	alveolar	palatal	velar	labial-velar
Katcha (100)								
voiceless plosive			t̪		t	c	k	
voiced plosive	b		d̪		d	ɟ	g	
vd. implosive	ɓ			"ɗ"				
vl. nonsib. fricative		f						
vl. sib. fricative				"s"				
vd. sib. fricative				"z"				
voiced nasal	m			"n"		ɲ	ŋ	
voiced trill				"r"				
vd. lateral approximant				"l"				
vd. central approximant						j		w

Vowels

high	i		u
higher mid	e		o
lower mid	ε		ɔ
low		a	

Language Moro (101)	bilabial	labio-dental	dental	alveolar	palato-alveolar	retroflex	palatal	velar	labial-velar
voiceless plosive	p		t̪			ʈ		k	
voiced plosive	b							g	
vl. sibilant affricate					tʃ				
vd. sibilant affricate					dʒ				
vl. nonsibilant fricative		f							
vd. nonsibilant fricative			ð						
vl. sibilant fricative			s̪						
voiced nasal	m			n			ɲ	ŋ	
voiced trill				r					
voiced lateral flap						ɭ̆			
vd. lateral approximant				l					
vd. central approximant							j		w

Vowels

high i u

mid "e" "o", "ɤ"

low a

Language Kadugli (102)	bilabial	labio-dental	dental	alveolar	palatal	velar	labial-velar
voiceless plosive	p		t̪	t	c	k	
voiced plosive	b		d̪	d		g	
vd. implosive	ɓ		ɗ̪		ʄ		
vl. nonsibilant fricative		f					
vl. sibilant fricative				s			
voiced nasal	m			n	ɲ	ŋ	
voiced trill				r			
vd. lateral approximant				l			
vd. central approximant					j		w

Vowels

high i u

mid "e" "o"

low a

Language

Kpelle (103)	bilabial	labio-dental	alveolar	palatal	velar	velar labialized	labial-velar
voiceless plosive	p		t		k	k^w	k͡p
voiced plosive	b		d		g	g^w	g͡b
vd. implosive	ɓ						
vl. nonsibilant fricative		f					
vd. nonsibilant fricative		v				ɣ	
vl. sibilant fricative			s				
vd. sibilant fricative			z				
voiced flap			ɾ				
vd. lateral approximant			l				
vd. central approximant				j			

Vowels

	oral				nasalized			
high	i ɩ			ʊ u	ĩ ɩ̃			ũ
lower mid		ɛ	ɔ			ɛ̃	ɔ̃	
low		a				ã		

Language

Bisa (104)	bilabial	labio-dental	alveolar	palatal	velar	labial-velar
voiceless plosive	p		t		k	
voiced plosive	b		d		g	
vl. nonsibilant fricative		f				
vd. nonsibilant fricative		v				
vl. sibilant fricative			s			
vd. sibilant fricative			z			
voiced nasal	m		n	ɲ	ŋ	
voiced trill			r			
vd. lateral approximant			l			
vd. central approximant				j		w

Vowels

high	i				u
higher mid		e		o	
lower mid				ɔ	
low			a		

Language	bilabial	labio-dental	alveolar	palato-alveolar	palatal	velar	variable place	labial-velar
Bambara (105)								
voiceless plosive	p		t			k		
voiced plosive	b		d			g		
vl. sibilant affricate				tʃ				
vd. sibilant affricate				dʒ				
vl. nonsibilant fricative		f					h	
vl. sibilant fricative			s	ʃ				
vd. sibilant fricative			z					
voiced nasal	m		n		ɲ	ŋ		
voiced tap			D					
vd. lateral approximant			l					
vd. central approximant					j			w

Vowels

	oral	nasalized
high	i u	ĩ ũ
higher mid	e o	ẽ õ
lower mid	ɛ ɔ	ɛ̃ ɔ̃
low	a	ã

Language	bilabial	labio-dental	alveolar	palatal	velar	labial-velar
Dan (106)						
voiceless plosive	p		t		k	k͡p
voiced plosive	b		d		g	g͡b
vd. implosive	ɓ		ɗ			
vl. nonsibilant fricative		f				
vd. nonsibilant fricative		v				
vl. sibilant fricative			s			
vd. sibilant fricative			z			
voiced nasal	m		n			
vd. lateral approximant			l			
vd. central approximant				j		w

Vowels

	oral	nasalized
high	i u	ĩ ũ
higher mid	e o	
mid		"ẽ" "ə̃" "õ"
lower mid	ɛ ɔ	
low	a̟ a ɒ	ã̟ ã ɒ̃

Language

Wolof (107)	bilabial	labio-dental	dental/alveolar	palatal	velar	uvular	glottal	labial-velar
voiceless plosive	p		"t"	c	k		ʔ	
voiced plosive	b		"d"	ɟ				
long voiced plosive	b:			j:				
vl. nonsibilant affricate						qχ		
vl. nonsibilant fricative		f				χ		
vl. sibilant fricative			"s"					
voiced nasal	m		"n"	ɲ	ŋ			
long voiced nasal	m		"n:"					
voiced flap			"ɾ"					
vd. lateral approximant			"l"					
long vd. lat. approximant			"l:"					
vd. central approximant				j				w

Vowels

	long					short		
high	i:			u:	i			u
higher mid		e:	o:			e, ø		
lower mid		ɛ: ɔ:					ɛ ɔ	
low		a:					a	

Language

Diola (108)	bilabial	labio-dental	alveolar	palatal	velar	variable place	labial-velar
voiceless plosive	p		t	c	k		
voiced plosive	b		d	ɟ	g		
vl. nonsibilant fricative		f				h	
vl. sibilant fricative			s				
voiced nasal	m		n	ɲ	ŋ		
voiced flap			ɾ				
vd. lateral approximant			l				
vd. central approximant				j			w

Vowels

high	i			u
higher mid	ɩ e			ʊ o
mid		"ə"		
lower mid		ɛ	ɔ	
low		a		

Language	bilabial	labio-dental	dental	alveolar	palatal	velar	glottal	variable place	labial-velar
Temne (109)									
voiceless plosive	p		t̪	t		k	ʔ[1]		
voiced plosive	b			d		g			g͡b
vl. nonsibilant fricative		f						h	
vl. sibilant fricative				s					
voiced nasal	m			n					
voiced trill				r					
vd. lateral approximant				l					
vd. central approximant					j				w

Vowels

high	i						u
higher mid		e				o	
mid				"ə"			
lower mid			ɛ		ɔ		
low				a	ɑ		

Language	bilabial	labio-dental	dental/alveolar	palato-alveolar	palatal	velar	labial-velar
Dagbani (110)							
voiceless plosive	p		"t"			k	k͡p
voiced plosive	b		"d"			g	g͡b
vl. sibilant affricate				tʃ			
vd. sibilant affricate				dʒ			
vl. nonsibilant fricative		f					
vd. nonsibilant fricative		v					
vl. sibilant fricative			"s"				
vd. sibilant fricative			"z"				
voiced nasal	m		"n"		ɲ	ŋ	m͡ŋ
vd. lateral approximant			"l"				
vd. central approximant					j		w

Vowels

	long					short			Diphthongs
high	i:				u:	i		u	ɛɩ
higher mid		e:		o:					ɔu
low			a:				a		

<u>Language</u>

Senadi (111)	bilabial	labio-dental	dental/alveolar	palato-alveolar	palatal	velar	labial-velar
voiceless plosive	p		"t"		c	k	k͡p
voiced plosive	b		"d"		ɟ	g	g͡b
vl. nonsibilant fricative		f					
vd. nonsibilant fricative		v					
vl. sibilant fricative			"s"	ʃ			
vd. sibilant fricative			"z"	ʒ			
voiced nasal	m		"n"			ŋ	
vd. lateral approximant			"l"				
vd. central approximant					j		w

<u>Vowels</u>

	oral				nasalized			
high	i			u	ĩ			ũ
higher mid	e		o					
lower mid	ɛ	ɔ			ɛ̃	ɔ̃		
low		a				ã		

<u>Language</u>

Tampulma (112)	bilabial	labio-dental	alveolar	palatal	velar	variable place	labial-velar
voiceless plosive	p		t	c	k		k͡p
voiced plosive	b		d	ɟ	g		g͡b
vl. nonsibilant fricative		f				h	
vd. nonsibilant fricative		v					
vl. sibilant fricative			s				
vd. sibilant fricative			z				
voiced nasal	m		n	ɲ	ŋ		m͡ŋ
voiced trill			r				
vd. lateral approximant			l				
vd. central approximant				j			w

<u>Vowels</u>

high	i ɩ			ʊ u
higher mid	e		o	
lower mid	ɛ	ɔ		
low		a		

Language

Bariba (113)	bilabial	labio-dental	alveolar	palatal	velar	variable place	labial-velar
voiceless plosive	p		t		k		k͡g
voiced plosive	b		d		g		g͡b
vl. nonsibilant fricative		f				h	
vl. sibilant fricative			s				
vd. sibilant fricative			z				
voiced nasal	m		n				
voiced flap			ɾ				
vd. lateral approximant			l				
vd. central approximant				j			w

Vowels

	oral				nasalized			
high	i			u	ĩ			ũ
higher mid	e		o					
lower mid		ɛ	ɔ			ɛ̃	ɔ̃	
low		a				ã		

Language

Ewe (114)	bilabial	labio-dental	dental	dental/alveolar	palatal	velar	pharyngeal	labial-velar
voiceless plosive								k͡p
vl. aspirated plos.	p^h		$\underline{t}^h$			k^h		
voiced plosive	b		$\underline{d}$			g		g͡b
vl. sibilant affric.			$\underline{ts}$					
vd. sibilant affric.			$\underline{dz}$					
vl. nonsibilant fric.	ɸ	f					ħ	
vd. nonsibilant fric.	β	v					ʕ	
vl. sibilant fric.				"s"				
vd. sibilant fric.				"z"				
voiced nasal	m			"n"	ɲ	ŋ		
voiced flap				"ɾ"				
vd. lateral approx.				"l"				
vd. central approx.					j			w

Vowels

	oral				nasalized			
high	i			u	ĩ			ũ
higher mid	e		o		ẽ		õ	
lower mid		ɛ	ɔ			ɛ̃	ɔ̃	
low		a				ã		

Language	bilabial	labio-dental	dental/alveolar	palatal	palatal labialized	velar	variable place	labial-velar
Akan (115)								
vl. aspirated plosive	pʰ		"tʰ"			kʰ		
voiced plosive	b		"d"			g		
vl. nonsibilant affricate				cç	cçʷ			
vd. nonsibilant affricate				ɟʝ	ɟʝʷ			
vl. nonsibilant fricative		f			çʷ		h	
vl. sibilant fricative			"s"					
voiced nasal	m		"n"					
voiced trill			"r"					
vd. central approximant				j				w

Vowels

	oral				nasalized			
high	i	ɪ	ʊ	u	ĩ	ɪ̃	ʊ̃	ũ
higher mid	e			o				
lower mid				ɔ				
low		a				ã		

	long nasalized	
high		
higher mid	ø̃:[1]	
lower mid		œ̃:[1]
low		

Language	bilabial	bilabial palatalized	labio-dental	dental/alveolar	dental/alv. palatalized	alveolar	palato-alveolar	palatal	velar	velar labialized	variable place	variable place labialized	labial-velar
Igbo (116)													
voiceless plosive	p	pʲ		"t"					k	kʷ			
vl. asp. plos.	pʰ	pʲʰ		"tʰ"					kʰ	kʷʰ			
voiced plosive	b	bʲ		"d"					g	gʷ			
breathy vd. plos.	b̤	b̤ʲ		"d̤"					g̤	g̤ʷ			
vl. implosive	pʼ					tʼ							
vd. implosive	ɓ												
vl. sib. affric.							tʃ						
vd. sib. affric.							dʒ						
breathy vd. sib. af.							d̤ʒ						
vl. nonsib. fric.			f								h	hʷ	
vd. nonsib. fric.			v						ɣ				
vl. sib. fric.				"s"									
vd. sib. fric.				"z"									
voiced nasal	m			"n"				ɲ	ŋ				ŋ͡m
voiced flap				"ɾ"	"ɾʲ"								
vd. lateral approx.				"l"									
vd. central approx.								j					w

Vowels

	oral					nasalized				
high	i				ʊ u	ĩ				ʊ̃ ũ
higher mid	e			o			ẽ		õ	
lower mid		ɛ	ɔ					ɛ̃ ɔ̃		
low			a					ã		

Language	bilabial	labio-dental	dental	dental/alveolar	alveolar	palato-alveolar	palato-alv. labialized	palatal	velar	variable place	labial-palatal	labial-velar
Gã (117)												
voiceless plosive												k͡p
vl. aspirated plos.	pʰ		t̪ʰ						kʰ			
voiced plosive	b				d				g			g͡b
vl. sibilant affric.							tʃʷ					
vl. asp. sib. affric.						tʃʰ						
vd. sibilant affric.						dʒ	dʒʷ					
vl. nonsibilant fric.		f								h		
vd. nonsibilant fric.		v										
vl. sibilant fric.				"s"		ʃ	ʃʷ					
vd. sibilant fric.				"z"								
voiced nasal	m			"n"				ɲ	ŋ			m͡ŋ
voiced trill				"r"[1]								
vd. lateral approx.				"l"								
vd. central approx.								j			ɥ	w

Vowels

	oral			nasalized	
high	i		u	ĩ	ũ
higher mid	e		o		
lower mid	ɛ		ɔ	ɛ̃	ɔ̃
low		a		ã	

Language	bilabial	labio-dental	alveolar	retroflex	palatal	velar	labial-velar
Lelemi (118)							
voiceless plosive	p[2]		t			k	k͡p
voiced plosive	b			ɖ			g͡b
vl. sibilant affricate			ts				
vd. sibilant affricate			dz				
vd. nonsibilant affricate		v					
vl. sibilant fricative			s				
voiced nasal	m		n		ɲ	ŋ	
vd. lateral approximant			l				
vd. central approximant					j		w

Vowels

	oral			nasalized	
high	i		u	ĩ	ũ
higher mid	e		o		
lower mid	ɛ		ɔ	ɛ̃	ɔ̃
low		a		ã	

Language	bilabial	labio-dental	alveolar	palatal	velar	labial-velar
Efik (119)						
voiceless plosive			t		k	k͡p
voiced plosive	b		d			
vl. nonsibilant fricative		f				
vl. sibilant fricative			s			
voiced nasal	m		n	ɲ	ŋ	
vd. central approximant				j		w

Vowels

high	i						u
higher mid		e				o	
lower mid			ɛ		ɔ		
low				a			

Language	bilabial	labio-dental	alveolar	palato-alveolar	palatal	velar	variable place	labial-velar
Birom (120)								
voiceless plosive	p		t		c	k		k͡p
voiced plosive	b		d		ɟ	g		g͡b
vl. nonsibilant fricative		f					h	
vd. nonsibilant fricative		v						
vl. sibilant fricative			s	ʃ				
vd. sibilant fricative			z					
voiced nasal	m		n			ŋ		
vd. central approximant					j			w

Vowels

high	i						u
higher mid		e				o	
lower mid			ɛ		ɔ		
low				a			

Language								
Tarok (121)	bilabial	labio-dental	dental/alveolar	palato-alveolar	palatal	velar	variable place	labial-velar
voiceless plosive	p		"t"			k		k͡p
voiced plosive	b		"d"			g		g͡b
vd. implosive	ɓ		"ɗ"					
vl. sibilant affricate				tʃ				
vd. sibilant affricate				dʒ				
vl. nonsibilant fricative		f					h	
vd. nonsibilant fricative		v						
vl. sibilant fricative			"s"	ʃ				
vd. sibilant fricative			"z"	ʒ				
voiced nasal	m		"n"			ŋ		
voiced r-sound			"rr"					
vd. lateral approximant			"l"					
vd. central approximant					j			w

Vowels

high	i		u
mid	"e""ə""o"		
low		a	

Language								
Amo (122)	bilabial	labio-dental	alveolar	palato-alveolar	palatal	velar	variable place	labial-velar
voiceless plosive	p		t			k		k͡p
voiced plosive	b		d			g		g͡b
vl. sibilant affricate			ts	tʃ				
vd. sibilant affricate				dʒ				
vl. nonsibilant fricative		f					h	
vd. nonsibilant fricative		v						
vl. sibilant fricative			s	ʃ				
vd. sibilant fricative			z					
voiced nasal	m		n		ɲ	ŋ		
voiced trill			r					
vd. lateral approximant			l					
vd. central approximant					j			w

Vowels

high	i ɩ				ʊ u
higher mid		e		o	
lower mid			ɛ ɔ		
low			ɐ a		

Language Beembe (123)	bilabial	labio-dental	dental/alveolar	alveolar	palatal	velar	variable place	labial-velar
voiceless plosive	p		"t"					
vl. aspirated plosive	pʰ		"tʰ"			kʰ		
vl. sibilant affricate				ts				
vl. asp. sib. affricate				tsʰ				
vl. nonsibilant affricate		pf						
vl. asp. nonsib. affricate		pfʰ						
vl. nonsibilant fricative		f					h	
vd. nonsibilant fricative		v						
vl. sibilant fricative				s				
voiced nasal	m		"n"					
vd. lateral approximant			"l"					
vd. central approximant					j			w

Vowels

	oral				nasalized		
high	i			ɷ	ĩ		ũ
lower mid		ɛ	ɔ			ɛ̃	ɔ̃
low		a				ã	

Language Swahili (124)	bilabial	labio-dental	dental/alveolar	alveolar	palato-alveolar	palatal	velar	labial-velar
voiceless plosive	p		"t"				k	
vl. aspirated plos.	pʰ		"tʰ"				kʰ	
vd. implosive	ɓ		"ɗ"			ʄ	ɠ	
vl. sibilant affric.					tʃ			
vl. asp. sib. affric.					tʃʰ			
vl. nonsibilant fric.		f						
vd. nonsibilant fric.		v						
vl. sibilant fric.			"s"		ʃ			
vd. sibilant fric.			"z"					
voiced nasal	m		"n"			ɲ	ŋ[1]	
voiced trill				r[2]				
vd. lateral approx.			"l"					
vd. central approx.						j		w

Vowels

high	i				u
higher mid		e		o	
low			a		

Language	bilabial	bilabial prenasalized	labio-dental	dental/alveolar	dental/alv. prenasalized	palato-alveolar	palato-alv. prenasalized	palatal	velar	velar prenasalized	variable place	labial-velar
Luvale (125)												
voiceless plosive	p			"t"					k			
voiced plosive		^mb			"nd"				^ŋg			
vl. sibilant affricate						tʃ						
vd. sibilant affricate							$^ndʒ$					
vl. nonsibilant fricative			f								h	
vl. sibilant fricative				"s"		ʃ						
vd. sibilant fricative						ʒ						
voiced nasal	m			"n"				ɲ	ŋ			
voiced lateral flap				"ɺ"								
vd. central approximant			ʋ					j				w

Vowels

high	i			u
higher mid		e	o	
low			a	

Language	bilabial	labio-dental	alveolar	palato-alveolar	palatal	velar	variable place	labial-velar
Zulu (126)								
voiceless plosive	p		t			k		
vl. aspirated plosive	p^h		t^h			k^h		
vl. ejective stop	p'		t'			k'		
voiceless click				ǂ				
vl. aspirated click				$ǂ^h$				
vd. implosive	ɓ							
vl. affricated click			$ʇ^s$					
vl. asp. affricated click			$ʇ^{sh}$					
vl. sib. eject. affricate				tʃ'				
vd. sibilant affricate					dʒ			
vd. lateral eject. affric.						kɬ'		
vl. nonsibilant fricative		f					h	
vd. nonsibilant fricative		v					ɦ	
vl. sibilant fricative			s	ʃ				
vd. sibilant fricative			z					
vl. lateral fricative			ɬ					
vd. lateral fricative			ɮ					
voiced nasal	m		n	n̠				
voiced trill			r[2]					
vd. lateral approximant			l					
vl. lat. affric. click			$ʖ^ɬ$					
vl. asp. lat. affric. click			$ʖ^{ɬh}$					
vd. central approximant					j			w

Vowels

high	i			u
lower mid		ɛ	ɔ	
low		a		

Language	bilabial	labio-dental	alveolar	palato-alveolar	palatal	velar	variable place	labial-velar
Teke (127)								
voiceless plosive	p		t			k		
voiced plosive	b		d			g		
vl. sibilant affricate				tʃ				
vd. sibilant affricate				dʒ				
vl. nonsibilant affricate		pf						
vd. nonsibilant affricate		bv						
vl. nonsibilant fricative		f					h	
vl. sibilant fricative			s					
voiced nasal	m	ɱ	n		ɲ	ŋ		
vd. lateral approximant			l					
vd. central approximant					j			w

Vowels

high	i		u
mid	"e"		"o"
low		a	

Language	bilabial	labio-dental	dental/alveolar	palatal	velar	variable place	labial-velar
Doayo (128)							
voiceless plosive	p		"t"		k		k͡p
voiced plosive	b		"d"		g		g͡b
vd. implosive	ɓ		"ɗ"				
vl. nonsibilant fricative		f				h	
vd. nonsibilant fricative		v					
vl. sibilant fricative			"s"				
vd. sibilant fricative			"z"				
voiced nasal	m		"n"		ŋ		
voiced r-sound			"r"				
vd. lateral approximant			"l"				
vd. central approximant				j			w

Vowels

	oral					nasalized			
high	i				u	ĩ			ũ
higher mid		e		o					
lower mid		ɛ	ɔ				ɛ̃	ɔ̃	
low			a				ã		

Language	bilabial	bilabial prenasalized	labio-dental	dental	dental prenasalized	alveolar	palatal	velar	velar prenasalized	glottal	variable place	labial-velar	labial-velar prenasalized
Gbeya (129)													
voiceless plosive	p			t̪				k		ʔ		k͡p	
voiced plosive	b	ᵐb		d̪	ⁿd̪			g	ᵑg			g͡b	ᵑᵐg͡b
vd. implosive	ɓ			ɗ̪									
vl. nonsibilant fricative			f								h		
vd. nonsibilant fricative			v										
vl. sibilant fricative						s							
vd. sibilant fricative						z							
voiced nasal	m			n̪				ŋ				ŋ͡m	
laryngd. vd. nasal	m̰			n̪̰									
voiced flap			ⱱ			ɾ							
vd. lateral approximant				l̪									
vd. central approximant							j					w	

Vowels

	oral				nasalized			
high	i			u	ĩ			ũ
higher mid	e		o					
lower mid	ɛ	ɔ					ɔ̃	
low		a				æ̃ ã		

Language	bilabial	labio-dental	alveolar	palatal	velar	variable place	labial-velar
Zande (130)							
voiceless plosive	p		t		k		k͡p
voiced plosive	b		d		g		g͡b
vl. nonsibilant fricative		f				h	
vd. nonsibilant fricative		v					
vl. sibilant fricative			s				
vd. sibilant fricative			z				
voiced nasal	m		n	ɲ			
voiced lateral flap		ɺ					
vd. central approximant				j			w

Vowels

	oral				nasalized			
high	i ɩ			ᴏ u	ĩ			ũ
higher mid					ẽ		õ	
mid	"e"		"o"		"ɛ̃"		"ɔ̃"	
lower mid	ɛ	ɔ			ɔ̃	ɛ̃		
low		a				ã		

Language

Songhai (200)

	bilabial	labio-dental	dental/alveolar	dental/alv. palatalized	palatal	velar	labial-velar
voiceless plosive			"t"	"tʲ"[4]		k	
voiced plosive	b		"d"	"dʲ"[4]		g	
vl. nonsibilant fricative		f					
vl. sibilant fricative			"s"				
vd. sibilant fricative			"z"				
voiced nasal	m		"n"		ɲ	ŋ	
voiced r-sound			"rr"				
vd. lateral approximant			"l"				
vd. central approximant					j		w

Vowels

	oral			nasalized		
high	i		u			ũ[1]
higher mid			o			õ[1]
mid	"e"			"ẽ"[1]		
low		a			ã[1]	

Language

Kanuri (201)

	bilabial	labio-dental	dental/alveolar	palato-alveolar	retroflex	palatal	velar	glottal	variable place	labial-velar
voiceless plosive	p		"t"				k	ʔ		
voiced plosive	b		"d"				g			
vl. sibilant affric.				tʃ						
vd. sibilant affric.				dʒ						
vl. nonsibilant fric.	ɸ[1]	f[1]							h	
vl. sibilant fric.			"s"	ʃ			x[2]			
vd. sibilant fric.			"z"							
voiced nasal	m		"n"			ɲ	ŋ			
voiced trill			"r"							
vd. lateral approx.			"l"		ḷ					
vd. central approx.						j				

Vowels

high	i		ɨ		u
mid		"e"		"o"	
low			a		

<u>Language</u>

Maba (202)

	bilabial	labio-dental	dental/alveolar	alveolar	palato-alveolar	retroflex	palatal	velar	glottal	labial-velar
voiceless plosive			"t"			ʈ		k	ʔ	
voiced plosive	b		"d"			ɖ	ɟ	g		
vl. nonsibilant fricative		f								
vl. sibilant fricative				s	ʃ					
vd. sibilant fricative				z	ʒ					
voiced nasal	m			n			ɲ	ŋ		
voiced trill				r						
vd. lateral approximant				l						
vd. central approximant							j			w

<u>Vowels</u>

high	i		u
higher mid	e		o
lower mid	ɛ		ɔ
low		a	

<u>Language</u>

Fur (203)

	bilabial	labio-dental	alveolar	palato-alveolar	palatal	velar	variable place	labial-velar
voiceless plosive	p		t			k		
voiced plosive	b		d			g		
vd. sibilant affric.				dʒ				
vl. nonsibilant fric.		f					h	
vd. nonsibilant fric.						ɣ		
vl. sibilant fric.			s	ʃ				
vd. sibilant fric.			z					
voiced nasal	m		n		ɲ	ŋ		
voiced trill			r					
vd. lateral approx.			l					
vd. central approx.					j			w

<u>Vowels</u>

	short			long		
high	i		u	i:		u:
higher mid	e		o			
mid		ə				
lower mid	ɛ		ɔ			
low		a			a:	

Language	bilabial	dental/alveolar	alveolar	palato-alveolar	palatal	velar	labial-velar
Maasai (204)							
voiceless plosive	p	"t"				k	
vd. implosive	ɓ	"ɗ"			ʄ	ɠ	
vl. sibilant affric.				tʃ			
vl. sibilant fric.		"s"		ʃ			
voiced nasal	m	"n"			ɲ	ŋ	
voiced trill		"r"					
voiced flap			ɾ				
vd. lateral approx.		"l"					
vd. central approx.					j		w

Vowels

high	i	ɪ			ʊ	u
higher mid		e			o	
lower mid			ɛ	ɔ		
low			a			

Language	bilabial	labio-dental	dental	alveolar	palato-alveolar	palatal	velar	glottal	variable place	labial-velar
Luo (205)										
voiceless plosive								ʔ		
vl. aspirated plos.	pʰ			tʰ			kʰ			
voiced plosive	b			d			g			
vl. sibilant affric.					tʃ					
vd. sibilant affric.					dʒ					
vl. nonsibilant affric.			t̪θ							
vd. nonsibilant affric.			d̪ð							
vl. nonsibilant fric.		f							h	
vl. sibilant fric.				s	ʃ					
voiced nasal	m			n		ɲ	ŋ			
voiced flap				ɾ						
vd. lateral approx.				l						
vd. central approx.						j				w

Vowels

high	i	ɪ				ʊ	u
mid		"e"		"o"			
low		æ	a	ɒ			

Language	bilabial	labio-dental	dental/alveolar	palato-alveolar	palatal	velar	variable place
Nubian (206)							
voiceless plosive			"t"			k	
voiced plosive	b		"d"			g	
vl. sibilant affric.				tʃ			
vd. sibilant affric.				dʒ			
vl. nonsibilant fric.		f					h
vl. sibilant fric.			"s"	ʃ			
voiced nasal	m		"n"		ɲ		
voiced trill			"r"				
vd. lateral approx.			"l"				

Vowels

high	i				u
mid		"e"		"o"	
low			a		

Language	bilabial	dental	alveolar	palatal	velar	labial-velar
Nyangi (207)						
voiceless plosive	p		t	c	k	
vd. implosive	ɓ		ɗ	ʄ	ɠ	
vl. sibilant fric.		s̪				
vl. lateral fric.			ɬ			
voiced nasal	m		n	ɲ	ŋ	
voiced trill			r			
vd. lateral approx.			l			
vd. central approx.				j		w

Vowels

high	i						u
higher mid		e				o	
lower mid			ɛ		ɔ		
low				a			

Language Ik (208)	bilabial	labio-dental	dental	dental/alveolar	alveolar	palato-alveolar	palatal	velar	uvular	variable place	labial-velar
voiceless plosive	p		t̪					k			
voiced plosive	b		d̪					g			
vl. ejective stop								k'			
vd. implosive	ɓ		ɗ̪				ʄ		ʛ		
vl. sibilant affricate					ts	tʃ					
vd. sibilant affricate					dz	dʒ					
vl. eject. sib. affricate					ts'						
vl. eject. lat. affricate				"tɬ"							
vl. nonsibilant fricative		f								h	
vl. sibilant fricative					s						
vd. sibilant fricative					z						
vl. lateral fricative				"ɬ"							
vd. lateral fricative				"ɮ"							
voiced nasal	m		n̪				ɲ	ŋ			
voiced trill					r						
vd. lateral approximant				"l"							
vd. central approximant							j				w

Vowels

	voiced				voiceless		
high	i ɩ			u	i̥		u̥
higher mid	e			o			
mid					"e̥"		"o̥"
lower mid		ɛ	ɔ				
low		a				ḁ	

Language Sebei (209)	bilabial	dental/alveolar	palatal	velar	labial-velar
voiceless plosive	p	"t"	c	k	
vl. sibilant fricative		"s"			
voiced nasal	m	"n"	ɲ	ŋ	
voiced trill		"r"			
voiced flap		"ɾ"			
vd. lateral approximant		"l"			
vd. central approximant			j		w

Vowels

	short					overshort
high	i				u	ɨ̆, ʉ̆
higher mid		e		o		
mid						"ɘ̆", "ɵ̆"
lower mid			ɔ			
low			a			ɐ̆, ɒ̆

Language	bilabial	labio-dental	dental	alveolar	palatal	velar	pharyngeal	variable place	labial-velar
Tama (210)									
voiceless plosive			t̪			k			
voiced plosive	b		d̪		ɟ	g			
vd. implosive	ɓ			ɗ					
vl. nonsibilant fric.		f					ħ	h	
vl. sibilant fric.				s					
voiced nasal	m			n	ɲ	ŋ			
voiced trill				r					
voiced flap				ɾ					
vd. lateral approx.				l					
vd. central approx.					j				w

__Vowels__

high	i ɪ ʊ u
higher mid	e o
lower mid	ɛ ɔ
low	a

Language	bilabial	dental	alveolar	palatal	velar	labial-velar
Temein (211)						
voiceless plosive	p	t̪	t		k	
voiced plosive	b	d̪	d	ɟ	g	
vl. sibilant fricative			s			
voiced nasal	m	n̪		ɲ	ŋ	
voiced trill			r			
vd. lateral approximant			l			
vd. central approximant				j		w

__Vowels__

high	i u
higher mid	e o
lower mid	ɛ ɔ
low	a

Language Nera (212)	bilabial	labio-dental	dental/alveolar	palato-alveolar	palatal	velar	variable place	labial-velar
voiceless plosive			"t"			k		
voiced plosive	b		"d"			g		
vd. sibilant affric.				dʒ				
vl. nonsibilant fric.		f					h	
vl. sibilant fric.			"s"	ʃ				
voiced nasal	m		"n"			ŋ		
voiced trill			"r"					
vd. lateral approx.			"l"					
vd. central approx.					j			w
Vowels								
high	i				u			
mid		"e"		"o"				
low			a					

Language Tabi (213)	bilabial	labio-dental	dental	alveolar	palato-alveolar	palatal	velar	glottal	variable place	labial-velar
voiceless plosive	p		t̪			c	k	ʔ		
voiced plosive	b		d̪			ɟ	g			
vl. nonsibilant fric.		f	θ						h	
vd. nonsibilant fric.			ð							
vl. sibilant fric.				s	ʃ					
vd. sibilant fric.				z						
voiced nasal	m			n		ɲ	ŋ			
voiced trill				r						
vd. lateral approx.				l						
vd. central approx.						j				w
Vowels										
high	i ɩ						u			
higher mid		e				o				
mid				"ə"						
lower mid			ɛ		ɔ					
low				a						

Language	bilabial	dental	dental/alveolar	palato-alveolar	palatal	velar	variable place	labial-velar
Mursi (214)								
voiceless plosive	p		"t"		c	k		
voiced plosive	b		"d"		ɟ	g		
vd. implosive	ɓ		"ɗ"					
vl. nonsibilant fric.		θ					h	
vl. sibilant fric.				ʃ				
voiced nasal	m		"n"		ɲ	ŋ		
voiced trill			"r"					
vd. lateral approx.			"l"					
vd. central approx.					j			w

Vowels

high	i				u
mid		"e"		"o"	
low			a		

Language	bilabial	labio-dental	dental	dental/alveolar	palato-alveolar	palatal	velar	glottal	variable place	labial-velar
Logbara (215)										
voiceless plosive	p		t̪				k	ʔ		k͡p
voiced plosive	b		d̪				g			g͡b
laryngealized vd. plosive	b̰		d̪̰							
vl. sibilant affricate					tʃ					
vd. sibilant affricate					dʒ					
vl. nonsibilant fricative		f							h	
vd. nonsibilant fricative		v								
vl. sibilant fricative				"s"						
vd. sibilant fricative				"z"						
voiced nasal	m			"n"						
voiced flap				"ɾ"						
vd. lateral flap				"ɺ"						
vd. central approximant						j				w
laryngealized vd. central approximant						j̰				w̰

Vowels

	oral				nasalized
high	i ɩ			ʊ u	
higher mid	e[1]			o[1]	
lower mid		ɛ ɜ ɔ			
low		a			ã[1]

Language	bilabial	bilabial prenasalized	dental	dental/alveolar	dental/alv. prenasalized	palatal	palatal prenasalized	velar	velar prenasalized	labial-velar
Yulu (216)										
voiceless plosive	p		t̪			c		k		k͡p
voiced plosive	b	ᵐb	d̪		"ⁿd"		ᶮɟ	g	ᵑg	g͡b
vd. implosive	ɓ			"ɗ"		ʄ				
vd. sibilant affric.				"dz"						
vl. sibilant fric.				"s"						
voiced nasal	m			"n"		ɲ	ŋ			
voiced trill				"r"						
vd. lateral approx.				"l"						
vd. central approx.						j				w

Vowels

high	i				u
mid		"e"		"o"	
low			a		

Language	bilabial	bilabial prenasalized	alveolar	alveolar prenasalized	palato-alveolar	palatal	palatal prenasalized	velar	velar prenasalized	variable place	labial-velar
Sara (217)											
voiceless plosive	p		t					k			
voiced plosive	b	ᵐb	d	ⁿd			ᶮɟ	g	ᵑg		
vd. implosive	ɓ		ɗ								
vl. sibilant affric.					dʒ						
vl. nonsibilant fric.										h	
vl. sibilant fric.			s								
voiced nasal	m		n			ɲ					
voiced flap			ɾ								
vd. lateral approx.			l								
vd. central approx.						j					w

Vowels

	oral							nasalized					
high	i						u	ĩ					ũ
higher mid		e				o							
mid				"ə"					"ẽ"	"ə̃"		"õ"	
lower mid			ε		ɔ						ɔ̃		
low				a						ã			

Language Berta (218)	bilabial	bilabial prenasalized	labio-dental	dental	dental/alveolar	dental/alv. prenasalized	palato-alveolar	palatal	velar	velar prenasalized	glottal	variable place	labial-velar
voiceless plosive											ʔ		
voiced plosive	b	ᵐb			"d"	"ⁿd"			g	ᵑg			
vl. ejective stop	p'								k'				
vd. implosive					"ɗ"								
vl. sibilant affric.							dʒ						
vl. nonsib. fric.			f	θ								h	
vl. sibilant fric.					"s"		ʃ						
vl. sib. eject. fric.					"s'"								
voiced nasal	m				"n"				ŋ				
voiced trill					"r"								
vd. lateral approx.					"l"								
vd. central approx.								j					w

Vowels

high	i				u
mid		"e"		"o"	
low			a		

Language Kunama (219)	bilabial	labio-dental	dental	alveolar	palato-alveolar	palatal	velar	variable place	labial-velar
voiceless plosive			t̪				k		
voiced plosive	b		d̪				g		
vl. sibilant affric.					tʃ				
vd. sibilant affric.					dʒ				
vl. nonsibilant fric.		f						h	
vl. sibilant fric.				s	ʃ				
voiced nasal	m			n		ɲ	ŋ		
voiced trill				r					
vd. lateral approx.				l					
vd. central approx.						j			w

Vowels

high	i	ɩ				ɷ	u
mid			"e"		"o"		
low				a			

<u>Language</u>

Koma (220)	bilabial	alveolar	palato-alveolar	palatal	velar	glottal	variable place	labial-velar
voiceless plosive	p	t			k	ʔ		
voiced plosive	b	d			g			
vl. ejective stop	p'	t'			k'			
vd. implosive	ɓ	ɗ						
vl. nonsibilant fric.							h	
vl. sibilant fric.		s	ʃ					
vl. sib. eject. fric.		s'						
voiced nasal	m	n			ŋ[1]			
voiced trill		r						
vd. lateral approx.		l						
vd. central approx.				j				w

<u>Vowels</u>

high	i				u
higher mid		e		o	
mid			"ə"		
lower mid		ε		ɔ	
low			a		

<u>Language</u>

Arabic (250)	bilabial	labio-dental	dental	dental pharyngealized	alveolar	palato-alveolar	palatal	velar	uvular	pharyngeal	glottal	variable place	labial-velar
voiceless plosive			t̪	t̪ˤ				k	q		ʔ		
long vl. plosive			t̪:	t̪ˤ:				k:	q:		ʔ:		
voiced plosive	b		d̪	d̪ˤ				g					
long vd. plosive	b:		d̪:	d̪ˤ:				g:					
vd. sib. affricate						dʒ							
vl. nonsib. fricative		f	θ[1]			ʃ			χ	ħ		h	
long vl. nonsib. fricative		f:				ʃ:			χ:	ħ:		h:	
vd. nonsib. fricative			ð[1]	ðˤ[1]					ʁ	ʕ			
long vd. nonsib. fricative									ʁ:	ʕ:			
vl. sib. fricative			s̪	s̪ˤ									
long vl. sib. fricative			s̪:	s̪ˤ:									
vd. sib. fricative			z̪	z̪ˤ									
long vd. sib. fricative			z̪:	z̪ˤ:									
voiced nasal	m		n̪										
long vd. nasal	m:		n̪:										
long vd. trill					r:								
voiced flap					ɾ								
vd. lat. approximant			l̪										
long vd. lat. approximant			l̪:										
vd. cent. approximant							j						w
long vd. cent. approximant							j:						w:

<u>Vowels</u>

	long			short	
high	i:		u:	ɩ	o
higher mid	e:	o:			
low		æ:		a	

Language Tigre (251)	bilabial	labio-dental	dental	alveolar	palato-alveolar	palatal	velar	pharyngeal	glottal	variable place	labial-velar
voiceless plosive			t̪				k		ʔ		
voiced plosive	b		d̪				g				
vl. ejective stop			t̪'				k'				
vl. sibilant affric.					tʃ						
vd. sibilant affric.					dʒ						
vl. sib. eject. affric.				ts'	tʃ'						
vl. nonsibilant fric.		f						ħ		h	
vd. nonsibilant fric.								ʕ			
vl. sibilant fric.				s	ʃ						
vd. sibilant fric.				z	ʒ						
vl. sib. eject. fric.				s'							
voiced nasal	m		n̪								
voiced trill				r							
vd. lateral approx.				l							
vd. central approx.						j					w

Vowels	long					short
high	i:				u:	
mid		"e:"		"o:"		"ə"
lower mid						3
low			a̟:			

Language Amharic (252)	bilabial	labio-dental	dental/alveolar	alveolar	palato-alveolar	palatal	velar	velar labialized	variable place	variable place labialized	labial-velar
voiceless plosive	p[2]		"t"				k	k^w			
voiced plosive	b		"d"				g	g^w			
vl. ejective stop	p'[2]		"t'"				k'	k^{w}'			
vl. sibilant affric.					tʃ						
vd. sibilant affric.					dʒ						
vl. sib. eject. affric.					tʃ'						
vl. nonsibilant fric.		f							h	h^w	
vl. sibilant fric.			"s"		ʃ						
vd. sibilant fric.			"z"		ʒ						
vl. sib. eject. fric.			"s'"								
voiced nasal	m		"n"			ɲ					
voiced flap				ɾ							
vd. lateral approx.				l							
vd. central approx.						j					w

Vowels					
high	i				u
mid		"e"		"o"	
low			a		

Language	bilabial	labio-dental	dental/alveolar	palato-alveolar	palatal	velar	uvular	glottal	variable place
Hebrew (253)									
voiceless plosive	p		"t"			k		ʔ	
voiced plosive	b		"d"			g			
vl. sibilant affric.			"ts"	tʃ[2]					
vd. sibilant affric.				dʒ[2]					
vl. nonsibilant fric.		f				x			h
vd. nonsibilant fric.		v					ʁ		
vl. sibilant fric.			"s"	ʃ					
vd. sibilant fric.			"z"	ʒ[2]					
voiced nasal	m		"n"			ŋ[2]			
vd. lateral approx.			"l"						
vd. central approx.					j				
Vowels									
high	ɩ				ʊ				
mid				o					
lower mid		ɛ							
low			a						

Language	bilabial	labio-dental	dental/alveolar	palato-alveolar	palatal	velar	uvular	glottal	variable place	labial-velar
Socotri (254)										
voiceless plosive			"t̪"			k		ʔ		
voiced plosive	b		"d"			g				
vl. ejective stop			"t'"			k'				
vl. nonsibilant fric.		f					χ		h	
vd. nonsibilant fric.							ʁ			
vl. sibilant fric.			"s"	ʃ						
vd. sibilant fric.			"z"	ʒ						
vl. sib. eject. fric.			"s'"	ʃ'[1]						
vl. lateral fric.			"ɬ"							
vd. lateral fric.			"lʒ"							
voiced nasal	m		"n"							
voiced r-sound			"rr"							
vd. lateral approx.			"l"							
vd. central approx.					j					w
Vowels										
high	ɪ				ʊ					
mid		"e"	"ə"	"o"						
low			a							

Language	bilabial	labio-dental	dental	alveolar	palato-alveolar	palatal	velar	uvular	glottal	variable place
Neo-Aramaic (255)										
voiceless plosive	p		t̪				k	q	ʔ	
voiced plosive	b		d̪				g			
vl. sibilant affric.					tʃ					
vd. sibilant affric.					dʒ					
vl. nonsibilant fric.		f						χ		h
vd. nonsibilant fric.	β							ʁ		
vl. sibilant fric.				s	ʃ					
vd. sibilant fric.				z	ʒ					
voiced nasal	m		n̪							
voiced flap				ɾ						
vd. lateral approx.				l						
vd. central approx.						j				

Vowels

	short		long	
high	i	u	iː	uː
mid	"e"	"o"		
low	a		aː	

	short pharyngealized		long pharyngealized	
high	iˤ	uˤ	iˤː	uˤː
mid	"eˤ"	"oˤ"		
low	aˤ		aˤː	

Language	bilabial	labio-dental	dental/alveolar	dental/alv. pharyngealized	palato-alveolar	palatal	velar	velar pharyngealized	pharyngeal	variable place	labial-velar
Shilha (256)											
voiceless plosive			"t"	"tˤ"			k	kˤ			
long vl. plosive			"tː"				kː				
voiced plosive	b		"d"	"dˤ"			g				
long vl. plosive	bː		"dː"				gː				
vl. nonsibilant fric.		f					x		ħ	h	
long vl. nonsib. fric.		fː					xː		ħː		
vd. nonsibilant fric.							ɣ		ʕ		
long vd. nonsib. fric.							ɣː				
vl. sibilant fric.			"s"	"sˤ"	ʃ						
long vl. sib. fric.			"sː"		ʃː						
vd. sibilant fric.			"z"	"zˤ"	ʒ						
long vd. sib. fric.			"zː"		ʒː						
voiced nasal	m		"n"								
long voiced nasal	mː		"nː"								
voiced trill			"r"	"rˤ"							
long voiced trill			"rː"								
vd. lateral approx.			"l"	"lˤ"							
long vd. lat. approx.			"lː"								
vd. central approx.						j					w

Vowels

high	i	u
low	æ	

Language Tuareg (257)	bilabial	labio-dental	dental	dental pharyngealized	palato-alveolar	palatal	velar	uvular	variable place	labial-velar
voiceless plosive			t̪	t̪ˤ			k	q		
voiced plosive	b		d̪	d̪ˤ		ɟ	g			
vl. nonsibilant fric.		f						χ	h	
vd. nonsibilant fric.								ʁ		
vl. sibilant fric.			s̪		ʃ					
vd. sibilant fric.			z̪	z̪ˤ	ʒ					
voiced nasal	m		n̪			ɲ				
voiced trill			r̪							
vd. lateral approx.			l̪							
vd. central approx.						j				w

Vowels

	short					long		
high	i				u	i:		u:
mid		"e"	"ə"	"o"		"e:"	"o:"	
low		æ	ɐ			æ:		

Language Somali (258)	bilabial	labio-dental	dental	alveolar	palata-alveolar	retroflex	palatal	velar	uvular	pharyngeal	glottal	variable place	labial-velar
voiceless plosive											ʔ		
vl. aspirated plosive			t̪ʰ					kʰ					
voiced plosive	b		d̪					g	ɢ				
long voiced plosive	b:		d̪:					g:	ɢ:				
laryng. vd. plosive						ɖ̰							
long laryng. vd. plosive						ɖ̰:							
vl. sibilant affricate					tʃ								
vl. nonsibilant fricative		f						x²		ħ	h		
vd. nonsibilant fricative										ʕ			
vl. sibilant fricative				s	ʃ								
voiced nasal	m			n									
long voiced nasal				n:									
voiced trill				r									
voiced flap				ɾ									
vd. lateral approximant				l									
long vd. lat. approximant				l:									
vd. central approximant							j						w

Vowels

high	i ɩ		ʉ̰		o
mid	"e"		"ɵ"		
lower mid		ɛ		ɔ	
low		æ a			

Language Awiya (259)	bilabial	labio-dental	dental/alveolar	palato-alveolar	retroflex	palatal	velar	velar labialized	uvular	uvular labialized	labial-velar
voiceless plosive	p		"t"				k	kʷ	q	qʷ	
voiced plosive	b				ɖ		g	gʷ	ɢ	ɢʷ	
vl. sibilant affric.			"ts"	tʃ							
vd. sibilant affric.			"dz"[1]	dʒ							
vl. nonsibilant fric.		f									
vl. sibilant fric.			"s"	ʃ							
vd. sibilant fric.			"z"								
voiced nasal	m		"n"				ŋ	ŋʷ			
voiced flap			"ɾ"								
vd. lateral approx.			"l"								
vd. central approx.						j					w

Vowels

high	i		ɨ		u
mid		"e"		"o"	
low		æ[4]	a		

Language Iraqw (260)	bilabial	labio-dental	alveolar	palato-alveolar	palatal	velar	velar labialized	uvular	uvular labialized	pharyngeal	glottal	variable place	labial-velar
voiceless plosive	p		t			k	kʷ	q	qʷ	ʕ*	ʔ		
voiced plosive	b		d			g	gʷ						
vd. implosive	ɓ¹		ɗ¹										
vl. sib. eject. affric.			ts'										
vl. lat. eject. affric.			tɬ'										
vl. nonsibilant fricative		f				x	xʷ			ħ		h	
vl. lateral fricative			ɬ										
vl. sibilant fricative			s	ʃ									
long vl. sib. fricative			s:										
voiced nasal	m		n			ŋ	ŋʷ						
voiced r-sound			rr										
vd. lateral approximant			l										
vd. central approximant					j								w

Vowels

	short					long				
high	ι				o	i:				u:
higher mid			ɵ				e:		o:	
lower mid		ɛ	ɜ	ɔ						
low			a					ɑ:		

Language Beja (261)	bilabial	labio-dental	dental	dental/alveolar	palato-alveolar	retroflex	palatal	velar	velar labialized	glottal	variable place	labial-velar
voiceless plosive			t̪			ʈ		k	kʷ	?		
voiced plosive	b		d̪			ɖ		g	gʷ			
vd. sibilant affricate					dʒ							
vl. nonsibilant fric.		f									h	
vl. sibilant fricative			s̪		ʃ							
voiced nasal	m		n̪									
voiced r-sound				"rr"								
vd. lateral approximant				"l"								
vd. central approximant							j					w

Vowels

high	i		u
mid	"e"		"o"
low		a	

Language Kullo (262)	bilabial	labio-dental	dental/alveolar	palato-alveolar	palatal	velar	glottal	variable place	labial-velar
voiceless plosive			"t"			k	?		
voiced plosive	b		"d"			g			
vl. ejective stop			"t'"			k'			
vd. implosive			"ɗ"						
vl. sibilant affric.			"ts"	tʃ					
vl. sib. eject. affric.			"ts'"						
vd. sibilant affric.				dʒ					
vl. nonsibilant fric.		f						h	
vl.sibilant fric.			"s"	ʃ					
vd. sibilant fric.			"z"						
voiced nasal	m		"n"						
voiced r-sound			"rr"						
vd. lateral approx.			"l"						
vd. central approx.					j				w

Vowels

high	i		u
mid	"e"		"o"
low		a	

<u>Language</u> Dizi (263)	bilabial	labio-dental	dental/alveolar	palato-alveolar	palatal	velar	variable place	labial-velar
voiceless plosive			"t"			k		
voiced plosive	b		"d"			g		
vl. ejective stop			"t'"			k'		
vl. sibilant affric.				tʃ				
vd. sibilant affric.				dʒ				
vl. sib. eject. affric.			"ts'"	tʃ'				
vl. nonsibilant fric.		f					h	
vd. nonsibilant fric.	β							
vl. sibilant fric.			"s"	ʃ				
vd. sibilant fric.			"z"	ʒ				
voiced nasal	m		"n"					
voiced r-sound			"r"					
vd. lateral approx.			"l"					
vd. central approx.					j			w

<u>Vowels</u>

high	i			u
mid		"e"		"o"
low			ɛ a	

<u>Language</u> Kefa (264)	bilabial	labio-dental	dental/alveolar	palato-alveolar	palatal	velar	glottal	variable place	labial-velar
voiceless plosive	p		"t"			k	ʔ		
voiced plosive	b		"d"			g			
vl. ejective stop	p'		"t'"			k'			
vl. sibilant affric.				tʃ[5]					
vl. sib. eject. affric.				tʃ'[5]					
vd. sibilant affric.				dʒ[5]					
vl. nonsibilant fric.		f						h	
vl. sibilant fric.				ʃ					
voiced nasal	m		"n"						
voiced r-sound			"r"						
vd. lateral approx.			"l"						
vd. central approx.					j				w

<u>Vowels</u>

high	i			u
mid		"e"	"o"	
low			a	

Language								
Hamer (265)	bilabial	alveolar	palato-alveolar	palatal	velar	uvular	variable place	labial-velar
voiceless plosive	p	t		c	k			
voiced plosive	b	d		ɟ	g			
vl. ejective stop					k'			
vd. implosive	ɓ	ɗ			ɠ			
vl. sibilant affricate		ts						
vd. sibilant affricate							h	
vl. sibilant fricative		s	ʃ					
vd. sibilant fricative		z						
voiced nasal	m	n		ɲ	ŋ			
voiced flap		ɾ						
vd. lateral approximant		l						
vd. central approximant				j				w

Vowels

	plain					pharyngealized				
high	i				u	ɩˤ				oˤ
higher mid		e		o						
mid							"eˤ"			
lower mid									ɔˤ	
low			ɑ					eˤ		

Language												
Hausa (266)	bilabial	bilabial palatalized	dental/alveolar	alveolar	palato-alveolar	palatal	velar	velar labialized	velar palatalized	glottal	variable place	labial-velar
voiceless plosive			t				k	kʷ	kʲ	ʔ		
voiced plosive	b		d				g	gʷ	gʲ			
vl. ejective stop							k'	kʷ'	kʲ'			
vd. implosive	ɓ		"ɗ"									
vl. sibilant affricate					tʃ							
vd. sibilant affricate					dʒ							
vl. nonsibilant fricative	ɸ	ɸʲ									h	
vl. sibilant fricative			"s"		ʃ							
vd. sibilant fricative			"z"									
laryngealized vl. sib. fric.			"s̰"									
voiced nasal	m		"n"									
voiced trill				r								
voiced flap				ɾ								
vd. lateral approximant				l								
vd. central approximant						j						w
laryngealized vd. central approximant						j̰						

Vowels

	short				long	
high	ɩ			ʊ	i:	u:
mid	"e"	"ə"	"o"		"e:"	"o:"
low		a				

Language	bilabial	labio-dental	alveolar	palato-alveolar	palatal	velar	variable place	labial-velar
Angas (267)								
voiceless plosive	p		t		c	k		
voiced plosive	b		d		ɟ	g		
vd. implosive	ɓ		ɗ		ʄ			
vl. sibilant affricate				tʃ				
vd. sibilant affricate				dʒ				
vl. nonsibilant fricative		f				x	h	
vd. nonsibilant fricative		v				ɣ		
vl. sibilant fricative			s	ʃ				
vd. sibilant fricative			z	ʒ				
voiced nasal	m		n		ɲ	ŋ		
voiced trill			r					
vd. lateral approximant			l					
vd. central approximant					j			w

Vowels

	short			long		Diphthongs	
high	ι		u	i:	ɨ:	u:[1]	εi[1]
mid	"e"		"o"				
lower mid	ε						
low		a			a:		

Language	bilabial	labio-dental	alveolar	palato-alveolar	palatal	velar	glottal	labial-velar
Margi (268)								
voiceless plosive	p		t		c	k	ʔ	
voiced plosive	b		d		ɟ	g		
vd. implosive	ɓ		ɗ					
vl. sibilant affric.			ts	tʃ				
vd. sibilant affric.			dz	dʒ				
vl. nonsibilant fric.		f			ç	x		
vd. nonsibilant fric.		v			ʝ	ɣ		
vl. sibilant fric.			s	ʃ				
vd. sibilant fric.			z	ʒ				
vl. lateral fric.			ɬ					
vd. lateral fric.			ɮ					
voiced nasal	m		n		ɲ	ŋ		
voiced trill			r					
voiced flap		ⱱ						
vd. lateral approx.			l					
vd. central approx.					j			w

Vowels

high	ɪ		u
mid		"ə"	"o"
lower mid	ε		
low		a	

Language Ngizim (269)	bilabial	bilabial prenasalized	labio-dental	alveolar	alveolar prenasalized	palato-alveolar	palatal	palatal prenasalized	velar	velar labialized	velar prenasalized	vel. labialized & prenasalized	variable place	labial-velar
voiceless plos.	p			t			c		k	kʷ				
voiced plosive	b	ᵐb		d	ⁿd		ɟ	ɲɟ	g	gʷ	ŋg	ŋgʷ		
laryng. vd. plos.	b̰			d̰			ɟ̰							
vl. nonsib. fric.			f										h	
vd. nonsib. fric.			v											
vl. sib. fric.				s		ʃ								
vd. sib. fric.				z		ʒ								
vl. lat. fric.				ɬ										
vd. lat. fric.				ɮ										
voiced nasal	m			n			ɲ							
voiced trill				r										
voiced flap				ɾ										
vd. lat. approx.				l										
vd. cent. approx.							j							w

Vowels

	short		long	
high	i	u		
mid			"e:"	"o:"
low	a		a:	

Language Kanakuru (270)	bilabial	alveolar	palato-alveolar	palatal	velar	labial-velar
voiceless plosive	p	t			k	
voiced plosive	b	d			g	
vd. implosive	ɓ	ɗ				
vd. nonsibilant fric.					ɣ	
vl. sibilant fric.			ʃ			
vd. sibilant fric.			ʒ			
vd. lateral fric.		ɮ				
voiced nasal	m	n		ɲ	ŋ	
vd. lateral approx.		l				
vd. central approx.		ɹ		j		w

Vowels

high	i			u
mid	"e"	"ə"	"o"	
low		a		

Language										
Mundari (300)	bilabial	dental	alveolar	palato-alveolar	retroflex	palatal	velar	glottal	variable place	labial-velar
voiceless plosive	p	t̪			ʈ		k	ʔ[4]		
vl. aspirated plos.	pʰ	t̪ʰ			ʈʰ		kʰ			
voiced plosive	b	d̪			ɖ		g			
breathy voiced plosive	b̤	d̪̤			ɖ̤		g̤			
vl. sibilant affric.				tʃ						
vl. aspirated sib. affric.				tʃʰ						
vd. sibilant affric.				dʒ						
breathy voiced sib. affric.				dʒ̤						
vl. nonsibilant fric.									h	
vl. sibilant fric.			s							
voiced nasal	m	n̪			ɳ		ŋ[4]			
voiced trill			r							
vd. lateral approx.		l̪			ɭ					
vd. central approx.						j				w

__Vowels__

high	ι				ʊ
mid		"e"		"o"	
low			a		

Language									
Kharia (301)	bilabial	dental	dental/alveolar	palato-alveolar	retroflex	palatal	velar	variable place	labial-velar
voiceless plosive	p	t̪			ʈ		k		
vl. aspirated plosive	pʰ	t̪ʰ			ʈʰ		kʰ		
voiced plosive	b	d̪			ɖ		g		
breathy voiced plosive	b̤	d̪̤			ɖ̤		g̤		
vl. sibilant affricate				tʃ					
vl. asp. sib. affricate				tʃʰ					
vd. sibilant affricate				dʒ					
breathy vd. sib. affricate				dʒ̤					
vd. nonsibilant fricative								ɦ	
vl. sibilant fricative			"s"						
voiced nasal	m		"n"			ɲ	ŋ		
voiced flap			"ɾ"		ɽ				
vd. lateral approximant			"l"						
vd. central approximant						j			w

__Vowels__

	oral				nasalized		
high	i			u	ĩ		ũ
higher mid		e					
mid			"o"				"õ"
lower mid					ɛ̃		
low		a				ã	

Language	bilabial	dental/alveolar	palato-alveolar	retroflex	palatal	velar	glottal	variable place	labial-velar
Khasi (302)									
voiceless plosive	p	"t"				k	ʔ		
vl. aspirated plos.	pʰ	"tʰ"				kʰ			
voiced plosive	b	"d"							
vd. sibilant affric.			dʒ						
vl. nonsibilant fric.								h	
vl. sibilant fric.		"s"	ʃ						
voiced nasal	m	"n"			ɲ	ŋ			
voiced trill		"r"							
vd. lateral approx.				ḷ					
vd. lowered cent. approx.					ɩ̯				o̯

Vowels

	short			long
high	ɪ		u	
mid		"e"	"o"	
low		a		a:

Language	bilabial	labio-dental	dental/alveolar	alveolar	palatal	velar	glottal	variable place	labial-velar
Vietnamese (303)									
voiceless plosive				t	c	k	ʔ		
vl. aspirated plos.				tʰ					
vd. implosive	ɓ			ɗ					
vl. nonsibilant fric.		f				x		h	
vd. nonsibilant fric.		v				ɣ			
vl. sibilant fric.				s					
vd. sibilant fric.				z					
voiced nasal	m		"n"		ɲ	ŋ			
vd. lateral approx.			"l"						
vd. central approx.					j				w
lower mid central approx.						ʌ̯			

Vowels

	short				long
high	ɩ			ɯ̟, ɷ	
higher mid	e		ɤ, o		
lower mid	ɛ	ʌ, ɔ			
low	æ				a:

Language	bilabial	bilabial prenasalized	dental/alveolar	dental/alv. prenasalize	palato-alveolar	palatal	velar	velar prenasalized	glottal	variable place	labial-velar
Sedang (304)											
voiceless plosive	p		"t"				k		ʔ		
vl. aspirated plosive	pʰ		"tʰ"				kʰ				
voiced plosive		ᵐb		"ⁿd"				ᵑg			
laryng. vd. plosive	b̰		"d̰"								
vl. sibilant affricate					tʃ						
vd. sibilant affricate					dʒ						
vl. nonsibilant fricative										h	
vl. sibilant fricative			"s"		ʃ						
voiced nasal	m		"n"			ɲ	ŋ				
laryngealized vd. nasal	m̰		"n̰"			ɲ̰	ŋ̰				
voiceless nasal	m̥		"n̥"			ɲ̥	ŋ̊				
voiced trill			"r"								
laryngealized vd. trill			"r̰"								
voiceless trill			"r̥"								
vd. lateral approximant			"l"								
laryngealized vd. lat. app.			"l̰"								
vl. lateral approximant			"l̥"								
vd. central approximant											w
laryngealized vd. cent. app.											w̰
voiceless central approximant											ʍ

Vowels

	plain		laryngealized	
high	i	u	ḭ	ṵ
higher mid	e	o	ḛ	o̰
lower mid	ɛ	ɔ	ɛ̰	ɔ̰
low	a		a̰	

Language	bilabial	labio-dental	dental/alveolar	dental/alv. velarized	palato-alveolar	retroflex	palatal	velar	glottal	variable place
Khmer (306)										
voiceless plosive	p		"t"					k	ʔ	
vl. aspirated plosive	pʰ		"tʰ"					kʰ		
vd. implosive	ɓ		"ɗ"							
vl. sibilant affricate					tʃ					
vl. asp. sib. affricate					tʃʰ					
vl. nonsibilant fricative										h
vl. sibilant fricative			"s"							
voiced nasal	m		"n"				ɲ	ŋ		
voiced flap						ɽ				
vd. lateral approximant				"ɫ"						
vd. central approximant		ʋ					j			

Vowels

	short			long		
high	ɩ		ʊ	iː	ɨː	uː
higher mid		e		eː		oː
mid		"ə"			"əː"	
lower mid	ɛ	ɔ		ɛː	ɔː	
low	a̟	ɑ		a̟ː	ɑː	

<u>Language</u>

Maung (350)	bilabial	alveolar	retroflex	palatal	velar	dental-palatal
voiceless plosive	p	t	ʈ		k	t̪͡c
vd. nonsibilant fric.					ɣ	
voiced nasal	m	n	ɳ		ŋ	n̪͡ɲ
voiced trill		r				
voiced flap			ɽ			
vd. lateral approx.		l	ɭ			
vd. central approx.		ɹ		j		

<u>Vowels</u>

high	ɪ			u	
lower mid		ɛ	ɔ		
low		a			

<u>Language</u>

Tiwi (351)	bilabial	dental	alveolar	retroflex	palatal	velar	labial-velar
voiceless plosive	p	t̪	t	ʈ		k	
vd. nonsibilant fric.						ɣ[1]	
voiced nasal	m	n̪	n	ɳ		ŋ	
voiced tap			D				
vd. lateral approx.			l	ɭ			
vd. central approx.				ɻ	j		w

<u>Vowels</u>

high	ɪ				u[1]
mid				"o"	
low			a		

Language	bilabial	dental/alveolar	alveolar	palatal	velar	labial-velar
Burera (352)						
voiceless plosive	p		t	c	k	
voiced nasal	m	"n"		ɲ	ŋ	
voiced flap			ɾ			
vd. lateral approx.			l			
vd. central approx.			ɹ	j		w

Vowels

high	ɪ			u	
lower mid		ɛ	ɔ		
low		a			

Language	bilabial	dental	alvedar	palato-alveolar	retroflex	palatal	velar	labial-velar
Nunggubuyu (353)								
voiceless plosive	p	t̪	t	t̠	ʈ		k	
voiced nasal	m	n̪	n	n̠	ɳ		ŋ	
voiced trill			r					
vd. lateral approx.		l̪	l		ɭ			
vd. central					ɻ	j		w

Vowels

high	ɩ		ʉ	
low		a		

Language Alawa (354)	bilabial	bilabial prenasalized	alveolar	alveolar prenasalized	palato-alveolar	palato-alv. prenasalized	retroflex	retroflex prenasalized	palatal	velar	velar prenasalized	labial-velar
voiced plosive	b	ᵐb	d	ⁿd	d̠	ⁿd̠	ɖ	ⁿɖ		g	ᵑg	
voiced nasal	m		n		n̠		ɳ			ŋ		
voiced trill			r									
vd. lateral approx.			l		l̠		ɭ					
vd. central approx.			ɹ						j			w

Vowels

high	ɩ			ɯ̟
mid		"e"[1]		
low			a	

Language Maranungku (355)	bilabial	dental/alveolar	alveolar	palato-alveolar	palatal	velar	labial-velar
voiceless plosive	p	"t"				k	
long vl. plosive	p:	"t:"				k:	
vl. sibilant affric.				tʃ			
voiced nasal	m	"n"			ɲ	ŋ	
long voiced nasal	m:	"n:"					
voiced trill			r				
vd. lateral approx.		"l"					
vd. central approx.			ɹ		j		w

Vowels

high	ɪ			ʊ
mid			"ə"	
low		æ	a	

Language

Malakmalak (356)	bilabial	alveolar	palato-alveolar	palatal	velar	labial-velar
voiceless plosive	p	t	t̠		k	
voiced nasal	m	n	n̠		ŋ	
voiced trill		r				
vd. lateral approx.		l	l̠			
vd. central approx.		ɹ		j		w

Vowels

high	i		u
mid		"e" "ə" "o"	
low		a	

Language

Bardi (357)	bilabial	alveolar	palato-alveolar	retroflex	palatal	velar	labial-velar
voiceless plosive	p	t	t̠	ṭ		k	
voiced nasal	m	n	n̠	ṇ		ŋ	
voiced trill		r					
vd. lateral approx.		l	l̠	ḷ			
vd. central approx.		ɹ			j		w

Vowels

	short			long		
high	i		u	i:		u:
lower mid		ɔ				
low		a			a:	

<u>Language</u>							
Wik-Munkan (358)	bilabial	dental/alveolar	palato-alveolar	palatal	velar	glottal	labial-velar
voiceless plosive	p	"t"	t̠		k	ʔ	
voiced nasal	m	"n"	n̠		ŋ		
voiced trill		"r"					
vd. lateral approx.		"l"					
vd. central approx.				j			w
<u>Vowels</u>							
high	i				ʊ		
lower mid		ɛ		ɔ			
low			a				

<u>Language</u>								
Kunjen (359)	bilabial	labio-dental	dental	alvedar	retroflex	palatal	velar	labial-velar
voiceless plosive	p		t̪	t		c	k	
vl. aspirated plos.	pʰ		t̪ʰ	tʰ		cʰ	kʰ	
vl. nonsibilant fric.		f						
vd. nonsibilant fric.			ð̆[1]				ɣ	
voiced nasal	m		n̪	n		ɲ	ŋ	
voiced trill				r				
vd. lateral approx.				l				
vd. central approx.					ɻ	j		w
<u>Vowels</u>								
high	i				u			
mid				"o"				
lower mid		ɛ						
low			a					

Language	bilabial	dental	alveolar	retroflex	palatal	velar	labial-velar
Western Desert (360)							
voiceless plosive	p	t̪	t	ʈ		k	
voiced nasal	m	n̪	n	ɳ		ŋ	
voiced flap			ɾ				
vd. lateral approx.		l̪	l	ɭ			
vd. central approx.				ɻ	j		
Vowels							
high	i		u				
low		a					

Language	bilabial	alveolar	alveolar palatalized	retroflex	palatal	velar	labial-velar
Nyangumata (361)							
voiceless plosive	p	t	t^j	ʈ		k	
voiced plosive						g	
voiced nasal	m	n	n^j	ɳ		ŋ	
voiced trill		r					
vd. lateral approximant		l	l^j	ɭ			
vd. central approximant				ɻ	j		w
Vowels							
high	i	u					
low		a					

<u>Language</u>														
Aranda (362)	bilabial	bilabial nasally-released	dental	dental nasally-released	alveolar	alveolar nasally-released	palato-alveolar	palato-alv. nasally-released	retroflex	retroflex nasally-released	palatal	velar	velar nasally-released	labial-velar
voiceless plosive	p		t̪		t		t̠		ṭ			k		
voiced plosive		b^{m}		d̪$^{n̪}$		d^{n}		d̠$^{n̠}$		ḍ^{ṇ}			g^{ŋ}	
voiced nasal	m		n̪		n		n̠		ṇ				ŋ	
voiced flap					ɾ									
vd. lateral approx.			l̪		l		l̠		ḷ					
vd. central approx.									ɹ̣		j	ɣ̯		w
<u>Vowels</u>														
high	i		u											
low		a												

<u>Language</u>								
Kariera-Ngarluma (363)	bilabial	dental	dental/alveolar	alveolar	retroflex	palatal	velar	labial-velar
voiceless plosive	p	t̪		t	ṭ	c	k	
voiced nasal	m	n̪	"n"		ṇ	ɲ	ŋ	
voiced trill			"r"		ṛ			
vd. lateral approx.		l̪	"l"		ḷ	ʎ		
vd. central approx.					ɹ̣	j		w
<u>Vowels</u>								
high	i		u					
low		a						

Language	bilabial	dental/alveolar	retroflex	palatal	velar	labial-velar
Gugu-Yalanji (364)						
voiceless plosive	p	"t"		c	k	
voiced nasal	m	"n"		ɲ	ŋ	
voiced r-sound		"rr"				
vd. lateral approx.		"l"				
vd. central approx.			ɻ	j		w

Vowels

high	ɪ		u
low		a	

Language	bilabial	dental/alveolar	palatal	velar	labial-velar
Mabuiag (365)					
voiceless plosive	p	"t"		k	
voiced plosive	b	"d"		g	
vl. sibilant fric.		"s"			
vd. sibilant fric.		"z"			
voiced nasal	m	"n"		ŋ	
voiced r-sound		"rr"			
vd. lateral approx.		"l"			
vd. central approx.			j		w

Vowels

high	ɪ				u
mid		"e"		"o"	
low			a		

Language	bilabial	dental	alveolar	retroflex	palatal	velar	labial-velar
Arabana-Wanganura (366)							
voiceless plosive	p	t̪	t	ʈ	c	k	
voiced nasal	m	n̪	n	ɳ	ɲ	ŋ	
voiced trill			r	ɽ			
vd. lateral approx.		l̪	l	ɭ	ʎ		
vd. central approx.				ɻ	j		w

Vowels			
high	i		u
low		a	

Language	bilabial	dental	alveolar	retroflex	palatal	velar	labial-velar
Diyari (367)							
voiceless plosive	p	t̪	t	ʈ	c	k	
voiced plosive			d	ɖ			
voiced nasal	m	n̪	n	ɳ	ɲ	ŋ	
voiced trill			r				
vd. lateral approx.		l̪	l	ɭ	ʎ		
vd. central approx.				ɻ	j		w

Vowels			
high	i		u
low		a	

<u>Language</u>

Bandjalang (368)	bilabial	alveolar	palato-alveolar	palatal	velar	labial-velar
voiced plosive	b	d			g	
vd. sibilant affric.			dʒ			
voiced nasal	m	n	n̠		ŋ	
voiced trill		r				
vd. lateral approx.		l				
vd. central approx.				j		w

<u>Vowels</u>

high	i		u
mid		"e"[1]	
low		a	

<u>Language</u>

Standard Thai (400)	bilabial	labio-dental	dental	dental/alveolar	alveolar	palatal	velar	glottal	variable place	labial-velar
voiceless plosive	p		t̪				k	ʔ		
vl. aspirated plos.	pʰ		t̪ʰ				kʰ			
voiced plosive	b		d̪							
vl. sibilant affric.			t̪s̪							
vl.asp. sib. affric.			t̪s̪ʰ							
vl. nonsibilant fric.		f							h	
vl. sibilant fric.			s̪							
voiced nasal	m		n̪				ŋ			
voiced flap					ɾ					
vd. lateral approx.				"l"						
vd. central approx.						j				w

<u>Vowels</u>

	front	central	back
high	i	ɨ	u
higher mid	e	ə	o
lower mid			ɔ
low	æ	a	

Language	bilabial	labio-dental	dental	dental/alveolar	palatal	velar	velar labialized	velar palatalized	glottal	variable place	labial-velar
Lakkia (401)											
voiceless plosive	p			"t"		k	k^{w}		ʔ		
vl. aspirated plosive	p^{h}			"t^{h}"		k^{h}	k^{wh}	k^{jh}			
laryngealized vd. plosive	b̰										
vl. sibilant affricate				"ts"							
vl. asp. sib. affricate				"ts^{h}"							
vl. nonsibilant fricative		f	θ							h	
vl. lateral fricative				"ɬ"							
voiced nasal	m			"n"		ŋ	$ŋ^{w}$	$ŋ^{j}$			
voiceless nasal	m̥			"n̥"				$ŋ̊^{j}$			
vd. lateral approximant				"l"							
vd. central approximant	β̰				"j"						w
vl. central approximant					"j̊"						ʍ

Vowels

	short oral			long oral			Diphthongs
high	i		u	i:		u:	ie
higher mid	e						uo
lower mid	ɛ			ɛ:	ɔ:		ĩe
low		a			a:		

	short nasalized			long nasalized		
high			ũ	ĩ:		ũ:
higher mid		õ				
lower mid	ɛ̃			ɛ̃:	ɔ̃:	
low		ã			ã:	

Language	bilabial	labio-dental	dental	dental/alveolar	palatal	velar	glottal	variable place
Yay (402)								
voiceless plosive	p			"t"	c	k	ʔ	
vl. aspirated plos.	p^{h}			"t^{h}"	c^{h}	k^{h}		
voiced plosive	b			"d"				
vl. nonsibilant fric.		f	θ					h
vd. nonsibilant fric.		v						
vl. sibilant fric.				"s"				
voiced nasal	m			"n"	ɲ	ŋ		
voiced r-sound				"r"				
vd. lateral approx.				"l"				
vd. central approx.					j			

Vowels

	short			long
high	ɪ	ʉ	u	
mid		"ə"		
lower mid	ɛ		ɔ	
low		a		a:

Language Sui (403)	bilabial	dental/alveolar	alveolar	palato-alveolar	palatal	velar	uvular	glottal	variable place	labial-velar
voiceless plosive	p	"t"				k	q	ʔ		
vl. aspirated plos.	pʰ	"tʰ"				kʰ	qʰ			
voiced plosive	b	"d"								
laryngealized vd. plos.	b̰	"d̰"								
vl. sibilant affric.			ts	tʃ						
vl. asp. sib. affric.			tsʰ	tʃʰ						
vl. nonsibilant fric.	ɸ					x			h	
vd. nonsibilant fric.						ɣ	ʁ			
laryng. vd. nonsib. fric.						ɣ̰				
vl. sibilant fric.		"s"								
vd. sibilant fric.		"z"								
voiced nasal	m	"n"			ɲ	ŋ				
voiceless nasal	m̥	"n̥"			ɲ̊	ŋ̊				
laryngealized vd. nas.	m̰	"n̰"			ɲ̰	ŋ̰				
vd. lateral approx.		"l"								
vd. central approx.					j					w
laryng. vd. cent. approx.					j̰					w̰

Vowels					
high	i				u
mid		"e"	"ə"	"o"	
lower mid			3		
low			a		

Language Saek (404)	bilabial	labio-dental	alveolar	palatal	velar	glottal	variable place
voiceless plosive	p		t		k	ʔ	
vl. aspirated plosive	pʰ		tʰ		kʰ		
voiced plosive	b		d				
vl. nonsibilant affricate				cç			
vl. nonsibilant fricative							h
vd. nonsibilant fricative		v			ɣ		
vl. sibilant fricative			s				
voiced nasal	m		n	ɲ	ŋ		
vd. lateral approximant			l				
vd. central approximant			ɹ	j			

Vowels						Diphthongs
high	i		ɨ		u	ia
higher mid	e			o		ɨa
mid			"ə"			ua
lower mid		ɛ	ɔ			
low			a			

Language	bilabial	labio-dental	dental/alveolar	palato-alveolar	palatal	velar	glottal	variable place
Po-Ai (405)								
voiceless plosive	p		"t"			k	ʔ	
vl. aspirated plosive	p^{h2}		"t^{h}"^{2}			k^{h2}		
vl. sibilant affricate				tʃ				
vl. asp. sib. affricate				tʃ^{h2}				
vl. nonsibilant fricative		f						h
vd. nonsibilant fricative		v						
vl. sibilant fricative				ʃ				
vl. lateral fricative			"ɬ"					
voiced nasal	m		"n"			ŋ		
vd. lateral approximant			"l"					
vd. central approximant						j		

Vowels

	short			long			Diphthong
high	i	ɨ	u	iː		uː	aɨ
higher mid	e					oː	
mid		ə					
lower mid	ɛ		ɔ	ɛː		ɔː	
low		a			aː		

Language	bilabial	labio-dental	dental/alveolar	palato-alveolar	palatal	velar	glottal	variable place
Lungchow (406)								
voiceless plosive	p		"t"			k	ʔ	
vl. aspirated plosive	p^{h}		"t^{h}"			k^{h}		
laryngealized vd. plosive	b̰		"d̰"					
vl. sibilant affricate				tʃ				
vd. sibilant affricate				tʃ^{h}				
vl. nonsibilant fricative		f						h
vd. nonsibilant fricative		v						
vl. sibilant fricative				ʃ				
vl. lateral fricative			"ɬ"					
voiced nasal	m		"n"			ŋ		
vd. lateral approximant			"l"					
vd. central approximant					j			

Vowels

	short			overshort			Diphthong
high	i		u, ɯ	ɪ̆		ŭ, ɯ̆	ua
mid	"e"	"o"					
low		a			ă		

Language	bilabial	dental/alveolar	palato-alveolar	palatal	velar	uvular	pharyngeal	glottal	labial-velar
Atayal (407)									
voiceless plosive	p	"t"			k	q		ʔ	
vl. sibilant affric.		"ts"							
vl. nonsibilant fric.					x		ħ		
vd. nonsibilant fric.	β				ɣ				
vl. sibilant fric.		"s"							
vd. sibilant fric.			ʒ[1]						
voiced nasal	m	"n"			ŋ				
voiced r-sound		"rr"							
vd. central approx.				j[4]					w[4]

Vowels	short			long	
high	i		u	i:	u:
lower mid	ɛ	ɔ			
low		a			

Language	bilabial	dental	dental/alveolar	alveolar	palato-alveolar	palatal	velar	glottal	variable place	labial-velar
Sundanese (408)										
voiceless plosive	p	t̪					k	ʔ		
voiced plosive	b			d			g			
vl. sibilant affric.					tʃ					
vd. sibilant affric.					dʒ					
vl. nonsibilant fric.									h	
vl. sibilant fric.				s						
voiced nasal	m		"n"			ɲ	ŋ			
voiced trill			"r"							
vd. lateral approx.			"l"							
vd. central approx.						j				w

Vowels			
high	i	ɨ	u
mid		"ə"	"o"
lower mid		ɛ	
low		a	

Language	bilabial	dental	dental/alveolar	alveolar	palatal	velar	glottal	variable place	labial-velar
Javanese (409)									
voiceless plosive	p	t̪		t		k	ʔ		
vl. plos. w/breathy release	$p^{ɦ}$	$t̪^{ɦ}$		$t^{ɦ}$		$k^{ɦ}$			
vl. sibilant affricate				ts					
vl. sib. affr. w/breathy release				$ts^{ɦ}$					
vl. nonsibilant fricative								h	
vl. sibilant fricative		s̪							
voiced nasal	m		"n"		ɲ	ŋ			
voiced trill				r					
vd. lateral approximant			"l"						w
vd. central approximant					j				

Vowels

	bilabial	dental	dental/alveolar	alveolar	palatal
high	i				u
higher mid	e			o	
mid			"ə"		
lower mid		ɛ	ɔ		
low			a		

Language	bilabial	labio-dental	dental	dental/alveolar	retroflex	palatal	velar	variable place	labial-velar
Malagasy (410)									
voiceless plosive	p		t̪				k		
voiced plosive	b		d̪				g		
vl. sibilant affric.			t̪s̪						
vd. sibilant affric.			d̪z̪						
vl. nonsibilant fric.		f						h	
vd. nonsibilant fric.		v							
vl. sibilant fric.				"s"					
vd. sibilant fric.				"z"					
voiced nasal	m			"n"					
voiced trill				"r"					
vl. affricated trill					ʈr̥				
vd. affricated trill					ɖr				
vd. lateral approx.				"l"					
vd. central approx.						j			w

Vowels

	bilabial	dental	dental/alveolar	palatal
high	i			
higher mid				o
mid		"e"		
low			a	

Language	bilabial	dental/alveolar	palato-alveolar	retroflex	palatal	velar	glottal	variable place	labial-velar
Cham (411)									
voiceless plosive	p	"t"		ṭ	c	k	ʔ		
vl. aspirated plos.	pʰ	"tʰ"		ṭʰ	cʰ	kʰ			
voiced plosive	b	"d"							
vl. nonsibilant fric.								h	
vl. sibilant fric.			ʃ	ṣ					
voiced nasal	m	"n"			ɲ	ŋ			
voiced r-sound		"rr"							
vd. lateral approx.		"l"							
vd. central approx.					j				w

Vowels

high	ɪ			ɨ			u
higher mid		e				o	
mid				"ə"			
lower mid			ɛ		ɔ		
low				a			

Language	bilabial	dental/alveolar	palatal	velar	variable place
Malay (412)					
voiceless plosive	p	"t"	c	k	
voiced plosive	b	"d"	ɟ	g	
vl. nonsibilant fric.					h
vl. sibilant fric.		"s"			
voiced nasal	m	"n"	ɲ	ŋ	
voiced trill		"r"			
vd. lateral approx.		"l"			

Vowels

high	ɪ				u
higher mid		e		o	
mid			"ə"		
low			a		

Language	bilabial	dental/alveolar	palato-alveolar	palatal	velar	uvular	variable place	labial-velar
Batak (413)								
voiceless plosive	p	"t"			k			
voiced plosive	b	"d"			g			
vd. sibilant affric.			dʒ					
vl. nonsibilant fric.							h	
vl. sibilant fric.		"s"						
voiced nasal	m	"n"			ŋ			
voiced trill						ʀ⁵		
vd. lateral approx.		"l"						
vd. central approx.				j				w
Vowels								
high	ɪ					u		
mid					"o"			
lower mid			ɛ					
low				a				

Language	bilabial	dental/alveolar	palatal	velar	glottal	variable place	labial-velar
Tagalog (414)							
voiceless plosive	p	"t"			?		
voiced plosive	b	"d"		g			
vl. sibilant affric.		"ts"					
vl. nonsibilant fric.						h	
vl. sibilant fric.		"s"					
voiced nasal	m	"n"		ŋ			
vd. lateral approx.		"l"					
vd. central approx.			j				w
Vowels							
high	ι	ʊ					
mid	"ə"						

Language Sa'ban (415)	bilabial	alveolar	palato-alveolar	palatal	velar	glottal	variable place	labial-velar
voiceless plosive	p	t			k	ʔ		
voiced plosive	b	d			g			
vl. sibilant affricate			tʃ					
vd. sibilant affricate			dʒ					
vl. nonsibilant fricative							h	
vl. sibilant fricative		s						
voiced nasal	m	n		ɲ	ŋ			
voiced flap		ɾ						
vd. lateral approximant		l						
vd. central approximant				j				w

Vowels

	short			long
high	i	ɨ	u	
mid		"ə"		
lower mid	ɛ		ɔ	
low		a		aː

Language Chamorro (416)	bilabial	labio-dental	dental/alveolar	alveolar	retroflex	palatal	velar	glottal	variable place	labial-velar
voiceless plosive	p			t			k	ʔ		
voiced plosive	b			d			g			
vl. sibilant affric.				ts						
vd. sibilant affric.				dz						
vl. nonsibilant fric.		f							h	
vl. sibilant fric.			"s"							
voiced nasal	m			n		ɲ	ŋ			
vd. lateral approx.				l						
vd. central approx.					ɻ	j				w

Vowels

high	ɪ		u
mid		"e" "o"	
low		æ ɑ	

Language	bilabial	labio-dental	dental	alveolar	retroflex	palatal	velar	glottal	variable place	labial-velar
Rukai (417)										
voiceless plosive	p		t̪		ʈ		k	ʔ		
voiced plosive	b		d̪		ɖ		g			
vl. sibilant affric.				ts						
vl. nonsibilant fric.			θ						h	
vd. nonsibilant fric.		v	ð							
vl. sibilant fric.				s						
voiced nasal	m			n			ŋ			
voiced trill				r						
vd. lateral approx.				l	ɭ					
vd. central approx.						j				w

Vowels

high	i	ɨ	u
low		a	

Language	bilabial	labio-dental	dental/alveolar	velar	glottal	variable place
Tsou (418)						
voiceless plosive	p		"t"	k	ʔ	
voiced plosive	b					
vl. sibilant affricate			"ts"			
vl. nonsibilant fricative		f				h
vd. nonsibilant fricative		v				
vl. sibilant fricative			"s"			
vd. sibilant fricative			"z"			
voiced nasal	m		"n"	ŋ		
vd. lateral approximant			"l"			

Vowels

						Diphthongs
high	i		ʉ		u	eʉ
mid		"e"		"o"		eo
low			a			ea

Language	bilabial	labio-dental	dental/alveolar	palatal	velar	glottal	variable place
Adzera (419)							
voiceless plosive						?	
vl. aspirated plosive	pʰ		"tʰ"		kʰ		
voiced plosive	b		"d"		g		
vl. asp. sib. affricate			"tsʰ"				
vd. sibilant affricate			"dʒ"				
vl. nonsibilant fricative		f					h
vl. sibilant fricative			"s"				
voiced nasal	m		"n"		ŋ		
voiced trill			"r"				
vd. central approximant				j	ɣ̞		

<u>Vowels</u>

	short			long	
high	i		ɯ	i:	
mid		"o"			"o:"
low		a		a:	

Language	bilabial	dental	velar	glottal	variable place
Roro (420)					
voiceless plosive	p	t̪	k	?	
voiced plosive	b				
vl. nonsibilant fric.					h
voiced nasal	m	n̪			
voiced flap		ɾ̪			

<u>Vowels</u>

high	i			u
mid		"e"	"o"	
low		a		

Language	bilabial	dental/alveolar	alveolar	retroflex	velar	variable place	labial-velar
Kaliai (421)							
voiceless plosive	p	"t"			k		
voiced plosive	b[1]	"d"[1]			g[1]		
vl. nonsibilant fric.						h	
vd. nonsibilant fric.	β						
vl. sibilant fric.		"s"					
voiced nasal	m	"n"			ŋ		
voiced trill			r				
voiced flap				ɽ			
vd. lateral approx.		"l"					
vl. central approx.							ʍ

Vowels

high	i		u
mid	"e"		"o"
low		a	

Language	bilabial	labio-dental	dental	dental/alveolar	alveolar	palato-alveolar	retroflex	palatal	velar	variable place	labial-velar
Iai (422)											
voiceless plosive	p			"t"			ʈ		k		
voiced plosive	b			"d"			ɖ		g		g͡b
vl. sibilant affricate						tʃ					
vd. sibilant affricate						dʒ					
vl. nonsibilant affricate	ɸ	f	θ						x	h	
vd. nonsibilant affricate	β		ð								
vl. sibilant fricative				"s"		ʃ					
voiced nasal	m			"n"			ɳ	ɲ	ŋ		ŋ͡m
voiceless nasal	m̥						ɳ̊	ɲ̊	ŋ̊		ŋ͡m̊
vd. lateral approximant							ɭ				
vl. lateral approximant							ɭ̊				
vd. central approximant					ɹ						w
vl. central approximant											ʍ

Vowels

	short			long		
high	i, y		u	iː		uː
higher mid	e		o	eː		oː
lower mid	ɛ, œ	ɔ		ɛː	ɔː	
low	æ			æː		

Language	bilabial	labio-dental	dental	alvedar	velar	variable place	labial-velar
Maori (423)							
voiceless plosive	p		t̪		k		
vl. nonsibilant fric.		f				h	
voiced nasal	m			n	ŋ		
voiced trill				r			
vd. central approx.							w
Vowels							
high	i				u		
mid				"o"			
lower mid		ɛ					
low				ɑ			

Language	bilabial	dental/alveolar	velar	glottal	variable place	labial-velar
Hawaiian (424)						
voiceless plosive	p		k	ʔ		
vl. nonsibilant fric.					h	
voiced nasal	m	"n"				
vd. lateral approx.		"l"				
vd. central approx.						w
Vowels						
high	i		u			
mid			"o"			
lower mid		ɛ				
low		a				

Language	bilabial	labio-dental	dental/alveolar	alveolar	retroflex	palatal	velar	uvular	labial-palatal	labial-velar
Mandarin (500)										
voiceless plosive	p		"t"				k			
vl. aspirated plos.	pʰ		"tʰ"				kʰ			
vl. sibilant affric.			"ts"		ʈʂ					
vl. asp. sib. affric.			"tsʰ"		ʈʂʰ					
vl. nonsibilant affric.						cç				
vl. asp. nonsib. affric.						cçʰ				
vl. nonsibilant fric.		f				ç		χ		
vl. sibilant fric.			"s"		ʂ					
vd. sibilant fric.					ʐ					
voiced nasal	m			n			ŋ			
vd. lateral approx.			"l"							
vd. central approx.						j			ɥ	w

Vowels

high	i, y				u
higher mid				ɤ̟	
mid			"ə˞"[4]		
low			a, a˞[4]		

Language	bilabial	labio-dental	dental/alveolar	palato-alveolar	palatal	velar	velar labialized	variable place	labial-velar
Taishan (501)									
voiceless plosive	p		"t"			k	kʷ		
vl. aspirated plosive	pʰ		"tʰ"			kʰ	kʷʰ		
vl. sibilant affricate				tʃ					
vl. asp. sib. affricate				tʃʰ					
vl. nonsibilant fricative		f						h	
vl. sibilant fricative				ʃ					
vl. lateral fricative			"ɬ"						
voiced nasal	m		"n"			ŋ			
vd. lateral approximant			"l"						
vd. central approximant					j				w

Vowels

high	i		u
lower mid			ɔ
low		æ a	

Language	bilabial	bilabial prenasalized	labio-dental	dental/alveolar	dental/alv. prenasalized	velar	velar prenasalized	variable place	labial-velar
Hakka (502)									
voiceless plosive	p			"t"		k			
vl. aspirated plos.	p^h			"t^h"		k^h			
voiced plosive		^mb			nd		^ŋg		
vl. sibilant affric.				"ts"					
vl. asp. sib. affric.				"ts^h"					
vl. nonsibilant fric.			f					h	
vl. sibilant fric.				"s"					
vd. lateral approx.				"l"					
vd. central approx.									w

<u>Vowels</u>

high	i			u
lower mid		ɛ	ɔ	
low		$æ^4$	a	

Language	bilabial	labio-dental	dental/alveolar	palatal	velar	glottal	variable place	labial-velar
Changchow (503)								
voiceless plosive	p		"t"		k	?		
vl. aspirated plos.	p^h		"t^h"		k^h			
vl. plos. w. breathy rel.	$p^ɦ$		"$t^ɦ$"		$k^ɦ$			
vl. sibilant affric.			"ts"					
vl. asp. sib. affric.			"ts^h"					
vl. sib. af./breathy rel.			"$ts^ɦ$"					
vl. nonsibilant fric.		f					h	
vd. nonsibilant fric.		v					ɦ	
vl. sibilant fric.			"s"					
vd. sibilant fric.			"z"					
voiced nasal	m		"n"		ŋ			
vd. lateral approx.			"l"					
vd. central approx.				j				w

<u>Vowels</u>

	oral			nasalized	
high	i, y		u	ĩ	
mid		"ə" "o"			"õ"
low		æ a			

Language						
Amoy (504)	bilabial	dental/alveolar	palato-alveolar	velar	glottal	variable place
voiceless plosive	p	"t"		k	ʔ	
vl. aspirated plos.	p^h	"t^h"		k^h		
voiced plosive	b	"d"		g		
vl. sibilant affric.		"ts"				
vl. asp. sib. affric.		"ts^h"				
vd. sibilant affric.		"dz"	dʒ			
vl. nonsibilant fric.						h
vl. sibilant fric.		"s"				
voiced nasal	m	"n"		ŋ		

Vowels

high	i					u
higher mid		e			o	
lower mid				ɔ		
low			a			

Language			
Fuchow (505)	bilabial	dental/alveolar	velar
voiceless plosive	p	"t"	k
vl. aspirated plos.	p^h	"t^h"	k^h
vl. sibilant affric.		"ts"	
vl. asp. sib. affric.		"ts^h"	
vl. nonsibilant fric.			x
vl. sibilant fric.		"s"	
voiced nasal	m	"n"	ŋ
vd. lateral approx.		"l"	

Vowels

high	i, y				u
lower mid		ɛ, œ		ɔ	
low			a		

Language

Kan (506)

	bilabial	dental/alveolar	retroflex	palatal	velar	variable place
voiceless plosive	p	"t"			k	
vl. aspirated plos.	pʰ	"tʰ"			kʰ	
vl. sibilant affric.		"ts"				
vl. asp. sib. affric.		"tsʰ"				
vl. nonsibilant affric.				cç		
vl. asp. nonsib. affric.				cçʰ		
vl. nonsibilant fric.	ɸ			ç		h
vl. sibilant fric.		"s"				
voiced nasal	m	"n"		ɲ	ŋ	
vd. lateral approx.		"l"				
vd. central approx.			ɻ			

Vowels

high	i, y		u
mid		"ə"	"o"
lower mid		ɛ	
low		a	

Language

Tamang (507)

	bilabial	dental	alveolar	palatal	velar	variable place	labial-velar
voiceless plosive	p	t̪			k		
vl. aspirated plos.	pʰ	t̪ʰ			kʰ		
vl. sibilant affric.		t̪s̪					
vl. asp. sib.affric.		t̪s̪ʰ					
vl. nonsibilant affric.			tǯ				
vd. nonsibilant affric.			dǯ				
vl. nonsibilant fric.						h	
vl. sibilant fric.		s̪					
voiced nasal	m	n̪			ŋ		
voiced trill		r̪					
vd. lateral approx.		l̪					
vd. central approx.				j			w

Vowels

	plain			breathy		
high	i		u	i̤		ṳ
higher mid	e	o		e̤	o̤	
low	a			a̤		

Language Dafla (508)	bilabial	dental	dental/alveolar	alveolar	palatal	velar	variable place
voiceless plosive	p		"t"			k	
voiced plosive	b		"d"			g	
vd. nonsibilant fric.						x	ɦ
vl. sibilant fric.			"s"				
voiced nasal	m		"n"			ŋ	
voiced trill				r			
vd. lateral approx.		l̪					
vd. central approx.					j		

Vowels	voiced				voiceless	
high	i			u, ɯ	i̥	ɯ̥
lower mid		ɛ	ɔ, ʌ			
low			ɑ			

Language Burmese (509)	bilabial	dental	dental/alveolar	palato-alveolar	palatal	velar	glottal	variable place	labial-velar
voiceless plosive	p		"t"			k	ʔ		
vl. aspirated plos.	pʰ		"tʰ"			kʰ			
voiced plosive	b		"d"			g			
vl. sibilant affric.				tʃ					
vl. asp. sib. affric.				tʃʰ					
vd. sibilant affric.				dʒ					
vl. nonsibilant fric.		θ						h	
vd. nonsibilant fric.		ð							
vl. sibilant fric.			"s"	ʃ					
vl. asp. sib. fric.			"sʰ"						
vd. sibilant fric.			"z"						
voiced nasal	m		"n"		ɲ	ŋ			
voiceless nasal	m̥		"n̥"		ɲ̊	ŋ̊			
vd. lateral approx.			"l"						
vl. lateral approx.			"l̥"						
vd. central approx.					j				w
vl. central approx.									ʍ[1]

Vowels	oral								nasalized			Diphthongs
high	i							u	ĩ		õ	ẽi
higher mid		e					o					õu
mid				"ə"								
lower mid			ɛ			ɔ						
low					a					æ̃		

Language	bilabial	labio-dental	dental/alveolar	palato-alveolar	palatal	velar	uvular	glottal	variable place	labial-velar
Lahu (510)										
voiceless plosive	p		"t"			k	q	ʔ[1]		
vl. aspirated plos.	pʰ		"tʰ"			kʰ	qʰ			
voiced plosive	b		"d"			g				
vl. sibilant affric.				tʃ						
vl. asp. sib. affric.				tʃʰ						
vd. sibilant affric.				dʒ						
vl. nonsibilant fric.		f							h	
vd. nonsibilant fric.		v				ɣ				
vl. sibilant fric.				ʃ						
voiced nasal	m		"n"			ŋ				
vd. lateral approx.			"l"							
vd. central approx.					j					w[2]

Vowels

high	i	ɨ	u
higher mid	e	ə	o
mid	"e"		
lower mid			ɔ
low		a	

Language	bilabial	dental/alveolar	palato-alveolar	palatal	velar	glottal	variable place	labial-velar
Jingpho (511)								
voiceless plosive	p	"t"			k	ʔ		
vl. aspirated plos.	pʰ	"tʰ"			kʰ			
voiced plosive	b	"d"			g			
vl. sibilant affric.		"ts"	tʃ					
vl. asp. sib. affric.			tʃʰ[1]					
vd. sibilant affric.		"dz"	dʒ					
vl. nonsibilant fric.							h	
vl. sibilant fric.		"s"	ʃ					
voiced nasal	m	"n"			ŋ			
voiced r-sound		"r"						
vd. lateral approx.		"l"						
vd. central approx.				j				w

Vowels

high	i		u
mid	"e"		"o"
low		a	

Language Ao (512)	bilabial	alveolar	retroflex	palatal	velar	glottal	labial-velar
voiceless plosive	p	t			k	ʔ	
vl. nonsibilant affric.				cç			
vl. sibilant fric.		s					
vd. sibilant fric.		z					
vd. lateral fric.			ḷ				
voiced nasal	m	n			ŋ		
vd. lateral approx.		l					
vd. central approx.				j			w

Vowels

high i u, ɯ

higher mid e o

low a

Language Tiddin Chim (513)	bilabial	labio-dental	alveolar	velar	glottal	variable place	labial-velar
voiceless plosive	p		t	k	ʔ		
vl. aspirated plos.	pʰ		tʰ				
voiced plosive	b		d	g			
vl. sibilant affric.			ts				
vl. nonsibilant fric.				x		h	
vd. nonsibilant fric.		v					
vl. sibilant fric.			s				
vd. sibilant fric.			z				
voiced nasal	m		n	ŋ			
vd. lateral approx.			l				
laryng. vd. lat. approx.			l̰				
laryng. vd. cent. approx.							w̰

Vowels

high i u

lower mid ɛ ɔ

low a

Language

Garo (514)	bilabial	dental	alveolar	velar	glottal	variable place	labial-velar
voiceless plosive	p	t̪		k	ʔ		
voiced plosive	b	d̪		g			
vl. sibilant affric.			ts				
vd. sibilant affric.			dz				
vl. nonsibilant fric.						h	
vl. sibilant fric.			s				
voiced nasal	m	n̪		ŋ			
voiced flap			ɾ				
vd. central approx.							w

Vowels

high	i			u
higher mid		e	o	
low		a		

Language

Boro (515)	bilabial	alveolar	palatal	velar	variable place
voiceless plosive	p	t		k	
voiced plosive	b	d		g	
vl. nonsibilant fric.					h
vl. sibilant fric.		s			
vd. sibilant fric.		z			
voiced nasal	m	n		ŋ	
voiced flap		ɾ			
vd. lateral approx.		l			
vd. central approx.			j		

Vowels

high	i		u
mid		"e" "ə" "o"	
low		a	

Language

Karen (516)

	bilabial	dental	dental/alveolar	alveolar	palato-alveolar	palatal	velar	glottal	variable place	labial-velar
voiceless plosive	p		"t"			c[1]	k	ʔ		
vl. aspirated plos.	pʰ		"tʰ"			cʰ[1]	kʰ			
voiced implosive	ɓ		"ɗ"							
vl. nonsibilant fric.		θ					x		ɦ[1]	
vd. nonsibilant fric.							ɣ			
vl. sibilant fric.			"s"		ʃ[1]					
vl. asp. sib. fric.			"sʰ"							
vd. sibilant fric.			"z"[1]							
voiced nasal	m		"n"			ɲ[1]	ŋ[1]			
vd. lateral approx.				l						
vd. central approx.				ɹ		j				w

Vowels

high	i			ɨ		u
higher mid		e			o	
lower mid			ɛ, ɛ̰	ɔ		
low				a		

Language

Yao (517)

	bilabial	labio-dental	dental	dental/alveolar	palatal	velar	glottal	variable place	labial-velar
voiceless plosive	p		t̪		c	k	ʔ		
vl. aspirated plos.	pʰ		t̪ʰ		cʰ	kʰ			
voiced plosive	b		d̪		ɟ	g			
vl. sibilant affric.				"ts"					
vl. asp. sib. affric.				"tsʰ"					
vd. sibilant affric.				"dz"					
vl. nonsibilant fric.		f						h	
vl. sibilant fric.				"s"					
voiced nasal	m	ɱ			ɲ	ŋ			
voiceless nasal	m̥	ɱ̊			ɲ̊	ŋ̊			
vd. lateral approx.				"l"					
vl. lateral approx.				"l̥"					
vd. central approx.					j				w
vl. central approx.					j̊				ʍ

Vowels

	short					long
high	i				u	
higher mid		e			o	
lower mid				ɔ		
low			æ	a		a:

<u>Language</u>						
Andamanese (600)	**bilabial**	**dental/alveolar**	**palato-alveolar**	**palatal**	**velar**	**labial-velar**
voiceless plosive	p	"t̪"			k	
voiced plosive	b	"d̪"			g	
vl. sibilant affric.			tʃ			
vd. sibilant affric.			dʒ			
voiced nasal	m	"n̪"		ɲ	ŋ	
vd. lateral approx.		"l̪"				
vd. central approx.		"ɹ"		j		w

<u>**Vowels**</u>

high	i				u
mid		"e"			"o"
lower mid		ɛ		ɔ	
low		æ	a		

<u>Language</u>							
Asmat (601)	**bilabial**	**labio-dental**	**alveolar**	**palato-alveolar**	**palatal**	**velar**	**labial-velar**
voiceless plosive	p		t			k	
vl. sibilant affric.				tʃ			
vl. nonsibilant fric.		f			ʝ		
vl. sibilant fric.			s				
voiced nasal	m		n				
voiced flap			ɾ[1]				
vd. central approx.							w

<u>**Vowels**</u>

high	i				u
higher mid		e			
mid			"ə"		
lower mid				ɔ	
low			a		

Language	bilabial	bilabial labialized	bilabial prenasalized	bilab. labialized & prenas.	alveolar	alveolar prenasalized	palato-alveolar	palato-alv. prenasalized	palatal	velar	velar labialized	velar prenasalized	vel. labialized & prenasalized	glottal	variable place	labial-velar
Washkuk (602)																
voiceless plosive					t					k	kʷ			ʔ		
voiced plosive			ᵐb	ᵐbʷ		ⁿd						ᵑg	ᵑgʷ			
vl. sibilant affric.							tʃ									
vd. sibilant affric.								ⁿdʒ								
vl. nonsib. fric.	ɸ	ɸʷ													h	
vd. nonsib. fric.	β															
vl. sibilant fric.					s		ʃ									
voiced nasal	m	mʷ			n				ɲ							
voiced flap					ɾ											
vd. central approx.									j							w
Vowels																
high	i				ɨ			u								
higher mid		e														
mid						"o"										
lower mid				ɛ												
low					a											

Language	bilabial	labio-dental	dental/alveolar	palatal	velar	variable place	labial-velar
Sentani (603)							
voiceless plosive	p		"t"		k		
voiced plosive			"d"				
vl. nonsibilant fric.		f				h	
voiced nasal	m		"n"				
vd. central approx.				j			w
Vowels							
high	i				u		
higher mid		e					
mid			"ə"				
lower mid			ɛ	ɔ			
low			a̟				

Language

Nimboran (604)

	bilabial	dental	velar	variable place
voiceless plosive	p	t̪	k	
voiced plosive	b	d̪	g	
vl. nonsibilant fric.				h
vl. sibilant fric.		s̪		
voiced nasal	m	n̪	ŋ	
voiced r-sound		r̪r̪		

Vowels

high	i	ɨ	ɯ
mid	"e"		"ɤ"
low		a	

Language

Iwam (605)

	bilabial	alveolar	palatal	velar	variable place	labial-velar
voiceless plosive	p	t		k		
vl. nonsibilant fric.					h	
vl. sibilant fric.		s				
voiced nasal	m	n		ŋ		
voiced r-sound		rr				
vd. central approx.			j			w

Vowels

high	i		u
mid	"e"	"ə"	"o"
low		a	

<u>Language</u>

Telefol (606)

	bilabial	labio-dental	dental/alveolar	palatal	velar	velar labialized	labial-velar
voiceless plosive	p[2]		"t"		k	kʷ	
voiced plosive	b		"d"[2]		g[2]		
vl. nonsibilant fric.		f					
vl. sibilant fric.			"s"				
voiced nasal	m		"n"		ŋ		
vd. lateral approx.			"l"				
vd. central approx.				j			w

<u>Vowels</u>

	short		long			
high	ɪ	u	ɪ:			u:
lower mid				ɛ:		ɔ:
low	a				a:	

<u>Language</u>

Selepet (607)

	bilabial	bilabial prenasalized	dental	dental prenasalized	alveolar	palatal	velar	velar prenasalized	variable place	labial-velar
vl. aspirated plos.	pʰ		t̪ʰ				kʰ			
voiced plosive		ᵐb		ⁿd̪				ᵑg		
vl. nonsibilant fric.									h	
vl. sibilant fric.					s					
voiced nasal	m		n̪				ŋ			
voiced flap					ɾ					
vd. lateral approx.					l					
vd. central approx.						j				w

<u>Vowels</u>

high	ɪ				u
higher mid				o	
lower mid		ɛ			
low			a	♀	

Language

Gadsup (608)

	bilabial	dental/alveolar	alveolar	palatal	velar	glottal
voiceless plosive	p		t		k	?
voiced plosive			d			
vd. nonsibilant fric.	β					
voiced nasal	m	"n"				
vd. central approx.				j		

Vowels

	short			long	
high	i		u		
higher mid				e:	o:
lower mid		ε			
low				a̟:	

Language

Yagaria (609)

	bilabial	labio-dental	alveolar	palatal	velar	glottal	variable place
voiceless plosive	p		t		k	?	
voiced plosive	b		d		g		
vl. nonsibilant fric.							h
vd. nonsibilant fric.		v					
vl. sibilant fric.			s				
voiced nasal	m		n				
vd. lateral approx.					ǥ		
vd. central approx.				j			

Vowels

					Diphthongs
high	i			u	εi
mid			"o"		ae
lower mid	ε				ao
low		a			ou

Language

Kewa (610)	bilabial	bilabial prenasalized	alveolar	alveolar prenasalized	palatal	velar	labial-velar
voiceless plosive			t		c		
voiced plosive		ᵐb		ⁿd		g	
vl. nonsibilant fric.	ɸ					x	
vl. sibilant fric.			s				
voiced nasal	m		n		ɲ		
voiced flap			ɾ				
voiced lateral flap			ɺ				
vd. central approx.					j		w

Vowels

high	i			u
mid		"e"	"o"	
low		a		

Language

Chuave (611)	bilabial	labio-dental	alveolar	palatal	velar	labial-velar
voiceless plosive			t		k	
voiced plosive	b		d		g	
vl. nonsibilant fric.		f				
vl. sibilant fric.			s			
voiced nasal	m		n			
voiced flap			ɾ			
vd. central approx.				j		w

Vowels

high	i			u
mid		"e"	"o"	
low		a		

Language	bilabial	dental/alveolar	retroflex	palatal	velar	variable place	labial-velar
Pawaian (612)							
voiceless plosive	p	"t"			k		
vl. nonsibilant fric.						h	
vl. sibilant fric.		"s"					
voiced nasal	m	"n"					
voiced flap			ɽ				
vd. central approx.				j			w

Vowels

	oral				nasalized		
high	i		u	ɨ			ũ
mid		"o"				"õ"	
lower mid	ɛ	ɔ			ɛ̃	ɔ̃	
low	a̟				ã̟		

Language	bilabial	dental/alveolar	palatal	velar	velar labialized	glottal	variable place	labial-velar
Dani (613)								
voiceless plosive	p	"t"		k	k^w	ʔ		
vl. nonsibilant fric.							h	
vl. sibilant fric.		"s"						
voiced nasal	m	"n"						
vd. lateral approx.		"l"						
vd. central approx.			j					w

Vowels

						Diphthongs	
high	i	ɪ		ʊ	u	ei	oi
mid		"e"	"o"			ai	ou
low		a				au	

Language	bilabial	bilabial prenasalized	dental/alveolar	dental/alv. prenasalized	velar	velar labialized	velar prenasalized	vel. labialized & prenasaliz
Wantoat (615)								
voiceless plosive	p		"t"		k	k^{w}		
voiced plosive		^{m}b		"^{n}d"			^{ŋ}g	$^{ŋ}g^{w}$
vl. sibilant fric.			"s"					
vd. sibilant fric.				"^{n}z"				
voiced nasal	m		"n"		ŋ	$ŋ^{w}$		

Vowels

high	ɪ		u
mid	"e"	"ə"	"o"
low	æ	a	

Language	bilabial	alveolar	palatal	velar	variable place	labial-velar
Daribi (616)						
voiceless plosive	p	t		k		
vl. aspirated plos.	p^{h}	t^{h}		k^{h}		
vl. nonsibilant fric.					h	
vl. sibilant fric.		s				
voiced nasal	m	n				
voiced flap		ɾ				
vd. central approx.			j			w

Vowels

	oral		nasalized	
high	ɪ	u	ɪ̃	ũ
mid	"e"	"o"	"ẽ"	"õ"
low	a		ã	

Language	bilabial	alveolar	palatal	velar	variable place	labial-velar
Fasu (617)						
voiceless plosive	p	t		k		
vl. nonsibilant fric.	Φ				h	
vl. sibilant fric.		s				
voiced nasal	m	n				
voiced flap		ɾ				
vd. central approx.			j			w

Vowels

	oral			nasalized		
high	i		u	ĩ		ũ
mid	"e"		"o"	"ẽ"		"õ"
low		a			ã	

Language	bilabial	dental/alveolar	palatal	velar	labial-velar
Suena (618)					
voiceless plosive	p	"t"		k	
voiced plosive	b	"d"		g	
vd. sibilant affric.		"dz"			
vl. sibilant fric.		"s"			
voiced nasal	m	"n"			
voiced flap		"ɾ"			
vd. central approx.			j		w

Vowels

high	i		u
lower mid	ɛ		ɔ
low		a	

<u>Language</u>	bilabial	dental/alveolar	palatal	velar	labial-velar
Dera (619)					
voiceless plosive	p	"t"		k	
voiced plosive	b	"d"		g	
voiced nasal	m	"n"		ŋ	
vd. central approx.			j		w

<u>Vowels</u>

high	i		u
mid		"e" "ə" "o"	
low		a	

<u>Language</u>	bilabial	dental	dental/alveolar	retroflex	velar	uvular
Kunimaipa (620)						
voiceless plosive	p		"t"		k	
voiced plosive	b	d̪			g	ɢ
vl. sibilant fric.			"s"			
vd. sibilant fric.			"z"			
voiced nasal	m		"n"		ŋ	
voiced flap				ɽ		
vd. lateral approx.			"l"			
vd. central approx.	β̞					

<u>Vowels</u>

high	i			o u
higher mid		e		
low			a	

Language	bilabial	alveolar	palatal	velar	labial-velar
Yareba (621)					
voiceless plosive		t		k	
voiced plosive	b	d		g	
vd. sibilant affric.		dz			
vl. nonsibilant fric.	Φ				
vl. sibilant fric.		s			
voiced nasal	m	n			
voiced flap		ɾ			
vd. central approx.			j		w

Vowels

high	i		u
mid	"e"		"o"
low		a	

Language	bilabial	labio-dental	dental	alveolar	velar	variable place
Koiari (622)						
voiceless plosive				t	k	
voiced plosive	b			d	g	
vl. nonsibilant fric.		f				h
vd. nonsibilant fric.			ð			
voiced nasal	m			n		
voiced flap				ɾ		

Vowels

high	i		u
mid	"e"		"o"
low		a	

<u>Language</u>

Taoripi (623)	bilabial	labio-dental	dental/alveolar	velar	variable place
voiceless plosive	p		"t"	k	
vl. nonsibilant fric.		f			h
vl. sibilant fric.			"s"		
voiced nasal	m				
vd. lateral approx.			"l"		

<u>Vowels</u>

high	i		u
mid	"e"		"o"
lower mid			ɔ
low		a	

<u>Language</u>

Nasioi (624)	bilabial	dental/alveolar	velar	glottal
voiceless plosive	p	"t"	k	ʔ
voiced plosive	b			
voiced nasal	m	"n"		
voiced flap		"ɾ"		

<u>Vowels</u>

high	i		u
higher mid			o
lower mid	ε		
low		a	

Language	bilabial	alveolar	velar
Rotokas (625)			
voiceless plosive	p	t	k
voiced plosive			g
vd. nonsibilant fric.	β		
voiced tap		D	

Vowels

high	i				u
mid		"e"		"o"	
low			a		

Language	bilabial	bilabial labialized	bilabial palatalized	bilabial prenasalized	bilabial labialized & prenasalized	labio-dental	dental/alveolar	dental/alv. labialized	dental/alv. palatalized	dental/alv. prenasalized	dental/alv. labialized & prenasalized	palatal	velar	velar labialized	velar palatalized	velar prenasalized	velar labialized & prenasalized	labial-velar
Nambakaengo (626)																		
voiceless plosive	p	pʷ	pʲ				"t"	"tʷ"	"tʲ"				k	kʷ	kʲ			
vl. asp. plos.	pʰ						"tʰ"						kʰ					
voiced plosive				ᵐb	ᵐbʷ					"ⁿd"	"ⁿdʷ"					ᵑg	ᵑgʷ	
vd. nonsib. fric.						v												
vl. sib. fric.							"s"											
voiced nasal	m	mʷ					"n"	"nʷ"	"nʲ"[5]				ŋ	ŋʷ				
vd. lat. approx.							"l"											
vd. cent. approx.												j						\

Vowels

	oral			nasalized			Diphthong
high	i	ʉ	u	ĩ		ũ	e͡i
mid	"e"	"ə"	"o"		"ẽ"	"õ"	
low	æ	a	ɑ	æ̃	ã	ɑ̃	

Language Haida (700)	bilabial	dental/alveolar	palato-alveolar	palatal	velar	velar labialized	uvular	uvular labialized	glottal	variable place	labial-velar
voiceless plosive	p	"t"		c	k	k^{w}	q	q^{w}	ʔ		
vl. aspirated plos.	p^{h}[1]	"tʰ"		cʰ	kʰ	k^{wh}	qʰ	q^{wh}			
vl. ejective stop		"tʼ"		cʼ	kʼ	k^{w}ʼ	qʼ	q^{w}ʼ			
vl. sibilant affric.			tʃ								
vl. asp. sib. affric.			tʃʰ								
vl. sib. eject. affric.			tʃʼ								
vl. lateral affric.		"tɬ"									
vd. lateral affric.		"dlʒ"									
vl. lat. eject. affric.		"tɬʼ"									
vl. nonsibilant fric.				ç	x	x^{w}	χ	$χ^{w}$		h	
vl. lateral fric.		"ɬ"									
voiced nasal	m	"n"			ŋ						
laryngealized vd. nas.	m̰	"n̰"			ŋ̰						
vd. lateral approx.		"l"									
laryng. vd. lat. approx.		"l̰"									
vd. central approx.				j							w
laryng. vd. cent. approx.				j̰							w̰

Vowels

high	I		o
low		a	

Language Tlingit (701)	bilabial	dental/alveolar	palato-alveolar	palatal	velar	velar labialized	uvular	uvular labialized	glottal	labial-velar
voiceless plosive	p	"t"			k	k^{w}	q	q^{w}	ʔ	
voiced plosive	b	"d"			g	g^{w}	ɢ	$ɢ^{w}$		
vl. ejective stop	pʼ	"tʼ"			kʼ	k^{w}ʼ	qʼ	q^{w}ʼ		
vl. sibilant affric.		"ts"	tʃ							
vd. sibilant affric.		"dz"	dʒ							
vl. sib. eject. affric.		"tsʼ"	tʃʼ							
vl. lateral affric.		"tɬ"								
vd. lateral affric.		"dlʒ"								
vl. lat. eject. affric.		"tɬʼ"								
vl. nonsibilant fric.					x	x^{w}	χ	$χ^{w}$		
vl. nonsib. eject. fric.					xʼ	x^{w}ʼ	χʼ	$χ^{w}$ʼ		
vl. sibilant fric.		"s"								
vl. sib. eject. fric.		"sʼ"								
vl. lateral fric.		"ɬ"								
vl. lat. eject. fric.		"ɬʼ"								
voiced nasal		"n"								
vd. central approx.				j						w

Vowels

high	I			u
mid		"e"	"o"	
low		a		

Language Navaho (702)	bilabial	alveolar	palato-alveolar	palatal	velar	velar labialized	glottal	variable place	labial-velar
voiceless plosive	p	t			k		ʔ[4]		
vl. aspirated plosive		tʰ			kʰ	kʷʰ[1]			
vl. ejective stop		t'			k'				
vl. sibilant affricate		ts	tʃ						
vl. asp. sib. affricate		tsʰ	tʃʰ						
vl. sib. eject. affricate		ts'	tʃ'						
vl. lateral affricate		tɬ							
vd. lateral affricate		dɮ							
vl. lat. eject. affricate		tɬ'							
vl. nonsibilant fricative					x			h	
vd. nonsibilant fricative					ɣ				
vl. sibilant fricative		s	ʃ						
vd. sibilant fricative		z	ʒ						
vl. lateral fricative		ɬ							
voiced nasal	m[1]	n							
vd. lateral approximant		l							
vd. central approximant				j					w[1]

Vowels

	short oral			long oral		
high	ɩ			iː		
higher mid						oː
lower mid	ɛ		ɔ	ɛː		
low		a			aː	

	short nasalized			long nasalized		
high	ɩ̃			ĩː		
higher mid						õː
lower mid	ɛ̃		ɔ̃	ɛ̃ː		
low		ã			ãː	

Language Chipewyan (703)	bilabial	dental	dental/alveolar	dental/alveolar velarized	palato-alveolar	palatal	velar	velar labialized	glottal	variable place
voiceless plosive	p		"t"	"ɫ"			k	kʷ	ʔ	
vl. ejective stop			"t'"				k'	kʷ'		
vl. nonsibilant affricate		t̪θ								
vl. asp. nonsib. affricate		t̪θʰ					kxʰ	kxʷʰ		
vl. nonsib. eject. affricate		t̪θ'								
vl. sibilant affricate			"ts"		tʃ					
vl. asp. sib. affricate			"tsʰ"		tʃʰ					
vl. sib. eject. affricate			"ts'"		tʃ'					
vl. lateral affricate			"tɬ"							
vl. asp. lat. affricate			"tɬʰ"							
vl. lat. eject. affricate			"tɬ'"							
vl. nonsibilant fricative		θ					x	xʷ		h
vd. nonsibilant fricative		ð					ɣ	ɣʷ		
vl. sibilant fricative			"s"		ʃ					
vd. sibilant fricative			"z"							
voiced nasal			"n"							
voiced trill			"r"							
vd. lateral approximant			"l"							
vl. lateral approximant			"l̥"							
vd. central approximant						j				

Vowels

	short			long	
high	i		u	iː	uː
higher mid	e	o			
low		a		aː	

	short nasalized			long nasalized	
high	ĩ		ũ	ĩː	ũː
higher mid					
low		ã		ãː	

Language	bilabial	dental/alveolar	alveolar	palato-alveolar	retroflex	palatal	velar	velar labialized	glottal	variable place	labial-velar
Tolowa (704)											
voiceless plosive	p	"t"					k	kʷ	ʔ		
vl. aspirated plosive		"tʰ"									
vl. ejective stop		"t'"					k'	kʷ'			
vl. sibilant affricate				tʃ							
vl. asp. sib. affricate				tʃʰ							
vl. sib. eject. affricate			ts'	tʃ'	ʈʂ'						
vl. nonsibilant fricative							x	xʷ		h	
vd. nonsibilant fricative							ɣ				
vl. sibilant fricative			s	ʃ	ʂ						
vl. lateral fricative		"ɬ"									
voiced nasal	m	"n"									
laryngealized vd. nasal	m̰	"n̰"									
vd. lateral approximant		"l"									
vd. central approximant						j					w

Vowels

	short oral		long oral	
high	i	u	i:	u:
mid	"e""ə"		"e:"	
low	a		a:	

	short nasalized		long nasalized	
high	ĩ	ũ	ĩ:	ũ:
mid				
low	ã		ã:	

Language	bilabial	alveolar	palato-alveolar	palato-alv. labialized	palatal	velar	velar labialized	uvular	glottal	variable place	var. place labialized	labial-velar
Hupa (705)												
voiceless plosive		t			c			q	ʔ			
vl. aspirated plos.		tʰ			cʰ							
vl. ejective stop		t'			c'			q'				
vl. sibilant affric.		ts	tʃ									
vl. asp. sib. affric.		tsʰ		tʃʷʰ								
vl. sib. eject. affric.		ts'	tʃ'									
vl. lat. eject. affric.		tɬ'										
vl. nonsibilant fric.						x	xʷ			h	hʷ	
vl. sibilant fric.		s										
vl. lateral fric.		ɬ										
voiced nasal	m	n				ŋ						
vd. lateral approx.		l										
vd. central approx.					j							w

Vowels

	short		long	
high	ɩ			
mid	"e"	"o"	"e:"	"o:"
low	a		a:	

Language									
Nez Perce (706)	bilabial	dental	alveolar	palatal	velar	uvular	glottal	variable place	labial-velar
voiceless plosive	p	t̪	t		k		ʔ		
vl. ejective stop	p'	t̪'	t'		k'	q'			
vl. nonsibilant affric.						qχ			
vl. nonsibilant fric.					x			h	
vl. sibilant fric.			s						
vl. lateral fric.			ɬ						
voiced nasal	m	n̪							
laryngealized vd. nas.	m̰	n̪̰							
vd. lateral approx.			l						
laryng. vd. lat. approx.			l̰						
vd. central approx.				j					w
laryng. vd. cent. approx.				j̰					w̰

Vowels

high	ɩ			ɯ
lower mid			ɔ	
low	æ	a		

Note added in proofs: Margaret Langdon (p.c.) points out that the "apico-alveolar" stops reported by Aoki (1970) are affricates rather than stops. Apparently, in place of /t/ and /t'/ on this chart, a voiceless alveolar nonsibilant affricate /tɮ̥/ and a voiceless alveolar nonsibilant ejective affricate /tɮ̥'/ should be shown. Consequent minor alterations to Chapters 1, 2 and 7 and the segment index are required.

Language								
Klamath (707)	bilabial	alveolar	palatal	velar	uvular	glottal	variable place	labial-velar
voiceless plosive						ʔ		
vl. aspirated plos.	pʰ	tʰ	cʰ	kʰ	qʰ			
voiced plosive	b	d	ɟ	g	ɢ			
vl. ejective stop	p'	t'	c'	k'	q'			
vl. nonsibilant fric.							h	
vl. sibilant fric.		s						
voiced nasal	m	n						
laryngealized vd. nas.	m̰	n̰						
vl. nasal	m̥	n̥						
vd. lateral approx.		l						
laryng. vd. lat. approx.		l̰						
vl. lateral approx.		l̥						
vd. central approx.			j					w
laryng. vd. cent. approx.			j̰					w̰
vl. central approx.			j̥					w̥

Vowels

high	i		
mid	"e"		"o"
low		a	

<u>Language</u>

Maidu (708)	bilabial	alveolar	palatal	velar	variable place	labial-velar
vl. aspirated plos.	pʰ	tʰ	cʰ	kʰ		
vl. ejective stop.	p’	t’	c’	k’		
vd. implosive	ɓ	ɗ				
vl. nonsibilant fric.					h	
vl. sibilant fric.		s				
voiced nasal	m	n				
vd. lateral approx.		l				
vd. central approx.			j			w

<u>Vowels</u>

high	i				u
mid		"e"		"o"	
low			a		

<u>Language</u>

Wintu (709)	bilabial	labio-dental	dental	alveolar	palato-alveolar	palatal	velar	uvular	glottal	variable place	labial-velar
voiceless plosive	p			t			k	q	?		
vl. aspirated plos.	pʰ			tʰ							
voiced plosive	b			d							
vl. ejective stop	p’			t’			k’	q’			
vl. sibilant affric.					tʃ						
vd. sibilant affric.					dʒ						
vl. sib. eject. affric.					tʃ’						
vl. lateral affric.				tɬ							
vl. lat. eject. affric.				tɬ’							
vl. nonsibilant fric.		f	θ				x	χ		h	
vl. sibilant fric.				s							
voiced nasal	m			n							
vd. lateral approx.				l							
vd. central approx.				ɹ		j					w

<u>Vowels</u>

high	i				u
mid		"e"		"o"	
low			a		

Language

Chontal (710)	bilabial	dental	alveolar	palato-alveolar	palatal	velar	glottal	variable place	labial-velar
voiceless plosive	p	t̪				k	ʔ		
voiced plosive	b	d̪							
vl. ejective stop	p'	t̪'				k'			
vl. sibilant affric.			ts	tʃ					
vl. sib. eject. affric.			ts'	tʃ'					
vl. nonsibilant fric.								h	
vl. sibilant fric.			s	ʃ					
voiced nasal	m		n						
voiced flap			ɾ						
vd. lateral approx.			l						
vd. central approx.					j				w

Vowels

high	i			u
mid	"e"	"ə"	"o"	
low		a		

Language

Zoque (711)	bilabial	alveolar	palatal	velar	glottal	variable place	labial-velar
voiceless plosive	p	t		k	ʔ		
voiced plosive	b^2	d^2		g^2			
vl. sibilant affric.		ts					
vl. nonsibilant fric.						h	
vl. sibilant fric.		s					
voiced nasal	m	n		ŋ			
vd. lateral approx.		l					
vd. central approx.			j				w

Vowels

	oral				nasalized
high	i			u	
mid			"o"		"ɤ̟"
lower mid		ɛ			
low			a		

Language

Tzeltal (712)

	bilabial	dental	alveolar	palatal	velar	glottal	variable place	labial-velar
voiceless plosive	p	t̪				ʔ		
vl. aspirated plos.					kʰ			
voiced plosive	b	d̪ˀ			ɡˀ			
vl. ejective stop	p'	t̪'			k'			
vl. sibilant affric.		t̪s̪	ts					
vl. sib. eject. affric.		t̪s̪'	ts'					
vl. nonsibilant fric.							h	
vl. sibilant fric.		s̪	s					
voiced nasal	m	n̪						
voiced flap			ɾ					
vd. lateral approx.		l̪						
vd. central approx.				j				w

Vowels

high	ɪ		ʊ
mid	"e"		"o"
low		a	

Language

Totonac (713)

	bilabial	alveolar	palato-alveolar	palatal	velar	uvular	glottal	variable place	labial-velar
voiceless plosive	p	t			k	q	ʔ		
vl. sibilant affric.		ts	tʃ						
vl. nonsibilant fric.								h	
vl. sibilant fric.		s	ʃ						
vl. lateral fric.		ɬ							
voiced nasal	m	n							
vd. lateral approx.		l							
vd. central approx.				j					w

Vowels

high	ɪ		ʊ
low		a	

Language

K'ekchi (714)	bilabial	alveolar	palato-alveolar	palatal	velar	uvular	glottal	labial-velar
voiceless plosive	p	t			k	q	?	
laryngealized vd. plos.	b̰							
vl. ejective stop		t'			k'	q'		
vl. sibilant affric.		ts	tʃ					
vl. sib. eject. affric.		ts'	tʃ'					
vl. nonsibilant fric.					x			
vl. sibilant fric.		s	ʃ					
voiced nasal	m	n						
vd. lateral approx.		l						
vd. central approx.				j				w

Vowels

high	i			u
mid		"e"	"o"	
low		a		

Language

Mixe (715)	bilabial	labio-dental	dental	alveolar	palato-alveolar	palatal	velar	glottal
voiceless plosive	p		t̪				k	?
voiced plosive			d̪				g	
vl. sibilant affricate				ts				
vd. nonsibilant fricative		v						
vl. sibilant fricative			s̪		ʃ			
vd. sibilant fricative					ʒ			
voiced nasal	m		n̪					
vd. central approximant						j.		

Vowels

high	i		ɨ		u
higher mid				o	
mid		"e"	"ə"		
lower mid				ɔ	
low		æ	a		

Language	bilabial	alveolar	palato-alveolar	palatal	velar	velar labialized	glottal	variable place	labial-velar
Otomi (716)									
voiceless plosive	p	t			k	kʷ[4]	ʔ		
vl. aspirated plos.	pʰ	tʰ			kʰ				
voiced plosive	b	d			g	gʷ[4]			
laryngealized vd. plos.	b̰	d̰							
vl. ejective stop	p'	t'			k'	kʷ'[4]			
vl. sibilant affric.			tʃ[2]						
vl. sib. eject. affric.		ts'	tʃ'[4]						
vl. nonsibilant fric.	ɸ				x[4]			h	
vl. sibilant fric.		s	ʃ						
vd. sibilant fric.		z							
voiced nasal	m	n							
laryngealized vd. nas.	m̰	n̰							
voiceless nasal	m̥[4]	n̥[4]							
voiced flap		ɾ							
vd. lateral approx.		l[2]							
vd. central approx.				j					w
laryng. vd. cent. approx.				j̰					w̰
vl. central approx.				j̊					ʍ

Vowels

		oral						nasalized		
high	i					u	ɨ			ũ
higher mid	e				o					
mid										
lower mid				ɔ						
low		æ	a					æ̃	ã	

Language	bilabial	dental/alveolar	palato-alveolar	palatal	velar	velar labialized	glottal	variable place	labial-velar
Mazahua (717)									
voiceless plosive	p	"t"			k	kʷ	ʔ		
vl. aspirated plosive	pʰ	"tʰ"			kʰ	kʷʰ			
voiced plosive					g	gʷ			
vl. ejective stop		"t'"			k'	kʷ'			
vd. implosive	ɓ	"ɗ"							
vl. sibilant affricate		"ts"	tʃ						
vl. asp. sib. affricate		"tsʰ"	tʃʰ						
vl. sib. eject. affricate		"ts'"	tʃ'						
vl. nonsibilant fricative								h	
vl. sibilant fricative		"s"	ʃ						
vl. asp. sib. fricative		"sʰ"							
vd. sibilant fricative		"z"	ʒ						
vl. sib. eject. fricative		"s'"							
voiced nasal	m	"n"		ɲ					
laryngealized vd. nasal	m̰			ɲ̰					
voiceless nasal	m̥	"n̥"		ɲ̊					
voiced r-sound		"r"							
vd. lateral approximant		"l"							
vd. central approximant				j					w
laryng. vd. cent. approx.				j̰					w̰
vl. central approximant				j̊					ʍ

Vowels

high	i						u	ɨ				ũ
higher mid		e				o			ẽ		õ	
mid				"ə"						"ə̃"		
lower mid			ɛ		ɔ							
low				a						ã		

Language

Mazatec (727)

	bilabial	dental	dental/alveolar	alveolar	alveolar prenasalized	palato-alveolar	palato-alv. prenasalized	retroflex	retroflex prenasalized	palatal	velar	velar prenasalized	glottal	variable place
voiceless plosive	p^2		"t"								k		ʔ	
voiced plosive	b^2											ᵑg		
vl. sibilant affric.				ts		tʃ		ʈʂ						
vd. sibilant affric.					ⁿdz		ⁿdʒ		ⁿɖʐ					
vl. nonsibilant fric.														h
vd. nonsibilant fric.	β	$ð^2$									$ɣ^2$			
vl. sibilant fric.			"s"					ʂ						
voiced nasal	m			n						ɲ				
voiced trill			$"r"^2$											
vd. lateral approx.			"l"											
vd. central approx.										j				

Vowels

	oral			nasalized		
high	i			ĩ		
higher mid			o			õ
lower mid	ɛ			ɛ̃		
low		a			ã	

Language

Mixtec (728)

	bilabial	dental	dental/alveolar	palato-alveolar	velar	velar labialized	glottal	variable place
voiceless plosive	p		"t"		k	k^w	ʔ	
vl. sibilant affric.				tʃ				
vl. nonsibilant fric.								h
vd. nonsibilant fric.	β	ð						
vl. sibilant fric.			"s"	ʃ				
vd. sibilant fric.				ʒ				
voiced nasal					$ŋ^4$			
voiced trill			"r"					
vd. lateral approx.			$"l"^4$					

Vowels

	oral			nasalized		
high	i		u	ĩ		ũ
mid		"e"	"o"		"ẽ"	"õ"
low		a			ã	

<u>Language</u> Chatino (729)	bilabial	dental/alveolar	palato-alveolar	palatal	velar	glottal	variable place	labial-velar
voiceless plosive	p	"t"			k	ʔ		
voiced plosive	b	"d"			g			
vl. nonsibilant fric.							h	
vl. sibilant fric.		"s"	ʃ					
voiced nasal	m	"n"						
voiced r-sound		"rr"						
vd. lateral approx.		"l"						
vd. central approx.				j				w

<u>Vowels</u>

	oral			nasalized		
high	i		u	ĩ		ũ
mid		"e"	"o"		"ẽ"	"õ"
low		a				

<u>Language</u> Nootka (730)	bilabial	dental	dental/alveolar	alveolar	palato-alveolar	palatal	velar	velar labialized	uvular	uvular labialized	pharyngeal	glottal	glottal pharyngealized	variable place	labial-velar
voiceless plosive	p	t̪					k	k^w	q	q^w		ʔ	$ʔ^ʕ$		
vl. ejective stop	p'	t̪'					k'	k^{w}'	q'^2	$q^{w}{'}^2$					
vl. sibilant affric.				ts	tʃ										
vl. sib. eject. affric.				ts'	tʃ'										
vl. lateral affric.			tɬ												
vl. lat. eject. affric.			tɬ'												
vl. nonsibilant fric.							x	x^w	$χ^2$	$χ^{w2}$	h			h	
vl. sibilant fric.				s	ʃ										
vl. lateral fric.			ɬ												
voiced nasal	m	n̪													
laryngealized vd. nas.	m̰	n̪̰													
vd. central approx.						j									w
laryng. vd. cent. approx.						j̰									w̰

<u>Vowels</u>

high	i				
higher mid					o
lower mid		ɛ		$ɔ^2$	
low			a		

Language

Kwakw'ala (731)	bilabial	alveolar	palatal	velar labialized	uvular	uvular labialized	glottal	variable place	labial-velar
voiceless plosive							ʔ		
vl. aspirated plosive	pʰ	tʰ	cʰ	kʷʰ	qʰ	qʷʰ			
voiced plosive	b	d	ɟ	gʷ	ɢ	ɢʷ			
vl. ejective stop	p'	t'	c'	kʷ'	q'	qʷ'			
vl. asp. sibilant affric.		tsʰ							
vd. sibilant affric.		dz							
vl. sib. ejective affric.		ts'							
vl. nonsibilant fric.			ç	xʷ	χ	χʷ		h	
vl. asp. lateral affric.		tɬʰ							
vd. lateral affricate		dɮ							
vl. lat. ejective affric.		tɬ'							
vl. sibilant fric.		s							
vl. lateral fric.		ɬ							
voiced nasal	m	n							
laryngealized vd. nasal	m̰	n̰							
voiced lateral approx.		l							
laryngealized vd. lat. app.		l̰							
voiced central approx.			j						w
laryngealized vd. c. appr.			j̰						w̰

Vowels

high	i				u
mid			"ə"		
lower mid		ɛ		ɔ	
low			a		

Language

Quileute (732)	bilabial	alveolar	palato-alveolar	palatal	velar	velar labialized	uvular	uvular labialized	glottal	variable place	labial-velar
voiceless plosive	p	t			k	kʷ	q	qʷ	ʔ		
voiced plosive	b	d			g[2]						
vl. ejective stop	p'	t'			k'	kʷ'	q'	qʷ'			
vl. sibilant affric.		ts	tʃ								
vl. sib. eject. affric.		ts'	tʃ'								
vl. lateral affric.		tɬ									
vl. lat. eject. affric.		tɬ'									
vl. nonsibilant fric.					x	xʷ	χ	χʷ		h	
vl. sibilant fric.		s	ʃ								
vl. lateral fric.		ɬ									
vd. lateral approx.		l									
vd. central approx.				j							w

Vowels

high	i		u
low		æ a	

Language Squamish (733)	bilabial	dental	dental/alveolar	palato-alveolar	palatal	velar	velar labialized	uvular	uvular labialized	glottal	variable place	labial-velar
voiceless plosive	p	t̪				k[1]	kʷ	q	qʷ	ʔ		
vl. ejective stop	p'	t̪'				k'[1]	kʷ'	q'	qʷ'			
vl. sibilant affric.		t̪s̪		tʃ								
vl. sib. eject. aff.		t̪s̪'		tʃ'								
vl. lateral affric.			"tɬ"									
vl. lat. eject. aff.			"tɬ'"									
vl. nonsibilant fric.							xʷ	χ	χʷ		h	
vl. sibilant fric.		s̪		ʃ								
voiced nasal	m	n̪										
vd. lateral approx.			"l"									
vd. central approx.					j							w

Vowels

higher mid	e		o
mid		"ə"	
low		a	

Language Puget Sound (734)	bilabial	alveolar	palato-alveolar	palatal	velar	velar labialized	uvular	uvular labialized	glottal	variable place	labial-velar
voiceless plosive	p	t			k	kʷ	q	qʷ	ʔ		
voiced plosive	b	d			g[1]	gʷ					
vl. ejective stop	p'	t'			k'	kʷ'	q'	qʷ'			
vl. sibilant affric.		ts	tʃ								
vd. sibilant affric.		dz	dʒ[1]								
vl. sib. eject. affric.		ts'	tʃ'								
vl. lat. eject. affric.		tɬ'									
vl. nonsibilant fric.						xʷ	χ	χʷ		h	
vl. sibilant fric.		s	ʃ								
vl. lateral fric.		ɬ									
vd. central approx.				j							w

Vowels

high	ɩ		o
mid		"ə"	
low		a	

Language									
Papago (736)	bilabial	dental	palato-alveolar	retroflex	palatal	velar	glottal	variable place	labial-velar
voiceless plosive	p	t̪				k	?		
voiced plosive	b	d̪		ḍ		g			
vl. sibilant affric.			tʃ						
vd. sibilant affric.			dʒ						
vl. nonsibilant fric.								h	
vl. sibilant fric.		s̪		ṣ					
voiced nasal	m	n̪	n̠						
vd. lateral flap				ḷ					
vd. central approx.					j				w

Vowels

high	i	ɨ	u
lower mid		ɔ	
low		a	

Language														
Luiseño (737)	bilabial	labio-dental	dental	dental/alveolar	palato-alveolar	retroflex	palatal	velar	velar labialized	uvular	uvular labialized	glottal	variable place	labial-velar
voiceless plosive	p		t̪					k	k^w	q	q^w	?		
vl. sib. affric.					tʃ									
vl. nonsib. fric.								x	x^w				h	
vd. nonsib. fric.		v	ð											
vl. sib. fric.			s̪		ʃ	ṣ								
voiced nasal	m		n̪					ŋ						
voiced trill				"r"										
vd. lat. approx.			l̪											
vd. cent. approx.							j							w

Vowels

high	ι			o
mid		"e"	"o"	
low		a		

Language	bilabial	labio-dental	alveolar	retroflex	palatal	velar	velar labialized	uvular	glottal	variable place	labial-velar
Hopi (738)											
voiceless plosive	p		t			k	k^w	q	ʔ		
vl. nonsibilant fric.										h	
vd. nonsibilant fric.		v		ɹ̣̌							
vl. sibilant fric.			s								
voiced nasal	m		n		ɲ	ŋ	$ŋ^w$				
voiceless nasal	m̥		n̥			ŋ̊					
vd. central approx.					j						w
vl. central approx.					j̊						ʍ

Vowels

					Diphthong
high	i				ou
higher mid		ø	ɤ		
low		æ		a	

Language	bilabial	labio-dental	alveolar	palato-alveolar	palatal	velar	glottal	variable place	labial-velar
Yaqui (739)									
voiceless plosive	p		t			k	ʔ		
voiced plosive	b		d^2			g^2			
vl. sibilant affric.				tʃ					
vl. nonsibilant fric.		f^2						h	
vl. sibilant fric.			s						
voiced nasal	m		n						
voiced flap			ɾ						
vd. lateral approx.			l						
vd. central approx.					j				w

Vowels

high	i			u
mid		"e"	"o"	
low			a	

Language Tiwa (740)	bilabial	dental/alveolar	palato-alveolar	palatal	velar	velar labialized	glottal	variable place	labial-velar
voiceless plosive	p	"t"			k	k^w	ʔ		
vl. aspirated plos.	p^h	"t^h"							
voiced plosive	b[2]	"d"[2]			g[2]				
vl. ejective stop	p'	"t'"			k'	k^w'[1]			
vl. sibilant affric.			tʃ						
vl. nonsibilant fric.					x	x^w		h	
vl. sibilant fric.		"s"							
vl. lateral fric.		"ɬ"							
voiced nasal	m	"n"							
voiced r-sound		"rr"[2]							
vd. lateral approx.		"l"							
vd. central approx.				j					w

Vowels	oral				nasalized			
high	i			u	ĩ			ũ[1]
higher mid	e		o		ẽ		õ	
mid		"ə"				"ə̃"		
low		a				ã		

Language Karok (741)	bilabial	labio-dental	dental	dental/alveolar	alveolar	palato-alveolar	palatal	velar	glottal	variable place
voiceless plosive	p			"t"				k	ʔ	
vl. sibilant affric.						tʃ				
vl. nonsibilant fric.		f						x		h
vd. nonsibilant fric.	β									
vl. sibilant fric.			s̪		s	ʃ				
voiced nasal	m			"n"						
voiced flap					ɾ					
vd. central approx.							j			

Vowels	short			long				short nasalized	
high	i		o	i:			ɔ:	ĩ[1]	
higher mid					e:	o:			
lower mid	ε[1]								
low		a			a:				ã[1]

Language

Pomo, South Eastern (742)	bilabial	labio-dental	dental	dental/alveolar	alveolar	palato-alveolar	palatal	velar	uvular	glottal	variable place	labial-velar
voiceless plosive	p		t̪		t			k	q	ʔ		
voiced plosive	b				d							
vl. ejective stop	p'		t̪'		t'			k'	q'			
vl. sibilant affric.					ts							
vl. sib. eject. affric.					ts'							
vl. nonsibilant fric.		f						x	χ		h	
vl. sibilant fric.				"s"		ʃ						
voiced nasal	m			"n"								
voiced flap				"ɾ"[2]								
vd. lateral approx.				"l"								
vd. central approx.							j					w

Vowels

high	ɩ			o	
lower mid		ɛ			ɔ
low			a		

Language

Diegueño (743)	bilabial	dental	alveolar	palato-alveolar	palatal	velar	velar labialized	uvular	labial-velar	glottal
voiceless plosive	p	t̪	t			k	k^w	q[1]		ʔ
vl. sibilant affric.				tʃ						
vl. nonsibilant fric.						x	x^w			
vd. nonsibilant fric.	β									
vl. sibilant fric.		s̪	s							
vl. lateral fric.			ɬ	ɬ̠						
voiced nasal	m	n̪	n	n̠						
voiced trill			r[1]							
vd. lateral approx.			l	l̠						
vd. central approx.			ɹ		j				w	

Vowels

	short			long			
high	ɩ		o				
higher mid				e:			o:
mid		"ə"					
lower mid			ɔ[1]			ɔ:[1]	
low		a			a:		

Language	bilabial	dental/alveolar	alveolar	palato-alveolar	palatal	velar	uvular	glottal	variable place	labial-velar
Achumawi (744)										
voiceless plosive	p		t			k	q	?		
vd. sibilant affric.				dʒ						
vl. nonsibilant fric.						x	χ		h	
vl. sibilant fric.			s	ʃ						
voiced nasal	m	"n"								
voiced r-sound		"rr"								
vd. lateral approx.			l							
vd. central approx.					j					w

Vowels

high	i		u
mid	"e"	"ə"	"o"
low		a	

Language	bilabial	dental	dental/alveolar	palato-alveolar	palatal	velar	glottal	variable place	labial-velar
Yana (745)									
voiceless plosive							?		
vl. aspirated plos.	pʰ	t̪ʰ				kʰ			
voiced plosive	b	d̪				g			
vl. ejective stop	p'	t̪'				k'			
vl. asp. sib. affric.				tʃʰ					
vd. sibilant affric.				dʒ					
vl. sib. eject. affric.				tʃ'					
vl. nonsibilant fric.						x		h	
vl. sibilant fric.		s̪							
voiced nasal	m	n̪							
voiced r-sound			"rr"						
vd. lateral approx.			"l"						
vd. central approx.					j				w

Vowels

high	i		u
mid	"e"		"o"
low		a	

Diphthongs

ai
au
ui

Language Shasta (746)	bilabial	dental/alveolar	palato-alveolar	palatal	velar	glottal	variable place	labial-velar
voiceless plosive	p	"t"			k	ʔ		
vl. ejective stop	p'	"t'"			k'			
vl. sibilant affric.			tʃ					
vl. sib. eject. affric.			tʃ'					
vl. nonsibilant fric.					x		h	
vl. sibilant fric.		"s"						
voiced nasal	m	"n"						
voiced r-sound		"r"						
vd. central approx.				j				w

Vowels

high	i		u
mid	"e"		
low		a	

Language Tarascan (747)	bilabial	labio-dental	dental/alveolar	alveolar	palato-alveolar	retroflex	palatal	velar	velar labialized	glottal	variable place	labial-velar
voiceless plosive	p			t				k	k^w	$ʔ^1$		
vl. aspirated plos.	p^h			t^h				k^h	k^{wh}			
voiced plosive	b^2			d^2				g^2				
vl. sibilant affric.				ts	tʃ							
vl. asp. sib. affric.				ts^h	$tʃ^h$							
vl. nonsibilant fric.	$ɸ^2$	f^2						x			h	
vl. sibilant fric.			"s"		ʃ		ʂ					
voiced nasal	m		"n"				$ɲ^2$	ŋ				
voiced trill				r								
vd. lateral approx.			"l"^{2}			ɭ						
vd. central approx.				$ɹ^1$			j					w

Vowels

high	i				u
higher mid				o	
lower mid		ε			
low			a		

Language									
Zuni (748)	bilabial	dental/alveolar	palato-alveolar	palatal	velar	velar labialized	glottal	variable place	labial-velar
voiceless plosive	p	"t"					ʔ		
vl. aspirated plosive					kʰ	kʷʰ			
vl. ejective stop					k'	kʷ'			
vl. asp. sib. affric.		"tsʰ"	tʃʰ						
vl. sib. eject. affric.		"ts'"	tʃ'						
vl. nonsibilant fric.								h	
vl. sibilant fric.		"s"	ʃ						
vl. lateral fric.		"ɬ"							
voiced nasal	m	"n"							
vd. lateral approx.		"l"							
vd. central approx.				j					w

Vowels

high	i		u
lower mid	ɛ	ɔ	
low		a	

Language									
Acoma (749)	bilabial	dental	palato-alveolar	retroflex	palatal	velar	glottal	variable place	labial-velar
voiceless plosive							ʔ		
vl. aspirated plos.	pʰ	t̪ʰ			cʰ				
voiced plosive	b	d̪			ɟ	g			
vl. ejective stop	p'	t̪'			c'	k'			
vl. asp. sib. affric.		t̪s̪ʰ	tʃʰ	ṭṣʰ					
vd. sibilant affric.		d̪z̪	dʒ	ḍẓ					
vl. sib. eject. affric.		t̪s̪'	tʃ'	ṭṣ'					
vl. nonsibilant fric.								h	
vl. sibilant fric.		s̪	ʃ	ṣ					
vl. sib. eject. fric.		s̪'	ʃ'	ṣ'					
voiced nasal	m	n̪							
laryngealized vd. nas.	m̰	n̪̰							
voiced tap		ɾ̪							
laryngealized vd. tap		ɾ̪̰							
vd. central approx.					j				w
laryng. vd. cent. app.					j̰				w̰

Vowels

high	i	ɨ	u
lower mid	ɛ		
low	a̟		

Diphthongs

ei	iu
ai	eo
ui	au
ɨi	

Language	bilabial	dental/alveolar	alveolar	palato-alveolar	velar	glottal
Ojibwa (750)						
voiceless plosive	p		t		k	?
vl. preaspirated plosive	ʰp[5]		ʰt[5]		ʰk[5]	
vl. sibilant affricate				tʃ		
vl. preasp. sib. affricate				ʰtʃ[5]		
vl. sibilant fricative		"s"		ʃ		
vl. preasp. sib. fricative		"ʰs"[5]		ʰʃ[5]		
voiced nasal	m		n			
vd. lateral approximant		"l"[2]				

Vowels

	long oral			short oral		
high	i:			ɩ		o
higher mid			o:			
lower mid	ε:					
low		a:			a	

	long nasalized		
high	ĩ:		
higher mid			õ:
lower mid	ε̃:		
low		ã:	

Language	bilabial	dental/alveolar	palato-alveolar	palatal	velar	variable place	labial-velar
Delaware (751)							
voiceless plosive	p	"t"			k		
long vl. plosive	p	"t:"			k:		
vl. sibilant affricate			tʃ				
long. vl. sib. affricate			tʃ:				
vl. nonsibilant fricative					x	h	
long vl. nonsib. fricative						h:	
vl. sibilant fricative		"s"	ʃ				
voiced nasal	m	"n"					
long vd. nasal	m:	"n:"					
vd. lateral approximant		"l"					
long vd. lat. approximant		"l:"					
vd. central approximant				j			w
long vd. cent. approximant							w:

Vowels

	short oral			long oral		
high	i		u	i:		u:
mid		"ə"				
lower mid	ε	ɔ				ɔ:
low		a		æ:	a:	

	long nasalized		
high	ĩ:		ũ:
mid		"ə̃:"	
lower mid			ɔ̃:
low	æ̃:	ã:	

Language

Tonkawa (752)

	bilabial	dental	dental/alveolar	palatal	velar	velar labialized	glottal	variable place	labial-velar
voiceless plosive	p		"t"		k	kʷ	ʔ		
vl. sibilant affric.			"ts"						
vl. nonsibilant fric.					x	xʷ		h	
vl. sibilant fric.			"s"						
voiced nasal	m	n̪							
vd. lateral approx.		l̪							
vd. central approx.				j					w

Vowels

	short			long		
high	ɩ		u	iː		uː
higher mid				eː		oː
lower mid	ɛ		ɔ			
low		a			aː	

Language

Wiyot (753)

	bilabial	dental/alveolar	alveolar	palato-alveolar	retroflex	palatal	velar	velar labialized	glottal	labial-velar
voiceless plosive	p	"t"					k	kʷ	ʔ	
vl. aspirated plos.	pʰ	"tʰ"					kʰ	kʷʰ		
vl. sibilant affric.		"ts"		tʃ						
vl. asp. sib. affric.		"tsʰ"		tʃʰ						
vl. sibilant fric.		"s"		ʃ						
vl. lateral fric.		"ɬ"								
voiced nasal	m	"n"								
vd. lateral approx.		"l"								
vd. central approx.			ɹ		ɻ	j	ɣ̞			w

Vowels

high	i		u
mid	"e"		"o"
low		a	

Language	bilabial	dental/alveolar	palatal	velar	glottal	variable place	labial-velar
Seneca (754)							
voiceless plosive		"t"		k	ʔ		
voiced plosive	b¹						
vd. sibilant affricate		"dz"					
vl. nonsibilant fricative						h	
vl. sibilant fricative		"s"					
voiced nasal	m¹	"n"					
vd. central approximant			j				w

Vowels

	oral	nasalized
high	i u¹	
higher mid	e	
mid	"o"	
lower mid		ɛ̃ ɔ̃
low	æ a	

Language	dental/alveolar	velar	velar labialized	glottal	variable place	labial-velar
Wichita (755)						
voiceless plosive	"t"	k	kʷ	ʔ		
vl. aspirated plos.	"tʰ"	kʰ	kʷʰ			
vl. ejective stop			k'			
vl. sibilant affric.	"ts"					
long vl. sib. affric.	"ts:"					
vl. asp. sib. affric.	"tsʰ"					
vl. sib. eject. affric.	"ts'"					
vd. nonsibilant fric.					ɦ	
vl. sibilant fric.	"s"					
long vl. sib. fric.	"s:"					
vl. sib. eject. fric.	"s'"					
voiced nasal	"n"					
long voiced nasal	"n:"					
voiced r-sound	"r"					
vd. central approx.						w
laryngealized vd. cent. app.						w̰¹

Vowels

	short	long
high	i u	
higher mid		e: o:
lower mid	ɛ	ɛ:
low	ɒ	ɒ:

Language							
Dakota (756)	bilabial	dental/alveolar	palato-alveolar	palatal	velar	variable place	labial-velar
voiceless plosive	p	"t"			k		
vl. aspirated plos.	pʰ	"tʰ"			kʰ		
voiced plosive	b						
vl. ejective stop	p'	"t'"			k'		
vl. sibilant affric.			tʃ				
vl. asp. sib. affric.			tʃʰ				
vl. sib. eject. affric.			tʃ'				
vl. nonsibilant fric.					x	h	
vl. nonsib. eject. fric.					x'		
vd. nonsibilant fric.					ɣ		
vl. sibilant fric.		"s"	ʃ				
vd. sibilant fric.		"z"	ʒ				
vl. sib. eject. fric.			ʃ'				
voiced nasal	m[4]	"n"[4]					
vd. lateral approx.		"l"					
vd. central approx.				j			w

Vowels		oral			nasalized	
	high	ɪ		ʊ	ɪ̃	ũ
	higher mid		o			
	lower mid	ɛ				
	low		a		ã	

Language								
Yuchi (757)	bilabial	dental/alveolar	palato-alveolar	palatal	velar	glottal	variable place	labial-velar
voiceless plosive	p	"t"			k	ʔ		
vl. aspirated plos.	pʰ	"tʰ"			kʰ			
voiced plosive	b	"d"			g			
vl. ejective stop	p'	"t'"			k'			
vl. sibilant affric.		"ts"	tʃ					
vl. asp. sib. affric.		"tsʰ"	tʃʰ					
vd. sibilant affric.		"dz"	dʒ					
vl. sib. eject. affric.		"ts'"	tʃ'					
vl. nonsibilant fric.	ɸ						h	
vl. nonsib. eject. fric.	ɸ'							
vl. sibilant fric.		"s"	ʃ					
vl. sib. eject. fric.		"s'"	ʃ'					
vl. lateral fric.		"ɬ"						
vl. lat. eject. fric.		"ɬ'"						
voiced nasal		"n"						
laryngealized vd. nas.		"n̰"						
vd. lateral approx.		"l"						
laryng. vd. lat. approx.		"l̰"						
vd. central approx.				j				w
laryng. vd. cent. approx.				j̰				w̰

Vowels		oral				nasalized	
	high	ɩ			u		
	higher mid		e	o			
	mid					"ẽ"	"õ"
	low		æ a				

Language Tunica (758)	bilabial	alveolar	palato-alveolar	palatal	velar	glottal	variable place	labial-velar
voiceless plosive						ʔ		
vl. aspirated plos.	p^h	t^h			k^h			
voiced plosive	b^2	d^2			g^2			
vl. asp. sib. affric.			$tʃ^h$					
vl. nonsibilant fric.							h	
vl. sibilant fric.		s	ʃ					
voiced nasal	m	n						
voiced trill		r						
vd. lateral approx.		l						
vd. central approx.				j				w

Vowels

high	i	u
higher mid	e	o
lower mid	ɛ	ɔ
low	a	

Language Alabama (759)	bilabial	dental	dental/alveolar	alveolar	palato-alveolar	palatal	velar	variable place	labial-velar
voiceless plosive	p	t̪					k		
voiced plosive	b								
vl. sibilant affric.					tʃ				
vl. nonsibilant fric.	ɸ							h	
vl. sibilant fric.				s					
vl. lateral fric.			"ɬ"						
voiced nasal	m		"n"						
vd. lateral approx.			"l"						
vd. central approx.						j			w

Vowels

higher mid	e	o
low	a	

Language Wappo (760)	bilabial	labio-dental	dental	dental/alveolar	alveolar	palato-alveolar	palatal	velar	glottal	variable place
voiceless plosive	p		t̪		t			k	ʔ	
voiced plosive	b[2]		d̪[2]					g[2]		
vl. ejective stop	p'		t̪'		t'			k'		
vl. sibilant affric.				"ts"		tʃ				
vl. sib. eject. affric.				"ts'"		tʃ'				
vl. nonsibilant fric.		f[2]								h
vl. sibilant fric.				"s"		ʃ				
voiced nasal	m			"n"						
laryngealized vd. nas.	m̰			"n̰"						
voiced r-sound				"rr"[2]						
laryng. vd. r-sound				"r̰r̰"[2]						
vd. lateral approx.				"l"						
laryng. vd. lat. app.				"l̰"						
vd. central. approx.							j			
laryng. vd. cent. app.							j̰			

Vowels

	front	central	back
high	i		u
mid	"e"		"o"
low		a	

Language Itonama (800)	bilabial	dental/alveolar	dent./alv. palatalized	palato-alveolar	palatal	velar	glottal	variable place	labial-velar
voiceless plosive	p	"t"	"tʲ"			k	ʔ		
voiced plosive	b	"d"							
vl. ejective stop		"t'"				k'			
vl. sibilant affric.				tʃ					
vl. sib. eject. affric.				tʃ'					
vl. nonsibilant fric.								h	
vl. sibilant fric.		"s"							
voiced nasal	m	"n"							
voiced flap		"ɾ"							
vd. lateral approx.		"l"							
vd. central approx.					j				w

Vowels

	front	central	back
high	i	ɨ	u
mid	"e"		"o"
low		a	

Language	bilabial	dental/alveolar	palato-alveolar	palatal	velar	labial-velar
Bribri (801)						
voiceless plosive	p	"t"			k	
voiced plosive	b	"d"			g	
vl. sibilant affric.		"ts"	tʃ			
vl. nonsibilant fric.					x	
vl. sibilant fric.		"s"	ʃ			
vd. sibilant fric.		"z"				
voiced nasal	m	"n"		ɲ		
voiced r-sound		"rr"				
vd. central approx.				j		w

Vowels

	oral			nasalized		
high	i		u	ĩ		ũ
mid		"e" "o"			"ẽ" "õ"	
low		a			ã	

Language	bilabial	dental/alveolar	velar	glottal	variable place
Mura (802)					
voiceless plosive	p	"t"	k	?	
voiced plosive	b		g		
vl. nonsibilant fric.					h
vl. sibilant fric.		"s"			

Vowels

high	i		
mid			"o"
low		a	

Language Cayapa (803)	bilabial	alveolar	palato-alveolar	palatal	velar	glottal	variable place	labial-velar
voiceless plosive	p	t	t̠		k	?		
voiced plosive	b	d	d̠		g			
vl. sibilant affric.		ts	tʃ					
vl.nonsibilant fric.	ɸ						h	
vl. sibilant fric.		s	ʃ					
voiced nasal	m	n	n̠		ŋ			
voiced r-sound		rr						
vd. lateral approx.		l	l̠					
vd. central approx.				j				w

Vowels

high	i			o
lower mid		ε		
low			ɑ	

Language Paez (804)	bilabial	bilabial prenasalized	bilabial palatalized	alveolar	alveolar prenasalized	alveolar palatalized	alv prenasalized & palatalized	palato-alveolar	palato-alv. prenasalized	palato-alv. palatalized	palatal	velar	velar prenasalized	glottal	variable place	labial-velar
voiceless plosive	p			t		t^{j}						k		?		
voiced plosive		^{m}b			^{n}d		$^{n}d^{j}$						^{ŋ}g			
vl. sibilant affric.				ts				tʃ								
vl. nonsib. fric.			$ɸ^{j}$												h	
vd. nonsib. fric.	β											ɣ				
vl. sibilant fric.				s				ʃ		$ʃ^{j}$	ç					
vd. sibilant fric.					^{n}z				$^{n}ʒ$							
voiced nasal	m			n							ɲ					
voiced flap				$ɾ^{2}$												
vd. lateral flap				ɺ		$ɺ^{j}$										
vd. central approx.											j					w

Vowels

	oral		nasalized	
high	ɪ	u	ĩ	ũ
lower mid	ε		ε̃	
low	a		ã	

Language Ocaina (805)	bilabial	alveolar	alveolar palatalized	palato-alveolar	palatal	velar	glottal	variable place
voiceless plosive	p	t	tʲ			k	ʔ	
voiced plosive	b		dʲ			g		
vl. sibilant affric.		ts		tʃ				
vd. sibilant affric.		dz						
vl. nonsibilant fric.	ɸ					x		h
vd. nonsibilant fric.	β							
vl. sibilant fric.		s		ʃ				
vd. sibilant fric.				ʒ				
voiced nasal	m	n			ɲ			
long voiced nasal	mː	nː			ɲː			
voiced flap		ɾ						

Vowels

	oral			nasalized		
high	ɪ		ɯ	ĩ		ɯ̃
higher mid			o			õ
lower mid		ɛ				
low		a			ã	

Language Muinane (806)	bilabial	alveolar	alveolar palatalized	palato-alveolar	palatal	velar	glottal
voiceless plosive	p	t			c	k	ʔ
voiced plosive	b	d			ɟ	g	
vl. sibilant affric.				tʃ			
vd. sibilant affric.				dʒ			
vl. nonsibilant fric.	ɸ					x	
vd. nonsibilant fric.	β						
vl. sibilant fric.		s		ʃ			
vd. sibilant fric.					z		
voiced nasal	m	n			ɲ		
voiced r-sound		rr	rrʲ				

Vowels

high	ɪ		u
mid			"o"
lower mid	ɛ		
low		a	

Language	bilabial	dental/alveolar	alveolar	palatal	velar	glottal	variable place	labial-velar
Carib (807)								
voiceless plosive	p	"t"			k	ʔ[4]		
voiced plosive	b	"d"			g			
vl. nonsibilant fric.							h	
vd. nonsibilant fric.	β							
vl. sibilant fric.		"s"						
voiced nasal	m	"n"			ŋ			
voiced flap			ɾ					
vd. central approx.				j				w

Vowels

high	ɪ			u, ɯ
lower mid		ɛ	ɔ	
low		ɐ		

Language	bilabial	bilabial prenasalized	labio-dental	dental/alveolar	alveolar	alveolar prenasalized	palato-alveolar	retroflex	palatal prenasalized	velar	velar prenasalized	glottal
Apinaye (809)												
voiceless plosive	p				t					k		ʔ
voiced plosive		ᵐb				ⁿd			ⁿɟ		ᵑg	
vl. sibilant affric.							tʃ					
vd. nonsibilant fric.			v									
vl. sibilant fric.				"s"[1]								
vd. sibilant fric.							ʒ					
voiced flap								ɽ				

Vowels

	oral			nasalized		
high	ɪ		u, ɯ	ĩ		ũ, ɯ̃
higher mid	e		o, ɤ		õ	
lower mid	ɛ	ɔ, ʌ		ɛ̃	ʌ̃	
low	a			ã		

Language	bilabial	dental	dental/alveolar	palato-alveolar	palatal	velar	glottal	variable place	labial-velar
Amahuaca (810)									
voiceless plosive	p		"t"			k	ʔ		
vl. sibilant affric.				tʃ					
vl. nonsibilant fric.		θ				x		h	
vl. sibilant fric.			"s"						
voiced nasal	m		"n"						
voiced flap			"ɾ"						
vd. central approx.					j				w

Vowels

	oral		nasalized	
high	ɩ	ɯ	ɩ̃	ɯ̃
mid	"o"		"õ"	
low	a		ã	

Language	bilabial	alveolar	palato-alveolar	retroflex	velar	glottal	variable place	labial-velar
Chacobo (811)								
voiceless plosive	p	t			k	ʔ		
vl. sibilant affric.		ts	tʃ					
vl. nonsibilant fric.							h	
vd. nonsibilant fric.	β							
vl. sibilant fric.		s	ʃ	ʂ				
voiced nasal	m	n						
voiced flap		ɾ						
vd. central approx.								w

Vowels

high	ı	ɨ	
mid			"o"
low		a	

Language									
Tacana (812)	bilabial	dental	alveolar	palato-alveolar	retroflex	palatal	velar	glottal	labial-velar
voiceless plosive	p		t				k	?	
voiced plosive	b		d						
vl. sibilant affric.				tʃ	tṣ				
vd. nonsibilant fric.	β	ð							
vl. sibilant fric.				ʃ	ṣ				
voiced nasal	m		n						
vd. fricative flap			ř						
voiced flap			ɾ						
vd. central approx.						j			w

<u>Vowels</u>

high	i		
mid		"e"	"o"
low		a	

Language								
Cashinahua (813)	bilabial	alveolar	palato-alveolar	retroflex	palatal	velar	variable place	labial-velar
voiceless plosive	p	t				k		
voiced plosive		d						
vl. sibilant affric.		ts	tʃ					
vl. nonsibilant fric.							h	
vl. sibilant fric.		s	ʃ	ṣ				
voiced nasal	m	n						
vd. central approx.					j			w

<u>Vowels</u>

	oral		nasalized	
high	i	u, ɯ	ĩ	ũ, ɯ̃
low	a̟		ã̟	

Language	bilabial	labio-dental	dental/alveolar	palato-alveolar	palatal	velar	glottal	labial-velar	dental/alveolar-velar
Ashuslay (814)									
voiceless plosive	p		"t"			k	?		
laryngealized vl. plos.	p̰		"t̰"			k̰			
vl. sibilant affric.			"ts"	tʃ					
laryng. vl. sib. affric.			"ts̰"	tʃ̰					
vl. nonsibilant affric.									kɬ[5]
vl. nonsibilant fric.		f				x			xɬ[5]
vl. sibilant fric.			"s"	ʃ					
voiced nasal	m		"n"						
vd. lateral approx.			"l"[1]						
vd. central approx.					j			w	
Vowels									
high	i			u					
mid		"e"	"o"						
low		a	ɑ						

Language	bilabial	dental/alveolar	palato-alveolar	palatal	velar	uvular	variable place	labial-velar
Abipon (815)								
voiceless plosive	p	"t"			k	q		
vl. sibilant affric.			tʃ					
vl. nonsibilant fric.							h	
vd. nonsibilant fric.					ɣ	ʁ		
voiced nasal	m	"n"		ɲ				
voiced r-sound		"rr"						
vd. lateral approx.		"l"						
vd. central approx.				j				w
Vowels								
high	i	ɨ						
mid		"e"	"o"					
low		a						

Language

Nambiquara, Southern (816)	bilabial	alveolar	retroflex	palatal	velar	velar labialized	glottal	variable place	labial-velar
voiceless plosive	p	t			k	kʷ	ʔ		
vl. aspirated plosive	pʰ	tʰ			kʰ	kʷʰ			
vl. ejective stop	p'	t'			k'	kʷ'			
vd. implosive	ɓ	ɗ							
vl. nonsibilant fricative								h	
laryng. vd. nonsib. fricative								h̰[5]	
vl. sibilant fricative		s							
laryng. vl. sib. fricative		s̰							
voiced nasal		n							
laryng. vd. nasal		n̰							
voiced lateral flap			ɺ̢						
laryng. vd. lat. flap			ɺ̢̰						
vd. central approximant				j					w

Vowels

	plain oral			plain nasalized		
high	i		u	ĩ		
mid	"e"	"o"		"ẽ"	"õ"	
low		a			ã	

	laryngealized oral			laryngealized nasal		
high	ḭ		ṵ	ḭ̃		
mid	"ḛ"	"o̰"		"ḛ̃"	"õ̰"	
low		a̰			ã̰	

Language

Arabela (817)	bilabial	dental/alveolar	palato-alveolar	palatal	velar	variable place	labial-velar
voiceless plosive	p	"t"			k		
vl. nonsibilant fric.						h	
vl. sibilant fric.		"s"	ʃ				
voiced nasal	m	"n"					
voiced trill		"r"					
vd. central approx.				j			w

Vowels

high	i		u
mid	"e"	"o"	
low		a	

Diphthongs

ai

au

Language	bilabial	alveolar	palatal	velar	labial-velar
Auca (818)					
voiceless plosive	p	t		k	
voiced plosive	b	d		g	
voiced nasal	m	n	ɲ	ŋ	
vd. central approx.					w

Vowels

	oral				nasalized		
high	i				ĩ		
mid		"e"		"o"		"ẽ"	"õ"
low		æ	a			æ̃	ã

Language	bilabial	dental	dental/alveolar	palato-alveolar	palatal	velar	uvular	variable place	labial-velar
Quechua (819)									
voiceless plosive	p		"t"			k	q		
vl. aspirated plos.	p^h		"t^h"			k^h	q^h		
vl. ejective stop	p'		"t'"			k'	q'		
vl. sibilant affric.				tʃ					
vl. asp. sib. affric.				$tʃ^h$					
vl. sib. eject. affric.				tʃ'					
vl. nonsibilant fric.	$ɸ^2$							h	
vd. nonsibilant fric.	$β^2$	$ð^2$				$ɣ^2$			
vl. sibilant fric.			"s"	ʃ					
voiced nasal	m		"n"		ɲ				
voiced trill			"r"^{2}						
voiced flap			"ɾ"						
vd. lateral approx.			"l"		ʎ				
vd. central approx.					j				w

Vowels

high	ι				ʊ
lower mid		$ɛ^2$		$ɔ^2$	
low			a		

Language

Jaqaru (820)	bilabial	alveolar	palato-alveolar	retroflex	palatal	velar	uvular	labial-velar
voiceless plosive	p	t			c	k	q	
vl. aspirated plos.	pʰ	tʰ			cʰ	kʰ	qʰ	
vl. ejective stop	p'	t'			c'	k'	q'	
vl. sibilant affric.		ts	tʃ	ṭṣ				
vl. asp. sib. affric.		tsʰ	tʃʰ	ṭṣʰ				
vl. sib. eject. affric.		ts'	tʃ'	ṭṣ'				
vl. nonsibilant fric.						x		
vl. sibilant fric.		s	ʃ					
voiced nasal	m	n			ɲ	ŋ		
voiced flap		ɾ						
vd. lateral approx.		l			ʎ			
vd. central approx.					j			w

Vowels

high	i		ɯ
low		a	

Language

Gununa-Kena (821)	bilabial	dental	palato-alveolar	palatal	velar	uvular	glottal	variable place	labial-velar
voiceless plosive	p	t̪			k	q	ʔ		
voiced plosive	b	d̪							
vl. ejective stop	p'	t̪'			k'				
vl. sibilant affric.		t̪s̪	tʃ	tʂ					
vl. sib. eject. affric.		t̪s̪'	tʃ'	tʂ'					
vl. nonsibilant fric.					x			h	
vl. sibilant fric.		s̪	ʃ	ʂ					
voiced nasal	m	n̪							
voiced trill		r̪							
vd. lateral approx.		l̪							
vl. lateral approx.		l̪̥							
vd. central approx.				j					w

Vowels

high	i			u
mid		"e"	"ə"	"o"
low			a	

Language	bilabial	alveolar	palato-alveolar	retroflex	velar	glottal	variable place	labial-velar
Wapishana (822)								
voiceless plosive						ʔ		
vl. aspirated plos.	pʰ	tʰ			kʰ			
voiced plosive		d			g			
laryngealized vd. plos.	b̰	d̰						
vl. sibilant affric.			tʃ					
vl. nonsibilant fric.							h^1	
vl. sibilant fric.		s	ʃ					
laryng. vd. sib. fric.				ẓ̰				
voiced nasal	m		n̠					
voiced flap		ɾ						
vd. central approx.								w

Vowels

	oral			nasalized		
high	i	ɨ	u	ĩ	ɨ̃	ũ
low		a			ã	

Language	bilabial	labio-dental	dental/alveolar	palato-alveolar	palatal	velar	variable place	labial-velar
Island Carib (823)								
voiceless plosive	p		"t"			k		
voiced plosive	b		"d"			g		
vl. sibilant affric.				tʃ				
vl. nonsibilant fric.		f					h	
vl. sibilant fric.			"s"					
voiced nasal	m		"n"					
voiced flap			"ɾ"					
vd. lateral approx.			"l"					
vd. central approx.					j			w

Vowels

	oral			nasalized		
high	i		u	ĩ		ũ
mid	"e"	"ɤ"		"ẽ"	"ɤ̃"	
low		a			ã	

Language	bilabial	bilabial palatalized	dental/alveolar	dental/alv. palatalized	alveolar	palato-alveolar	palato-alv. palatalized	retroflex	palatal	velar	glottal	labial-velar
Amuesha (824)												
voiceless plosive	p	pʲ			t					k	ʔ	
vl. asp. sib. affric.					tsʰ	tʃʰ	tʃʲʰ [5]	ṭṣʰ				
vl. nonsibilant fric.										x		
vd. nonsibilant fric.	β									ɣ		
vl. sibilant fricative					s	ʃ						
vd. sibilant fricative								ẓ				
voiced nasal	m	mʲ			n				ɲ			
voiced flap			"ɾ"									
vd. lateral approximant				"lʲ"								
vd. central approximant									j			w

<u>Vowels</u>

higher mid	e		o
low		a	

Language	bilabial	alveolar	palato-alveolar	palatal	velar	variable place
Campa (825)						
voiceless plosive	p	t	t̠		k	
vl. sibilant affric.		ts	tʃ			
vl. nonsibilant fric.						h
vd. nonsibilant fric.	β					
vl. sibilant fric.		s	ʃ			
voiced nasal	m	n	n̠			
voiced flap		ɾ				
vd. central approx.				j		

<u>Vowels</u>

high	i		
higher mid	e		o
low		a	

Language Guajiro (826)	bilabial	dental/alveolar	palato-alveolar	palatal	velar	glottal	variable place	labial-velar
voiceless plosive	p	"t"			k	?		
vl. preasp. plos.	ʰp	"ʰt"			ʰk			
vl. sibilant affric.			tʃ					
vl. preasp. sib. affric.			ʰtʃ					
vl. nonsibilant fric.							h	
vl. sibilant fric.		"s"	ʃ					
voiced nasal	m	"n"						
voiced trill		"r"						
vd. lateral flap		"ɺ"						
vd. central approx.				j				w

Vowels

	oral			nasalized		
high	i		u	ĩ		ũ
higher mid	ø[5]			ø̃[5]		
lower mid	ɛ		ɔ	ɛ̃		ɔ̃
low		a			ã	

Language Moxo (827)	bilabial	labio-dental	alveolar	palato-alveolar	palatal	velar	glottal	variable place	labial-velar
voiceless plosive	p		t			k	?		
voiced plosive	b[2]		d[2]						
vl. sibilant affric.			ts	tʃ					
vl. nonsibilant fric.		f[2]						h	
vd. nonsibilant fric.	β								
vl. sibilant fric.			s	ʃ[1]					
voiced nasal	m		n	n̠		ŋ[2]			
voiced flap			ɾ						
vd. lateral approx.			l[2]						
vd. central approx.					j				w[4]

Vowels

high	i			u
lower mid		ɛ		
low			a	

Language	bilabial	labio-dental	dental	dental/alveolar	alveolar	palato-alveolar	palatal	velar	velar labialized	glottal
Guarani (828)										
voiceless plosive	p		t̪					k	k^w	ʔ
vl. sibilant affric.						tʃ[2]				
vl. nonsibilant fric.		f[2]						x	x^{w}[2]	
vd. nonsibilant fric.		v	ð̪[2]					ɣ	ɣ^{w}[2]	
vl. sibilant fric.			s̪		s					
voiced nasal	m		n̪				ɲ	ŋ	ŋ^w	
voiced fricative trill				"r̝"[2]						
voiced flap					ɾ					
vd. lateral approx.			l̪[2]				ʎ[2]			

Vowels

	oral			nasalized		
high	i	ɨ	u	ĩ	ɨ̃	ũ
higher mid	e		o	ẽ		õ
low		a			ã	

Language	bilabial	bilabial prenasalized	dental/alveolar	dental/alv. prenasalized	palato-alveolar	palato-alv. prenasalized	palatal	velar	velar palatalized	velar prenasalized	variable place	labial-velar
Siriono (829)												
voiceless plosive	p		"t"					k	k^j			
voiced plosive	b	^{m}b	"^{n}d"							^{ŋ}g		
vl. sibilant affric.					tʃ							
vd. sibilant affric.						^{n}dʒ						
vl. nonsibilant fric.											h	
vl. sibilant fric.			"s"		ʃ							
voiced flap			"ɾ"									
vd. central approx.							j					w

Vowels

	oral		nasalized	
high	ɣ^{ɣ5}	u	ɣ^{ɣ5}	ũ
higher mid		o		õ
low	a		ã	

Language Guahibo (830)	bilabial	labio-dental	dental	alveolar	palatal	velar	variable place
voiceless plosive	p			t		k	
vl. aspirated plos.			t̪ʰ				
voiced plosive	b			d			
vl. sibilant affric.				ts			
vl. nonsibilant fric.		f				x	h
vd. nonsibilant fric.		v					
voiced nasal	m			n			
voiced trill				r			
vd. lateral approx.				l			
vd. central approx.					j		

Vowels

	oral			nasalized		
high	i		u	ĩ		ũ
mid	"e"	"ə"	"o"	"ẽ"	"ə̃"	"õ"
low		a			ã	

Language Ticuna (831)	bilabial	labio-dental	dental/alveolar	palato-alveolar	palatal	velar	velar labialized	glottal	labial-velar
voiceless plosive	p		"t"			k	kʷ	ʔ	
voiced plosive	b		"d"			g			
vl. sibilant affric.				tʃ					
vd. sibilant affric.				dʒ					
vl. nonsibilant fric.		f[2]							
vl. sibilant fric.			"s"[2]						
voiced nasal	m		"n"		ɲ	ŋ			
voiced flap			"ɾ"						
vd. central approx.									w

Vowels

	oral			nasalized		
high	i	ɨ	u	ĩ	ɨ̃	ũ
mid	"e"		"o"			"õ"
low		a			ã	

Language	bilabial	alveolar	palatal	velar	variable place	labial-velar
Barasano (832)						
voiceless plosive	p	t		k		
voiced plosive	b	d		g		
vl. nonsibilant fric.					h	
vl. sibilant fric.		s[2]				
voiced flap		ɾ				
vd. central approx.			j			w

Vowels

	oral			nasalized		
high	i	ɨ	u	ĩ		ũ
higher mid			o			õ
mid	"e"			"ẽ"		
low		a			ã	

Language	bilabial	dental	alveolar	palato-alveolar	retroflex	palatal	velar	velar labialized	glottal	variable place	variable place labialized	labial-velar
Siona (833)												
voiceless plosive	p	t̪					k	kʷ	ʔ			
laryng. vl. plosive	p̰				ṭ̰		k̰	k̰ʷ				
vl. sibilant affric.				tʃ								
vl. nonsibilant fric.										h	hʷ	
vl. sibilant fric.			s									
laryng. vl. sib. fric.			s̰									
voiced nasal	m		n									
vd. central approx.						j						w

Vowels

	oral			nasalized		
high	i		u	ĩ		ũ
mid	"e"	"o"		"ẽ"	"õ"	
low		a			ã	

Language	bilabial	alveolar	palatal	velar	glottal	variable place	labial-velar
Tucano (834)							
voiceless plosive	p	t		k	ʔ		
voiced plosive	b	d		g			
vl. nonsibilant fric.						h	
vl. sibilant fric.		s					
voiced flap		ɾ					
vd. central approx.			j				w

Vowels

	oral		nasalized	
high	i	u	ĩ	ũ
mid	"e"	"o"	"ẽ"	"õ"
low	a		ã	

Language	bilabial	dental/alveolar	palato-alveolar	palatal	velar	glottal	labial-velar
Jivaro (835)							
voiceless plosive	p	"t"			k	ʔ[1]	
vl. sibilant affric.		"ts"	tʃ				
vl. nonsibilant fric.					x		
vl. sibilant fric.		"s"	ʃ				
voiced nasal	m	"n"	n̠				
voiced flap		"ɾ"					
vd. central approx.				j			w

Vowels

	oral		nasalized	
high	i	u, ɯ	ĩ	ũ, ɯ̃
low	a		ã	

Language Cofan (836)	bilabial	labio-dental	dental/alveolar	palato-alveolar	palatal	velar	glottal	variable place	labial-velar
voiceless plosive	p		"t"		c^5	k	ʔ		
vl. aspirated plos.	pʰ		"tʰ"		c^{h5}	kʰ			
voiced plosive	b		"d"		$ɟ^5$	g			
vl. sibilant affric.				tʃ					
vl. asp. sib. affric.				tʃʰ					
vd. sibilant affric.				dʒ					
vl. nonsibilant fric.		f						h	
vd. nonsibilant fric.	β					ɣ			
vl. sibilant fric.			"s"	ʃ					
vd. sibilant fric.					ʑ				
voiced nasal	m		"n"		ɲ				
voiced r-sound			"rr"						
vd. central approx.					j	ɣ̯			w

Vowels

	bilabial	labio-dental	dental/alveolar	palato-alveolar
high	i		ɨ	
mid				o
lower mid		ε		
low			a	

Language Araucanian (837)	bilabial	dental	alveolar	palato-alveolar	retroflex	palatal	velar	labial-velar
voiceless plosive	p	t̪	t				k	
vl. sibilant affric.				tʃ				
vl. nonsibilant affric.					ṭǰ̣			
vl. nonsibilant fric.	Φ	θ						
vd. nonsibilant fric.					ǰ̣			
vl. sibilant fric.			s^2					
voiced nasal	m	n̪	n			ɲ	ŋ	
vd. lateral approx.		l̪	l			ʎ		
vd. central approx.						j		w

Vowels

	bilabial	dental	alveolar	palato-alveolar
high	i			u, ɯ
lower mid		ε	ɔ	
low		a		

Language	bilabial	labio-dental	dental	dental/alveolar	palato-alveolar	palatal	velar	uvular
Greenlandic (900)								
voiceless plosive	p		t̪				k	q
vl. sibilant affric.				"ts"				
long. vl. nonsib. fric.		f:					x:	χ:
vd. nonsibilant fric.	β					ʝ	ɣ	ʁ
vl. sibilant fric.				"s"	ʃ			
long vl. lateral fric.			ɬ̪:					
voiced nasal	m		n̪				ŋ	
vd. lateral approx.			l̪					

Vowels

	bilabial	labio-dental	dental
high	i		u
low		a	

Language	bilabial	dental	dental/alveolar	palato-alveolar	palatal	velar	uvular	variable place	labial-velar
Aleut (901)									
voiceless plosive			"t"			k	q		
vl. sibilant affric.			"ts"						
vl. nonsibilant fric.						x	χ	h	
vd. nonsibilant fric.		ð				ɣ	ʁ		
vl. sibilant fric.				ʃ					
vd. sibilant fric.				ʒ					
vl. lateral fric.			"ɬ"						
voiced nasal	m		"n"			ŋ			
voiceless nasal	m̥		"n̥"			ŋ̊			
vd. lateral approx.			"l"						
vd. central approx.					j				w
vl. central approx.					j̊				ʍ

Vowels

	bilabial	dental	dental/alveolar
high	i		u
low		a	

Language

Telugu (902)

	bilabial	labio-dental	dental	dental/alveolar	alveolar	retroflex	palatal	velar	variable place
voiceless plosive	p		t̪			ʈ		k	
vl. aspirated plosive	pʰ[2]					ʈʰ[2]		kʰ[2]	
voiced plosive	b		d̪			ɖ		g	
breathy vd. plosive	b̤[2]		d̪̤[2]			ɖ̤[2]		g̤[2]	
vl. sibilant affricate					ts		tʂ[2]		
vd. sibilant affricate					dz				
vl. nonsibilant fricative		f[2]							
vd. nonsibilant fricative									ɦ
vl. sibilant fricative					s	ʂ	ʂ		
voiced nasal	m				n	ɳ			
voiced flap					ɾ				
vd. lateral approximant				"l"		ɭ			
vd. central approximant	β̞						j		

Vowels

	short			long	
high	i		u	i:	u:
higher mid	e	o		e:	o:
lower mid	ɛ				
low				æ: a:	

Language

Kota (903)

	bilabial	labio-dental	dental	alveolar	palato-alveolar	retroflex	palatal	velar	labial-velar
vl. aspirated plos.	pʰ		t̪ʰ	tʰ		ʈʰ		kʰ	
voiced plosive	b		d̪	d		ɖ		g	
vl. sibilant affric.					tʃ				
vd. sibilant affric.					dʒ				
vd. nonsibilant fric.		v							
vl. sibilant fric.						ʂ			
voiced nasal	m			n		ɳ		ŋ	
voiced trill				r					
voiced flap						ɽ			
vd. lateral approx.				l		ɭ			
vd. central approx.							j		

Vowels

high	i			u
mid		"e"	"o"	
low			a	

Language Kurukh (904)	bilabial	dental/alveolar	palato-alveolar	retroflex	palatal	velar	uvular	variable place	labial-velar
voiceless plosive	p	"t"		ʈ		k			
voiced plosive	b	"d"		ɖ		g			
vl. sibilant affric.			tʃ						
vd. sibilant affric.			dʒ						
vl. nonsibilant fric.							x	h	
vl. sibilant fric.		"s"							
voiced nasal	m	"n"							
voiced trill		"r"		ɽ[4]					
vd. lateral approx.		"l"							
vd. central approx.					j				w

Vowels

	oral			nasalized		
high	i		u	ĩ		ũ
mid	"e"		"o"	"ẽ"		"õ"
low		a			ã	

Language Malayalam (905)	bilabial	labio-dental	dental	alveolar	palato-alveolar	retroflex	palatal	velar	variable place
voiceless plosive	p		t̪			ʈ		k	
voiced plosive	b		d̪			ɖ		g	
vl. sibilant affric.					tʃ				
vd. sibilant affric.					dʒ				
vl. nonsibilant fric.									h
vl. sibilant fric.				s		ʂ			
voiced nasal	m		n̪	n		ɳ	ɲ	ŋ	
voiced trill				r					
voiced flap				D					
vd. lateral approx.				l		ɭ	ʎ		
vd. central approx.		v̯					j		

Vowels

high	i		u
mid	"e"		"o"
low		a	

Language	bilabial	dental/alveolar	dental/alv. palatalized	palatal	velar	uvular	glottal	variable place
Ket (906)								
voiceless plosive		"t"	"tʲ"		k	q	ʔ	
voiced plosive	b	"d"	"dʲ"					
vl. sibilant affric.		"s"	"sʲ"					
vl. nonsibilant fric.								h
vd. nonsibilant fric.				ǰ				
voiced nasal	m	"n"		ɲ	ŋ			
vd. lateral approx.		"l"	"lʲ"					

Vowels

high	i		ɨ		u
mid			"e"		
lower mid				ɔ	
low		æ	a		

Language	bilabial	dental/alveolar	dental/alv. velarized	palato-alveolar	palatal	velar	uvular	labial-velar
Yukaghir (907)								
voiceless plosive	p	"t"				k	q	
voiced plosive	b	"d"				g		
vl. sibilant affric.				tʃ				
vd. sibilant affric.				dʒ				
vd. nonsibilant fric.							ʁ	
vl. sibilant fric.		"s"						
voiced nasal	m	"n"			ɲ	ŋ		
voiced trill		"r"						
vd. lateral approx.		"l"	"ɫ"					
vd. central approx.					j			w

Vowels

high	ɩ				u
mid			"e"	"o"	
lower mid		ɛ			
low		a̟			

Language Chukchi (908)	bilabial	dental/alveolar	retroflex	palatal	velar	uvular	glottal	labial-velar
voiceless plosive	p	"t"			k	q	ʔ	
vl. sibilant affric.		"ts"[1]						
vd. nonsibilant fric.			ɹ̣̌		ɣ			
vl. sibilant fric.		"s"						
vl. lateral fric.		"ɬ"						
voiced nasal	m	"n"			ŋ			
vd. central approx.				j				w

Vowels

high	ɩ					u
higher mid		e				
mid				"ə"	"o"	
lower mid			ɛ			
low				a		

Language Gilyak (909)	bilabial	labio-dental	dental/alveolar	palato-alveolar	palatal	velar	uvular	variable place	labial-velar
voiceless plosive	p		"t"		c	k	q		
vl. aspirated plos.	pʰ		"tʰ"			kʰ	qʰ		
vl. asp. sib. affric.				tʃʰ					
vl. nonsibilant fric.		f				x	χ	h	
vd. nonsibilant fric.						ɣ	ʁ		
vl. sibilant fric.			"s"						
vd. sibilant fric.			"z"						
voiced nasal	m		"n"		ɲ	ŋ			
voiced trill			"r"						
voiceless trill			"r̥"						
vd. lateral approx.			"l"						
vd. central approx.		ʋ̑			j				w

Vowels — **Diphthong**

high	ɩ				u	ɩe
higher mid				ɤ		
mid			"o"			
low		æ				

Language Georgian (910)	bilabial	dental	dental/alveolar	dental/alv. velarized	alveolar	palato-alveolar	velar	uvular	variable place
voiceless plosive	p	t̪					k		
vl. aspirated plosive	pʰ	t̪ʰ					kʰ		
vl. ejective stop	p'	t̪'					k'	q'	
vl. sibilant affricate					ts	tʃ			
vl. asp. sib. affricate					tsʰ	tʃʰ			
vl. sib. eject. affricate					ts'	tʃ'			
vl. nonsibilant fricative								χ	h²
vd. nonsibilant fricative	β							ʁ	
vl. sibilant fricative					s	ʃ			
vd. sibilant fricative					z	ʒ			
voiced nasal	m		"n"						
voiced trill			"r"						
vd. lateral approximant				"ɫ"					

Vowels

	short		overshort
high	ɩ	ɷ	
mid	"e"	"o"	"ə̆"
low	a̟		

Language Kabardian (911)	bilabial	labio-dental	dental	dental palatalized	alveolar	palato-alveolar	palatal	velar	velar labialized	velar palatalized	uvular	uvular labialized	pharyngeal	glottal	glottal labialized	labial-velar
voiceless plosive														ʔ	ʔʷ	
vl. asp. plosive	pʰ		t̪ʰ					kʰ	kʷʰ							
voiced plosive	b		d̪					g	gʷ							
vl. eject. stop	p'		t̪'					k'	kʷ'		q'	qʷ'				
vl. sib. affricate			t̪s̪													
vd. sib. affricate			d̪z̪													
vl. sib. eject. affr.			t̪s̪'													
vl. nonsib. affric.											qχ	qχʷ				
vl. nonsib. fric.		f				[illegible]			xʷ	xʲ	χ	χʷ	ħ			
vd. nonsib. fric.		v				[illegible]				ɣʲ	ʁ	ʁʷ	ʕ²	ɦ		
vl. " " ejt. fric.		f'														
vl. sibilant fric.			s̪			ʃ										
vd. sibilant fric.			z̪			ʒ										
vl. sib. ejt. fric.						ʃ'										
voiced nasal	m		n̪													
vl. lateral fric.				ɬ̪ʲ												
vd. lateral fric.				ɮ̪ʲ												
voiced trill					r											
vd. central approx.							j									w

Vowels

	long			short
high	i:		u:	ɨ
mid	"e:"		"o:"	
lower mid				ɜ
low		a̟		

Language	bilabial	dental/alveolar	dental/alv. labialized	palato-alveolar	palato-alv. labialized	palatal	velar	velar labialized	uvular	uvular labialized	pharyngeal	glottal	variable place	labial-velar
Lak (912)														
voiceless plosive												?		
long vl. plosive	p:	"t:"					k:	kʷ:	q:	qʷ:				
vl. asp. plosive	pʰ	"tʰ"					kʰ	kʷʰ	qʰ	qʷʰ				
voiced plosive	b	"d"					g		ɢ	ɢʷ				
vl. eject. stop	p'	"t'"					k'	kʷ'	q'	qʷ'				
vl. asp. sib. af.		"tsʰ"	"tsʷʰ"	"tʃʰ	tʃʷʰ									
long vl. sib. aff.		"ts:"	"tsʷ:"	"tʃ	tʃʷ									
vl. sib. ejec. af.		"ts'"	"tsʷ'"	"tʃ'	tʃʷ'									
vl. nonsib. fric.							x	xʷ	χ	χʷ	ħ		h	
long "							x:	xʷ:	χ:	χʷ:				
vl. sibilant fric.		"s"		ʃ	ʃʷ									
long "		"s:"		ʃ:	ʃʷ:									
vd. sibilant fric.		"z"		ʒ										
voiced nasal	m	"n"												
voiced trill		"r"												
vd. lat. approx.		"l"												
vd. cent. approx.						j								w

Vowels		short		long		short pharyngealized
	high	i	u	i:	u:	
	mid					"eˤ"4, "oˤ"4
	low	a		a:		æˤ4

Language	bilabial	dental	alveolar	velar	glottal	variable place
Nama (913)						
a) Non-click consonants and vowels						
voiceless plosive	p	t̪		k	?	
vl. asp. sib. affricate		t̪s̪ʰ				
vl. asp. nonsib. affricate				kxʰ		
vl. nonsiblant fricative			s	x		h
vl. sibilant fricative						
voiced nasal	m	n̪				
voiced trill			r			

Vowels	oral			nasalized	
high	i		u	ĩ	ũ
higher mid	e		o		
mid		"ə"			
low		a		ã	

Language	dental	dental nasalized	dental velarized	alveolar	alveolar nasalized	alveolar velarized	palato-alveolar	palato-alveolar nasalized	palato-alveolar velarized
Nama (913)									
b) Click consonants									
voiceless click				ǂ			ǂ̠		
voiceless aspirated click					ŋ̊ǂʰ	ǂ̵ʰ		ŋ̊ǂ̠ʰ	ǂ̵̠ʰ
glottalized vl. click					ŋ̊ǂˀ			ŋ̊ǂ̠ˀ	
voiced click					ŋǂ			ŋǂ̠	
voiceless affric. click	ǂ̪ˢ								
vl. asp. affric. click		ŋ̊ǂ̪ˢʰ	ǂ̵̪ˢʰ						
glottalized vl. affric. click		ŋ̊ǂ̪ˢˀ							
voiced affricated click		ŋǂ̪ˢ							
vl. lateral affric. click				ʖɬ					
vl. asp. lateral affr. click					ŋ̊ʖɬʰ	ʖ̵ɬʰ			
glottalized vl. lat. aff. cl.					ŋ̊ʖɬˀ				
voiced lat. affric. click					ŋʖɬ				

Note. Those clicks which are characterized as "velarized" in UPSID have a fricated release of the velaric closure. The term "affricated click" is reserved for clicks in which the front closure is released with accompanying local friction. Clicks which are described as both voiceless aspirated and nasalized are described in the literature as having "delayed aspiration". See Ladefoged and Traill (UCLA Working Papers in Phonetics 49: 1-27, 1980).

Language	bilabial	labio-dental	dental/alveolar	palato-alveolar	retroflex	palatal	velar	uvular
Basque (914)								
voiceless plosive	p		"t"			c	k	
voiced plosive	b		"d"			ɟ	g	
vl. sibilant affric.			"ts"	tʃ	tʂ			
vl. nonsibilant fric.		f						χ
vl. sibilant fric.			"s"	ʃ	ʂ			
voiced nasal	m		"n"			ɲ		
voiced trill			"r"					
voiced flap			"ɾ"					
vd. lateral approx.			"l"			ʎ		

<u>Vowels</u>

high	ɩ			u	
mid		"e"	"o"		
low			a		

Language	bilabial	labio-dental	dental/alveolar	palato-alveolar	retroflex	palatal	velar	uvular	variable place	labial-velar
Burushaski (915)										
voiceless plosive	p		"t"		ʈ		k	q		
vl. aspirated plosive	pʰ		"tʰ"		ʈʰ		kʰ	qʰ		
voiced plosive	b		"d"		ɖ		g			
vl. sibilant affricate			"ts"	tʃ	ʈʂ					
vl. asp. sib. affricate			"tsʰ"	tʃʰ	ʈʂʰ					
vd. sibilant affricate				dʒ	ɖʐ					
vl. nonsibilant fricative		f²						χ²	h	
vd. nonsibilant fricative					ʐ			ʁ		
vl. sibilant fricative			"s"	ʃ	ʂ					
vd. sibilant fricative			"z"							
voiced nasal	m		"n"				ŋ			
voiced r-sound			"rr"							
vd. lateral approximant			"l"							
vd. central approximant						j				w

Vowels

high	i				u
mid		"e"		"o"	
low			a		

Language	bilabial	alveolar	palato-alveolar	palatal	velar	variable place	labial-velar
Ainu (916)							
voiceless plosive	p	t			k		
vl. sibilant affric.			tʃ				
vl. nonsibilant fric.						h	
vl. sibilant fric.		s					
voiced nasal	m	n					
voiced r-sound		rr					
vd. central approx.				j			w

Vowels

high	i				u
lower mid		ε		ɔ	
low			a		

Language Brahui (917)	bilabial	labio-dental	dental	alveolar	palato-alveolar	velar	glottal	variable place
voiceless plosive	p		t̪	t		k	ʔ	
voiced plosive	b		d̪	d		g		
vl. sibilant affric.					tʃ			
vd. sibilant affric.					dʒ			
vl. nonsibilant fric.		f				x		h
vd. nonsibilant fric.		v				ɣ		
vl. sibilant fric.				s				
vd. sibilant fric.				z				
vl. lateral fric.				ɬ				
voiced nasal	m		n̪					
voiced trill				r				
voiced flap				ɾ				
vd. lateral approx.				l				

Vowels

	long				short			
high	iː			uː	i			u
higher mid		eː	oː			e		
low			ɑː				a	

Language !Xũ (918)	bilabial	alveolar	alveolar velarized	palato-alveolar	palato-alveolar velariz	palatal	velar	velar pharyngealized	variable place	labial-velar
a) Non-click consonants										
voiceless plosive	p	t	ŧ				k			
vl. aspirated plosive	pʰ	tʰ					kʰ			
voiced plosive	b	d	đ				g			
breathy voiced plosive							g̤			
vl. ejective stop		t'					k'			
voiced ejective stop	b'	d'					g'			
vl. sibilant affricate		ts	ts	tʃ	ŧʃ					
vl. asp. sib. affricate		tsʰ		tsʰ						
voiced sib. affricate			dz		đʒ					
vl. sib. eject. affricate		ts'		tʃ'						
breathy vd. sib. affricate		d̤z		d̤ʒ						
vd. sib. eject. affricate		dz'		dʒ'						
vl. nonsibilant fricative							x			
vd. nonsibilant fricative									ɦ	
vl. sibilant fricative		s		ʃ						
voiced sibilant fricative		z		ʒ						
voiced nasal	m	n					ŋ	ŋˤ		
long voiced nasal	mː									
breathy voiced nasal	m̤									
laryngealized vd. nasal	m̰									
voiced flap		ɾ								
vd. central approximant						j				w

<u>Language</u>

!Xũ (918)

b) Click consonants

	dental	dental nasalized	dental nasalized and velarized	dental velarized	alveolar	alveolar nasalized	alveolar nasalized and velarized	alveolar velarized	palatal	palatal nasalized	palatal nasalized and velarized	palatal velarized
voiceless click					ʇ			ǂ	ʗ			ȼ
vl. aspirated click					ʇʰ	ŋ̊ʇʰ			ʗʰ	ŋ̊ʗʰ		
glottalized vl. click						ŋ̊ʇʔ	ŋ̊ʇʔ			ŋ̊ʗʔ	ŋ̊ʗʔ	
voiced click					gʇ	ŋʇ		gǂ	gʗ	ŋʗ		gȼ
breathy voiced click					g̤ʇ	ŋ̤ʇ			g̤ʗ	ŋ̤ʗ		
glottalized vd. click								gǂʔ				gȼʔ
vl. affricated click	ʇ̱ˢ			ǂ̱ˢ								
vl. asp. affr. click	ʇ̱ˢʰ	ŋ̊ʇ̱ˢʰ										
glot. vl. aff. click		ŋ̊ʇ̱ˢʔ	ŋ̊ʇ̱ˢʔ									
vd. affric. click	gʇ̱ˢ	ŋ̊ʇ̱ˢ		gǂ̱ˢ								
breathy vd. aff. cl.	g̤ʇ̱ˢ	ŋ̤ʇ̱ˢ										
glot. vd. aff. click				gǂ̱ˢʔ								
vl. lat. aff. click									ʗ^ʎ			ȼ^ʎ
vl. asp. lat. aff. c.									ʗ^ʎʰ	ŋ̊ʗ^ʎʰ		
gl. vl. lat. aff. cl.										ŋ̊ʗ^ʎʔ	ŋ̊ʗ^ʎʔ	
vd. lat. affr. click									gʗ^ʎ	ŋʗ^ʎ		gȼ^ʎ
gl. vd. lat. aff. cl.												gȼ^ʎʔ
breathy vd. lateral affricated click									g̤ʗ^ʎ	ŋ̤ʗ^ʎ		

See note on the description of click consonants on the chart for Nama (913).

<u>Language</u>

!Xũ (918)

c) <u>Vowels</u>

	short oral		long oral	
high	i	u	i:	u:
mid	"e"	"o"	"e:"	"o:"
low	a		a:	

	short nasalized		long nasalized	
high	ĩ	ũ		ũ:
mid	"õ"			
low	ã		ã:	

	short pharyngealized oral	long pharyngealized oral
mid	"oˤ"	"oˤ:"
low	aˤ	aˤ:

	short pharyngealized nasalized	long pharyngealized nasalized
mid	"õˤ"	"õˤ:"
low	ãˤ	ãˤ:

<u>Diphthongs</u>

ia	oi	ẽĩ	aeˤ	ãẽˤ
ei	oe	ẽũ	aoˤ	ãõˤ
eu	oa	õĩ	oiˤ	õĩˤ
ae	ui	õã	oaˤ	õãˤ
ao		ũĩ		

术语对照表

alveolar	齿龈
airstream mechanism	气流机制
affricate	塞擦音
aperture	开口度
apical nasal	舌尖鼻音
approximant	近音
approximant lateral	近边音
backness	后位性
breathy voiced	气嗓音
burst	爆破
dental	齿音
click	搠音
continuent	持续性
ejective	喷音
ejective stop	喷塞音
ejective affricate	喷塞擦音
flap	闪音
fricative	擦音
fricative lateral	擦边音
glottal airstream	喉头气流
glottalic airstream	声门气流
glottalic stop	声门塞音
glottal stop	喉塞音
glottal fricative	喉擦音
glottis	声门
high	高
higher low	次低
higher mid	中高
implosive	内爆音

ingressive	内进气流
interior	内部
lateral affricates	边塞擦音
lateral click	边嗍音
lateral tap	边拍音
lateral flap	边闪音
lateral liquid	边音性流音
lip compression	唇压缩
nonlateral liquid	非边音性流音
laryngealization	喉化
laryngeal setting	喉部结构
laryngealized nasal	喉化鼻音
laryngealized stop	喉化塞音
liquid	流音
low	低
lower mid	中低
lower high	次高
mid	中
murmur	哞声
obstruent	阻音
onset	起振
offset	止振
pharyngeal	咽音
pharyngeal fricative	咽擦音
palato-alveolar	腭龈音
palato-alveolar affricate	腭龈塞擦音
palatal approximant	腭近音
palatal consonant	腭辅音
palatalization	腭化
place of articulation	调音部位
peripheral	外围
plosive	爆破音

pre-aspirated	前置送气
pre-glottalized	喉冠的
prenasalized	前鼻化
prenasalized stop	鼻冠塞音
pre-palatal	硬腭前
pre-voiced ejective	前浊喷音
post-aspirated	后置送气
postnasalize	后鼻化
postglottalized	后喉化
pulmonic	肺
release	除阻
retroflex lateral	卷舌边音
secondary nasal consonant	次鼻辅音
sibilance	咝音性
sibilant	咝音
spirantization	擦音化
stricture	收紧
stop	塞音
trill	颤音
tap	拍音
tongue body	舌体
tongue blade	舌叶
velar	软腭
velaric airstream	软腭气流
velic function	软腭动作、功能
voiceless ejective	清喷音
voiced implosive	浊内爆
voiceless laryngealized	清喉化
voiced laryngealized	浊喉化
VOT	嗓音起始时间

语言学及应用语言学名著译丛书目

句法结构（第2版）	〔美〕诺姆·乔姆斯基	著
语言知识：本质、来源及使用	〔美〕诺姆·乔姆斯基	著
语言与心智研究的新视野	〔美〕诺姆·乔姆斯基	著
语言研究（第7版）	〔美〕乔治·尤尔	著
英语的成长和结构	〔丹〕奥托·叶斯柏森	著
言辞之道研究	〔英〕保罗·格莱斯	著
言语行为：语言哲学论	〔美〕约翰·R. 塞尔	著
理解最简主义	〔美〕诺伯特·霍恩斯坦 〔巴西〕杰罗·努内斯 〔德〕克莱安西斯·K. 格罗曼	著
认知语言学	〔美〕威廉·克罗夫特 〔英〕D. 艾伦·克鲁斯	著
历史认知语言学	〔美〕玛格丽特·E. 温特斯 等	编
语言、使用与认知	〔美〕琼·拜比	著
我们思维的方式：概念整合与思维的隐含复杂性	〔法〕吉勒·福柯尼耶 〔美〕马克·特纳	著
为何只有我们：语言与进化	〔美〕罗伯特 C. 贝里克 诺姆·乔姆斯基	著
语言的进化生物学探索	〔美〕菲利普·利伯曼	著
叶斯柏森论语音	〔丹〕奥托·叶斯柏森	著
语音类型	〔美〕伊恩·麦迪森	著
语调音系学（第2版）	〔英〕D. 罗伯特·拉德	著

韵律音系学	〔意〕玛丽娜·内斯波 〔美〕艾琳·沃格尔	著
词库音系学中的声调	〔加〕道格拉斯·蒲立本	著
音系与句法：语音与结构的关系	〔美〕伊丽莎白·O. 塞尔柯克	著
节律重音理论——原则与案例研究	〔美〕布鲁斯·海耶斯	著
语素导论	〔美〕戴维·恩比克	著
语义学（上卷）	〔英〕约翰·莱昂斯	著
语义学（下卷）	〔英〕约翰·莱昂斯	著
做语用（第3版）	〔英〕彼得·格伦迪	著
语用学原则	〔英〕杰弗里·利奇	著
语用学与英语	〔英〕乔纳森·卡尔佩珀 〔澳〕迈克尔·霍	著
交互文化语用学	〔美〕伊什特万·凯奇凯什	著
应用语言学研究方法	〔英〕佐尔坦·德尔涅伊	著
复杂系统与应用语言学	〔美〕戴安娜·拉森-弗里曼 〔英〕琳恩·卡梅伦	著
信息结构与句子形式	〔美〕克努德·兰布雷希特	著
沉默的句法：截省、孤岛条件和省略理论	〔美〕贾森·麦钱特	著
语言教学的流派（第3版）	〔新西兰〕杰克·C. 理查兹 〔美〕西奥多·S. 罗杰斯	著
语言学习与语言教学的原则（第6版）	〔英〕H. 道格拉斯·布朗	著
社会文化理论与二语教学语用学	〔美〕雷米·A. 范康珀诺勒	著
法语英语文体比较	〔加〕J.-P. 维奈 J. 达贝尔内	著
法语在英格兰的六百年史（1000—1600）	〔美〕道格拉斯·A. 奇比	著
语言与全球化	〔英〕诺曼·费尔克劳	著
语言与性别	〔美〕佩内洛普·埃克特 萨利·麦康奈尔-吉内特	著
全球化的社会语言学	〔比〕扬·布鲁马特	著
话语分析：社会科学研究的文本分析方法	〔英〕诺曼·费尔克劳	著
社会与话语：社会语境如何影响文本与言谈	〔荷〕特恩·A. 范戴克	著

图书在版编目(CIP)数据

语音类型/(美)伊恩·麦迪森著;金俊淑,郑鲜日译.—北京:商务印书馆,2023
(语言学及应用语言学名著译丛)
ISBN 978-7-100-22480-2

Ⅰ.①语… Ⅱ.①伊…②金…③郑… Ⅲ.①语音—类型学(语言学) Ⅳ.①H01

中国国家版本馆 CIP 数据核字(2023)第 090048 号

语言学及应用语言学名著译丛
语音类型
〔美〕伊恩·麦迪森 著
金俊淑 郑鲜日 译

商 务 印 书 馆 出 版
(北京王府井大街36号 邮政编码100710)
商 务 印 书 馆 发 行
北京市十月印刷有限公司印刷
ISBN 978-7-100-22480-2

2023 年 6 月第 1 版　　开本 880×1230 1/32
2023 年 6 月北京第 1 次印刷　　印张 16⅜
定价:115.00 元